Kunst-Reiseführer in der Reihe DuMont Dokumente

W0094549

Zur schnellen Orientierung – die wichtigsten Orte und Sehenswürdigkeiten Nordwestspaniens auf einen Blick:

(Auszug aus dem ausführlichen Ortsregister S. 305 ff.)

In der vorderen Umschlagklappe: Der Nordwesten Spaniens, westliche Hälfte

In der hinteren Umschlagklappe: Der Nordwesten Spaniens, östliche Hälfte

Die straß und
meylen tzu sant Jacob
auß vnd ein in warheyt gantz erfarn
findestu in dysem buchleyn

Werner Schäfke

Nordwestspanien

Landschaft, Geschichte
und Kunst auf dem Weg
nach Santiago de Compostela

DuMont Buchverlag Köln

Umschlag vorne: Santiago de Compostela, Blick zur Kathedrale

Umschlag Innenklappe: Der Heilige Jakobus in der Kathedrale in Santiago de Compostela

Umschlag hinten: Wand mit Muschelschmuck in Pontevedra

Frontispiz: Wallfahrtsbüchlein Hermann Künigs von Vach. Titelblatt der Ausgabe Leipzig 1521

© 1987 DuMont Buchverlag, Köln
Alle Rechte vorbehalten
3. Auflage 1989
Satz: Boss-Druck, Kleve
Druck und buchbinderische Verarbeitung:
C & C Offset Printing Co., Ltd.

Printed in Hong Kong   ISBN 3-7701-1589-9

Inhalt

Vorwort und Dank

Auf Reisen trifft man immer wieder auf die Spuren anderer Reisender. Das führt im Abendland an vielen Stellen zur Begegnung mit der Wallfahrt nach Santiago de Compostela. Straßen, Kirchen, Kapellen, Skulpturen erinnern daran. Die Auswirkungen der Wallfahrt erkennt man im Wachstum romanischer Bildhauerkunst, im Entstehen romanischer Architektur, in Gesängen vom Helden Roland, den man noch auf den Marktplätzen weit im Osten standhaft Wache halten sieht. Aus ganz Europa zogen Hunderttausende von Pilgern nach Westen bis ans damalige Ende der Welt, bis zum Grab des Apostels Jakobus. Ohne sein hilfreiches Eingreifen konnte man sich in den kleinen Königreichen des frühen spanischen Mittelalters bald den Fortgang der Reconquista, der Rückeroberung des arabisch besetzten Spaniens nicht mehr vorstellen.

Es sind viele Nationen, die auf den beiden Pässen über die Pyrenäen und dann auf dem Camino francés, der Pilgerstraße durch den Nordwesten Spaniens zusammentrafen. Der Weg ist damit in die Geschichte auch vieler Nationen eingegangen. Wir begegnen der Vergangenheit Europas, der eigenen und der Vergangenheit Spaniens, den Grundlagen, die zu einem Weltreich wuchsen, in dem die Sonne nicht unterging.

Rechnete man auf normaler Pilgerfahrt raschen Schrittes von deutschem Boden aus drei Monate bis ans Ziel, so sollte man heute zwei, besser drei Wochen zur Verfügung haben. Auf einen solchen Zeitraum ist dieser Führer angelegt. Ausführlich für die Hauptstationen des Wegs, ausführlich für die wichtigen Abstecher, die man einfach gesehen haben muß. Und wer über mehr Muße verfügt, für den weisen weitere Routen darüber hinaus. Der Nordwesten Spaniens bringt eine Fülle von landschaftlichen, historischen und kunsthistorischen Sehenswürdigkeiten. Manchmal noch heute nur zu Fuß zu erreichen – gutes Schuhwerk gehört also dazu und bei einer durchschnittlichen Höhenlage von um 800 m über dem Meer sollte man nicht nur auf die glühende Hitze der Meseta, sondern auch auf kalte Abend- und Morgenstunden vorbereitet sein. Badegelegenheiten bieten die langen Küstenstrecken ebenfalls. Man wird also vielfältig in Anspruch genommen.

Auf den vorbereitenden Fahrten in den Nordwesten Spaniens haben mich viele begleitet, mit ihrem Interesse unterstützt, ohne das dieses Buch nicht entstanden wäre. Ihnen möchte ich danken. Andere haben mir in Spanien geholfen. Besonders aber danke ich meinem Freund Helmuth Kluger, mit dem ich vor Jahren das erste Mal in den Nordwesten Spaniens fuhr. Und der geneigte Leser sollte ebenso wie ich Frau Ingeborg Mauz für die Lesbarkeit des Buches danken und dem Verlag für Ausstattung und die Bereitschaft, den Band in sein Programm zu nehmen.

Fünf Mark und neue Stiefel

Von Pilgerfahrt, Landschaft, Geschichte und Kunst in Nordwestspanien

Caesarius von Heisterbach, erst Kanoniker an St. Andreas in Köln, dann Mönch und Novizen-meister im Zisterzienserkloster Heisterbach, berichtet in seinen Sammlungen erfrischender Geschichten zum Gebrauch für Prediger vor ermüdetem Publikum von einem Beispiel für Glaubenskraft, das uns direkt betrifft. Bei Köln lebten nach seiner Angabe, also um 1200, zwei verfeindete Bauernsippen. Die eine Gruppe hatte nun eines Tages einen der Gegner gefangen und wollte fröhlichen Gemütes über die gute Gelegenheit eine Lösegeldzahlung erpressen. »Ich habe drei Heller, kauft dafür Laibe Brotes und esst sie, denn weiter bekommt ihr nichts. Zu Hause in meiner Truhe habe ich fünf Mark und neue Stiefel, womit ich zum heiligen Jakobus wandern will. Dies Geld gebe ich euch nicht und werde euch vor Tagesanbruch verlassen, um meine Pilgerfahrt anzutreten.«

Vorsichtig sicherte man den Gefangenen mit Fußschellen und sperrte ihn in den Backofen, vor dem man dazu eine starke Wache aufziehen ließ. Während der Nacht fragte man einmal und ein zweites Mal, ob er noch da sei, und ... beim dritten Mal war der Gefangene nicht mehr da.

Für Caesarius war das Wirken der Glaubenskraft Anlaß, diese Geschichte zu notieren. Das ist sicher der Aspekt, mit dem wir Schwierigkeiten haben. Aber uns interessiert anderes. Nicht, daß die Bauern sich adlige Sitten mit Fehden und Lösegeldforderungen abgesehen haben, sondern die Selbstverständlichkeit und der hohe Kostenaufwand, mit dem die Pilgerfahrt nach Santiago de Compostela angestrebt wird. Fünf Mark bedeuteten mehr als ein Kilo Silbergeld mit einer Kaufkraft, die grundsätzlich erheblich höher als heute lag. Damit konnte man die Kosten des Unternehmens, das drei bis vier Monate in Anspruch nahm, mit Übernachtungen, Mahl-zeiten und den frommen Opfergaben, die an den kleineren Wallfahrtzielen am Wege fällig waren, bestreiten. Die an manchen Stellen unterwegs gebotene Gastfreundschaft und Unter-stützung durch Abteien und Hospitäler half, aber sie sollte nicht ein kostenloses Reisevergnügen ermöglichen. Das sind die Mißbräuche der Scheinpilger, der ›coquillards‹ des 17. und 18. Jahr-hunderts, die besonders die französische Könige vergeblich zu bekämpfen versuchten.

Die Pilgerfahrt, meist in der Gruppe unternommen, um vor Überfällen sicherer zu sein, war eine aufwendige Investition. Man erwarb sich dabei, auch mit Hilfe des finanziellen Aufwands, Seelenheil, gewann einen vollkommenen Ablaß seiner Sünden am Ziel der Pilgerfahrt. Noch im 18. Jahrhundert baute Erzbischof Rajoy ein großes Seminar für die Beichtväter, die allein berechtigt waren, den Pilgern die Beichte in der Kathedrale abzunehmen. Und das jeweils in ihrer Muttersprache im fernen Santiago de Compostela.

Die typische Ausstattung des Pilgers begegnet auf Abbildungen, in Darstellungen des Apostels Jakobus oder auch des heiligen Rochus, der ebenfalls als Pilger auftritt, immer wieder. Der lange, oft wie eine Waffe mit Eisen beschlagene Stab, der schwere Umhang, aus dem unser Begriff der Pelerine entstand, die Tasche, auf deren Klappe oft bereits eine Muschel zu sehen ist, und dann der Flaschenkürbis für die Getränke; schließlich der Hut, dessen breite Krempe vorne hochgeschlagen ist, um wieder eine Muschel als Zeichen des Pilgers zu tragen.

Die Muschel (Pecten maximus) erinnerte an die Überfahrt des Apostelleichnams von Palästina nach Padrón an der Westküste Spaniens, der von Engeln und zwei Begleitern geleitet wurde. Bald wurde sie zum Zeichen aller Pilger, auch wenn man nicht auf dem Weg nach Santiago war, gewährte ihm Schutz. Auch das belegt, welchen Rang innerhalb des wallfahrtsfreudigen Mittelalters und noch lange danach die Pilgerfahrt nach Santiago de Compostela einnahm. Sie gehörte mit den Fahrten nach Rom und Jerusalem zu den drei großen Unternehmungen, die den Gläubigen zur Förderung ihres Seelenheils zur Auswahl standen. Nur kurzfristig gelang es dem einen oder anderen Ziel, wie den Heiligen Drei Königen in Köln, ihnen Konkurrenz zu machen.

Den Legenden, den Sagen, den Dichtungen und den Folgen, die die Auffindung des Apostelgrabes in Santiago de Compostela nach sich zog, kann man sich auf dieser Fahrt nicht entziehen. Zu Beginn des 9. Jahrhunderts entstand mit Jakobus eine Heiligenfigur, die zum Symbol der Reconquista wurde. Hoch zu Pferd, als ›Matamoros‹, als Maurentöter dargestellt, war die Wiedereroberung Spaniens ohne ihn nicht mehr vorstellbar.

Die Rückeroberung, die mit dem langsam erwachenden Widerstand gegen die Eroberung im Jahre 711 begann, sollte sich über mehr als sieben Jahrhunderte bis zum Fall Granadas im Jahre 1492 hinziehen. Die Tätigkeit des Heiligen war damit nicht beendet. Die anschließende Erobe-

Schreiber, nach einer mozarabischen Miniatur

9

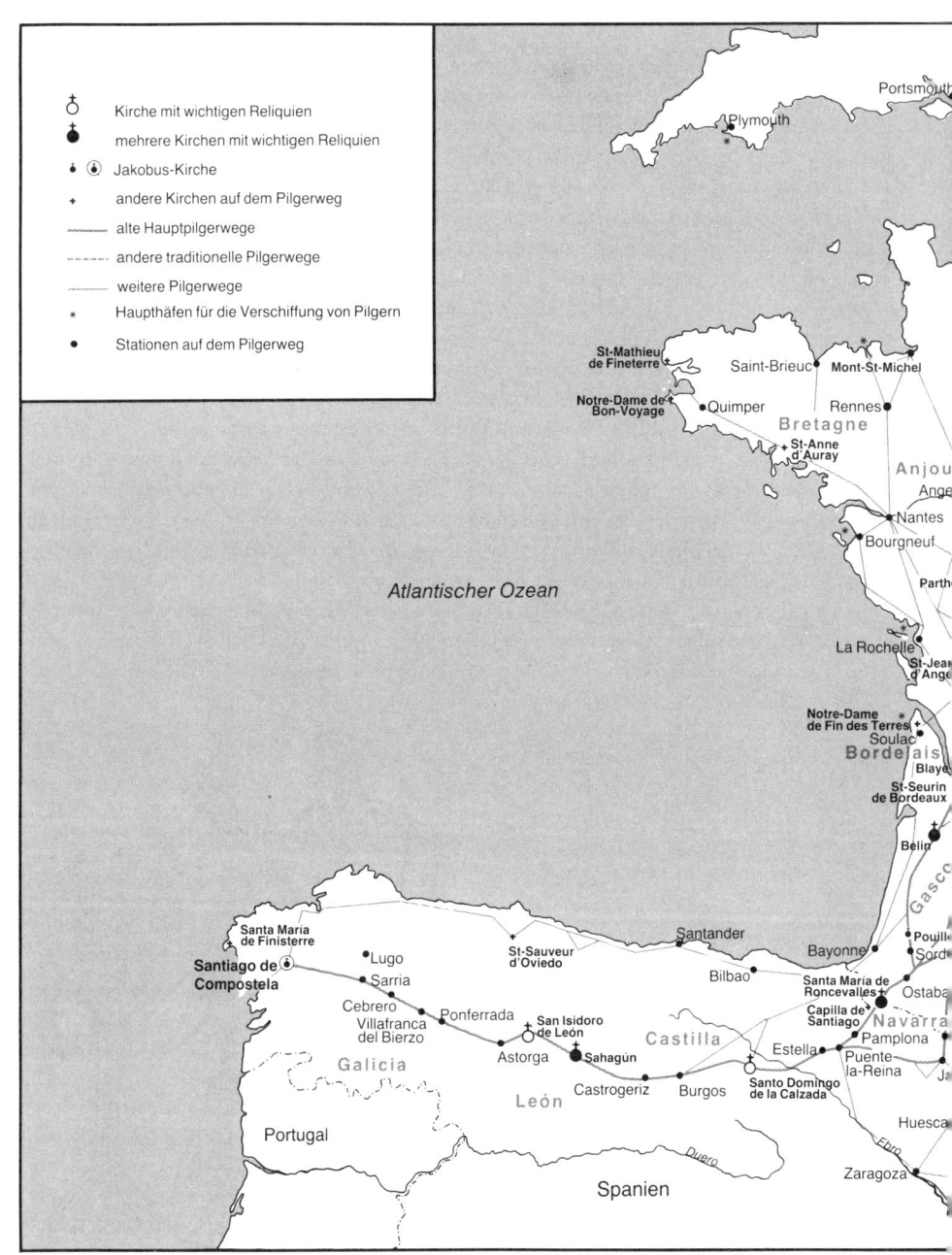

Karte der europäischen Pilgerwege nach Santiago de Compostela

rung Südamerikas hat seinen Namen in zahlreichen Ortsnamen festgehalten, und die Berichte der Eroberer haben ihn in mancher Schlacht wieder an ihrer Seite gesehen. Zuletzt war es dann wieder eine Eroberung Spaniens, der blutige und mit Erbitterung geführte Bürgerkrieg, in dem man das Wirken des Apostels erkennen wollte. Mit Begeisterung verkündete Franco, daß eine der großen Schlachten des Bürgerkriegs bei Brunete am 25. Juli 1937, am Tage des Apostels, in einem Heiligen Jahr sogar, in dem dieser Tag auf einen Sonntag fällt, durch das Eingreifen des Heiligen zu seinen Gunsten entschieden worden sei. Damit beginnt nach einem Verblassen der Wallfahrt im 19. Jahrhundert eine staatlich geförderte Wiederbelebung und eine offizielle Pflege des wiederentdeckten Patrons Spaniens. Erste Ansätze hatten schon die Entdeckung der Reliquien im Jahre 1879 und ihre päpstliche Bestätigung nach langen Untersuchungen 1885 gebracht.

Den Weg für die Touristen hatten aber schon zu Anfang unseres Jahrhunderts die Kunsthistoriker gebahnt. Lange hatte man bei Reisen in Spanien nur die Spuren der maurischen Kultur bewundert oder war von den großen Kathedralen der Städte fasziniert. Nun entdeckte man frühe Wurzeln der Romanik in Katalonien und in Nordwestspanien die noch früheren Bauten aus den Anfängen der kleinen spanischen Königreiche Aragón, Navarra, Kastilien, Asturien und León. Bauten aus einer Zeit, in der Europa nördlich der Alpen kaum etwas vorzuweisen hat. Und man entdeckte die Kunst des Pilgerwegs. Heiße Diskussionen wurden angesichts der fast gleichen Grundrisse von Conques, St. Sernin in Toulouse und Santiago de Compostela darüber geführt, welche Nation nun diesen grandiosen Gedanken der Pilgerkirche zuerst formuliert habe. Im Bereich der Bildhauerkunst entspann sich die gleiche Diskussion, und auch in den Überlegungen zur Entstehung der Dichtungen der romanischen Sprachen begann der Pilgerweg eine wichtige Rolle zu spielen.

Um das Apostelgrab, seine wundersame Auffindung und um die erste Fahrt Karls des Großen, die für das Mittelalter geschehene Wirklichkeit und damit erstrangige Werbung war, wuchsen Erzählungen, Lieder, Berichte, Sagen und Legenden. Unterwegs und bei der abendlichen Rast hatte man ja auch Ruhe genug zuzuhören und zu erzählen. Die lateinische *Historia Karoli Magni et Rotholandi,* die mit über zweihundert erhaltenen Manuskripten zu den populärsten Schriften des Mittelalters gehört, griff teils auf Motive zurück, wie sie auch im altfranzösischen Rolandslied erhalten sind. Eine bessere Legitimation und Reklame für den Pilgerweg und sein Ziel kann man sich kaum vorstellen. Ebensowenig wie bei den Formulierungen der Jakobuslegenden, die in reicher Variation wucherten, gab es bei den Sagenbildungen um den Zug Karls zum Apostelgrab, das er von der Herrschaft der Mauren befreite, und um den heldenhaften Tod Rolands Einigkeit. Neue Erzähler fanden auch wieder neue Ereignisse. Und der Nationalstolz hatte daran auch seinen Anteil. Auf spanischer Seite war z.B. Bernardo del Carpio der große Held der Ereignisse von Roncesvalles, der als Rächer der nationalen Ehre den unverwundbaren Roland wie einst Herkules den Riesen Antäus in seinen Armen zerdrückte.

Die *Historia Karoli Magni et Rotholandi,* die Geschichte von Karl dem Großen und Roland wurde als Schrift von der Hand des Erzbischofs Turpin von Reims ausgegeben, der als Tilpin Zeitgenosse Karls war, hier aber 1130/40 posthum als Autor in Anspruch genommen wurde. Aber er sicherte zusätzliche Autorität. Ähnlich nimmt solche Autorität auch der berühmte

Codex Calixtinus im Archiv der Kathedrale von Santiago de Compostela in Anspruch. Papst Calixt II. (1119–24), Förderer des Bistums, sollte auch der Autor der Handschrift sein. Neben Jakobuslegende, Predigten, Wunderberichten, liturgischen Texten und dem ›Pseudo-Turpin‹ der Historia Karoli Magni et Rotholandi enthält der in roten Samt gebundene Band auch einen Reiseführer, der die Routen durch Frankreich bis nach Santiago de Compostela beschreibt. Dieser lateinische Pilgerführer, der in knappen Schilderungen Wege, Land und Leute, schließlich ausführlich die Kathedrale beschreibt, ist nur im Codex Calixtinus überliefert. Ein angehängter Brief von Papst Innozenz II. (1130–43) bezeichnet einen Geistlichen Aimericus Picaudus aus Parthenay als Überbringer des Bandes aus dem Besitz seines Vorgängers Calixtinus. Damit ist keine Sicherheit dafür gegeben, wie es manchmal geschieht, ihn als Verfasser des lateinischen Pilgerführers in Anspruch zu nehmen, wenn auch manches an Vorurteilen und Kenntnissen für die französische Herkunft des Verfassers spricht.

Zahlreich sind die jüngeren Berichte über Fahrten nach Santiago de Compostela und die Schriften, die als Reisebegleiter dienen sollen. Nur die Wallfahrt nach Jerusalem hat ein noch reicheres Schrifttum dieser Art hervorgebracht. Religiöse, praktische oder kunsthistorische Hinweise werden in den verschiedensten Formen dargeboten oder die vielfältigen Erlebnisse der eigenen Reise werden als Information für andere Reisende und den zukünftigen Historiker festgehalten. Jeder läßt Strecke und Ziel stets in einem anderen Licht erscheinen.

Land und Leute, Landschaft und Straßen sind ja auch in ständigem Wandel begriffen. Noch vor einer Generation, als Reiseführer geschrieben wurden, die heute noch lieferbar und lesenswert sind, waren manche Ziele, zu denen man heute binnen Minuten auf gut ausgebauten Straßen gelangt, nur mühsam zu Fuß oder auf einem Reittier zu erreichen. Diese Veränderungen der Straßenverhältnisse spürt man bei jeder Fahrt wieder. Tourismus in unserem Sinne blüht an manchen Stellen überhaupt gerade erst auf, beginnt zu wuchern. Geradezu abenteuerlich muten die Verhältnisse an, die Georgiana Goddard King gemeinsam mit einer Freundin auf kunsthistorischer Spurensuche zu Anfang unseres Jahrhunderts vorfindet. Die vordringende Zivilisation erleichtert vieles, hinterläßt aber auch Spuren der Verwüstung. Nicht nur, daß man immer seltener in Galizien noch auf einen der urtümlich anmutenden Karren mit schweren, eisenbeschlagenen Scheibenrädern trifft, an anderen Stellen begegnet man verlassenen Feldern und Dörfern. Ortschaften, in denen die Häuser verfallen, deren Bewohner in die großen Städte abgezogen sind.

Die Landschaft wandelt sich mit den riesigen Stauseen, die ihr Wasser bis nach Madrid liefern. Sie wandelt sich mit den seit Jahrzehnten betriebenen Aufforstungen, deren wie von gewalttätigen Pflügen gezogenen Furchen man immer wieder begegnet. Manchmal warten die Spuren noch auf die erste Pflanze, an anderen Stellen sind sie unter den gewachsenen Bäumen kaum noch zu erkennen. Auch die landwirtschaftliche Nutzung hat sich immer wieder einmal gewandelt. Die Zeit der großen Schafherden, die von Süden kommend den Sommer im Norden weidend verbrachten, ist lange vorüber. Den verlassenen, verfallenden Schafpferchen begegnet man aber immer noch. Die weiten Getreidefelder der Campos góticos, schon zur Zeit der westgotischen Herrschaft Kornkammer, werden zunehmend von Sonnenblumenfeldern durchsetzt. Oder die malerischen langen Kästen der Maiskolbenspeicher, der horreos, besonders in Galizien, die man sich aus dem Landschaftsbild kaum wegdenken kann, sind erst ein Produkt der Eroberung der Neuen Welt. Erst im 16. Jahrhundert beginnt sich der Maisanbau auszubreiten. Oder die weiten Eukalyptuswälder Galiziens, deren Holz mit seinem rauchigen Geruch Fußböden und Möbel zu einem Duft im Nordwesten Spaniens werden läßt, der erst ein Ereignis der letzten Generationen ist.

Die Spuren des Menschen sind in der oft urtümlich wirkenden Landschaft nicht zu übersehen, wenn man etwas genauer hinschaut. Dabei ist auch die Landschaft selbst jung, erst im Tertiär entstanden. Als die Alpen aufgefaltet wurden, wuchsen auch die Pyrenäen als Scheide zwischen der Halbinsel und dem zukünftigen Frankreich. Weiter nach Westen stieg an der Küste der kantabrische Kordillere auf mit den südlich anschließenden weiten Ebenen der Meseta als Grenze. Hier ist der Duero Verkehrslinie und immer wieder Grenze gewesen. Er dient auch als Südgrenze unseres Reisegebietes, aber er trennt keine landschaftlich unterschiedlichen Gebiete der Meseta voneinander. Politisch hat er dagegen mehrfach als Grenzlinie oder als Frontverlauf herhalten müssen.

Und unruhig ist die Geschichte der iberischen Halbinsel seit Jahrtausenden. Die berühmten Höhlenmalereien in den etwa 30 Höhlen im weiten Umkreis um Santander in dem Kalkgestein der kantabrischen Kordillere zeigen bei allen ihren naturalistischen Darstellungen, viel- oder einfarbig, fast nur Hinweise auf Jagd für das späte Paläolithikum, für die langen Zeiten um 15 000 v. Chr. Bei den jungsteinzeitlichen Strichzeichnungen um 3000 v. Chr. treten dann Kampfszenen hinzu. Die Halbinsel wird langsam als wirtschaftlich interessantes Einwanderungsland für uns erkennbar. Den Iberern treten mit Beginn des letzten Jahrtausends vor Christi Geburt die von Norden vordringenden Kelten gegenüber. Erst spät entwickelt sich eine selbstbewußte, freiheitsliebende keltiberische Mischkultur. Sie nimmt Einflüsse der karthagischen Kolonien und griechischer Siedlungen auf, die besonders an den Silbervorkommen und an den Zinnlieferungen, die der Fernhandel aus Cornwall über die iberische Halbinsel für die Bronzewaffen des Mittelmeerraums lieferte, interessiert waren. Die römische Herrschaft setzt mit den Auseinandersetzungen zwischen Rom und Karthago um die Herrschaft im Mittelmeerraum ein, die auch auf dem Boden der iberischen Halbinsel ausgetragen werden. Hier hatte sich die Familie Hannibals, die Barkiden, eine solide Hausmacht geschaffen. Mit der Niederlage der Punier im zweiten punischen Krieg werden 197 v. Chr. zwei römische Provinzen eingerichtet. Nach dem iberischen Nachbarstamm der griechischen Siedlung Massilia, den Hispani in den Pyrenäen, werden die Provinzen als diesseitige und als jenseitige Hispania bezeichnet. Die Bezeichnung bleibt haften.

Aber bis sich Rom die ganze Halbinsel unterworfen hat, vergehen noch Generationen. Höhepunkt der Kämpfe ist die Belagerung von Numantia, das im Aufstand des Lusitaners Viriathus eine zentrale Rolle spielt. Nach seiner Ermordung fällt schließlich auch Numantia im Jahre 133 Scipio in die Hände. Die ausgehungerten und verzweifelten Bewohner der Stadt begehen Selbstmord. Aber damit ist noch lange keine Ruhe hergestellt und noch längst nicht die gesamte Halbinsel römisch. Auch Julius Caesar, der 68 v. Chr. als Quaestor und 61/60 v. Chr. als Propraetor in Spanien ist, versucht noch erfolglos den spanischen Nordwesten zu erobern. Erst unter Augustus werden die Cantabrer und Asturer unterworfen. Nun ist die gesamte Halbinsel römisch und wird zunehmend romanisiert. Philosophen und Schriftsteller wie Seneca, Martial oder der Rhetor Quintilian, die Kaiser Trajan und Hadrian sind nur die herausragendsten Beispiele für den Beitrag Spaniens zum römischen Weltreich. Seit dem Vorstoß der Franken bis in den Norden und Nordwesten Spaniens im Jahre 257 kommen die Provinzen nicht mehr zur Ruhe. Astorga und Lugo erhalten ihre teils noch heute erhaltenen Befestigungen. Nach den legendären und kirchenhistorisch umstrittenen Vorspielen der Predigtreisen des Apostels Paulus und des Apostels Jakobus Maior wachsen nun im 3. Jahrhundert große christliche Gemeinden heran. Aber die Völkerwanderung unterbricht auch diese Entwicklung, die mit der Erhebung des Christentums zur Staatsreligion unter dem aus Spanien stammenden Kaiser Theodosius ihren ersten Abschluß findet. Der Stamm der Alanen zieht ins heutige Portugal. Die Vandalen erreichen die afrikanische Küste über Südspanien. Die Sueven lassen sich im Nordwesten nieder. Unter König Athaulf, dessen Schwager und Vorgänger 410 Rom erobert hatte, gelangen 414 Westgoten nach Katalonien. Erster Mittelpunkt des Westgotenreiches wird Toulouse. Nach dem Sieg über die Sueven wird schließlich 507 Toledo Hauptstadt des Westgotenreichs für die nächsten zwei Jahrhunderte. Die Ansiedlungen der Westgoten konzentrieren sich auf den Süden des späteren Altkastiliens mit den Campos góticos.

Trotz byzantinischer Versuche der Rückeroberung reichen diese zwei Jahrhunderte, um eine neue, westgotische, romanische, spanische Kultur entstehen zu lassen. Das Wachstum vollzieht sich unter Schwierigkeiten. Erst unter Rekkared werden die bis dahin arianischen Westgoten katholisch. Nun kann sich auswirken, daß schon der Vater, Leowigild, das Eheverbot zwischen Romanen und Westgoten aufhob. Zu Beginn des 7. Jahrhunderts, als König Swintila (621–31) die letzten byzantinischen Besitzungen im Süden Spaniens erobert, erlebt das Westgotenreich seine Blüte. Die herausragende Gestalt ist Erzbischof Isidor von Sevilla (599–633). Er wird zum Historiker der Westgoten, formuliert das nationale Bewußtsein, und überliefert mit seinen *Etymologiae*, einer der meist gelesenen Schriften des frühen Mittelalters, den kommenden Jahrhunderten eine Enzyklopädie antiken Wissens. Unter König Rekkesvinth (642–72), dem Bauherrn der Kirche San Juan de Baños südlich Palencia, wird für das Reich schließlich ein einheitliches Recht geschaffen, die Lex Wisigothorum. Das so kodifizierte Recht wirkt über die arabische Eroberung hinaus bis weit ins spanische Mittelalter hinein. Noch Fernando III. von Kastilien läßt den ›Fuero Juzgo‹ ins Kastilische übersetzen.

Das gilt auch für die Kunst der westgotischen Epoche. Ihr Vorbild ist bis in die romanische Zeit hinein maßgebend. Der Hufeisenbogen, den die westgotischen Architekten aus dem Reichtum der Spätantike auswählten und zu ihrem allgegenwärtigen Zeichen in Grundriß und Aufriß werden ließen, erscheint in der maurischen Kunst ebenso wie in der mozarabischen, der christlichen unter arabischer Herrschaft und auch im Gebiet der wachsenden kleinen Königreiche im Norden, wieder. Der Kreis des Hufeisenbogens schließt sich dabei immer mehr. Das gilt auch für die Kunst der Kerbschnittornamentik. Und im Norden Spaniens fällt besonders auf, daß das Christogramm, Chi und Rho als Monogramm der Anfangsbuchstaben des Namens Christi, seit der Spätantike durch die westgotische Zeit hindurch bis weit in die Gotik hinein im Mittelpunkt des darstellenden Interesses steht. Fast nie fehlt es in den Tympana der Kirchen.

Ein lebendiges Zeichen der eigenständigen Kultur war bis Ende des 11. Jahrhunderts auch die mozarabische Liturgie, die Liturgie der westgotischen Kirche, die auch unter maurischer Herr-

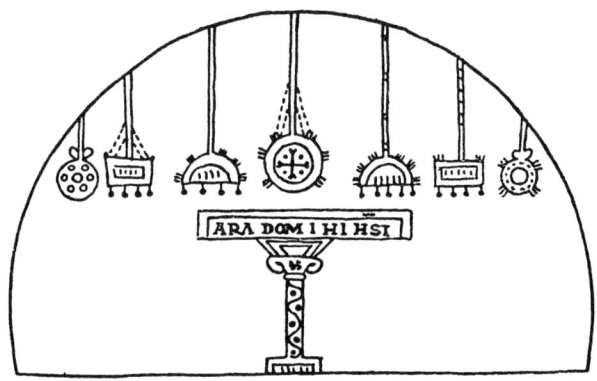

*Mozarabischer Altar mit
liturgischen Behältnissen*

schaft gepflegt wurde und in den Kirchen des freien Nordens galt. Mit dem wachsenden Einfluß des Papsttums und der cluniazensischen Reform setzt sich die römische Liturgie durch. 1071 führt König Sancho I. von Aragón sie ein und nach einigen Jahren des Zögerns zieht auch in León das Konzil von Burgos im Jahre 1080 einen Schlußstrich. Nur an wenigen Stellen wie einer Kapelle der Kathedrale von Toledo oder im Kloster Santo Domingo de Silos versucht man heute noch sie zu pflegen.

Eigenständig bleibt auch für Jahrhunderte die Zeitrechnung. Die antike Formulierung der ›ERA‹ ist bis ins hohe Mittelalter zu verfolgen. Sie beginnt im Jahre 38 v. Chr. mit einem Tribut, den Kaiser Augustus Spanien auferlegt. Im 5. Jahrhundert wird sie von Bischof Idatius von Aquae Flaviae, dem heutigen Chaves in Portugal in seiner Chronik angewandt, dann beispielgebend von Isidor von Sevilla übernommen. So gehen die Entwicklungen der Zeitrechnung im Rest Europas an Spanien vorüber und Urkunden und Inschriften um 38 Jahre »vor«.

Die Kontinuität, die in diesen Fakten zu spüren ist, wird in den Anfängen der Reconquista zum Inhalt stolzen Selbstbewußtseins. Die Spanier verstehen sich als Erben des untergegangenen Westgotenreiches. So bedeutet die Schlacht von Covadonga am 28. Mai 722 (vgl. S. 229) nicht ein belangloses Scharmützel, als das es die Eroberer empfanden, sondern stellt die Wende dar. Die Flut steht, der Ansturm ist gebrochen und mit Hilfe der Jungfrau, die man in der Höhle verehrt, und gut ein Jahrhundert später dann mit der Hilfe des heiligen Jakobus wird die Flut in die entgegengesetzte Richtung gewandt. Unter Pelayos Sohn Fávila (737–39) und dann unter seinem Schwiegersohn Alfonso I. (739–57) gelingt es, die kleinen Ansätze des Königreichs Asturien auf Galicien, den Norden des heutigen Portugal, Cantabrien, Aláva und die fruchtbare Rioja auszudehnen. Das Duerotal wird zur Grenze, zum verwüsteten Niemandsland. Trotz erschütternder Rückschläge schreitet in den kommenden Jahrhunderten die Rückeroberung in eifriger Konkurrenz der spanischen Königreiche untereinander voran. Verzweiflung verbreiten Ende des ersten Jahrtausends die Heereszüge Almansors. Er verwüstet 985 für seinen Kalifen Hischam II. (976–1008) Barcelona im Jahre 985, zwei Jahre später León und 997 Santiago de Compostela. Aber mit dem Ende der Omajadendynastie im Jahre 1031 beginnt der Niedergang.

Kleinstaaten, die Taifas bilden sich, die mit den christlichen Königreichen Schutzbündnisse eingehen, und mit ihren hohen Tributzahlungen indirekt auch den Bau der großen Klosterkirche von Cluny ermöglichen. Nach fünfjähriger Belagerung Toledos im Jahre 1085 gelingt es Alfonso VI. von Kastilien die alte Hauptstadt des Westgotenreiches zu erobern.

Da ruft man auf maurischer Seite in höchster Not die nordafrikanischen Almoraviden zur Hilfe, die sich die maurischen Gebiete untertan machen und den Christen schwere Niederlagen beifügen. Erst mit der Schlacht von Las Navas de Tolosa wird 1212 mit den vereinten Kräften der christlichen Königreiche die neue Gefahr gebannt. Aber noch bis zum 2. Januar 1492 dauert die Herrschaft der Nasriden in Granada fort. Jahrhunderte lebendigen Austauschs der Kulturen, die mit kunstvoller Verarbeitung von Leder oder Stahl, mit der Einführung von Papier oder der Schriften des Aristoteles das Abendland prägten.

Die Wanderschaft von Rodrigo Diaz, dem ruhmreich besungenen Cid (vgl. S. 91 ff.) zwischen dem Dienst unter Alfonso VI. und dem Kampf in maurischen Diensten und schließlich für eine eigene Herrschaft über Valencia ist das bekannteste Beispiel für die Verbindungen beider Bereiche. Sowieso leben Christen in großer Zahl seit der Eroberung unter der meist toleranten maurischen Herrschaft. Unter der dünnen Oberschicht der fremden Herren pflegen und entwickeln sie, nicht unbeeinflußt, ihre eigene Kultur weiter. Selten kommt es zu Aufständen, manchmal zu Martyrien. Umgekehrt bleiben manche Mauren auch unter christlicher Herrschaft, wenn die Reconquista die Grenzen verschiebt und man sein angestammtes Heim nicht verlassen will. Zumindest die Techniken arabischer Handwerkskunst werden auch in christliche Dienste genommen. Besonders im Backsteinbau und in der prunkvollen Verarbeitung von Stuck und Holz wird dies, als Mudéjar bezeichnet, bis heute sichtbar. Einst wird es mit Leder und Stoffen, Eisen- und Goldschmiedearbeiten und bis in die Küche hinein den Alltag gekenn-

*Krieger des
11. Jahrhunderts*

zeichnet haben. Erst zu Beginn des 17. Jahrhunderts werden unter Philipp III. die letzten Moriscos aus Spanien vertrieben.

Der Schmelztiegel Spanien hatte seine Kraft erschöpft. Das begann, als mit der Heirat von Isabella von Kastilien und Ferdinand von Aragón im Jahre 1469 eine zuerst nur lose Vereinigung der spanischen Königreiche entstand. Gegen Aufstände und Widerstand von Bürgern und Adel setzte sich binnen weniger Jahrzehnte ein machtvolles Königtum durch, das in der Gestalt Karls V. (1516–56) erst keinen Widerspruch duldete und ihn dann auch nicht mehr fand. An die Stelle von Jahrhunderten des Nebeneinanders von Juden, Christen und Mauren tritt die Inquisition. 1481 nimmt sie ihre Arbeit auf. Nach dem Fall Granadas beginnt man die Juden zu vertreiben und die Inquisition verfolgt voll Mißtrauen Maranen und Moriscos, Juden und Mauren, die oft nur zum Schein Christen geworden waren, um der Vertreibung zu entgehen. Der wichtigste Berater der Reyes Católicos, der Katholischen Könige Isabella und Ferdinand, ist der ›große Kardinal‹ González de Mendoza, Erzbischof von Toledo. Fanatismus breitet sich langsam aus, den die beginnende Reformation, die man als Bedrohung empfindet, noch verschärft. Ignatius von Loyola, Gründer des Jesuitenordens, wird in dieser Zeit und Atmosphäre zu einem der großen Vorkämpfer der Gegenreformation.

In ihm verkörpert sich ebenso wie in Cervantes' wenige Jahrzehnte jüngerer Figur des Don Quijote die Unbedingtheit spanischen Anspruchs an die Welt und sich selbst. Das verwirklicht sich auch in der Kunst, in der erschreckenden Schmucklosigkeit und in der erdrückenden Größe von Bauten, wie dem Escorial oder der unvollendeten Kathedrale von Valladolid. Juan de Herrera, Architekt Philipps II., gibt dem Stil auch seinen Namen. Gotik und beginnende Renaissance waren noch voller Liebe zum Prunk und reichem Ornament gewesen, wie es der späte Barock dann wieder sein wird.

Die gotische Architektur, aber auch die Goldschmiedekunst und die Arbeiten der Bildhauer, hatten auf frühe französische Vorbilder, auf Bauten der Zisterzienser, auf die Kathedrale von Reims zurückgegriffen. Künstler waren mit reichen Aufträgen nach Spanien gerufen worden. Das Übernommene verwandelte sich in der neuen Heimat. Die frühen gotischen Schnitzaltäre wuchsen zu haushohen Wandaltären, den gesamten Chor füllend heran. Da blieb kein Platz für Chorgestühl. Abgeschrankt, eingemauert erhält der »Coro« mit dem Gestühl des Kapitels seinen Platz jenseits der Vierung. Ein reich geschmückter Bau im Bau der Kathedralen.

Medaille der Jakobusbruderschaft in Paris, Vorder- und Rückseite

Das Bild wiederholt sich oft. Zahllos sind die Namen von Künstlern aus Frankreich oder den noch katholischen, spanischen Niederlanden, denen man begegnet. Aber für spanische Auftraggeber entsteht spanische Kunst. Zwar verwirklicht der Architekt Juan de Colonia (Hans von Köln) an der Kathedrale von Burgos die für Köln entworfenen Turmhelme, die in Köln aber erst 1880 vollendet wurden, bereits im 15. Jahrhundert. Aber was er, sein Sohn Simon, sein Enkel Francisco sonst bauen, ist spanische Spätgotik, wuchernd und pflanzenhaft blühend in Stein. Ähnlich gilt das für die riesenhaften Monstranzen, die custodias, der Goldschmiededynastie, die Enrique de Arfe, aus Harff bei Köln stammend, im 15. Jahrhundert begründete. Das ist ein Vorgang, der seit den Anfängen der Pilgerfahrt nach Santiago de Compostela zu beobachten ist, als zahllose ›Franken‹ sich in den Städten am Pilgerweg niederlassen. Oft erhalten ihre Quartiere eigene Rechte, ›fueros‹, selten kommt es zu so blutigen Auseinandersetzungen mit der einheimischen Bevölkerung wie in Pamplona. Meist assimiliert man sich rasch und wird Spanier.

Auf den Spuren Karls des Großen

Roncesvalles

Über den Puerto de Ibañeta jenseits der Grenzübergangsstation, über den portus Cisere des lateinischen Pilgerführers, von St. Jean-Pied-de-Port im Valcarlos aufsteigend, erreicht man das sagenumwobene Roncesvalles, uns aus der französischen Überlieferung als Roncevaux geläufig. Der nachhallende Klang der Waffen und der Abglanz der Heldenlieder haben den so oft zerstörten Ort bewahrt, ihn immer wieder erneuert. Der große, düstere Baublock des alten Pilgerhospitals, die stolze Stiftskirche, die kleinen Kapellen auf der sanft geneigten Fläche des Schlachtfeldes der großen Niederlage Karls des Großen oder das spätgotische Pilgerkreuz zwischen den ersten Bäumen des Waldes talabwärts geben der kleinen Siedlung ihren eigenartigen Charakter (Abb. 5).

Hier steht nicht der erfolgreiche Karl der Große im Blickpunkt, der Herrscher über weite Gebiete des heutigen Europa, dessen Gestalt und Existenz ohne ihn nicht vorzustellen ist. Die Lebensbeschreibungen des erfolgreichsten Herrschers in der Geschichte des Abendlandes bieten neben der Biographie manche Anekdote. Sage und Heldenlied, Dichtung und Drama aber haben sich an seiner großen Niederlage entzündet. Ebenso wie ihm die Sage einen Kreuzzug nach Jerusalem zuschreibt, wuchs aus einem gut geplanten Feldzug über die Pyrenäen eine Pilgerfahrt nach Santiago de Compostela, an deren Ende der Untergang seines Paladins Roland und dessen Gefährten steht. Geschildert wird dieser Vorgang, der bis heute immer wieder die Phantasie und Neugier der Dichter und Forscher, der Dilettanten und Spezialisten entzündet hat, auf den Reliefs am Schrein des heiligen Karl des Großen in Aachen zu Beginn des 13. Jahrhunderts ebenso wie in der lateinischen *Historia Karoli Magni et Rotholandi*, die als *Gesta Karoli Magni in Hispania* auch im Codex Calixtinus auftritt, oder im altfranzösischen *Chanson de Roland*, den sich schon Heinrich der Löwe übersetzen läßt.

Altfranzösisches Heldenlied und lateinische Dichtung sind zu Beginn des 12. Jahrhunderts entstanden. Beide variieren, wohl aus alter Überlieferung schöpfend, das tragische Schicksal des Helden Roland, ohne voneinander abhängig zu sein. Die lateinische Erzählung, die sich wie eine Chronik historischer Ereignisse aufführt, nutzte besonders im zweiten Teil das Heldenlied als Steinbruch, erweitert oder kürzt. Im ersten Teil werden aber die Ereignisse des Zuges Karls nach Santiago berichtet, die erkennbare spanische Verhältnisse schildern. Von Santiago de Compostela ausgehend, in über zweihundert Handschriften erhalten, gehören diese Geschichten Karls des Großen und seines Helden Roland zu den populärsten Geschichten des Mittelalters. Als angeblichen Verfasser greift man auf Bischof Tilpinus von Reims (etwa 748–94) zurück, der als Turpin schwertschwingend in die Welt der Sagenhelden einzieht.

Denn die Zeitgenossen erwähnen den Feldzug Karls nach Spanien zwar, aber verständlicherweise nur kurz. Während des Reichstages in Paderborn im Jahre 777 traf auch eine Gesandtschaft des maurischen Wali von Barcelona ein, der Unterstützung gegen seinen Herrn, Emir Abd al-Rahman I. von Córdoba suchte. Nach ausgedehnten Vorbereitungen, im Glauben, in Sachsen werde Ruhe herrschen, zieht Karl der Große über die Pyrenäen und belagert Zaragoza erfolglos. Pamplona war zerstört worden. Schließlich drängen auch Nachrichten vom aufständigen Widukind zum Rückzug. Die Nachhut mit Gepäck und Beutegut wird im Hinterhalt von Roncesvalles aufgerieben. Dabei fallen nach dem Bericht Einhards, des Biographen Karls des Großen, Eggihard, des Königs Truchseß, ein Pfalzgraf Anshelm, und Hruodland, der Praefectus der bretonischen Grenzmark mit vielen anderen.

Damit ist der Name gefallen, an den sich drei Jahrhunderte später die schriftlich niedergelegte Dichtung knüpft. Und dank Eggihards nur schriftlich überlieferter Grabinschrift läßt sich der 15. August 778 als Datum des für die Literatur- und Kunstgeschichte so folgenreichen Ereignisses rekonstruieren. Als Schlußpunkt des Heldenkampfes versucht Roland, sein Schwert Durendal mit mächtigem Hieb auf einen Felsen zu zerbrechen. Vergeblich bleiben die drei Schläge, die er versucht. Gespalten wird der Fels. Ein letztes Mal bläst er mit aller Kraft sein elfenbeinernes Horn, so daß es springt und nun endlich Karl, der bereits Valcarlos erreicht hat, alarmiert. Zu spät. Roland bereut seine Sünden, reicht seinen Handschuh den Engeln, die nun herniedersteigen, um seine Seele entgegenzunehmen ...

Über dem sagenumwobenen Felsen steht nun die Kapelle Sancti Spiritus, des Heiligen Geistes, auch als Silo de Carlomagno bezeichnet. Hier seien die Helden begraben worden, soweit man die Leichname nicht wie den Rolands mitgeführt habe. Heute wird die mittelalterliche Grabkapelle für Pilger und Dorfbewohner nur noch von den wenigen Bewohnern von Roncesvalles benutzt und ist selten zugänglich. Ihre durchgreifend renovierten Ursprünge reichen wohl in die Gründungszeit des Hospitals um 1132 zurück. Zur weiten Krypta im Untergeschoß, zur kleinen Kapelle darüber, ist später der Arkadenumgang hinzugekommen. Ein Karner, ein Beinhaus, wie es entlang der Pilgerstrecke noch manches gegeben haben wird. Die kleine Santiago-Kapelle daneben zeigt elegante Gotik mit gut gegliedertem Portal und zwei Kreuzrippengewölben über rechteckigem Grundriß (Abb. 4). Sie ist wenig später als die Stiftskirche um 1200 entstanden, die sich von hier aus noch hinter den düsteren Hospitalbauten des 17. Jahrhunderts verbirgt.

Die Bauten entstanden, nachdem 1586 auf Wunsch König Philipps II. Martín de Córdoba als apostolischer Visitator in Roncesvalles eingetroffen war. Alle französischen Basken und alle Frauen unter vierzig wurden aus der Nachbarschaft vertrieben. In den folgenden Jahren wurden die neuen Bauten des Konvents und des Hospitals erstellt sowie der Kreuzgang erneuert, nachdem der gotische unter der Last des Schnees zu Beginn des 17. Jahrhunderts zusammenbrach. Nur die Stiftskirche selbst und der grandiose Kapitelsaal blieben. Aber auch die Fragmente des Kirchenschatzes, bewahrt im kleinen Museum im westlichen Bau des Hospitals, zeugen noch vom mittelalterlichen Reichtum des zweiten Weges über die Pyrenäen. Drei der

Die Verteidigung einer Stadt.
Darstellung aus einem Kodex des
10. Jahrhunderts

großen Pilgerstraßen durch Frankreich trafen sich in Ostabat und führten dann über St. Jean de Piedport zum Paß, zum Puerto de Inbañeta. Hier ist eine moderne Kirche an die Stelle vieler Vorgänger getreten, die, immer wieder zerstört, seit dem 11. Jahrhundert auf der Paßhöhe die Pilger erwarteten. Funde, besonders englische Münzen, bereits des 9. und 10. Jahrhunderts, belegen die frühe Nutzung des Übergangs. Die Kirche stand in Abhängigkeit vom Kloster Leyre. In geschützterer Lage am Hang konnte das 1132 von Bischof Sancho von Pamplona und König Alfonso el Batallador gegründete Hospital in der Obhut eines Augustinerstiftes rasch die erste Rolle übernehmen. Aber noch jahrhundertelang erinnerte man sich, daß Karl der Große auf der Paßhöhe ein Kreuz aufgestellt haben sollte, und viele Pilger auf dem Wege nach Santiago taten es ihm dort gleich. In vielen der Pilgerberichte wird diese Wiese voller Kreuze erwähnt. 1801 fand Wilhelm von Humboldt die Kapelle zerstört vor. Sie wurde wieder erneuert und wieder zerstört ...

Von ähnlichen Schicksalen berichtet der kleine Kirchenschatz in den Räumen des Hospitals. Ein silbervergoldeter Deckel eines Evangeliars des 12. Jahrhunderts, das ›Schachspiel Karls des Großen‹ – ein schachbrettförmig gegliedertes Reliquiar des 13. Jahrhunderts mit kostbaren Emails, Gemälde, Kreuze, Bücher. Dürftig gegenüber dem, was einst den Glanz der Liturgie der Kirche bestimmte.

Der durchgreifend restaurierte gotische Bau ist dreischiffig angelegt. Am Abhang errichtet, steigt man mit grandiosem Blick in die Architektur treppab in die Kirche. Den Chor bestimmt ein moderner Baldachin über der mit Silber, Gold und Edelsteinen geschmückten Muttergottes von Roncesvalles. In fast zisterziensischer Schlichtheit haben Architekt und Auftraggeber auf einen Chorumgang verzichtet. Schmale, lanzettförmige Fenster öffnen sich hinter dem Baldachin.

Auf der Südseite schließt sich der Kreuzgang an, und im Südosten erhebt sich fast turmartig der Kapitelsaal des 14. Jahrhunderts. Hier hat der Stifter der Kirche, König Sancho VII. der Starke (1194–1234), einer der Sieger der Schlacht von Las Navas de Tolosa im Jahre 1212, sein Grab zusammen mit seiner Gemahlin erhalten. Die Sage behauptet, daß die mehr als zwei Meter Länge der Grabfigur der Größe des Königs entsprochen hätten. Der Raum mit einer Seitenlänge von 12 m und einer Höhe von 21 m, mit seinem reich gestalteten Gewölbe und den Spuren der ehemaligen Skulpturenausstattung erinnert an die Werkstatt der Kathedrale von Pamplona. Dorthin führt nun der Weg. Im Wald talabwärts begegnet man dem schon erwähnten Pilgerkreuz des 14. Jahrhunderts links der Straße, rechts der Straße einer gefaßten Quelle. Schemenhaft ist noch ein romanisches Relief zu erkennen. Ein fruchtbarer Boden für Denkmäler.

Pamplona

Gut gesichert in einer Schleife des Arga, auf steil abfallendem Plateau, mit einem noch heute umfangreich erhaltenen Befestigungssystem über dem Flußlauf liegt die Altstadt von Pamplona. Autofahren ist hier ein Abenteuer; um so mehr lohnt sich der Gang durch die engen Gassen. Die landseitige Flanke der Altstadt, heute von modernen breiten Boulevards umspannt, schützt eine unter König Philipp II. als fünfstrahliger Stern angelegte Zitadelle. Eine ähnliche Anlage bietet sich wieder in Jaca. Sie erinnern an die Zeit des frühen 16. Jahrhunderts, als unter Henri d'Albret der Teil des Königreichs Navarra auf der anderen Seite der Pyrenäen an Frankreich verloren geht. Nach dem von Karl V. schmerzhaft empfundenen Verlust wird nun Ende des 16. Jahrhunderts die Grenze wieder gesichert. Die Kämpfe hatten im Frühjahr 1521 noch weitergehende, welthistorische Folgen. Eine Kanonenkugel der stürmenden Franzosen verletzte einen jungen Offizier der Garnison an den Beinen – Iñigo de Loyola. Uns ist er in seiner lateinischen Namensform, als Ignatius geläufig. In der Avenida de San Ignacio, die im Zentrum der Stadt die Plaza del Castillo mit der Plaza del Pricipe de Viana verbindet, erinnert eine Gedenkplatte an die Stelle des Anlasses der Wandlung vom Hidalgo zum Heiligen, nahebei steht die ja zu erwartende Kirche San Ignacio.

Eine andere Art Berühmtheit Pamplonas ist jüngerem Bildungseifer zu verdanken. Gemeint sind die Sanfermines. Vom 6. bis zum 12. Juli wird jährlich erneut die Übertragung der Reliquien des heiligen Firminus in seine neue Kapelle in San Lorenzo im Westen der Altstadt im Jahre 1717 gefeiert. Die Festtage bilden den Hintergrund des Romans *The sun also rises* (dt. *Fiesta*) von Ernest Hemingway. Messe und Umzüge mit Riesenfiguren und Schwellköpfen, fröhlicher Lärm bis spät in die Nacht hinein und der berühmt-berüchtigte Auftrieb der Stiere in die Arena. Ihn nutzen Wagemutige, vor den Stieren in die Arena einzulaufen (Abb. 2, 3). Übermütige und Ungeschickte lassen sich auch schon einmal von den spitzen Hörnern Löcher in Kleidung und Körper bohren. Schließlich möchte man sich ja einmal im Leben als Torero fühlen, oder?

Aus diesem alljährlichen Ritual spricht der gleiche baskische Eigensinn wie aus der Strenge des Jesuitenordens oder aus den fanatischen Parolen und Taten der baskischen Unabhängigkeitsbewegung. Der Durst nach Freiheit und Gerechtigkeit läßt sich weit in die Geschichte zurückverfolgen. Unsicher ist, ob Pamplona das von Strabo erwähnte Pompeiopolis ist, das der große Gegner Caesars 76 v. Chr. gegründet hat. Römische Spuren hat man nahe der Kathedrale bei Ausgrabungen gefunden. Dem Ansturm der Barbaren stellt man sich vergebens entgegen.

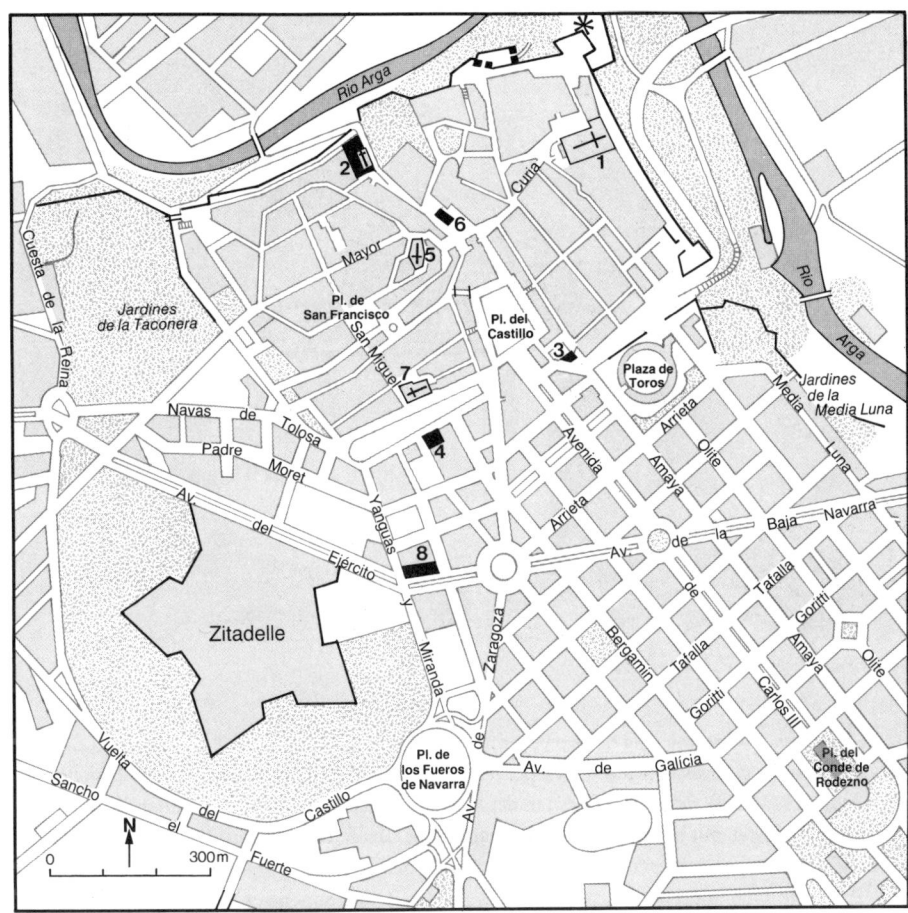

*Pamplona   1 Kathedrale   2 Museo de Navarra   3 Touristeninformation   4 Post   5 San Saturnino
6 Rathaus   7 San Miguel   8 Autobusbahnhof*

466 erobert Eurich die Stadt für das Westgotenreich. 542 folgt der Frankenkönig Childebert als Eroberer. Schließlich finden wir im Jahre 732 Abd al-Rahman al Gafequi in Pamplona, auf dem Weg zur Schlacht gegen Karl Martell bei Tours und Poitiers. Aber 755 befreit man sich von arabischer Herrschaft. Daß man dann die Aktion Karls des Großen, die Mauern der verbündeten Stadt schleifen zu lassen, um dem Feind keine Möglichkeit zu geben, den Rückzug zu bedrohen, als unfreundlich empfindet ist verständlich. Die Folgen in Roncesvalles, besonders für die Literaturgeschichte, kennen wir. Mit dem noch legendenhaften Iñigo Iñiguez Arista zu Beginn des 9. Jahrhunderts beginnt sich das Königreich Navarra zu formieren. Unter Sancho III. el Mayor (1000–1035) erreicht es seine größte Ausdehnung und Bedeutung und wird nach dem

25

Pamplona. Kathedrale von Nordosten

Tode Sanchos unter seine drei Söhne verteilt. Vom Wachstum nach Süden in der Reconquista wird Navarra bald abgeschnitten. Doch der letzte König aus einheimischer Dynastie Sancho VII. el Fuerte (1194–1234), dessen Grabmal in der Stiftskirche zu Roncesvalles zu sehen ist, verheiratet seine Schwester mit dem Grafen von Champagne. Ihr Sohn Thibault I. (1234–53) steht am Anfang französierter Herrschaft in Navarra. Das bringt immer wieder Schwierigkeiten mit dem Adel und auch unter den Bürgern. Bereits seit den Zeiten Sancho el Mayors besitzen die drei Stadtteile, zwei davon von Bürgern französischer Herkunft bewohnt, unterschiedliche fueros, also unterschiedliches Recht. Nur die Franzosen dürfen die durchziehenden Pilger versorgen, andere Vorteile kommen dazu. Teils blutige Auseinandersetzungen sind die Folge. Die Stadtteile gruppieren sich um ihre Pfarrkirchen. Die Navarrería um die Kathedrale, die Franzosen aus dem Gebiet von Cahors um San Cernin und in der Neustadt, dem Burgo Nuevo sammelt man sich, Franzosen und Navarresen, um San Nicolás. Wie San Lorenzo als Bau des 18. Jahrhunderts, lohnen auch San Nicolás oder San Cernin oder auch San Saturnino als Bau der frühen Gotik einen Besuch. Eine Schatzkammer besonders der gotischen Wandmalerei Navarras ist das Museo de Navarra im ehemaligen Hospital im Norden der Altstadt.

Eine Überraschung ist die Kathedrale. Die wenig aufregende klassizistische Fassade des Architekten Ventura Rodriguéz (1783 geplant, 1800 vollendet) verbirgt einen interessanten gotischen Bau. Dieser wiederum wurde anstelle eines im Jahre 1390 eingestürzten romanischen

Baus errichtet. Ohne daß man Opfer zu beklagen hatte, brach am 1. Juli, einen Monat nach der festlichen Krönung König Carlos III. el Noble und seiner Gemahlin Leonora von Kastilien, das Schiff in sich zusammen. Fassade und Chor blieben, die romanische Fassade sogar noch bis 1783, bis zum Bau der heutigen Fassade eher wie eine Bahnhofsvorhalle wirkend als Kontrast zum gotischen Schiff. Vom Glanz und der künstlerischen Qualität der romanischen Kathedrale zeugen noch einige Kapitelle des Kreuzgangs, die im Museo de Navarra ausgestellt sind. Um 1140 vollendet, gehören sie zu den schönsten Leistungen der spanischen Romanik. Aber auch aus der Werkstatt des großen Estebán, des Magister opera Sancti Jacobi, der im Jahre 1101 für den Bau der Kathedrale nach Pamplona berufen wurde, sind qualitätvolle Werkstücke erhalten geblieben. Die Vermutung, Estebán habe vor 1101 den Bau der Kathedrale in Santiago de Compostela geleitet, wie die Bezeichnung vermuten lassen könnte, hat sich nicht belegen lassen. Im Frühjahr 1127 kann Bischof Sancho de Larrosa die neue Kathedrale weihen.

Aber die Auseinandersetzungen zwischen den Nationalitäten der Stadtteile werden dem Bau im folgenden Jahrhundert zum Schicksal. 1277 verwüstet ein französisches Hilfsheer unter Führung des Grafen von Artois die Navarrería, plündert die Kathedrale. Erst eine Generation später beginnt man das Stadtviertel wieder zu besiedeln und die Kathedrale wieder in Stand zu setzen. Seit dem Beginn des 14. Jahrhunderts, unter Bischof Arnaldo de Barbazan, beginnt man von Wiederaufbau zu sprechen. Zwei Flügel des schönen Kreuzgangs erinnern an diese Zeit, dabei auch am Ostflügel der Kapitelsaal mit seinem oktogonalen Sterngewölbe, das so elegant in den turmartigen Rechteckraum eingefügt wurde. Der Bauherr und Bischof nutzt ihn zugleich als Grabkapelle.

Nach dem Einsturz der Kathedrale im Jahre 1390 setzte sich Carlos III. el Noble intensiv für den Neubau der Kathedrale seiner Hauptstadt ein. 1390 beginnt man mit den Arbeiten. Der letzte nordwestliche Pfeiler des Schiffs vor der Vierung trägt ein Relief mit der Darstellung von drei anbetenden Kanonikern vor Maria und dem Kind mit dem Datum 1394. Die Mitglieder des Kapitels, der Bischof Martin de Zalba (1377–1403) und König Carlos III. el Noble (1387–1425) sind die wichtigsten Träger der Baukosten. Am 24. Mai 1397 stiftet der König, der sich schon vor dem Einsturz für die Verschönerung seiner Kirche einsetzte, ein Vierzigstel seiner Einkünfte für den Bau. Und da man dabei auch Wert auf Selbstdarstellung legte, lassen sich an den Wappen auf den Schlußsteinen der Gewölbe auch die Baufortschritte gut ablesen. Begonnen wurde mit den Seitenschiffen, bis 1442 waren auch die Gewölbe des Hauptschiffes geschlossen. Zu Beginn des 16. Jahrhunderts wurden die Kapellen des Chorumgangs vollendet, und um 1530 wurden die Sterngewölbe des Hochchors als eleganter Höhepunkt eingezogen.

Der Chorgrundriß der Kathedrale gehört zu den raffinierteren Leistungen der späten Gotik. An den über einem Mittelpfeiler geschlossenen Hochchor werden nur vier weitgespannte Kapellen angegliedert. Zwei fünfseitig, zwei sechseckig angelegt. Der Wandaufbau mit schmalen Fenstern, die noch Reste von zarter Renaissanceverglasung zeigen, bietet weite Flächen straff gespannter Wand. Der Raum bleibt dunkel, wie es trotz französischer Herrschaft spanischer Architekturtradition entspricht. Im Zentrum des Hochchores schimmert silberbeschlagen das strenge romanische Marienbild der Santa María la Real mit ihrem wohl im 18. Jahrhundert ergänzten Kind. Ein neugotischer silberner Baldachin gibt ihr den passenden Rahmen.

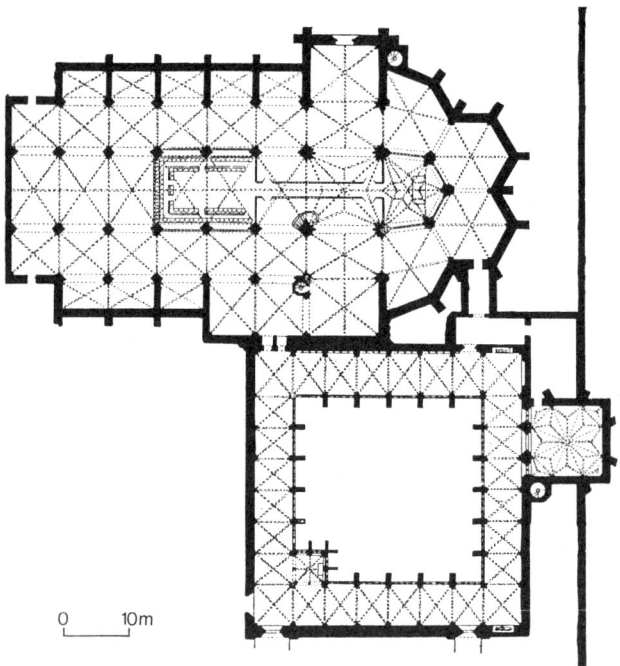

0 10m

*Pamplona. Grundriß
der Kathedrale mit
Kreuzgang*

Gitter statt steinerner Chorschranken und der Abbruch des Trascoro, des jenseits der Vierung
gelegenen Chorgestühls lassen dies mittelalterliche Zentrum der Liturgie voll zur Wirkung
gelangen. Die schmiedeeisernen Gitter des Chorraumes gehören zu den schönsten und technisch aufwendigsten Eisenarbeiten des frühen 16. Jahrhunderts in Spanien. Im Schiff davor hat
seit 1509 das Grabmal für König Carlos III. el Noble und seine Gemahlin Leonor de Castilla
seinen Platz gefunden. Bis dahin stand es im Hochchor, vollendet 1420. Seit 1416 hatten die
Arbeiten am Grabmal in königlichem Auftrag in der Werkstatt des Janin Lome aus Tournai in
Räumen des königlichen Palastes in Olite begonnen. Wir kennen auch die Namen weiterer französischer Bildhauerkunst, die das Vorbild des burgundischen Hofes nicht verleugnet: Michel
Reims, Anequin de Sora, Johan de Lille, Viçent Huart, Johan de Borgoña, Collin de Reims
oder Johan de la Garnia werden in den Quellen erwähnt. Als achtundzwanzig trauernde Figuren umstehen Zeitgenossen, von denen sich einige identifizieren lassen, die Seiten des Grabmals.
Portraitähnlich liegen die Inhaber des Grabes, ins ewige Gebet versunken, gekrönt in Festgewandung oben auf. Sparsame Farbigkeit und Vergoldung heben den schimmernden Glanz des
Alabasters. Stück für Stück wurden die Teile von Olite nach Pamplona transportiert und dann
dem Herrscher als vollendetes Denkmal präsentiert. Es wird auf ihn, ebenso wie auf die Zeitgenossen, seine Wirkung nicht verfehlt haben – wie es auch den heutigen Betrachter noch immer
anspricht.

Kunstvolle Bildhauerarbeiten der Gotik, hier des 14. Jahrhunderts, gibt es auch noch im Kreuzgang zu bewundern. Portale, Kapitelle und Grabdenkmäler bilden hier mit der Eleganz des Maßwerks und der Präzision des Steinschnitts ein einmaliges Ensemble. An die Südwestecke des Kreuzgangs mit dem Brunnenhäuschen, dessen Gitter aus Ketten geschmiedet wurden, die König Sancho el Fuerte bei Las Navas de Tolosa 1212 erbeutete, schließen Refektorium und Küche an. Hier wurden einst auch die Pilger auf dem Weg nach Santiago de Compostela verpflegt. Heute wird hier der Schatz des Diözesanmuseums mit kostbaren Goldschmiedearbeiten der Gotik gezeigt.

Bevor der Weg nun weiter nach Puente la Reina führt, wo alle Pilgerwege zusammentreffen, sei ein kleiner Abstecher, 20 km südöstlich von Pamplona nach Artaiz empfohlen. Das kastenförmig gerahmte Portal der kleinen einschiffigen Kirche bietet rings um das schlichte Tympanon mit dem Chrismon, das seit der Spätantike aus der Kunst des christlichen Spaniens nicht wegzudenken ist, kraftvolle romanische Bildhauerarbeiten. Man bekommt bereits eine Vorahnung vom Reichtum der Porta speciosa des Klosters Leyre, auch wenn nicht alle Szenen zu entziffern und zu verstehen sind. Man erkennt in den Metopen zwischen den Konsolen des Dachgesimses Christi Abstieg in die Hölle zu den Vorvätern, das Lesen der Messe und das üppige Gastmahl des bösen Reichen, zu dessen Füßen der Arme vom Hund beleckt wird. Ebenso ungedeutet wie manche der Szenen ist die Geschichte der kleinen, aber aufwendig gestalteten Kirche. Weder Bauzeit noch Bauherr sind bekannt.

Auf dem Weg durch Aragón und Navarra

Col de Somport

Der Weg von Süden oder Südwesten führte die Pilger wie den heutigen Touristen über Arles, über Toulouse, über Oloron St^e. Marie in die tiefen Täler der Pyrenäen. Täler, die über langgestreckten Straßen immer enger und steiler werden, in denen oft noch im späten Frühjahr Schnee aufwirbelt oder eisiger Regen niedergeht. Schließlich bleibt auch der Wald zurück, und in langen Serpentinen führt die Straße auf den Paß in 1632 m Höhe. Er liegt damit erheblich höher als der bequemere Paß über Roncesvalles mit 952 m und galt schon den Römern wie im Mittelalter als der »summus portus«, daher Puerto de Somport, der höchste Paß über die Pyrenäen.

Aber ein zweifacher Lohn stand am Ende des anstrengenden Marsches auf den Paß. Einen erhalten wir auch heute meist noch: das Wetter wechselt. Nach wenigen Kilometern spätestens bricht auf der Südseite der Pyrenäen die Sonne durch. Immer noch spielen die Bergzüge ihre Rolle als Wetterscheide. Das zeigt sich auch an der Vegetation. Sie wird spärlich und dürr. Statt Wald prägen Felsen die Landschaft, die man nun in Richtung Jaca durchfährt. Ein modischer Fremdkörper ist dabei direkt hinter der Grenze der kleine Skiort **Candachú.**

Am Ortsausgang, kurz bevor die Straße den Astún überquert, sind noch die Spuren des Lohns zu erkennen, der die Pilger des Mittelalters erwartete. Ein paar dürftige Mauerreste des großen Pilgerhospitals, das der lateinische Pilgerführer als eine der drei Säulen bezeichnet, die Gott zur Unterstützung seiner Armen in dieser Welt errichtet habe. Das Hospital der heiligen Christina wird neben das Hospital von Jerusalem und neben das auf dem St. Bernhard gestellt. Nach dem harten Marsch in die Pyrenäen hinein hatte man sich wahrlich hier ein Refugium verdient, und die, die es errichtet hatten, verdienten ohne Zweifel, nach der Ansicht des Pilgerführers, das Himmelreich.

Neben diesem erstrebenswerten Ziel, das den Stiftern im Laufe des Mittelalters immer vor Augen stand und vor Augen gehalten wurde, diente die Stiftung auch weltlichen Interessen. Man leitete den Pilgerstrom, so wie man heute versucht, Touristenströme zu locken und zu lenken, durch das Königreich Aragón. Vermutlich war es König Sancho I. Ramírez (1063–94) von Aragón, der vor 1078 das Hospital de Santa Cristina gründete. Erwähnt wird es erstmals in einer Schenkung seines Nachfolgers Pedro I. (1094–1104) im Jahre 1100. Zahlreiche weitere Schenkungen folgen und im Jahre 1226 bestätigt Papst Innozenz III. den nach der Regel Augustins lebenden Mönchen einen Besitz von 14 Kirchen in Frankreich und von 30 in Aragón.

Aber Gebirgspässe ziehen nicht nur Pilger und Händler an. Reichtum lockt zum Plündern, und in den Religionskriegen des späten 16. Jahrhunderts wird das Hospital 1593 zerstört.

Wen ein kleiner Fußmarsch nicht stört, der kann an der Strecke nach Jaca, an der N 330, unterhalb von Castiello de Jaca, der nach links abzweigenden Straße über Bescós nach Acín folgen. Von hier aus sind es noch drei Kilometer flußaufwärts entlang des Iguacel bis zur kleinen und vernachlässigten Kirche **Nuestra Señora de Iguacel.** Der schlichte Bau, in dessen Apsis eine Marienfigur des 12. Jahrhunderts aufgestellt ist, trägt über dem vermauerten Westportal eine Stiftungsinschrift. Sie berichtet, daß Graf Sancho Galíndez und seine Frau Urraca zur Zeit König Sanchos I. Ramírez im Jahre 1072 die Kirche vollenden ließen. Ihre Architektur, die Bildhauerarbeit der Kapitelle, sie bestätigen mit ihrem Anklang an die Kathedrale von Jaca deren frühe Datierung in der romanischen Kunst Spaniens.

Jaca

Die kleine alte Bischofsstadt in sicherer Höhenlage an der Mündung des Río Gas in den Río Aragón wird am Rande des alten Stadtkerns von der mächtigen Zitadelle beherrscht, die König Philipp II. 1571 in Auftrag gab. Mit einem fünfstrahligen Stern als Grundriß, restauriert, gehört sie zu den besten Beispielen ihrer Art in Europa. Sie erinnert daran, ebenso wie die dichte Ansiedlung von Militärposten und Kasernen entlang der Paßstraße und rings um Jaca, daß hier seit Jahrhunderten einer der wichtigsten Pyrenäenübergänge kontrolliert wird.

Handel und Verkehr, Wirtschaft und Pilgerfahrten waren auch der Anlaß, daß Jaca unter Sancho I. Ramírez (1063–94) zur königlichen Stadt ausgebaut wird. Auch hier im Westen Spaniens hat es Widerstand gegen das Vordringen der Araber gegeben. Aber die Anfänge der Staatenbildung sind mühsam. Kleine Grafschaften haben dauerhafteren Bestand als die Versuche, Königreiche zusammenzufassen. An den Anfängen des Königreichs Aragón steht Graf Aznar Galíndez (809–39). Zu Beginn des 10. Jahrhunderts werden Aragón und Navarra unter den Königen von Navarra zusammengefaßt. Erst mit dem Sohn Sancho III. Garcés, des Großen (1000–1035), der die Königreiche von León bis Aragón unter seiner Herrschaft vereint hatte, erst unter Ramiro I. (1035–63) wird Aragón zu einem eigenständigen Königreich. Ihm gelingt es, die Grenze gegen die Araber zum Ebro vorzuschieben und nach dem Tode seines Vetters Sancho IV. von Navarra die Königreiche unter seiner Herrschaft wieder zu vereinen. Zölle auf den Handelswegen und Tribute der taifas, der kleinen arabischen Königreiche im Grenzgebiet bringen Reichtum. Den Einwanderern aus dem Süden und Westen Frankreichs werden mit den fueros weitgehende Rechte politischer und wirtschaftlicher Selbständigkeit verliehen. Rechte, auf die man sich in den kommenden Jahrhunderten immer wieder berufen wird. Auch kirchenpolitisch werden neue Wege beschritten. Sancho I. Ramírez sucht zu Beginn seiner Regierungszeit Papst Alexander II. in Rom auf; gibt dem Kapitel der Kathedrale von Jaca die Augustiner-Regel, reformiert die alten Klöster; beginnt, die römische Liturgie einzuführen.

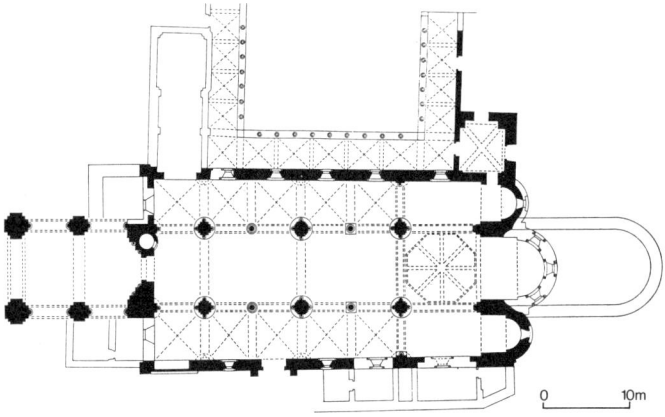

*Jaca. Grundriß der
Kathedrale*

Die Kathedrale

Mit wenigen Schritten gelangt man von der Durchgangsstraße in die Altstadt und zur Kathedrale San Pedro – auch so wird an die engen Beziehungen zu Rom erinnert. Ein Glockenturm überragt die westliche Vorhalle, dahinter liegt fast verborgen der dreischiffige Bau, dessen Querschiff nicht über die Seitenschiffe hinausragt. Eine Vorhalle bietet vor dem Südportal Wetterschutz. Sonst ist von der ersten bedeutenden romanischen Kirche Spaniens nur noch die südliche Chorkapelle zu sehen (Abb. 6). Überhaupt wirkt der Bau unscheinbar, teils umstellt von Profanbauten, niedrig und noch nicht durch Restaurierung aus der Umgebung gelöst. Das Innere ist dann düster dazu, wie es auch sonst für spanische Bauten gilt. Wer einen solchen Bau betritt, soll sich von der äußeren Umgebung und ihren Einflüssen lösen. Für viele Reisende ist die Kathedrale von Jaca der erste Bau, an dem man diesen spanischen Eigentümlichkeiten begegnet. Aber die Fremdheit sollte bewußt wahrgenommen werden, um sich durch sie nicht den Blick auf Geschichte, Kunst und Architektur verstellen zu lassen.

Nach nicht ganz gesicherter Überlieferung treffen sich im Jahre 1063 die Bischöfe von Auch in Südfrankreich, von Urgell, Bigorre, Oloron, Calahorra, Leyre, Jaca, Zaragoza und Roda zu einem Konzil in Jaca und weihen bei dieser Gelegenheit die Kathedrale, obwohl erst Chor und Querschiff vollendet sind. Das wird durch eine Stiftung des im gleichen Jahr verstorbenen Königs Ramiro I. bestätigt. Die Urkunde schildert ebenfalls, daß Schiff und Turm noch zu vollenden sind. Mit dem Turm habe man bereits begonnen. Das merkwürdige Tympanon, vielleicht das älteste romanischer Kunst, wird also fertig gewesen sein.

Im Mittelpunkt steht das Chrismon, monogrammartig mit griechischen Buchstaben aus den Konsonanten des Wortes christos zusammengesetzt. Ähnlich nutzte es bereits Konstantin als sein Feldzeichen, als Labarum, und seit der Spätantike ist es in der Kunst Spaniens ein mehr als beliebtes Motiv auf Kapitellen, Grabstelen, Sarkophagen oder geformten Ziegeln. Auch im hohen Mittelalter ändert sich daran wenig. Wir begegnen ihm immer wieder. An das eingefügte Kreuz sind Alpha und Omega, das doppelte ›O‹ in Erinnerung an die Vision der Apokalypse angehängt. Rings um das Chrismon ist ein beschrifteter Ring gelegt: »+HAC IN SCULPTURA, LECTOR, SIC NOSCERE CURA: P. PATER, A GENITUS, DUPLEX EST SPIRITUS ALMUS. HII TRES IURE QUIDEM DOMINUS SUNT UNUS ET IDEM:« – Leser, auf dieser Skulptur erkenne mit Sorgfalt, daß das P der Vater, das A der Sohn und der Doppelte der Heilige Geist ist. Alle drei sind in Wahrheit der eine und gleiche Herr. – Über die gewohnte Deutung des Chrismon als Hinweis und Zeichen Christi hinaus wird hier die Trinität erkannt. Links und rechts erscheint Christus als Löwe, wie ihn die Vision der Apokalypse sieht (5,5). Links schützend über eine menschliche Figur gestellt, der noch die Schlange des Bösen festhält. Damit ist zugleich auch der rechte Löwe mit dem Psalm 91,13 erfaßt, der immer wieder auf Christus bezogen wurde: Der Mann, der siegreich über Schlange und Basilisk, über Löwe und Drache hinweggeht. Das Mischwesen des Basilisken ist gut zu erkennen. Ist der Bär, damals in den Pyrenäen heimisch, an die Stelle des Löwen getreten, den man hier nicht in doppelter Bedeutung sehen wollte? Je eine Inschrift gibt zusätzliche Deutungshilfe: »PARCERE STERNENTI LEO SCIT, XRISTUSQUE PETENTI – IMPERIUM MORTIS CONCULCANS EST LEO FORTIS«. – Der Löwe weiß den Flehenden zu verschonen, wie Christus den Bittenden – der starke Löwe zertritt das Reich des Todes. – Auf der unteren Leiste des Tympanons wird das Thema noch erläutert: »VIVERE SI QUERIS QUI MORTIS LEGE TENERIS, HUC S(up)PLICANDO VENI RENUENS FOMENTA VENENI. COR VICIIS MUNDA, PEREAS NE MORTE SECUNDA:« – Wenn Du, gehalten vom Gesetz des Todes, verlangst zu leben, komm hierher zu flehen, absagend giftigen Speisen. Reinige das Herz von Lastern, damit Du nicht des zweiten Todes stirbst. – Was wenige Jahrzehnte später mit dem geläufigen Bild der Mahnung des Jüngsten Gerichtes zum Standardthema der Tympana wird, bleibt hier noch in komplizierte Bilder und Erläuterungen gefaßt.

Weniger klar zu definieren sind die Themen der Kapitelle des Portals. Erheblich jüngere Skulpturen, darunter ein Jakobus, schmücken die Vorhalle. Ältere Bauteile, darunter ein klar geschnittenes Adlerkapitell, hat man an der südlichen Vorhalle verarbeitet. Etwa aus der gleichen Zeit wie das Westtympanon sind auch die Kapitelle des Südportals. Etwas jünger, denn wohl bis ins 12. Jahrhundert hat man noch am Schiff gebaut, sind die figürlichen und ornamentalen Kapitelle dort. Man benötigt einige Zeit, sie in der erst ungewohnten Dunkelheit zu entdecken, ist dann aber von ihrer Qualität fasziniert.

Das Mittelschiff folgt nicht den ursprünglichen Planungen, denn in der Stiftung des Jahres 1063 wird von einem steinernen Gewölbe gesprochen. Hatte man sich überschätzt? Oder folgte man dann lieber italienischen Vorbildern, wie Bari oder Modena mit kreuzförmigen Pfeilern und einem holzgedeckten Schiff? Die Entscheidung für Holz hat Konsequenzen. Aus den Jahren 1400, 1440 und 1447 wird von Bränden berichtet, die die gesamte Ausstattung der vorhergehenden Zeit vernichten. Nach 1520 hören wir, daß unter Leitung des Architekten Juan de Segura die Seitenschiffe neue steinerne Gewölbe erhalten. Erst Ende des 16. Jahrhunderts wird dann auch das Mittelschiff mit Gewölben versehen. Geschwungene Rippen tragen reich gearbeitete platereske, goldschmiedeartig gestaltete Schlußsteine, aufgesetzt wie Broschen. Die ursprünglich nur wenig weiter nach Osten vorragende zentrale Chorkapelle wurde im 18. Jahrhundert durch einen Neubau ersetzt und erheblich verlängert.

Vom romanischen Kapitelsaal aus hat man Zugang zum Kreuzgang, der weitgehend im 18. Jahrhundert erneuert wurde. Hier ist auch das Diözesan-Museum untergebracht, das abgelöste Wandmalereien aus Kirchen in Aragón und sichergestellte Skulpturen aus den Kirchen der Diözese zeigt. Meist sind sie von ländlicher Qualität, aber da man in den Kirchen selbst nur noch wenig zu sehen bekommt, lohnt sich ein Rundgang. Gerade in der Häufung vergleichbarer mittelalterlicher Werke tritt das Arbeiten nach selten erreichten Vorbildern besonders klar hervor.

Von Jaca aus lohnt sich immer eine Fahrt zum Kloster San Juan de la Peña. Auf dem Weg dorthin erreicht man auch **Santa Cruz de la Seros** mit der Kirche des Klosters, das Sancha, die Tochter König Ramiros I. dort gründete. Als die Benediktinerinnen im 17. Jahrhundert aus der Einsamkeit nach Jaca zogen, nahmen sie den Sarkophag ihrer Gründerin mit sich. Er läßt sich durch das Datum der Klosterstiftung im Jahre 1095 und durch den Tod Sanchas im darauffolgenden Jahr gut ins frühe 12. Jahrhundert datieren. Verständliche Verwandtschaften der Bildhauerarbeiten am Sarkophag mit Kapitellen der Kathedrale, mit dem Tympanon von San Pedro el Viejo in Huesca, mit Kapitellen des Kreuzgangs von San Juan de la Peña und auch Bildhauerarbeiten im frühen Oberitalien hat man schon vor Jahrzehnten festgestellt. Die Front des Sarkophags, der heute in der Klosterkirche San Salvador y San Ginés steht, zeigt im Zentrum die nackte, kindliche Seele der frommen Prinzessin in einer Mandorla, von Engeln gen Himmel getragen. Links treten der Bischof und seine beiden Begleiter zur Beisetzung heran, rechts wird wohl Doña Sancha zu Lebzeiten mit ihren Begleiterinnen dargestellt. Die Rückseite zeigt den Kampf Samsons als Überwindung des Bösen, das man sich unter den Zeitgenossen wohl auch im ritterlichen Kampf vorstellen konnte, der daneben dargestellt wird. Die Schmalseiten zeigen ein reich geschmücktes Chrismon und zwei Greifen als Ornament.

Abstecher nach Huesca

Neben dem interessanten Bau und der Inschrift von Nuestra Señora de Iguácel, der natürlich auch von Jaca aus zu erreichen ist, lohnt San Pedro de Lárrede einen genaueren Blick. Knapp 20 km östlich von Jaca fährt man erst auf der C 134, dann den aufgestauten Gállego auf der C 136 ein kurzes Stück aufwärts. Die wenigen Häuser von **Lárrede** stehen auf dem gegenüberliegenden Ufer des Flusses. San Pedros reizvolle Mischung des frühen 11. Jahrhunderts, also noch vor der Kathedrale von Jaca, aus mozarabischen Einflüssen der christlichen Rücksiedler aus Gebieten unter arabischer Herrschaft und oberitalienischen Einflüssen zeigt sich in Hufeisenbogen und Alfiz, in Apsis mit Lisenen und Rundbogen, mit einer Andeutung von Zwerggalerie darüber. Der einschiffige Raum ist bereits tonnengewölbt!

Nach Süden könnte man dann gleich einen Ausflug nach **Huesca** anschließen. Das zu römischer Zeit als Osca bekannte Huesca war ein erstes Etappenziel für die von Aragón aus geführte

Reconquista. Sancho I. Ramírez erreichte dies Ziel nicht. Er starb 1094 während einer Belagerung der Stadt, die von den Mohammedanern zu einer starken Festung ausgebaut worden war. Erst seinem Sohn und Nachfolger Pedro I. (1094–1104) gelang die Eroberung Huescas, dessen Hauptmoschee der gleichzeitige Bischof von Jaca, Pedro, für die vollkommenste Spaniens hielt. Er hat wohl recht. Erst 1273 beginnt man mit dem Bau der heutigen gotischen Kathedrale, bis dahin benutzte man die zur Kathedrale geweihte Moschee. Aus dieser ersten Bauzeit zu Beginn des 14. Jahrhunderts stammt noch das Tympanon des Hauptportals. Sonst wird der gotische Bau mehr durch den Umbau der Spätgotik (1497–1515) geprägt. Von einem Schüler Donatellos, dem Katalanen Damián Forment, stammt der 1533 vollendete Hauptaltar mit seinen in Alabaster gearbeiteten Reliefs. Gleichzeitig etwa entstanden die Glasfenster des Chores. Ende des 16. Jahrhunderts folgte das Chorgestühl. Im Kapitelsaal des 17. Jahrhunderts ist das Diözesan-Museum mit Kostbarkeiten des Mittelalters und der frühen Neuzeit untergebracht.

Die schönsten Spuren aus romanischer Zeit sind mit der Kirche San Pedro el Viejo – der Alte – erhalten geblieben. Hier stand bereits die Kirche der mozarabischen Christen, derer, die unter arabischer Herrschaft in Huesca lebten. Die Kapitelle und das schöne Tympanon mit Chrismon und Anbetung der Heiligen Drei Könige erinnern an den Sarkophag der Doña Sancha in Jaca oder an Skulpturen der Kapitelle von San Juan de la Peña. Noch 1117, ein Jahr bevor Alfonso I. el Batallador (1104–34), der Bruder und Nachfolger Pedros I., Zaragoza erobert und damit die kurzen 22 Jahre königlicher Residenz für Huesca beendet sind, hat man mit der Erneuerung der westgotischen Kirche begonnen. Hier findet dann der dritte Bruder, Ramiro II. el Monje, (1134–37) König von Aragon, seine Ruhe als Mönch und schließlich endgültig in einem antiken Sarkophag. Auch der mit Waffenruhm bedeckte Bruder Alfonso I. el Batallador ruht mit manchen anderen hier in der Kapelle San Bartolomé. Unter den sonst meist barocken Kirchen bietet nur noch San Miguel späte Romanik der Mitte des 12. Jahrhunderts. Ein weiterer Ausflug nach Osten auf der N 240 führt zur Klosterfestung auf dem Monte Aragón oder in Richtung Südwesten nach Zaragoza. Aber auch die Kirche von Agüero oder die Burg Loarre sind von Huesca aus gut auf der N 240 zu erreichen.

San Juan de la Peña

Von Jaca aus führt die C 134 entlang des Aragón nach Westen in Richtung Santiago de Compostela weiter, aber entweder gleich am Ortsausgang von Jaca oder nach wenigen Kilometern in westlicher Richtung führen Straßen zu einem Kloster, das man gesehen haben sollte. Es sind weniger die Architektur oder die Skulpturen der Kapitelle des Kreuzgangs, die von unwiederholbarem Reiz sind, als die Lage des Klosters und die Landschaft.

Wählt man die kurvenreiche und einsame N 333 am Ortsausgang von Jaca, wird man direkt unterhalb des Peña de Oroel mit 1769 m Höhe vorbeigeleitet, bevor dann bei Bernués eine noch schmalere und kurvenreichere Straße das Kloster San Juan de la Peña erreicht – immer

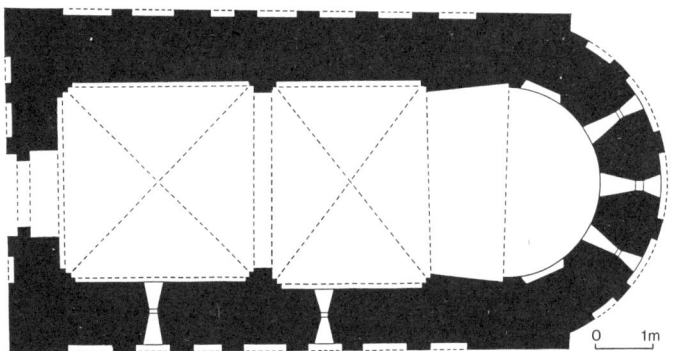

Santa Cruz de la Seros.
San Caprasio, Grundriß

noch in 1220 m Höhe. An der Südflanke des Peña de Oroel führt die Straße dabei an der
Virgen de la Cueva vorüber. Ein schmaler Weg zweigt links von der N 330 zu einer bescheidenen Kapelle ab, die vor einer Höhle errichtet worden ist. Hier leisteten, soweit man der unsiche-
ren Überlieferung glauben darf, im Jahre 724 erstmals die zukünftigen Herren Aragóns den
Arabern Widerstand. Ein ähnlicher Ansatz, wie wir ihn auch in Covadonga in Asturien kennenlernen werden, allerdings ohne die Folgen für die Geschichte Spaniens wie dort.

Wer es eiliger hat, sollte den zweiten Weg wählen, der erst ein Stück mit der C 134 dem
Aragón folgt, eindrucksvoll mit seinem oft breiten verwilderten Flußbett, dann über **Santa
Cruz de la Seros** zum Kloster führt. Diese Strecke ist inzwischen besser ausgebaut und die
beiden Kirchen in Santa Cruz de la Seros sollte man sich bei der Gelegenheit auch ansehen. Hier
haben sich mit zwei Kirchen die Spuren zweier alter Klöster erhalten: der kleine, elegante Bau
von San Caprasio und die aufwendigere Struktur, sich zum Turm hin steigernd, von Santa Cruz.
Am Ursprung standen wohl ein Kloster für Mönche und eines für Nonnen. Aber bald trat das
älteste Nonnenkloster Aragóns in den Vordergrund, und der Ende des 11. Jahrhunderts errichtete Bau von San Caprasio diente als Pfarrkirche. Lisenen, durch je zwei Rundbögen miteinander verbunden, gliedern mit schlichter Präzision das Äußere des kleinen Baus. Niedrig, angesetzt wirkt der Chor, ebenso bescheiden der im frühen zwölften Jahrhundert mit besser
geschnittenen Steinen über dem östlichen Joch aufgesetzte Turm. Die durchkonstruierte Architektur der kleinen Kirche über gut 70 m² Grundfläche erweist sich im Innern. Zwei Joche mit
Kreuzgratgewölben bilden das Schiff. Die Linien der Grate der Gewölbe, der Vorlagen, die die
Außenwände rahmen, der sich zum Hufeisenbogen öffnenden Tonne vor der Apsis werden alle
scharfkantig bis zum Boden durchgezogen. San Caprasio ist ein Beispiel für die frühe romanische Architektur Kataloniens, ein westlicher Ableger des premier art roman.

Wann das Nonnenkloster, Maria geweiht und später den Namen des Ortes übernehmend,
gegründet wurde, ist unbekannt. Aber seine eigentliche Geschichte beginnt mit der umfangreichen Stiftung, die am 26. März 992 Sancho II. Garcés, König von Navarra, und seine Gemahlin Urraca dem Kloster zuwenden. Damit war die Grundlage für seine große Bedeutung gelegt,
auch als das Kloster im 11. Jahrhundert Untertan der Krone von Aragón wird. Bereits 1059 zieht

sich Urraca, eine der Töchter des Königs Ramiro l. (1035–63) von Aragón hierher zurück. Es folgen ihre Schwestern Sancha und Teresa; Teresa als Witwe des Grafen von Toulouse und Sancha nach dem Tode ihres dritten Gemahls, des Grafen von Urgel, der im Kampf gegen die Mauren fiel. Alle drei trugen ihrem Kloster reiche Gaben zu, wie auch der Bruder Sancho I. Ramírez (1063–94) im Jahre 1093 als großzügiger Stifter in Erscheinung tritt. Aus dem folgenden Jahr stammt ein letztes großzügiges Vermächtnis Sanchas, aus dem sich erschließen läßt, daß die Kirche im Bau war. Zumindest der Turm über der südlichen Seitenkapelle wird erst Mitte des 12. Jahrhunderts fertig geworden sein. Im Zusammenklang mit dem raffinierten Kuppelraum über der Vierung gibt er der Kirche ihr eigentümliches Erscheinungsbild. Der Raum über der Vierung ist durch eine kleine Tür an der Nordseite des Schiffes erreichbar. Die Kapitelle dort zeigen manche Verwandtschaft mit denen der Kathedrale von Jaca.

Das gilt auch für das Tympanon des Westportals als eine etwas ländliche Wiederholung des westlichen Tympanons in Jaca. Chrismon und Löwen werden wiederholt. Die Blüten, die dort zwischen den Speichen des Chrismon sitzen, werden hier auf eine einzige im Schutz eines der Löwen reduziert. Auch der theologische Aufwand der Inschriften ist geringer, die Aussage deutlicher. Das Chrismon preist das Portal an: »JANUA SUM PRAEPES: PER ME TRANSITE, FIDELES. FONS EGO SUM VITAE: PLUS ME QUAM VINA SITITE, VIRGINIS HOC TEMPLUM QUISQUIS PENETRARE BEATUM« – Ich bin ein günstiger Eingang, geht durch mich, ihr Gläubigen. Ich bin die Quelle des Lebens, dürstet mehr nach mir als nach Wein, wer auch diese Kirche der Jungfrau betritt. Dem setzt die Inschrift am unteren Rand des

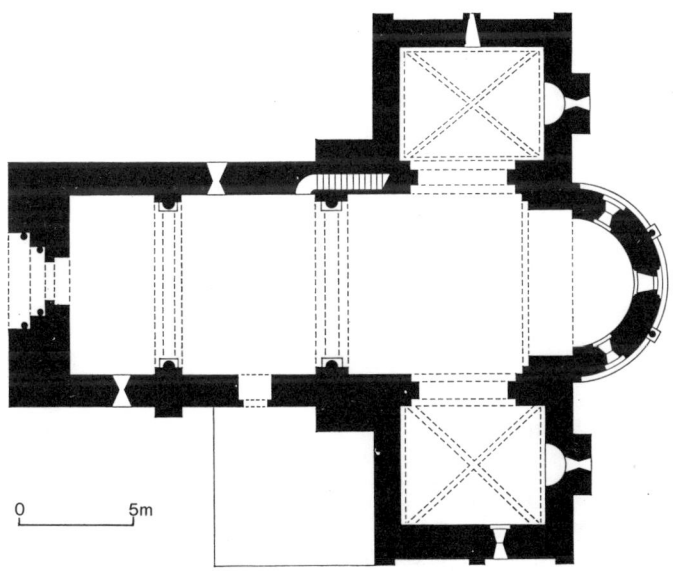

*Santa Cruz de la Seros.
Grundriß der Kloster-
kirche*

0   5m

Tympanons doch noch eine Forderung vorweg: »CORRIGE TE PRIMUM VALEAS QUO POSCERE CHRISTUM.« – Bessere Dich, bevor Du Christus erbittest.

Nichts weist außer der Architektur heute noch auf den einstigen Reichtum des Klosters hin. Anfang des 17. Jahrhunderts ziehen die Nonnen nach Jaca, näher zu den Annehmlichkeiten städtischen Lebens. Die Gebeine der drei Prinzessinnen werden mitgeführt. Alle gemeinsam ruhen nun im schönen Sarkophag der Doña Sancha in Jaca, den man ebenfalls mitgenommen hat.

Von Santa Cruz de la Seros, das in seinem Namen vielleicht die sorores des Klosters mit aufgenommen hat, führt nun ein immer steiler werdender Straßenpfad zum Kloster **San Juan de la Peña**, vom Felsen. Und diese Bezeichnung trifft in mehr als überzeugendem Ausmaß zu. Eine glaubhafte Legende berichtet von der Gründungszeit. Nahe der Höhle, der riesenhaften überhängenden Felswand aus Nagelfluh oder Breccie, aus frisch wieder verfestigtem Geröll, hatten Flüchtlinge versucht, sich mit der Festung Pano gegen den Ansturm der Araber zu sichern. Abdelmalik zerstörte sie, wahrscheinlich im Jahre 734. Wohl schon in diesen Jahren lebte in der kaum zugänglichen, trockenen, mit einer kühlen Quelle versehenen Höhle, in der schon eine kleine Kapelle stand, ein Einsiedler Juan de Atarés in völliger Einsamkeit und Vergessenheit. Ihm begegnet, allerdings nur als Leichnam, in der klassischen Szene des bekehrten Jägers der junge Ritter Voto aus Zaragoza. Ein Hirsch, den Voto in wildem, blinden Eifer verfolgt, entschwindet seinem Blick. Nur das Erscheinen Johannes des Täufers verhindert, daß Voto vom hohen Kliff in die Tiefe stürzt. Das ist die Standardversion der Jägerbekehrung, wie sie in Spanien z. B. für Palencia oder Arlanza, für den Norden Europas für Hubertus oder sonst für Eustachius erzählt wird. Voto steigt in die Tiefe, erkundet die Kapelle, entdeckt den Leichnam des Heiligen, eine Inschrift, die Namen und Geschichte berichtet und kehrt heim. Wenig später aber kommt er zurück und übernimmt nun selbst, gemeinsam mit seinem Bruder Felicio die fromme Einsamkeit, später werden sie von Benedicto und Marcelo als Nachfolgern ersetzt. Nicht immer blieb es ruhig. Überfälle werden Abd el-Rahman I. im Jahre 781 ebenso zugeschrie-

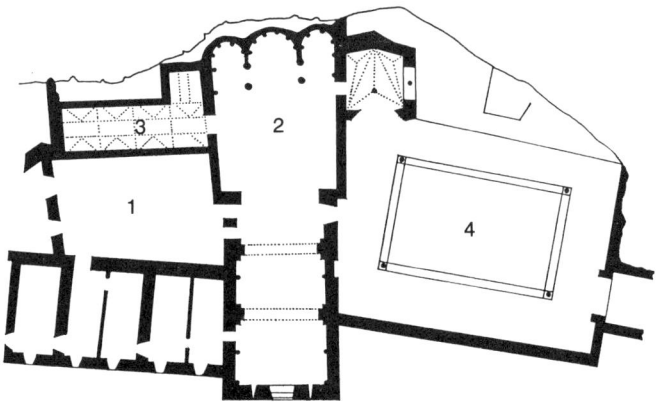

San Juan de la Peña. Plan der Klosteranlage.

1 Vorhof und Adelsgrablege
2 Kirche
3 Panteón
4 Kreuzgang

ben, wie Abd el-Rahman III. in der Mitte des 10. Jahrhunderts. Es wird von einer ersten großen Schenkung durch König García Iñiguez von Navarra im Jahre 858 berichtet. Er soll auch bereits hier sein Grab gefunden haben. Aber da die Abtei im späten 11. und frühen 12. Jahrhundert in heftigen Auseinandersetzungen mit dem Bischof von Jaca um ihre Rechte auch mit Urkundenfälschen arbeitete, ist es heute schwer, etwas Genaues über die frühe Geschichte der Abtei zu sagen. Aus der Zeit König Garcías sollen noch die östlichen Apsiden der Unterkirche stammen, in denen aufregende Spuren von Wandmalereien des 11. Jahrhunderts zu sehen sind, die sich – z. B. die Legende von Cosmas und Damian in der linken Apsis – durchaus mit den Malereien des Panteón von San Isidoro in León vergleichen können. Die alte Kirche ist der Kristallisationspunkt der ganzen Anlage. Bevor man sie im Untergeschoß betritt, durchquert man einen zweischiffigen Saal. Tief angesetzte Bögen erinnern an die wuchtige Bauweise der Krypta des Klosters Leyre.

Aber mit der oberen, zweiten Ebene beginnt, noch bevor man die Oberkirche betritt, der Glanz der Vergangenheit sichtbar zu werden. Reihen von Grabplatten sind in die Ostwand des Vorhofs eingelassen. Wir begegnen wieder dem Chrismon, dem apokalyptischen Lamm oder dem Kreuz von Navarra; Grabdenkmäler vergangener Größe – ohne Namen. Dann betritt man die hohe einschiffige Kirche mit ihrem großen Westfenster, das versucht, aus der immer dämmrigen Schlucht Licht in die drei Apsiden mit ihrem hufeisenförmigen Grundriß zu bringen. Die leichte Bogenkonstruktion, die die Apsiden umläuft und sie miteinander verbindet, läßt fast vergessen, daß man sich unterhalb einer überhängenden Felswand befindet.

Am 4. Dezember des Jahres 1094 wurde diese Kirche vom Erzbischof von Bordeaux, assistiert von den Bischöfen von Jaca und Maguelonne, geweiht. So haben zumindest einige der Bauteile bereits den 22. März des Jahres 1071 miterlebt, als zur Non erstmals in feierlicher Zeremonie die römische Liturgie an die Stelle der mozarabischen im Kloster tritt. Der Einfluß von Cluny, der mit Abt Paterna zu Beginn des 11. Jahrhundert einzog, der Einfluß Papst Gregors VII. verdrängt nun in machtvollem Eifer die aus der Spätantike übernommene einheimische Liturgie, die noch alle christlichen Gemeinden auf der zersplitterten Halbinsel verband. Katalonien hatte sich schon lange davon abgewandt, nun folgt auch der Vormarsch der römischen Liturgie nach Westen.

Zum Kreuzgang führt aus der Oberkirche ein Portal mit Hufeisenbogen des 10. Jahrhunderts, wohl aus dem Vorgängerbau übernommen. Es zeigt als spärlichen Schmuck den asturischen Kordelstab und die später eingemeißelte Inschrift: »PORTA PER HANC CAELI FIT PERVIA CUIQUE FIDELI SI STUDEAD FIDEI INGERE IUSSA DEI« – Dies Tor wird für jeden hindurchgehenden Gläubigen zu dem des Himmels, wenn er sich bemüht dem Glauben die (Befolgung der) Gebote Gottes zuzugesellen.

Wir aber treten durch dieses Portal hinaus in einen merkwürdigen Kreuzgang, der als Gewölbe die überhängende Felswand nutzt und so nur aus Bogengalerien besteht (Abb. 14). Sein Ruhm sind, neben der einzigartigen Lage, die Kapitelle des Meisters von San Juan de la Peña aus der zweiten Hälfte des 12. Jahrhunderts. Einige wenige ältere Kapitelle, Ende des 11. Jahrhunderts mit ornamentalen Pflanzen und Tieren geschmückt, sind hier wieder eingesetzt worden oder dienen als Schmuck der Altarsäulen in der Kirche. Der Kreuzgang ist inzwischen so oft restauriert und möglicherweise verändert worden, daß nun die Reihenfolge der Kapitelle von Westen aus vorgehend von der Genesis bis ins Neue Testament mit kräftigen Bildern Geschichten erzählen. Reduziert auf das Wesentliche der Ereignisse, der Bewegungen, des Ausdrucks wirken sie fast volkskunsthaft. Augenfällig sind die vorgewölbten Augen (Abb. 12, 13). Ähnlichem begegnet man im Kreuzgang von San Pedro el Viejo in Huesca, an Santiago bei Agüero oder an Santa María la Real in Sangüesa. Einst betonte noch eine farbige Fassung die kraftvolle Wirkung der Bilder.

An den Kreuzgang sind zwei Kapellen angeschlossen, tief unter der Felswand die spätgotische Grablege der Äbte, flamboyante Gotik, die Kapelle San Victorian, und am westlichen Außenrand die klassizistische Kapelle der heiligen Voto und Feliciano. Längst hatten sich weitere Bauten des reichen und mächtigen Klosters in die Schlucht hinein ausgebreitet. Aber immer wieder wüteten Brände. Nach einem Brand des Jahres 1647 entschließt man sich, nicht wiederaufzubauen, sondern zieht in die nun ebenfalls verlassenen Ziegelsteinbauten auf der Hochebene über dem Kliff. Sie werden 1809 von napoleonischen Truppen unter General Suchet geplündert und verwüstet. Aber jede Generation wacht wieder aufs Neue über die Wurzeln der eigenen Geschichte in der Vergangenheit.

Nur die Grablege der Könige von Aragón bleibt zurück, die hier nach der Trennung von Navarra 1134, nach dem Tode Alfonsos I. el Batallador, ihr Panteón eingerichtet hatten. Im Jahre 1770 wird es nach dem Vorbild der Grablege im Escorial neu gestaltet und birgt noch immer die Sarkophage der königlichen Familie des hohen Mittelalters. Das Panteón liegt hinter der Wand mit den Grabplatten des Adels, hinter dem Vorhof der Oberkirche, und ist durch ein hohes Holzportal in der Nordseite der Kirche zugänglich, verblichener Glanz großer Zeiten.

Abstecher nach Agüero und Loarre

Will man nicht direkt wieder auf den Pilgerweg zurückkehren, lohnen sich von hier aus eine ganze Reihe von Zielen in südlicher Richtung. Gut 50 km entfernt liegt die Kirche von Agüero. An den jüngeren Klosterbauten auf der Hochebene vorbei fährt man auf der N 330 zum Gállego hinunter, ein Stück den aufgestauten Fluß entlang, über die Staumauer und erreicht die N 240. Nach etwa 10 km zweigt eine kleine Straße nach rechts ab und noch bevor man den malerisch gelegenen Ort **Agüero** erreicht, sieht man die Kirche Santiago auf einer Anhöhe liegen. Aber erst am Ortsrand führt dann ein Fußweg in ein paar Minuten zur Kirche. In Agüero lag seit 1024 der äußerste Vorposten Navarras an der Grenze der Reconquista. Anfang des 12. Jahrhunderts wurde mit dem Bau der Kirche begonnen. Sie blieb unvollendet, nur ein Chor ohne Schiff. Ein mächtiger, stolzer Bau, dessen gewaltige Säulenvorlagen als Strebepfeiler die glatten Flächen spannen, die nur von schmalen Fensterschlitzen unterbrochen werden. Das Tympanon mit der Anbetung der Heiligen Drei Könige und die sechs Kapitelle des Portalgewändes mit ihrer reichen Fabulierkunst gehören zumindest in den Umkreis der Arbeiten des Meisters des Kreuzganges von San Juan de la Peña. Mit dem Vorrücken der Reconquista verloren Ort und Kirche ihre Bedeutung.

*Loarre. Schnitt durch
die Schloßkapelle*

0 _____ 5m

Noch schärfer ausgeprägte Züge zeigt dieses Schicksal in der Geschichte der Burg von **Loarre.**
Man fährt auf der N 240 weiter nach Südosten, und kurz hinter Ayerbe führt eine schmale
Straße nach Loarre. Am kleinen malerischen Ort vorüber (wo man sich zumindest erkundigen
sollte, ob der Guardia oben ist) zieht die Straße durch immer felsigeres Gelände in die Höhe.
Zuerst wirken die ausgebleichten Ruinen wie ein Bestandteil der schroffen Höhen (Farbabb. 20). Dann erkennt man den weiten, schützenden Mauerring und dahinter den dichtge-
drängten Komplex der erhaltenen Bauten. Ein steiler rechteckiger Turm steht stolz im Hintergrund. Der weiten Ebene, deren fruchtbare Weiten der Gállego durchquert, ist der Chor der
Kapelle zugewandt. Die glatten Wände wohlgeschnittener Steine werden durch die zarten
Waagerechten der Würfelfriese und die straffen Senkrechten der Pfeiler und Halbsäulen nach
gewohntem Muster gegliedert. Die Fenster, vom Fries gerahmt, mit Bogenwulst und eingestell-
ten Säulen, weisen manch reizvolles Kapitell auf. Und über dem Eingang, von dem aus lange
Stufenserien und tunnelartige Schächte in die Höhe führen, ist noch die untere Hälfte einer Darstellung des Jüngsten Gerichtes zu sehen. Loarre war schon im 10. Jahrhundert, als die Grafschaft Aragón Teil des Königreichs Navarra war, eine bedeutende Festung, aber in den Jahren

41

nach 1064 scheint sie an die mohammedanischen Herren von Huesca verlorengegangen zu sein. Ihnen gilt dann auch die Drohgebärde der Festung, als sie noch vor 1070 zurückgewonnen und nun ausgebaut wird. Loarre wird nicht nur Burg, sondern zugleich, keine Seltenheit im Spanien der Reconquista, Stift. Ein Stift, dessen Kanonikern Papst Alexander II. am 18. Oktober 1071 das Leben nach der Regel Augustins bestätigt. Ihren Gottesdiensten dient der erstaunliche Raum der Kapelle, der in diesen Jahren errichtet wird. In den zahlreichen Kapitellen zeigen sich manche Parallelen zu Arbeiten in Jaca, León oder Frómista. Aber an Kostbarkeit der Raumgestalt besitzen sie nichts Vergleichbares. Abgesetzt und durch Halbsäulen und Gurtbogen gerahmt, ist die reich gegliederte Apsis mit ihrer so unglaublich präzisen Schichtung der Steine in der Halbkuppel des Gewölbes der Höhepunkt. Das wiederholt sich noch einmal in der schwebend gestalteten Kuppel über dem ersten Joch des Schiffs.

Für wenige Jahre wird Loarre zur bevorzugten Residenz der Könige von Aragón, glanzvolles Zentrum eines stürmisch wachsenden Königreichs. Das ist zugleich Ursache der kurzen Blütezeit. Eine Grabinschrift am Gewände des Portals, die den Tod des Dieners Gottes Tulgas am 30. November der Era 1133, also im Jahre 1095, dem Gebet der Leser empfiehlt, kann als Sicherung der frühen Datierung des Baus dienen, aber die Kanoniker haben schon längst wieder Loarre verlassen. Noch vor der Eroberung von Huesca im Jahre 1096 hat Sancho I. Ramírez im Angesicht der heiß umkämpften Stadt mit Monteuaragón ein weiteres Stift mit Burg gegründet. 1087 ziehen die Kanoniker von Loarre dorthin. Kurze, intensiv gelebte Jahre spanischer Geschichte haben hier, hoch über der Ebene, ihr Denkmal hinterlassen.

Von Loarre aus kann der Weg weiterführen nach Huesca und zu den Ruinen von Montearagón (vgl. S. 34) oder sogar nach Zaragoza. Mit der Eroberung von Zaragoza hatte 1118 Alfonso I. el Batallador den Ebro erreicht. Hier hatte der Legende nach Apostel Jakobus am 2. Januar des Jahres 40 eine Marienerscheinung. Dort steht heute Nuestra Señora del Pilar, vom Pfeiler, den, mit Silber umkleidet, die Pilger auch heute noch berühren dürfen. Der heutige Bau wurde 1681 nach den Entwürfen von Francisco Herrera begonnen, nach 1753 wurde unter Ventura Rodriguéz weitergebaut, und erst in unserem Jahrhundert wurde diese zweite Kathedrale vollendet. Die erste, La Seo, steht an der Stelle der Hauptmoschee, im wesentlichen spätgotische Architektur.

Aber auch wenn man sich zum Pilgerweg zurückwendet, könnte ein Abstecher nach Norden lohnen, jenseits der C 134. Nach etwa 10 km wieder auf der C 134 wird auf einer modernen Brücke der Aragón überquert. Ein wenig weiter flußabwärts stehen noch gut erhaltene Reste einer mittelalterlichen Brücke über den Fluß: **Puente la Reina de Jaca** – die Brücke der Königin bei Jaca. Hier führt auch eine schmale Straße nach Norden über Hecho und kurz darauf nach Siresa. Hier im Tal des Aragón Subordán stand schon in westgotischer Zeit ein Kloster. Und Eulogius von Córdoba rühmt im Jahre 852 nach seinem Besuch dort die Mönchsgemeinschaft und ihre reiche Bibliothek. Ein eindrucksvoller tonnengewölbter Bau des 12. Jahrhunderts im Anschluß an den älteren Westbau des 11. Jahrhunderts mit seiner Empore nach der Mode karolingischer Westwerke läßt in seiner heutigen nüchternen Strenge den einstigen Reichtum der Ausstattung nicht mehr ahnen.

Leyre

Wieder zurück auf der N 240 in Richtung Pamplona krönt nahe der Straße der kleine Ort **Berdún** festungsartig eine Höhe, ein noch mittelalterlich anmutendes Ensemble von Häusern, das einen kurzen Aufenthalt lohnt. Zugleich bietet sich – bei entsprechender Wetterlage – ein weiter Blick in das ›Tal von Berdún‹, das als lang gestreckter Graben zwischen den Bergzügen liegt. Man hat es inzwischen genutzt, um mit dem Staudamm bei Yesa den Aragón aufzustauen. Je nach Wasserstand fährt man nun bis zu 20 km den Stausee entlang, teils durch Mondlandschaften aus Gestein, fast mehr aus Schutt. Knapp vor der Grenze zwischen den ehemaligen Königreichen Aragón und Navarra liegt links der Straße Tiermas, dessen Name noch an die römischen Bäder erinnert, deren Spuren im Stausee untergegangen sind. Noch der lateinische Pilgerführer rühmt zu Beginn des 12. Jahrhunderts: »Termas ubi regales balnei jugiter calidi habentur« – Tiermas, wo die königlichen Bäder immer heißes Wasser haben.

Erst hinter der Staumauer, am Ortsende von Yesa, führt rechts ab eine Straße in die Höhe zum Kloster San Salvador de Leyre, das man bereits von Ferne liegen sah. Nach der Säkularisation, der ›desamortización‹ des Jahres 1835, lag das ruhmreiche Kloster verlassen. Erst 1954 kehrten Benediktiner hierher zurück, weit mehr als ein Jahrtausend nach den Anfängen klösterlichen Lebens in gebirgiger Rückzugsposition. Sie kamen aus Santo Domingo de Silos, südlich von Burgos.

Die früheste sichere Nachricht über Leyre verdanken wir einem Heiligen und Märtyrer, Eulogius von Córdoba. In einem Brief, den er am 15. November des Jahres 851 aus dem Gefängnis von Córdoba an Bischof Willesindo von Pamplona richtet, erinnert er sich auch an die zahlreichen Tage, die er in Leyre verbrachte, wo er Männer, erfüllt von der Liebe zu Gott, gefunden habe. Dem Abt Fortuño und seiner Gemeinschaft läßt er ausdrücklich Grüße ausrichten. Die Grabungen der letzten Jahre haben keinen Hinweis auf einen wesentlich früheren Ursprung gegeben. Urkunden, die der erste König Navarras, Iñigo Iñiguez Arista, und Bischof Willesindo 842 unterzeichneten, sind in späteren Streitigkeiten verfälscht worden. Am Glanz des hart umkämpften Aufstiegs des Königsreichs Navarra hat das Kloster seinen Anteil, wird zeitweise zur Residenz, zum Mittelpunkt des jungen Königreichs. Aber auch die Mühsalen stellen sich ein, als Abd al-Rahman III. im Jahre 924 einen Zug nach Norden unternimmt. Er schlägt die christlichen Truppen wenige Kilometer entfernt bei Liedena am Irati, nahe der Schlucht von Lumbier, die der Irati hier ins Kalkgebirge geschnitten hat. Leyre bleibt rechts liegen, und Abd el-Rahman III. plündert und verwüstet Pamplona. König und Bischof nehmen Zuflucht in Leyre. Das Kloster wird zur Residenz, zur Grablege der Könige, zum Sitz des Bischofs von Pamplona, der oft zuvor Mönch des Klosters war, manchmal auch zugleich Abt und Bischof ist. Sichtbare Spuren hat die Residenz des 10. Jahrhunderts nicht hinterlassen.

Von der Kirche des 10. Jahrhunderts haben Grabungen im Westen der heutigen Kirche, im weitgespannten gotischen Schiff, die Fundamente eines kleinen dreischiffigen Baus gerade von einer halben Länge der heutigen Kirche angetroffen. Die Anfänge des heutige Baus zeigen sich mit Krypta und Chor.

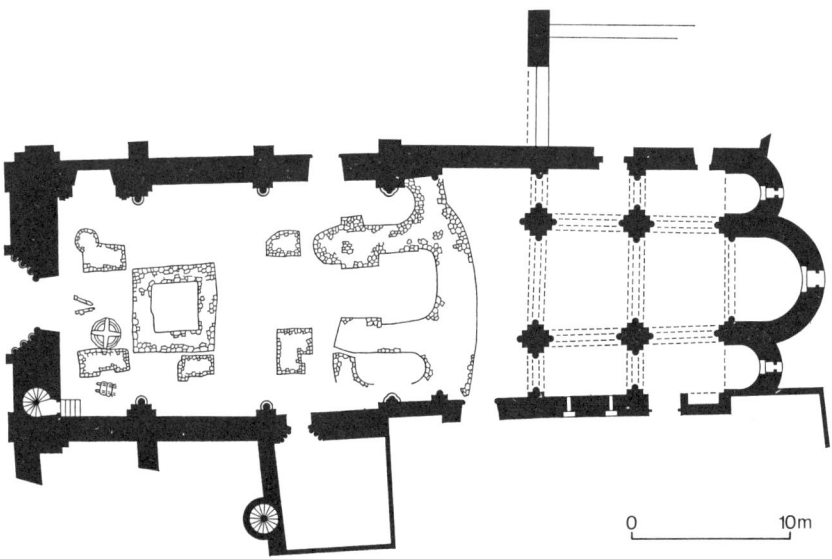

Eine Weihenachricht des Jahres 1057 läßt sich wohl auf diese Bauteile beziehen. Die strukturellen Ähnlichkeiten der engen und dunklen Krypta, ihre geradezu archaische Kraft der steilen Tonnengewölbe, der Querbögen und Säulenstümpfe mit dem Untergeschoß von San Juan de la Peña oder mit San Pedro de Teverga in Asturien sprechen für diese Datierung. Sicher gehören sie nicht zum Bau des 10. Jahrhunderts, wie romantisch veranlagte Seelen, fasziniert vom einzigartigen Raum der Krypta (Abb.7) und den steilen, schmucklosen Rundungen der Apsiden (Abb. 11) immer wieder meinen. Auch ist der Boden der Krypta nicht nachträglich angehoben worden, so sehr die knappen Säulenstümpfe auch diesen Gedanken nahelegen mögen. Die Kapitelle, die zum Altar der Krypta hin grob eingemeißelte lineare Ornamentierung zeigen, bilden eine schlichte Vorstufe zu den ersten Kapitellen der Kathedrale von Jaca. Manchmal versucht man schon, antikische Formen zu imitieren. Das gilt auch für den Chor der Kirche. Hier erkennt man die gleiche Konstruktion, nun ins Hohe verwandelt: Tonnen, durch Gurtbögen gegliedert, zu den schmalen Steinchören mit Querbögen geöffnet – und man sieht die gleiche Art der Kapitelle bis zu den letzten unbenutzten Ansätzen im Westen. Vielleicht hat noch der große König eines ersten fast vereinigten Spaniens, Sancho III. Garcés, el Mayor, der Aragón, Navarra und Kastilien unter seiner Herrschaft zusammenschloß, vor seinem Tode 1035 den Beginn der Bauarbeiten gesehen. Sein Sohn, García III. Sánchez (1035–54), el de Nájera, war kurz vor der Weihe des Jahres 1057 in der brudermörderischen Schlacht von Atapuerca gefallen. Er hatte Nájera als Residenz gewählt und nun war der junge Sancho IV. Garcés (1054–76) als Enkel Teilnehmer der Weihe jener Kirche, deren Krypta damals Grablege der Dynastie war.

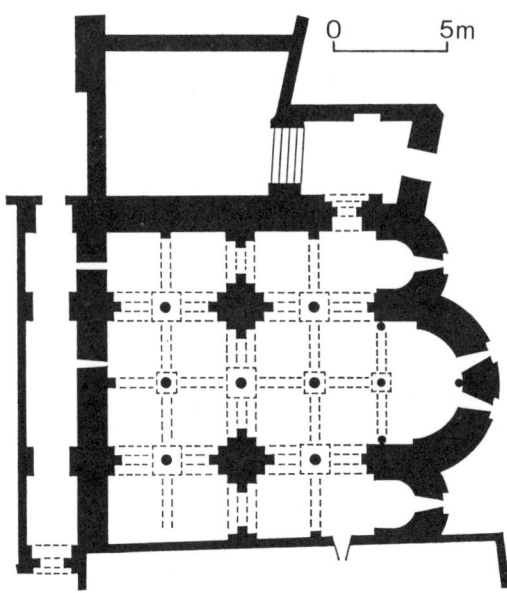

*◁ Leyre. Grundriß der
Klosterkirche mit
Eintragung
der Grabungsergebnisse*

0   5m

Leyre. Grundriß der Krypta

Noch einmal wird eine Weihe überliefert, für den 24. Oktober des Jahres 1098. Trotz der Reihe glanzvoller Namen – neben den Bischöfen von Roda, Pamplona, Huesca, zahlreichen Äbten auch Diego Peláez von Santiago de Compostela – ist es ein fremder König, Pedro I. Sánchez, der seine Stiftungsurkunde arabisch unterzeichnet. Seit 1076 gehört Navarra zur Krone von Aragón, und den Königen von Aragón liegt San Juan de la Peña als Grablege, als Panteón näher am Herzen. Vom damit angesprochenen Bauabschnitt ist heute kaum noch etwas zu sehen. Selbst das romanische Portal in der Südwand des Schiffs, das zur heutigen Grablege der Könige führt, zeigt ein Chrismon im Tympanon, das erst in den Jahren um 1130 entstanden sein kann (Abb. 8).

Mit der Herrschaft der Könige von Aragón zerbrach nach dem Tode des Abtes Gelasio im Jahre 1078 auch die Einheit und Einmütigkeit, die Leyre und Pamplona für Generationen verbunden hatte. Jahrzehnte des Streits, der Auseinandersetzungen, der Prozesse traten an die Stelle friedlichen Wohlstandes. Man rechnet, daß Leyre 58 Dörfer und 71 Kirchen und Klöster unterstanden. Die Gemeinschaft des Klosters bemüht sich unter diesen veränderten Voraussetzungen, vom Bischof von Pamplona unabhängig zu werden. Man versucht, die cluniazensischen Exemptionsprivilegien in Anspruch zu nehmen. Aber alle Anstrengungen sind vergeblich, verzehren nur das weltliche und moralische Kapital des Klosters. Niedergang zeichnet sich ab, das Schiff zwischen Chor und Westfassade bleibt unvollendet. Schließlich treten Zisterzienser an die Stelle der Benediktiner. Erstmals 1270 kehren die Benediktiner für vergebliche drei Jahre noch einmal zurück. Zisterziensischer Tradition entsprechen daher auch das 14 m weit gespannte spätgotische Schiff des 14. Jahrhunderts und die zierliche Glockenwand; denn der benediktinische Glockenturm der Romanik wurde nun nicht mehr benutzt. Im 17. und 18. Jahrhundert entstanden die wuchtigen Bauten südlich und nördlich der Kirche, die heute nach der Wiederherstellung erneut als Klausur, als Abtswohnung und als Gastwirtschaft dienen.

An der Nordseite der Krypta führt eine Treppe hoch in den Bereich des untergegangenen Kreuzgangs und von dort aus hat man Zugang zur Westfassade und zum Inneren der Kirche. Ein Schutzdach haben spätere Generationen unterhalb eines romanischen Fensters eingefügt. Die Porta Speciosa – die kostbare Pforte – ist das Aufwendigste, was neben der Südfassade von Santa María la Real in Sangüesa an romanischer Plastik in Navarra zu sehen ist. Allerdings sind die Arbeiten, verglichen mit den erhaltenen Kapitellen des Kreuzgangs der romanischen Kathedrale von Pamplona, von provinzieller Qualität (Abb. 8–10). Die in der ersten Hälfte des 12. Jahrhunderts entstandenen Skulpturen sind erst zu einem späteren Zeitpunkt zum heutigen Konglomerat zusammengefügt worden. Das zeigt sich schon am Tympanon, dessen ursprünglich sieben Figuren teils nur noch fragmentarisch erhalten sind. Die restliche Fläche, um die Öffnung des Portals zu überspannen, füllte man mit einem von links nach rechts schmaler werdenden Palmettenfries. In der Mitte des Tympanons ist Christus zu erkennen, zu seiner Rechten Maria, zu ihrer Seite Petrus und dann je daneben weitere Apostel oder Evangelisten, wobei man neben Christus Johannes den Evangelisten an seinem bartlosen Antlitz erkennen kann. Auffällig sind die sich im Bereich der Füße weit öffnenden Gewänder. Darüber rahmt ein dreifacher Bogen voller Grotesken, Symbole und Monstren Tympanon und Portal.

Anschließend hat man aus verschiedenen Zeiten und Themen Material als Collage gruppiert. Rechts sieht man über einer Weinranke die teils beschädigten, aber qualitätvollen Szenen der Verkündigung und der Heimsuchung, links daneben eine der Trompeten des Jüngsten Gerichtes. Links oben dagegen entdeckt man einen zweiten Christus und einen zweiten Petrus, zwei weitere Apostel und einen Erzengel Michael mit einem riesigen Schild. Zwischen diesen Gruppen schildern schlecht erhaltene Szenen vielleicht das Martyrium der Heiligen Nunilo und Alodia, deren Reliquien seit dem 9. Jahrhundert in Leyre verehrt wurden.

Am linken Rand tritt neben einem Flechtornament ein heiliger Abt auf, vielleicht der legendäre Gründer des Klosters San Marciano. Aber die ruhig in die Ferne schauende Gestalt erinnert auch an ein mittelalterliches Problem. Der Legende nach plagte und beunruhigte einst den Abt Virilio eine quälende Frage, die Seelenruhe und Seelenheil des Heiligen beeinträchtigte: Würde man den Gesang der Engel in aller Ewigkeit ohne Langeweile ertragen? So sinnend lauschte er während der Stunde der Recreatio eines Abends vor den Toren des Klosters dem süßen Gesang eines Vogels. Aus kurzer Versunkenheit erwachend kehrt er mit einbrechender Dunkelheit ins Kloster zurück. Befremdet erklärt er dem ihm unbekannten Pförtner, er sei der Abt. Die folgende allseitige Verwirrung klärt ein alter Mitbruder, der sich an das rätselhafte Verschwinden eines Abtes während der Recreatio vor drei Jahrhunderten erinnert. Damit ist nun auch Virilios Problem gelöst, seine etwas phantasielose Frage beantwortet. Wohlvorbereitet trägt man ihn drei Tage später zu Grabe. Hat man das Glück, das Kloster ohne den Lärm einer größeren Besucherschar zu erleben, hört man vielleicht den Vogel wieder einmal. Der weite Atem der Landschaft wartet auf diesen Klang.

Sangüesa

Durch den Ort Yesa zurück, zweigt dann eine kleine Straße rechts nach **Javier** ab und führt von dort nach Sangüesa. Diesen kurzen Umweg abseits der N 240 sollte man auf jeden Fall mitnehmen. Eigentlich könnte man durch den Namen des Ortes darauf vorbereitet sein: Javier ist der Geburtsort des heiligen Franz Xaver. Besser spricht man aber wohl von der Geburtsburg, wo man das Geburtszimmer besichtigen kann, in dem 1506 Francisco de Jassu y de Javier das Licht der Welt erblickte. 1528 traf er in Paris auf Ignatius von Loyola und wurde zum großen Missionar Indiens und Japans. Auf dem Weg nach China starb er 1552.

Die 1516 geschleifte Festung wurde um die Jahrhundertwende erneuert und dient in den Sommermonaten als Kulisse für abendliche ›son et lumière‹-Inszenierungen (Abb. 16). Der weite Blick über die Ebene nach Norden und in die Berge ruft den Ursprung der Anlage als maurische Festung in Erinnerung. Das malerische Erscheinungsbild der Burg wird von weiten Parkplätzen gerahmt und durch ein Missionsmuseum ergänzt. Die gleiche Straße führt dann weiter nach Sangüesa.

Im Gegensatz zur heutigen Verkehrsführung auf der N 240 war Sangüesa über Jahrhunderte einer der Hauptorte der Pilgerstraße. Das etwas nordwestlich auf einer Höhe gelegene Rocaforte ist der Ursprung der Stadt. Erst zu Beginn des 12. Jahrhunderts wagte man, eine Neustadt jenseits des Aragón an der für den Verkehr so wichtigen Brücke zu gründen. Alfonso I. el Batallador verleiht der neuen Vorstadt 1122 die Freiheitsrechte und legt direkt neben der Brücke seine Festung an. Hier entsteht auch der Bau der Kirche Santa María la Real inmitten der Mauern des Palastes. Sie, besonders ihre der alten Straße zugewandte Südfassade, ist das wichtigste Zeugnis großer Zeiten, großen Reichtums, zahlreicher Pilger, das die kleine Landstadt heute noch zu bieten hat (Abb. 17).

1131 überträgt Alfonso der Kämpfer Palast und Kirche dem Johanniter-Orden. Dieser bleibt hier bis 1351. Seine Anwesenheit wird zum Kristallisationspunkt für weiteren Zuzug. Der Ort

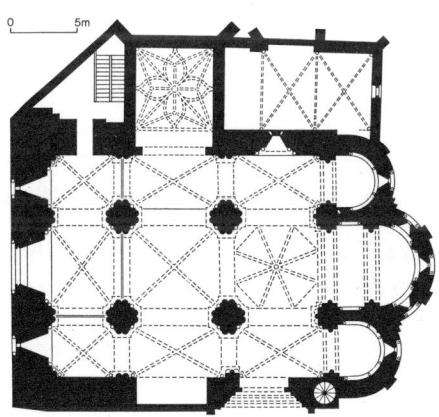

Sangüesa. Santa María la Real, Grundriß

wächst rasch auf seine noch heutige Größe, erhält Mauern und Tore, sechs Pfarrkirchen und zeitweise dreizehn Hospitäler, die auch den Pilgern zur Verfügung stehen. Neben den Karmelitern und Dominikanern fand sich auch ein Franziskanerkonvent, der erste Spaniens. Ihn hatte 1212 oder 1213 Franziskus selbst auf seiner Pilgerfahrt nach Santiago in Rocaforte gegründet. Auch er wird das Portal der Südfassade der Kirche Santa María la Real inmitten des Trubels der Rúa mayor der Pilger und Kaufleute schon gesehen haben. Nach der Kargheit der Landschaft und inmitten der schlichten Bauten ringsum ist ihr dichtgedrängtes Bildprogramm überwältigend, das einst dazu wohl auch noch farbig leuchtete. Eine Überraschung sind die schlanken Skulpturen des Portalgewändes, trotz aller Zerstörungen von schlanker Eleganz in Haltung und feiner Plissierung der Gewänder. Links drei Marien: Maria Magdalena, rechts Maria Salome, die Mutter der Apostel Jakobus und Johannes, in der Mitte die gekrönte Himmelskönigin mit der ausführlichen Inschrift: »MARIA MATER XPI LEODEGARIUS ME FECIT«. – Maria Mutter Christi Leodegarius hat mich gemacht. Gern wird vermutet, daß Leodegarius aus Burgund seine bildhauerischen Fähigkeiten und Kenntnisse mitgebracht hatte, hinter denen man die leuchtenden Vorbilder des Portal Royal der Kathedrale von Chartres ahnt. Eines der schönsten Beispiele der Wanderung von Kunst und Künstlern entlang des Pilgerweges nach Santiago de Compostela. Aus der Werkstatt des Leodegarius stammen auch die drei männlichen Figuren an der gegenüberliegenden Seite des Portals; Apostel, von denen der Äußerste die Inschrift: »JUDAS MERCATOR« und noch den Strick trägt, mit dem sich Judas erhängte. Eine merkwürdige Darstellung, eine Warnung an die Händler der Stadt und die auf der Durchreise?

Das Jüngste Gericht des Tympanons und der reiche Schmuck der Archivolten mit den unterschiedlichsten Gestalten gehören ebenfalls zur Leodegar-Werkstatt. Aber hier zeigt sich, wenn man die Reihe der Apostel mit Maria als Patronin der Kirche in der Mitte betrachtet, daß das Tympanon links und rechts abgearbeitet worden ist. Von den Arkaden, in denen die Gestalten auftreten, ist hier jeweils nur noch ein Stück zu sehen. Der Richter des Jüngsten Gerichtes wird nicht von den Symbolen der Evangelisten begleitet, sondern die Posaunen blasenden Engel der Apokalypse erscheinen.

Das nachträglich bearbeitete Tympanon wirft schon die Frage nach der Baugeschichte auf. Aber ein Blick auf das gesamte Portal vertieft die Rätsel nur noch: Das Thema des Richters des Jüngsten Gerichtes wird noch einmal wiederholt. Auf zwei Ebenen verteilt, treten wieder die Apostel auf. Zu Christus gesellt der Meister von San Juan de la Peña, dem man diese Arbeiten zuweist, jetzt die gewohnten Symbole. Links und rechts wird die Zahl der Apostel durch zwei Engel vermehrt. Wozu eine solche Wiederholung? Warum der überquellende Reichtum an Schmuck auf den Flächen zwischen Portal und der oberen Doppelarkadenreihe? Hat man hier irgendwann allen vorhandenen Bauschmuck zusammengetragen? Manches blieb dann noch für die seitlichen Strebepfeiler. Verteilt auf dieser Fläche findet man wieder einmal die vier Evangelistensymbole, Fabelwesen verschiedenster Art, Flechtornamente und rechts am Rand einen Schmied, darüber einen Drachentöter. Hat hier die Sigurd-Saga ihre Erzählspuren auf dem Pilgerweg hinterlassen? Das wurde zumindest vermutet.

Gotisch geprägt wie der achtseitige Vierungsturm zeigen sich auch der präzise Steinschnitt und die Raumwirkung des Inneren mit der lichterfüllten Vierungskuppel über den nicht über

2 PAMPLONA Fiesta

◁ 1 JACA Jakobusfigur in der Vorhalle der Kathedrale

3 PAMPLONA Fiesta vor dem Rathaus

4 RONCESVALLES Jakobuskapelle

5 RONCESVALLES Pilgerkreuz

6 JACA Südöstliche Chorkapelle der Kathedrale

7 LEYRE Krypta der Klosterkirche

8 LEYRE Tympanon des Westportals

9 LEYRE Apostelfigur des Westportals

10 LEYRE Detail des Tympanons

12, 13 SAN JUAN DE LA PEŇA Kapitelle des Kreuzgangs
◁ 11 LEYRE Apsiden der Klosterkirche
14 SAN JUAN DE LA PEŇA Kreuzgang

15 EUNATE Kapelle

16 JAVIER Burg

17 SANGÜESA Südportal der Kirche Santa María la Real ▷

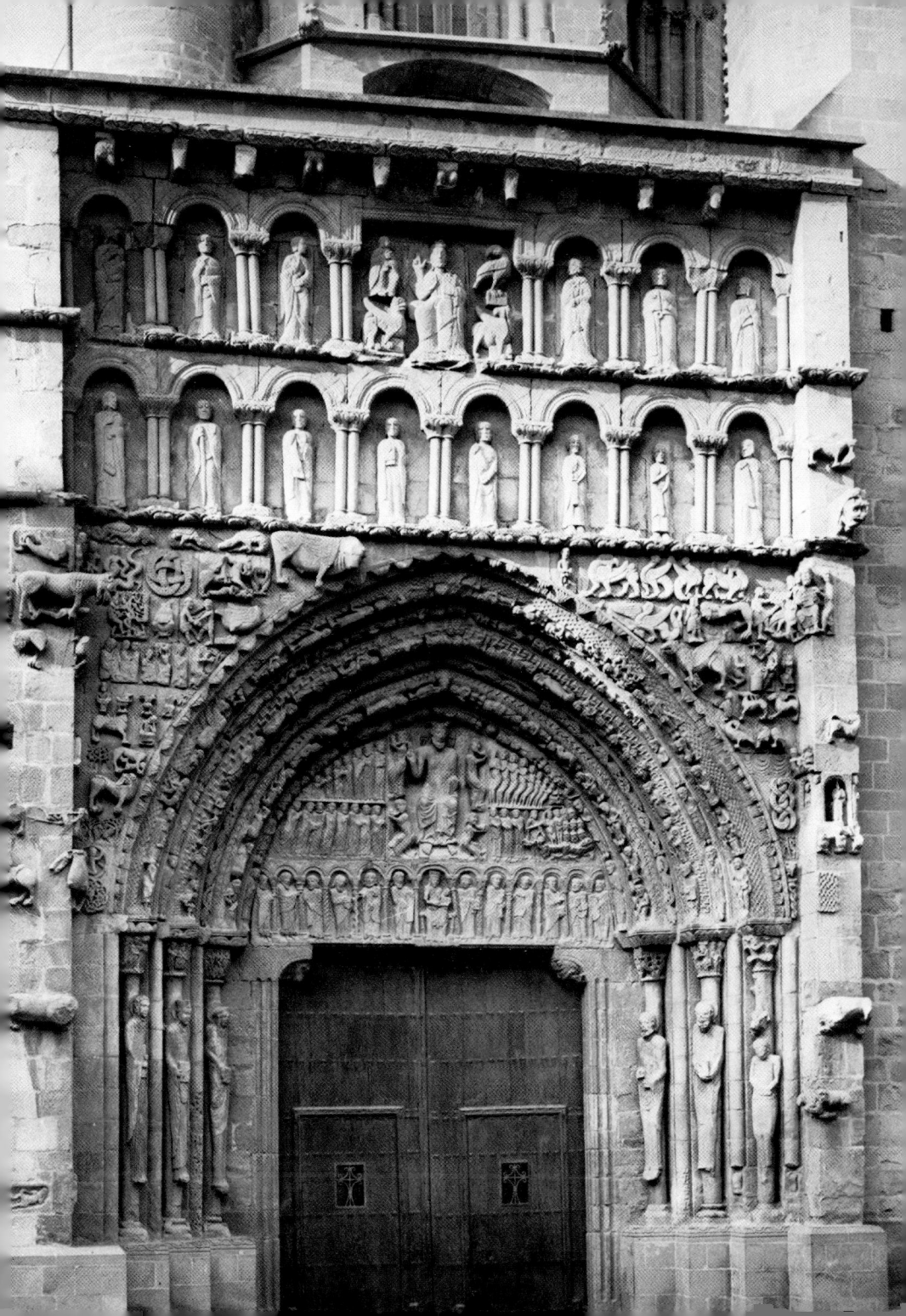

19 SANGÜESA   Tympanon des Südportals der Kirche Santa María la Real
18 EUNATE   Chor der Kapelle
20 EUNATE   Kapitell des Umgangs

22 ESTELLA San Pedro de la Rúa
◁ 21 Atlantikküste bei BERMEO
23 ESTELLA

24 TORRES DEL RIO Santo Sepulcro Gewölbe   25 TORRES DEL RIO Santo Sepulcro
26 ESTELLA Kapitell vom Palast der Könige von Navarra mit dem
      Kampf zwischen Roland und dem Riesen Ferragut
27 Landschaft bei SAN VICENTE ▷

die Seitenschiffe hinausragenden Querhäusern. In auffälligem Kontrast zur Kühle des Raumes steht die goldglänzende Altarwand, die Jorge de Flandes 1554 vollendet. Eines der vielen Beispiele für das spanische Wirken niederländischer Künstler.

Auch abgesehen von Santa María la Real ist Sangüesa einen Gang durch den Ort wert. Die Kirche Santiago zeigt ihren Patron einmal im Tympanon und einmal im Inneren mit einer gotischen Steinfigur und die Attribute der Pilger – Stäbe, Muscheln und Flaschen – in barocken Rahmungen im Chor. Ist Santiago noch späte Romanik, so bietet San Salvador späte Gotik mit einem Jüngsten Gericht im Tympanon, immer noch das Thema, das den Menschen mahnend vorgestellt wurde. Paläste, wie der des Fürsten von Viana, und die Häuser ehemals reicher Bürger runden das Bild ab.

Abstecher

Von Sangüesa aus kann man einen weiten Bogen durch den Süden Navarras und Aragóns schlagen und findet in knappen Abständen Anlässe genug, um Pausen einzuschalten. In gerade 8 km Entfernung nach Westen liegt an der Straße nach Tafalla der kleine Ort Aibar mit der Kirche San Pedro auf dem höchsten Punkt des Hügels, den das noch mittelalterlich anmutende Städtchen krönt. An das romanische Schiff mit guten Kapitellen schließt sich ein spätgotischer Neubau, weit ausgreifend, für Chor und Querhaus an.

Nach Süden von Sangüesa aus über den Onsella sieht man bald in 13 km Entfernung auf einer Anhöhe **Sos del Rey Católico**. Hier wurde, daran erinnert der stolze Name des Städtchens, 1452 König Ferdinand der Katholische (1479–1516) geboren, durch dessen Heirat mit Isabella von Kastilien Spanien zur Einheit gelangte und unter dessen Herrschaft 1492 die letzte Festung der Mauren, Granada, fiel und Amerika entdeckt wurde. Das Schloß dient heute als Parador. Die Kirche San Estebán ist stolz auf das Taufbecken, in dem Ferdinand getauft worden sein soll. Das Portal stammt wohl aus der Werkstatt Leodegars.

Gut 20 km weiter nach Süden liegt **Uncastillo**. Hier lohnen unter der Vielzahl romanischer Kirchen besonders das einschiffige Tonnengewölbe und das skulpturenreiche Südportal von Santa María la Mayor oder die Wandmalereien der über einer frühmittelalterlichen Nekropole erbauten Kirche San Juan den Aufenthalt.

Weiter nach Südwesten liegt **Sádaba** mit seiner neuntürmigen martialisch wirkenden Burg des 13. Jahrhunderts. Die Kirche Santa María ist dagegen ein ausgewogen gestalteter gotischer Bau mit einem Jakobusaltar in der Jakobus-Kapelle (Mitte des 16. Jahrhunderts). Spuren aus römischer Zeit, Tempel, Thermen und Aquädukt, sind etwas außerhalb der Stadt zu finden.

Wieder gut 20 km nach Südosten liegt **Ejea de los Caballeros.** Die beiden wehrhaft ausgebauten romanischen Kirchen El Salvador und Santa María erinnern daran, daß die Stadt an der Grenze zwischen Bergland und Ebrotal während der Reconquista oft heiß umkämpft war.

Nach Westen zu trifft man auf die zweitgrößte Stadt Navarras, die alte Bischofsstadt **Tudela**. 1119 gelang Alfonso I. el Batallador die Eroberung. Erst unter Ferdinand dem Katholischen wurden 1512 gegen den Willen der Stadt die letzten Mauren vertrieben. Backsteinbauten des

Mudéjar wie auch das Maurenviertel erinnern noch heute an die langen Jahre der Toleranz. Davon spricht auch das Judenviertel, wo am Ende des 12. Jahrhunderts der bedeutende Geograph Benjamin von Tudela einer der Vorsteher der jüdischen Gemeinde war. Noch bis 1168 nutzte man die Moschee, die 1121 als Santa María la Mayor geweiht wurde. Dann begann man erst romanisch, stärker gotisch beeinflußt mit dem Bau einer neuen Kathedrale, deren Kreuzgang des späten 12. Jahrhunderts ebenso wie die Ausstattung späterer Jahrhunderte sehenswert ist.

Noch einmal 20 km weiter nach Westen liegt der Badeort **Fitero,** der schon zu römischer Zeit genutzt wurde, mit seiner frühgotischen Zisterzienserabtei Santa María la Real. 1147 begonnen, um 1200 vollendet, ist sie ein großartiges Beispiel spanischer Zisterzienserarchitektur. Auch der Kirchenschatz lohnt einen Besuch. Nach wieder etwa 20 km Fahrt nach Norden gelangt man in Alfaro wieder an die Ufer des Ebro in eine kleine Stadt mit noch zahlreichen Bauten in der Backsteinarchitektur des Mudéjar-Stils.

Die nun schon gewohnten gut 20 km den Ebro flußaufwärts erreicht man **Calahorra,** Geburtsort des großen Rhetorikers des 1. Jahrhunderts Quintilian und wahrscheinlich auch des

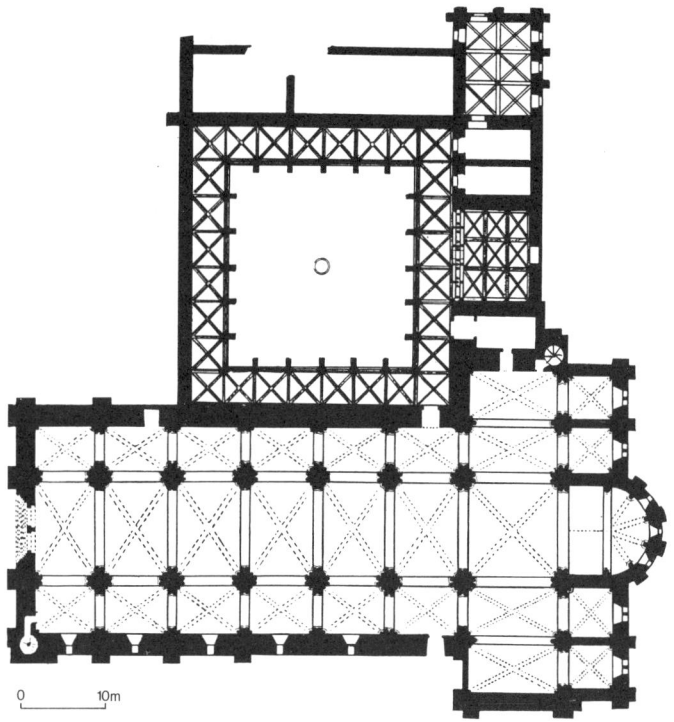

0   10m

*La Oliva. Grundriß
der Klosterkirche
mit Kreuzgang*

christlichen Dichters Prudentius, dessen *Psychomachia,* der Kampf der Tugenden gegen die Laster, die beliebteste Dichtung des Mittelalters war. Zu sehen sind die gotisch begonnene Kathedrale, an der aber noch im 18. Jahrhundert gebaut wurde, der gotische Bau von San Andrés und die Renaissancearchitektur von Santiago.

Erste Station auf dem Rückweg zur Pilgerstraße könnte das Zisterzienserkloster in **Marcilla** sein, das um 1160 erbaut, aber im 18. Jahrhundert barock erneuert wurde.

Das nächste Zisterzienserkloster, das **Monasterio de la Oliva** bei **Carcastillo,** gut 20 km wieder nach Osten den Aragón entlang, bietet dagegen ähnlich wie Fitero frühe gotische Architektur. Auch wenn König García IV. Ramírez französische Zisterzienser nach Navarra ruft, so zeigt doch die Architektur deutlich spanische Züge. Das reicht vom Christmon des Tympanons als Detail bis zur Dunkelheit des wuchtigen Raums.

Nach ausnahmsweise einmal etwa 30 km erreicht man nach Südwesten **Olite,** dessen Ruhm auf die ausgedehnte gotische Schloßanlage zurückgeht, die sich Carlos III. von Navarra (1387–1425) als Residenz errichten ließ. Auch der aus einer französischen Dynastie stammende Herrscher gab Teile der Ausstattung bei maurischen Handwerkern in Auftrag. Da ein Teil des Palastes heute als Parador genutzt wird, kann man sich nun auch selbst eine Übernachtung im königlichen Rahmen gönnen. Dabei sollte man einen Besuch der Schloßkirche Santa María la Real, romanisch mit gotischer Fassade, und der zu Beginn des 13. Jahrhunderts erbauten Kirche San Pedro mit ebenso reich ausgestatteter Fassade nicht versäumen.

Nur wenige Kilometer weiter nach Norden gelangt man nach **Tafalla,** das einen Rundgang wert ist, und 11 km weiter nach Nordwesten liegt **Artajona,** dessen spätmittelalterlicher Mauerring mit 12 Türmen des 14. Jahrhunderts sich eindrucksvoll um die verteidigungswirksam ausgebaute Kirche San Saturnino legt. Von Tafalla nach Osten bietet **San Martín de Unx** ein ähnliches Bild mit einer zur Festung ausgebauten Kirche Santa María, deren silberbeschlagenes Gnadenbild noch jedes Frühjahr am Sonntag nach Markus, nach dem 25. April, eine große Wallfahrt anzieht. Von hier aus findet man auf dem Weg über Tafalla und die Autobahn wieder auf die Pilgerstraße in Richtung Eunate und Puente la Reina zurück.

Eunate

Östlich Puente la Reina, inmitten weiter Felder und fern jeder Behausung liegt die ebenso kleine wie berühmte und kostbare Kapelle Santa María de Eunate (Abb. 15, Farbabb. 3). Ein etwas unregelmäßiges Achteck, eine Seite als Portal, die östliche als Chörlein ausgebildet, wird – wiederum achtseitig – von einer Bogengalerie umschritten und von einer ebenfalls achtseitigen Mauer umfangen. Architektur und Details – die auf der Nordseite der Bogengalerie bei der Restaurierung 1940–43 zusammengestellten Kapitelle auf Doppelsäulen, die reiche Gliederung der kleinen Ostapsis oder die Bandrippen der achtseitigen Kuppel – alles spricht für eine Bauzeit Ende des 12. oder Anfang des 13. Jahrhunderts.

Eunate.
Schnitt der Kapelle

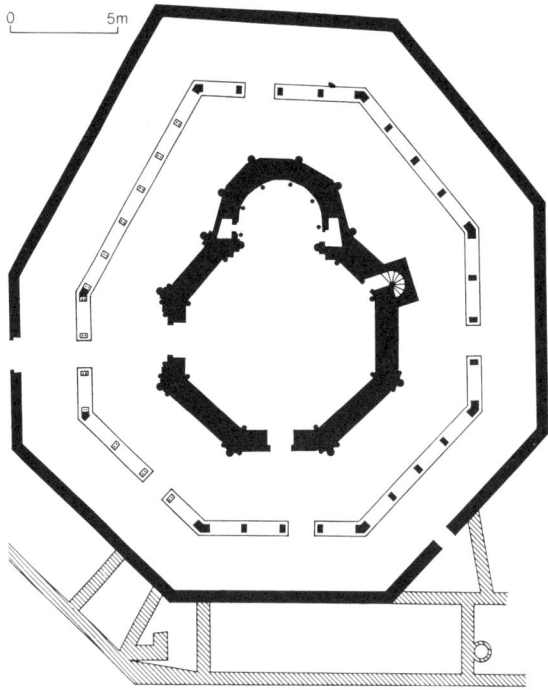

Eunate. Grundriß der Kapelle

Die erwähnten Restaurierungsarbeiten haben neben Spuren von Grundmauern außerhalb der heutigen Umfassungsmauer auch Gräber nachgewiesen. Dabei wurden auch Pilgermuscheln entdeckt, mit zwei Löchern versehen, um sie am Gewand befestigen zu können. Keine Spur an der Kapelle läßt darauf schließen, daß sich das Dach eines Kreuz- oder Umgangs, den die Bogengalerie erwarten läßt, sich zur Kapelle spannte. Ein solches Dach könnte also zur Umfassungsmauer gerichtet gewesen sein. Außerhalb könnte man dann die Gebäude eines Hospitals vermuten und im Umgangsbereich Gräber. Eine Urkunde des Johanniterordens spricht von einem Hospital am Pilgerweg, in dem sich regelmäßig eine Bruderschaft aus dem nahe Eunate gelegenen Obanos treffen darf und dort auch im Jahre 1251 das Recht auf Grabplätze erhält. Ist das unsere Kapelle von Eunate? Hat der Johanniterorden das Hospital vielleicht von den Templern übernommen, denen man die Baugestalt nach dem Vorbild des Felsendoms in Jerusalem immer gern zugetraut hätte? Auch diese offenen Fragen, die wohl kaum noch zu lösen sind, tragen zur nachdenklichen Stimmung bei, die Eunate auch bei strahlendem Sonnenschein verbreitet.

Camino Francés

Puente la Reina

Wenige Kilometer von Eunate nach Westen treffen sich die Pilgerwege. Auch der letzte der Zweige, über Roncesvalles und Pamplona leitet nun seine Benutzer in den großen Strom des Camino Francés. Das war ein Denkmal wert: À la Picasso im spanischen Souvenirstil mit dem Schweißbrenner gestaltet, beobachtet nun eine Pilgerkarikatur den Verkehr an der Straßengabelung vor dem Ortseingangs von Puente la Reina.

Der Name Puente la Reina – Brücke der Königin – bringt den Ursprung des Städtchens und seine wichtigste Touristenattraktion zu Bewußtsein. Brücken- und Straßenbau waren besonders im 11. und 12. Jahrhundert die Grundlage wirtschaftlichen Wachstums und damit auch politischer Macht. Entlang der Pilgerstraße begegnet man diesen Bemühungen von Königen oder Königinnen, Einsiedlern und Bischöfen immer wieder. Puente la Reina liegt an der Mündung des Robo in den Arga. Ungeklärt bleibt, welche Königin sich so fürsorglich für die Pilger und Kaufleute eingesetzt hat. Es bleibt offen, ob Doña Mayor, die Gemahlin des großen Sancho III. Garcés el Mayor (1000–1035), oder seine Schwiegertochter Estefanía, Frau seines Sohnes García III. Sánchez (1035–54) am Ursprung des eleganten Bauwerks steht. Sechs weite Bögen, ansteigend über prismatisch geschnittenen Pfeilern mit kleinen Entlastungsbögen nehmen die Linie der Pilgerstraße auf (Farbabb. 1). Die Pilgerstraße zieht als Calle Mayor noch heute eine strenge gerade Linie durch den Ort, die ihm und der Brücke seine Existenz dankt. Ende des 11. Jahrhunderts lassen sich die ersten ›Franken‹ hier nieder, wagemutige Einwanderer aus ganz Europa, unter denen die Franzosen an erster Stelle stehen. Alfonso I. el Batallador verleiht den Einwanderern ihren Fuero – ihre Freiheiten, ihr Stadtrecht – im Jahre 1122, den 1325 König Carlos noch einmal bestätigt. Spätestens 1235, denn da wird sie urkundlich erwähnt, umschließt eine Stadtmauer mit vier Toren das langgestreckte Rechteck des Ortes. Einige Teile davon sind noch zu sehen.

Östlich vorgelagert, im ältesten Stadtkern, der 1142 dem Templer-Orden geschenkt wird, stehen Kirche und Kloster Santa María de la Vega y del Crucifijo. Der Legende nach soll ein Pilger aus dem Rheinland auf seinem Weg nach Santiago de Compostela ein Kruzifix bis hierher getragen haben. Tatsächlich ist im Chor der zweischiffigen Kirche ein Gabelkruzifix zu sehen, der auffällige Ähnlichkeiten mit rheinischen Arbeiten des 15. Jahrhunderts hat. Der Künstler aber, der es schuf, mag seinen Weg aus dem Rheinland hierher gefunden haben, sicher hatte er aber schon Spanisches gesehen und in seine Gestaltung aufgenommen. Die Verwendung natür-

licher Haare, um das Lebensechte zu betonen, ist ein Beispiel dafür. König García IV. Ramírez'
Geschenk an den Templer-Orden verfiel nach dem spektakulären Untergang der Gemeinschaft
zu Beginn des 14. Jahrhunderts. Er ging in den Besitz der Johanniter über. Aber erst Juan de
Beaumont, Großprior des Ordens und zugleich Kanzler von Navarra, ließ 1448 die romanische
Kirche um ein zweites Schiff erweitern und ein neues Pilgerhospital errichten. Zur Finanzierung stiftete er eine Bruderschaft, deren dreihundert adlige Mitglieder aus ihren Gaben Hospital
und Kirche unterhalten sollten. Sakristei und Turm, auch der Klosterbau wurden im 18. Jahrhundert erneuert. Seit 1928 besteht eine Niederlassung der Herz-Jesu-Priester.

Portal der Kirche und Klostereingang werden durch einen weiten Bogen über die Straße miteinander verbunden. Eine der Archivolten des stark verwitterten plastischen Schmucks des
romanischen Portals zeigt Blattformen, die man leicht auch als Pilgermuscheln interpretieren
kann – was man dann auch gern und häufig tut. Der schmalen Straße zwischen Kloster und
Kirche kann man zu Fuß folgen. Sie ist die alte Pilgerstraße und führt nun mitten durch den
Ortskern zur Brücke über den Arga. Nachdem man das Vorstadtviertel verlassen und die N 111
überquert hat, steht man rasch auf dem kleinen Vorplatz der Kirche Santiago. Aus romanischer
Zeit ist die Südseite des Schiffs mit dem der Straße zugewandten Hauptportal erhalten. Mit fünf
Archivolten tief in die Wand gesetzt, öffnet sich über der Kapitellzone statt eines Tympanons
ein reich geschmückter polylober Bogen, Rundbögen ins Halbrund gesetzt. Ähnlichen Portal-
lösungen begegnet man in Cirauqui oder bei San Pedro dela Rúa in Estella. Es liegt nahe, Vorbilder in der islamischen Architektur Spaniens zu suchen. Auffällig ist, daß statt Gewändefiguren
ein Teil der Säulen nur Köpfe trägt. Die Verwitterung des Portals ist inzwischen so weit vorge-
schritten, daß man die Szenen der sieben Schöpfungstage auf dem Bogen des Portals oder der
Tiere der Geburtsgeschichte Christi kaum noch erkennen kann. Im Inneren bietet eine gut
restaurierte Jakobusfigur Ersatz. Sie entstand wie ihr Pendant, der Apostel Bartholomäus, im
14. Jahrhundert. Noch später, zu Beginn des 16. Jahrhunderts, wurde die weite einschiffige
Halle des Kirchenraums mit den schwingenden Linien der Rippen des Gewölbes errichtet. Zur
Erweiterung des 18. Jahrhunderts gehören auch der Turm und die reiche Ausstattung mit gold-
strotzenden Altären.

Gegenüber liegt die Kirche de la Trinidad. Die Gestalten der Gründer des Trinitarierordens,
Felix von Valois und Johannes von Matha, treten an der Renaissancefassade auf. Sie stifteten den
Orden 1198 ursprünglich zum Loskauf christlicher Sklaven. Er wurde im 17. Jahrhundert in
einen Bettelorden umgewandelt. Mit der Fassade dieser Kirche kann man seinen Gang durch die
Stadt mit ihren zahlreichen Fragmenten gotischer Zeit, die in jüngeren Bauten wiederverwandt
wurden, mit den dunkel leuchtenden Backsteinhäusern, den stolzen Wappenschilden des Adels
über den Türen, Balkons und Blumen und spanischem Straßenleben beginnen. Er führt bald zur
Brücke, wenn man nicht vor ihr noch links abbiegt und San Pedro einen Besuch abstattet.

Estella

Eines der sehenswertesten Teilstücke der alten Pilgerstraße, eine Strecke durch Jahrhunderte weitergenutzter römischer Straße, ist etwas außerhalb Cirauqui, in Richtung Westen zu besichtigen. Benutzbar ist sie nur für Fußgänger, sie können hier wie an vielen anderen Stellen noch dem mittelalterlichen Pilgerweg folgen. San Román zeigt wie San Pedro de la Rúa in Estella oder Santiago in Puente la Reina einen polyloben Bogen als Abschluß des Portals. Kurz vor Lorca passiert man den Salado, vor dessen Wasser der lateinische Pilgerführer mit einem dramatischen Erlebnisbericht warnt. Er habe zwei Navarreser hier getroffen, sitzend und gemütlich ihre Messer schärfend. Sie hätten ihm und seinen Begleitern heimtückisch das Wasser des Flusses empfohlen – woraufhin man die Pferde getränkt habe. Zwei der Pferde starben sofort und die beiden freundlichen Ratgeber hätten ihnen mit frisch geschärften Messern die Häute abgezogen. Offensichtlich ihr gewohnter Erwerbszweig an einem Fluß, der, wie der Name ver-

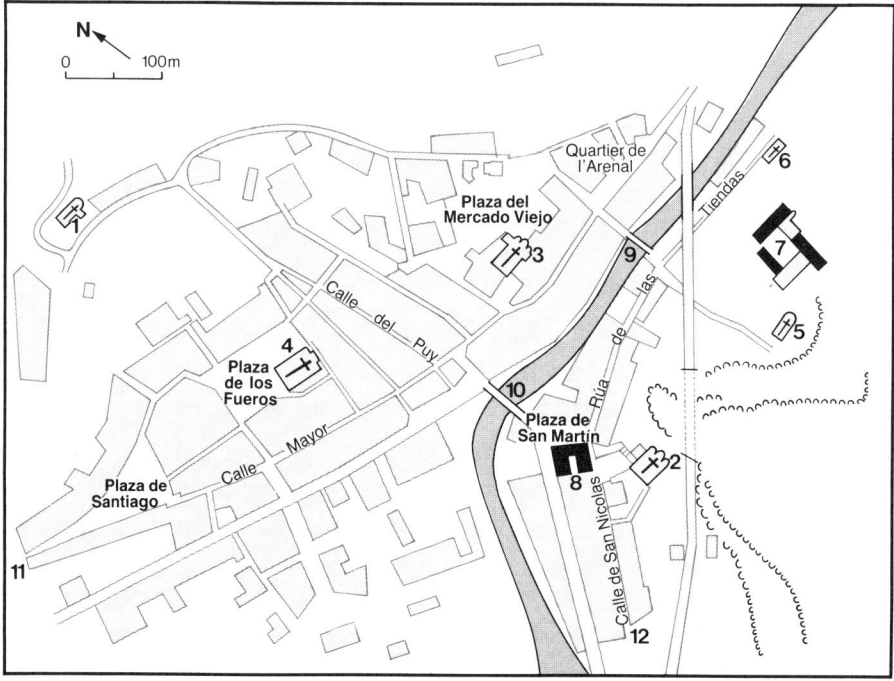

Estella   1 San Pedro de Lizarra   2 San Pedro de la Rúa   3 San Miguel Arcangel   4 San Juan Bautista
5 Santa María Jus del Castillo   6 San Sepulcro   7 Santo Domingo. Konvent   8 Palast der Könige von
Navarra   9 Pont de la Cárcel   10 Pont de San Martín   11 Santiago-Tor   12 Castilla-Tor

muten läßt, damals vielleicht giftige Salze führte. Uns aber, die wir keine Pferde zu tränken haben, führt die Straße nach Estella, das der Pilgerführer wiederum mit einem Lob bedenkt, dem man heute nicht mehr zustimmen kann.

»Inde Stella que pane bono et obtimo vino et carne et piscibus fertilis est, cunctisque felicitatibus plena.« – Von dort (erreicht man) Estella, das gutes Brot (bietet), den besten Wein, Fleisch und Fisch reichlich, und aller Glückseligkeiten voll ist. Obwohl Estella heute der Sitz der »Los Amigos del Camino de Santiago« ist, die auch für die Restaurierung der Brücke über den Ega gesorgt haben, hat man nach Jahrhunderten der Vernachlässigung, der Kriege und Plünderungen etwas Mühe, den Glanz alter Zeiten zu entdecken (Abb. 23). Aber er ist noch zu finden.

Vom Ortseingang aus kann man sich, die N 111 verlassend, mit einem Rundgang bald einen Überblick verschaffen. Im Norden, etwas unterhalb der Peña de los Castillos, die bis 1572 noch die Estella schützende Festung trug, liegt San Pedro de Lizarra. 914 erobert Sancho I. Garcés den kleinen Ort oberhalb des Ega, der noch nicht an der Pilgerstraße liegt. Diese führte etwas weiter südlich über Zarapuz, wo ein kleines Kloster und ein Hospital San Juan de la Peña unterstand. Dann gelangte man wie heute zum Kloster Irache. 1090 ändert König Sancho I. Ramírez die Verhältnisse. Er siedelt auf dem gegenüberliegenden Ufer des Ega Franken an, gibt ihnen Stadtrechte, einen fuero, baut eine Burg, und beruhigt die Mönche von Irache, die so einer Einnahmequelle beraubt werden, mit einem Zehntel der königlichen Einkünfte aus der neuen Gründung. Sie heißt bald im Volksmund Estella la Bella – Estella die Schöne. Mit Recht, denn der rasch wachsende Reichtum bringt eine Fülle von Schönheiten. Schon Lizarra wird aus dem Baskischen als ›Stern‹ übersetzt. Mit der neuen Gründung, dem neuen Namen wächst auch die Bevölkerung. Rings um San Juan Bautista, im Westen der Stadt an der Plaza de los Fueros, siedeln Navarreser an, Juden gruppieren sich unterhalb der Burg, und im Viertel Arenal sammelt sich eine Mischbevölkerung aus Einheimischen und Zuwanderern. Mauern trennen und schützen die einzelnen Stadtteile. Für alle gilt der 1164 noch einmal von Sancho VI. dem Weisen (1150–94) bestätigte fuero. Zu gemeinsamen Beratungen trifft man sich in der Casa de San Martín, schräg gegenüber dem noch gut erkennbaren Palast der Könige von Navarra unterhalb von San Pedro de la Rúa. Das 13. Jahrhundert bringt den wirtschaftlichen Höhepunkt. An Wirtschaftskraft gilt nur Burgos als vergleichbar, und König Thibault I. (1234–53) richtet zusätzlich noch eine vierzehntägige Messe ein. Dann aber setzen königliche Eingriffe und kriegerische Auseinandersetzungen der Stadt zu. Die Bruderschaften, Vertretung der Bürger und ihrer Rechte, werden 1323 aufgelöst, 1328 werden die Juden in einem Pogrom ermordet, Streitigkeiten zwischen Navarra und Kastilien treten an die Stelle der Reconquista. 1463 kann man einer Belagerung widerstehen, 1512 fällt die Stadt in die Hände Ferdinands des Katholischen. Noch im folgenden Jahrhundert kann Estella etwas wirtschaftliche Kraft bewahren. Dann setzt der Niedergang ein, denn auch die Wahl Estellas zur Residenz der Karlisten im zweiten und dritten Karlistenkrieg Mitte und Ende des 19. Jahrhunderts bringt nur zusätzliche Probleme mit sich. So legen sich Schleier über die Schönheit von Estella la Bella. Mit einem Blick über die Dachlandschaften der Stadt öffnen sie sich ein wenig. Eine hohe Treppe führt zum Südportal der Kirche San Miguel mit einem guten Überblick über das Stadtbild. Durch die frühgotische Kirche hindurch, oder auf dem Weg weit um die Kirche herum zum alten Marktplatz,

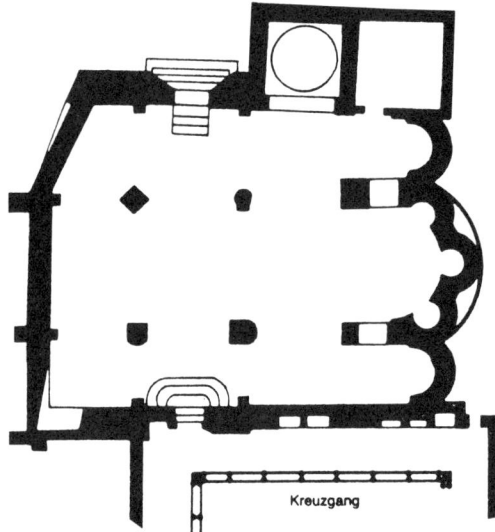

Estella. San Pedro de la Rúa, Grundriß

gelangt man zur Plaza del Mercado Viejo. Hier schützt eine nachträglich erbaute Vorhalle das Kunstwerk des Nordportals, abgewandt vom Pilgerweg, der auf das gegenüberliegende Ufer strebte.

Christus, der Richter des Jüngsten Gerichtes, hat auf dem Buch, das er hält, wieder das gewohnte Chrismon. Der schlanke Vierpaß der Mandorla weist mit einer Inschrift darauf hin, daß das Bild weder Gott noch Mensch, sondern Mensch und Gott zeige. Gerahmt, wie üblich, wird der Richter von den vier Wesen, apokalyptische Zeichen und zugleich Symbole der vier Evangelisten. Bittend treten ein Mann und eine Frau hinzu: Stifter oder Johannes und Maria, die das Mitleid des Richters nach byzantinischem Vorbild der Deesis erflehen?

Die innere Reihe der Archivolten begleitet das Tympanon mit Weihrauchfässer schwingenden Engeln, dann folgen die Ältesten der Apokalypse, die Patriarchen und Propheten, dann Szenen des Neuen Testaments und außen Heiligenleben. Man sieht Sankt Martin den Mantel teilen, Laurentius mit seinem Rost und Petrus. Die Kapitelle der Säulen des Gewändes schildern die Kindheitsgeschichte Christi. Links und rechts des Portals stehen acht der Apostel, ursprünglich als Gewändefiguren gedacht. Darunter wird der Patron der Kirche, Erzengel Michael, bei seinen beiden wichtigsten Tätigkeiten geschildert. Er tötet auf der linken Seite den Drachen, und daneben wiegt er die Seelen im Jüngsten Gericht. Auf der rechten Seite des Portals treten die drei Marien an das leere Grab des Herrn. Einer der beiden Engel erklärt den Frauen mit ihren Salbgefäßen in den Händen, daß das Grab leer sei. Dachte man sich hier wieder den Patron der Kirche tätig?

Die Reichtümer des Nordportals von San Miguel gehören zum Schönsten, das die späte Romanik Ende des 12. Jahrhunderts entlang des Pilgerwegs geschaffen hat. Die lebendige

Bewegtheit der Frauen am Grabe, der hierarchische Stolz der Apostel, die Lebendigkeit der kleinen Szenen an den Kapitellen bedürfen allerdings noch der konservatorischen Pflege. Aber schon in ihrem jetzigen Zustand zwingen sie rasch den Beschauer in ihren Bann, erinnern ihn an eine Zeit, in der diese die lebendigsten, eindringlichsten Bilder waren, die man zu sehen bekam.

Westlich von San Miguel, inmitten der Biegung des Ega, überquert die Brücke San Martín den Fluß, man erreicht den Platz gleichen Namens, an dessen südlicher Front das Rathaus San Martín des 16. Jahrhunderts steht. Alles eine recht deutliche Erinnerung an den fränkischen Nationalheiligen Martin von Tours. Die rechte, östliche Platzseite nimmt der Palast der Könige von Navarra ein. Er zeigt seine Prunkfassade mit den weiten Bögen der offenen Halle zur alten Pilgerstraße. Berühmt sind die Kapitelle der kleinen Doppelarkaden ebenso wie die der großen Halbsäulen, die die Fassade rahmen. Links wird auf dem unteren Kapitell der Kampf Rolands mit dem maurischen Riesen Ferragut aus dem legendären Bericht des Pseudo-Turpin über den Zug Karls des Großen nach Spanien geschildert (Abb. 26). Erst zu Pferde, dann zu Fuß mit Speer, Keule und Schwert wird um den ungehinderten Rückzug der Truppen Karls des Großen gekämpft. Die Inschriften bezeichnen die Helden der Auseinandersetzung und nennen einen Martin von Logroño als Bildhauer. Von ihm wird auch das von Dämonen bevölkerte Kapitell auf der oberen der beiden Säulen an der rechten Seite der Front stammen.

Der Palast der Könige von Navarra stand inmitten des Viertels der Franken, wie ja auch die auffällige Mehrfachnennung des heiligen Martin belegt. Für den Namen der Kirche inmitten des Viertels setzte sich allerdings Petrus durch – San Pedro de la Rúa. Eine elegante Treppe führt am Felsen, der bis ins 16. Jahrhundert die Burg trug, hoch zum Nordportal der Kirche, das den polyloben Bogen mit dem Chrismon im Mittelpunkt in einer schon frühgotisch anmutenden Rahmung bietet. Drei Schiffe, drei Apsiden, ein weiter Raum bestätigen diesen spätromanischen Eindruck. Der Chor, die mittlere der drei Apsiden, wird durch drei kleine Apsiolen, Miniaturkapellen, darüber drei Fenster und drei weitere schmale Öffnungen reich gegliedert. Ein Beispiel für die Fabulierlust der späten Romanik ist die aus drei verflochtenen Schlangen gebildete Säule auf der Nordseite der Apsis. Dieser Eindruck der Leichtigkeit des Umgangs mit Bildern und Stein, mit Architektur und Gestaltung setzt sich im Kreuzgang fort. Nur noch zwei Flügel sind erhalten. Bei der Sprengung der Burg wurden Ost- und Südflügel zerstört. Den Auftrag hatte Kardinal de Cisneros an Oberst Villalba gegeben, der 1521 eine solch große Ladung hochgehen ließ, daß Felsen und Trümmer den Kreuzgang zerstörten (Abb. 22). Der Wiederaufbau hat mit den beiden erhaltenen Seiten alles noch brauchbare Material zusammengestellt. Die Szenen von der Kindheit Christi bis zu Passion und Auferstehung, die Ermordung der Kinder zu Bethlehem oder die Martyrien der heiligen Laurentius, Andreas und des Kirchenpatrons Petrus bilden daher keine konsequente Folge, aber ein Ensemble bester spätromanischer Skulptur an einem der stimmungsvollsten Orte, den Estella zu bieten hat, trotz der Umgehungsstraße, die den Burgfelsen mit einem Tunnel durchquert und direkt am Kreuzgang vorüberführt.

Im Kirchenschatz von San Pedro erinnern die Krümme eines Bischofsstabes in Limoges-email, zwei Meßkännchen und die Handschuhe eines Bischofs neben einer Andreasreliquie an das Erscheinen eines Sterns, wie es sich für den Namen des Ortes gebührt. Es geschah im Jahre 1270, schon im vollen Licht der Geschichte, daß im Hospital der Pfarrkirche ein alter Pilger starb und im Kreuzgang begraben wurde. Über dem Grab des alten Mannes, den man samt seinen ärmlichen Gewändern beerdigt hatte, zeigte sich in den folgenden Nächten immer wieder ein leuchtender Stern. Als man endlich das Grab öffnet, dem Zeichen des Himmels folgend, wie wir es auch von der Auffindung des Grabes des Apostels Jakobus kennen, entdeckt man die erwähnten Schätze, wieder eine Apostelreliquie, und erhebt Andreas zum Patron der Stadt.

Einen letzten Gang führt uns die Straße parallel zum Ega nach Osten, unter der Umgehungsstraße hindurch, an der Brücke de la Cárcel vorüber, zur Kirche del San Sepulcro. Der einschiffige frühgotische Bau zeigt inmitten von Staub und kleinen Werkstätten eine großzügig geschnittene Fassade: Ein Tympanon mit Abendmahl, Kreuzigung, Grablegung und den Frauen am Grabe als Zeichen der Auferstehung, überspannt von zwölf dicht gedrängten Archivolten. Darüber eine Apostelgalerie und vor dem Portal, als Gruß an den Pilger, eine kaum noch erkennbare Jakobusfigur. Es gibt noch mehr Kirchen, wie etwa den dominierenden Bau des alten Dominikanerklosters direkt oberhalb von San Sepulcro, manche Straße ist zu durchwandern, mancher Winkel noch zu entdecken.

Wenige Kilometer nördlich liegt das heute von Theatinermönchen genutzte ehemalige Zisterzienserkloster **Iranzu.** Die Kirche zeigt konsequente französische Zisterzienserplanung mit geradem Chorschluß und strenger schmuckloser Architektur. Das Kloster wurde Mitte des 12. Jahrhunderts von Bischof Pedro von Pamplona gegründet, dessen Bruder Nicolás der erste Abt wurde. Weitere Förderung ließen ihm die Könige Navarras französischer Herkunft Thibaut I. und II. angedeihen. Außergewöhnlich ist der große Kamin der Klosterküche.

Auf der Pilgerstraße weiter nach Westen trifft man fast am Ortsausgang von Estella auf die Zufahrt zur Abtei **Irache.** Santa María la Real de Irache gehört zu den ältesten Benediktinerklöstern Navarras, und schon König García III. Sánchez el de Nájera (1035–54) befahl hier 1051 ein Pilgerhospital einzurichten. Vom Reichtum des während des Bürgerkrieges von hier internierten Regierungsoffizieren restaurierten Klosters zeugen die aufwendige spätromanische und frühgotische Architektur der Kirche, der Kreuzgang und die Bauten des 16. Jahrhunderts aus der Zeit, als Irache auch als Universität diente. Reizvoll sind die figürlichen Kapitelle der Kirche und die Pilgermuscheln, die als Trompen die Vierungskuppel tragen. Über Los Arcos, ebenfalls eine alte Station des Pilgerweges, mit der reichen Stilmischung der Kirche de la Ascunción, der Himmelfahrt Mariens, führt der Weg nach Torres del Rio.

Torres del Rio

Bereits jenseits des Linares, eines meist schmalen, unauffälligen Gewässers, erblickt man inmitten der Dächer des Dorfes turmhaft den Bau von San Sepulcro, der Heilig Grab-Kapelle (Abb. 25). Dieser Eindruck steigert sich noch, wenn man vor den glatten, am Abhang steil aufsteigenden Wänden des Achtecks steht. Eine schlichte Pforte mit einem später aufgemalten Wappen im Tympanon ist der einzige Schmuck des Untergeschosses. Hier wirken die kleinen, aber kompakten Baumassen selbst: das Halbrund des Chores, das nur bis zur Höhe des zweiten Geschosses reicht, und der runde Treppenturm im Westen, der den Zugang zur Laterne auf dem Dach freigab.

Die zierliche Laterne wiederholt die Gliederung des Unterbaus mit Dreiviertelsäulen, die die Kanten des Achtecks markieren, und zwei zarten Gesimsen, die die Geschosse scheiden. Beim Unterbau sind bescheidene Fenster in den Entlastungsbogen links und rechts des Chores eingebracht. Weiter öffnen sie sich erst im Obergeschoß. Aber das scheint nur so. Sieht man genau hin, entdeckt man, daß es ebenfalls nur schmale Öffnungen sind, die Licht ins Innere führen.

Das bestätigt sich im Inneren. Es dauert einige Zeit, bis man sich im ungewohnten Dämmerlicht zurechtfindet. Der präzise Steinschnitt tritt hier noch deutlicher als am Außenbau hervor. Ein Spitzbogen schließt die enge Chorapsis, und die beiden seitlichen Fenster geben gerade genug Licht, um die beiden Kapitelle des Chorbogens erkennen zu können. Die Themen der Kreuzabnahme und der Frauen am leeren Grabe greifen die Erinnerung an die Grabeskirche in Jerusalem, mit der der Name der Kapelle ja verbunden ist, wieder auf. Aber das Ungewöhnliche und Aufregende des so schlicht konzipierten Baus ist seine Kuppel, besser die deutlich islamische Einflüsse bekennende Führung der Rippen. Die von den Ecksäulen des Oktogons aufsteigenden Bandrippen werden gekappt. An ihre Stelle treten Rippen, die im Spitzbogen an der Mitte vorbeigeführt werden. Je zwei beginnen über Konsolen in der Mitte einer Seitenwand des Achtecks und übergreifen die benachbarte Wandfläche. Im Steinschnitt senkrecht zu ihrer eigenen Richtung gestellt, verkanten sie sich gegenüber der Fläche der Kuppel und stellen sich mit kristallischer Schärfe gegeneinander (Abb. 24). Der ohne weitere historische Nachrichten in den Ort gestellte Bau wird eine ähnliche Funktion wie die Kapelle von Eunate gehabt haben. Hier machen der Turm und die zu den vier Himmelsrichtungen geöffnete Laterne die Deutung als Totenkapelle mit nachts beleuchteter Laterne, wie man sie aus dem Süden Frankreichs kennt, möglich. Auch reiche Gräber, die man im 17. Jahrhundert neben der Kapelle aufdeckte, weisen in diese Richtung. Einst hatten die nahegelegenen Klöster Irache und Iranzu Besitz-

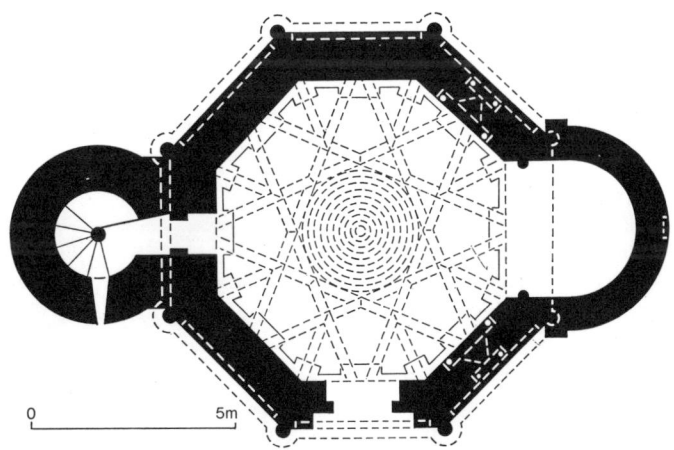

Torres del Rio.
San Sepulcro, Grundriß

0   5m

tümer in Torres del Rio, aber das muß nichts mit diesem Bau des späten 12. oder noch eher des frühen 13. Jahrhunderts zu tun haben. Seine Wendung nach Jerusalem betonen auch die späteren Apostelnamen auf einigen der Rippen und schließlich die Stadtdarstellungen über den Steingittern der schmalen Fenster der Kuppel.

Logroño und der benachbarte Norden

Fast könnte man Viana, den nächsten etwas größeren Ort rechts der N 111, einfach links liegen lassen, wenn nicht Cesare Borgia hier in Viana am 11. März tief in der Nacht im Alter von 32 Jahren sein Leben verloren hätte. Der Sohn Papst Alexanders VI. aus der spanischen Familie Borja war siebzehn Jahre alt, als sein Vater die Tiara erlangte, war achtundzwanzig, als der Papst starb und ihm damit die Basis für seine bis heute nachhallenden Abenteuer genommen war. Seit 1493 Kardinal von Valencia, achtzehnjährig, rechnet man ihm Morde unter anderem an seinem Bruder Giovanni und ein allzu gutes Verhältnis zu seiner Schwester Lucrezia vor. Als er 1497 die Besitzungen seiner Brüder übernimmt, legt er seine geistliche Würde nieder und heiratet die Schwester des Königs von Navarra. In seinen Diensten belagert er den abtrünnigen Befehlshaber der Zitadelle von Viana und fällt einem nächtlichen Scharmützel zum Opfer. Erst wird er fürstlich neben dem Altar der Kirche Santa María begraben, dann setzt man ihn vor die Tür, empfindet seine Gegenwart am Altar als Zumutung. Und so erinnert nur ein schlichter Grabstein neben dem gotischen Portal an eine der unwichtigen aber schillernden Figuren der Renaissance. Vor Jahren soll man das Skelett eines Mannes bei Grabungen vor der Kirche gefunden haben ...

Mit Logroño am Ebro ist das Zentrum der Rioja erreicht, die als eine der ersten wichtigen Etappen der Reconquista im Jahre 923 durch gemeinsames Vorgehen der Könige von León und Navarra, Ordoño II. und Sancho I. Garcés, in christlichen Besitz zurückkehrt. Damit war die fruchtbare Ebene des Ebrotals erreicht, Getreide- und Weinanbau in einer Qualität möglich, die bis heute ihren Ruhm bewahrt hat. Rotweine der Rioja können Qualitäten erreichen, die besten französischen Weinen des Bordeaux und Beaujolais entsprechen – ohne bisher den gleichen Preisstandard erreicht zu haben.

Das alte Stadtzentrum auf dem rechten Ufer des Ebro erreicht man über eine steinerne Brücke des Jahres 1884. Sie ersetzt mit ihren sieben Bögen die mittelalterliche Brücke, die San Juan de Ortega, einer der Heiligen des Straßenbaus am Pilgerweg zu Beginn des 12. Jahrhunderts, mit zwölf Bögen über den Ebro errichten ließ. Auch diese war schon Ersatz für eine bereits im 11. Jahrhundert erwähnte Brücke für diesen schwierigsten Flußübergang auf dem Weg nach Santiago de Compostela. Santa María del Palacio, nach rechts von der Brücke in die Rúa Vieja hinein, trägt mit ihrem Namen noch die Erinnerung an Alfonso VII. von Kastilien (1126–57), der sich als Kaiser Spaniens empfand und seinen Palast, Ursprung der vielfach veränderten Kirche, den Kanonikern vom Heiligen Grabe vermachte. Sehenswert der Hochaltar aus der Mitte des 16. Jahrhunderts. Hinter seinem Meister Arnao de Bruselas verbirgt sich ein Arnold von Brüssel, zuständig für die Schnitzarbeiten, während zwei Spanier die Malereien schufen.

Nach links von der Rúa Vieja abbiegend trifft man auf San Bartolomé, einen später veränderten romanischen Bau mit bereits gotischer Fassade, und auf Santa María la Redonda. Seit 1959 Kathedrale, verbindet sie eine dreischiffige spätgotische Halle mit einer barocken Fassade der Mitte des 18. Jahrhunderts.

Zurück zur Rúa Vieja trifft man weiter in die Altstadt hinein auf den Pilgerbrunnen, mit entsprechenden Motiven geschmückt, gegenüber der Kirche Santiago el Real. Ihre Fassade zeigt einen Santiago Matamoros, Jakobus zu Pferd als Maurentöter. So soll er König Ramiro I. von Asturien 17 km südlich von Logroño im Jahre 844 am 23. Mai in der Schlacht gegen Abd al-Rahman II. erschienen sein. Dies legendär verklärte Geschehnis ließ Santiago zum Patron der Reconquista, zum Patron Spaniens werden. Nicht als Schlachtenhelfer schwertschwingend auf weißem Pferd, sondern als Pilger tritt er als Titelheiliger auf dem Hauptaltar auf. Es sind nur wenige Spuren, die an die wichtige Station des Pilgerweges erinnern.

Von Logroño bieten die guten Autobahnverbindungen, die ihre Gebühren wert sind, eine günstige Möglichkeit, nach Norden ins Baskenland und zur Küste vorzustoßen. Eine erste geeignete Station hierfür wäre **Vitoria/Gasteiz.** (Gerade die größeren Orte verfügen auf Karten und Straßenhinweisschildern über zwei, einen spanischen und einen baskischen Namen, manches Mal mit unterschiedlichen Schreibweisen für das Baskische. Das führt hin und wieder zu Verwirrungen, die eine bessere Kenntnis der weiteren Umgebung zur Folge haben.) Vitoria/Gasteiz hat zwar manchen Sieg erlebt, aber wie das ganze Baskenland noch keinen Frieden gefunden. Ein erster Vorschlag für den Ursprung des ruhmredigen Namens ist ein Sieg des westgotischen Königs Leowigild im Jahre 581 über die Basken mit der anschließenden Gründung von Victoriacum. Ein nächster ist die Eroberung des Ortes 1181 durch Sancho VI. el Sabio, den Weisen. Er erhob den Ort zur Stadt, legte eine Befestigung an, von der noch Spuren am Rande des ellipsenförmigen Stadtkerns zeugen, und unter seinem Nachfolger kehrt alles wieder unter kastilische Herrschaft zurück. Ein wichtiger Sieg ereignet sich dann noch am 21. Mai 1813, als die Befreiung Spaniens durch die Niederlage napoleonischer Truppen unter Jourdan und Joseph Bonaparte gegen Wellingtons gesammelte und bunt gemischte Truppen südlich der Stadt beginnt. Bis auf die neue, wie in Barcelona noch unvollendete Kathedrale findet man alle Sehenswürdigkeiten im Oval der Altstadt, dessen Form die Straßen nachziehen. Am südlichen Ende der Altstadt dominiert San Miguel, ein gotischer Bau mit Szenen zur Legende des Erzengels im Tympanon und auf dem Hochaltar. Am Chor strahlt die Virgen Blanca, eine spätgotische Skulptur der Stadtpatronin über den Platz gleichen Namens. Beim Weg quer durch die Altstadt stößt man auf die gotische Kathedrale Santa María mit reichem Figurenportal und zum Stadtrand hin festungsartig ausgebauter Nordseite des Schiffs.

Nach Osten auf der N 1 findet man in **Gaceo** den Chor der kleinen Kirche mit wohlerhaltenen spätromanischen Wandmalereien, in der Tonne des Gewölbes das Leben Christi, unten links das Leben Mariens, in der Mitte die Kreuzigung Christi und darüber seine Rückkunft als Richter und rechts schließlich den weitgeöffneten Rachen der Hölle. Von Gaceo aus lohnt es sich dann, die N 1 in Richtung des reizvollen altertümlichen Städtchens **Salvatierra** und von dort weiter zum größten Dolmen des spanischen Baskenlandes am Ortsrand von Eguilaz, der Dolmen de Aizkomendi, weiterzufahren. Nach Südosten, in Richtung Pamplona, dann weiter in Richtung Estella auf der C 132 erreicht man das **Santuario de Estíbaliz,** eine spätromanische Wallfahrtskirche, deren vielverehrte romanische Madonna oft schon im hohen Mittelalter bei Gerichtsverhandlungen in der Umgebung aufgestellt wurde.

Nach Nordosten, der Küste zu auf der C 6213, einer Strecke, der bald die Autobahn folgen wird, kann man noch vor Vergara nach Norden abbiegen und gelangt nach **Oñate,** das wegen seiner reizvollen Lage als das »baskische Toledo« gilt. Eine wichtige Rolle hat die kleine Stadt für Jahrhunderte (1542–1901) durch ihre (die einzige) baskische Universität gespielt. Gestützt durch seine baskischen Sympathisanten hat auch im Ersten Karlistenkrieg der Prätendent Don Carlos hier 1833–39 sein Hauptquartier aufgeschlagen. Mancher Bau zeugt noch von vergangenem Glanz, die alte Universität zeigt auch in der Architektur die Renaissance, der sie ihr Entstehen zu verdanken hatte, gotisch ist San Miguel, barock das Rathaus.

Und wer noch einen etwas moderneren Wallfahrtsort sehen möchte, fährt weiter in die Berge hinein zu **Nuestra Señora de Aránzazu.** Über Vergara hinaus gelangt man nach Azpeitia, in die Stadt der heute überall verbreiteten Alpargatas, der Leinwandschuhe mit Sohlen aus Hanfschnur. Wobei solches Schuhwerk für den nächsten Teil des Weges nach Osten zum **Santuario de San Ignacio de Loyola** nicht unbedingt zu empfehlen ist. Hier wurde der Stifter des Ordens der Jesuiten 1491 geboren und erlebte in langen Monaten der Rekonvaleszenz seine Verwandlung zum Soldaten Gottes im Jahre 1522. 1689 wurde der Grundstein für die Kirche nach den Plänen des Italieners Carlo Fontana gelegt, der volle Glanz der von Ignatius belebten Gegenreformation blüht hier auf. Aber auch sein Krankenzimmer im zweiten Stock der Casa Santa, dem Rest des Familienschlosses, kann man besichtigen. Von hier aus könnte der Weg weiterführen an die baskische Küste, nach San Sebastián oder nach Bilbao, oder ins von Legenden und Geschichte gezeichnete **Guernica y Luno.** Hier sieht man noch immer die Reste der Eiche, in deren Schatten sich die vornehmen Basken sammelten. Schrecken und Entsetzen bringt immer noch die Erinnerung an den 26. April des Jahres 1937 mit sich, als ein Geschwader der deutschen Legion Condor die von Regierungstruppen gegen Franco verteidigte Stadt bombardierte. Mehr als zweitausend Menschen fielen dem Angriff zum Opfer. Pablo Picassos Bild, als Anklage entstanden und bis heute wirksam, kam erst nach Francos Tod nach Spanien, nach Madrid.

Soria, ein Abstecher nach Süden

Von Logroño aus führt die N 111 vorüber an der Sierra de la Demanda, an der Sierra de Urbión über den Paß, den Puerto de Piqueras mit 1710 m Höhe in das 106 km entfernte Soria. Echos einer großen Vergangenheit klingen hier noch nach, prägen noch immer das Bild der kleinen Stadt.

Hier, am Duero, lag für lange Jahre die Grenze des christlichen Spanien auf dem langen Weg der Reconquista nach Süden. Daran erinnern entlang des Duero noch die Festungen von Berlanga, San Estebán de Gormaz, Peñaranda oder Peñafiel und auch die spärlichen Reste der

Burg im Parque del Castillo am Duero. Daran erinnert auch noch der Wappenspruch der Stadt: »Soria pura, cabeza de Extremadura« – Soria die Reine, Haupt des äußersten Spanien. Diese Zeit und die Streitigkeiten der christlichen Könige von Navarra und Kastilien um den wichtigen Brückenkopf und dazu die bedeutende Rolle der Stadt in der Schafzucht haben ihre sichtbaren Spuren hinterlassen. Die »Mesta«, die besonders in der frühen Neuzeit allmächtige Organisation der spanischen Schafzüchter hatte hier einen der wichtigsten Sammelpunkte. Seit dem späten 13. Jahrhundert läßt sich der Vorgang der geregelten Transhumance, des Auftriebs der riesigen Schafherden zu den gebirgigen Sommerweiden des spanischen Nordens über die cañadas, festgelegte Flächen auch bewirtschafteter Gebiete, bis ins 19. Jahrhundert verfolgen. Erst 1836 wurde die Mesta aufgelöst. Aber Spuren der großen runden oder auch rechteckigen Schafpferche kann man inmitten der weiten Getreidefelder der Meseta auch heute noch entdecken. Die Wolle Spaniens hat allerdings längst ihre wichtige Rolle in der Wirtschaft des frühneuzeitlichen Europas verloren. Sie hinterließ allenfalls noch Spuren. Manches stolze Haus in den Straßen Aduana Vieja, Caballeros oder Real erinnert wie der Palast der Grafen von Gómara mit seiner langgestreckten Fassade und seinem kühn die Häuser überragenden Turm im Stadtzentrum noch an diese Zeit des Reichtums. Mittelalterlichen Glanz künden die Kirchen. Im Süden der Stadt, in der Calle Caballeros, ist bei San Juan de Rabanera 1908 das Portal der zerstörten Kirche San Nicolás erhalten, so daß der ausgewogene romanische Bau mit Szenen der Nikolauslegende im Tympanon noch einem anderen Patron huldigt. Im Norden der Stadt ruft Santo Domingo die engen Verbindungen Spaniens mit Frankreich in Erinnerung. Die Gliederung der breit gelagerten Fassade an der Calle Acnana ruft Bauten des Poitou ins Gedächtnis, auch wenn sich der Skulpturenschmuck auf die Rahmung der Westrose und das Portal beschränkt. Auch die Skulpturen zeigen französischen Einfluß, bringen aber ebenso die Qualität der Arbeiten des Kreuzgangs von Santo Domingo de Silos in Erinnerung. Im Tympanon begleiten Joseph (?) und Maria Christus, umgeben von den vier Wesen, als Richter des Jüngsten Gerichts. Auf der innersten der vier Archivolten sind unter dem Präsidium eines prachtvollen Engels die vierundzwanzig Ältesten versammelt, um das Bild des Jüngsten Tages abzurunden. Den nächsten Halbkreis bildet der Kindermord von Bethlehem, während die beiden äußeren Szenen aus dem Leben Christi von der Verkündigung bis zur Auferstehung schildern. Den deutlichsten Akzent und die Erklärung der französischen Einflüsse geben die beiden Figuren links und rechts der Archivolten. Sie stellen Alfonso VIII. von Kastilien (1158–1214) und seine Gemahlin Eleanor dar. Doña Leonor war die Tochter Henrys II. von England und seiner vielbeschriebenen Frau Eleanor von Aquitanien. Hier liegt der Ursprung der Beziehungen, und mit der Tochter Blanca des Paares kehrt Eleanor als Urgroßmutter Louis IX. des Heiligen wieder nach Frankreich zurück. Die Stadt Soria hatte die Anfänge des noch unmündigen Königs Alfonsos VIII. geschützt und unterstützt. Mit der Fassade von Santo Domingo hat sich der Sieger der großen Schlacht von Las Navas de Tolosa im Jahre 1212 hier ein Denkmal gesetzt.

Ein Denkmal der engen kulturellen Beziehungen zu den Mauren ist dagegen jenseits des Duero der Kreuzgang des Klosters San Juan de Duero. Auf dem Wege dorthin hat man auch Gelegenheit, einen Blick auf die spätgotische Kathedrale San Pedro, einen weitgespannten Raum der Mitte des 16. Jahrhunderts, zu werfen. Aus romanischer Zeit sind noch drei Flügel des

Kreuzgangs von San Juan erhalten. San Juan de Duero, eine Gründung des Johanniter-Ordens, ist heute nur noch Museum seiner selbst. In der schlichten, einschiffigen Kirche, die die Johanniter bereits vorfanden, sind die beiden Tabernakel links und rechts des Chorbogens über den Altären mit ihren reich skulptierten Kapitellen von Interesse. Etwas Ungewöhnliches, Einzigartiges ist dann der Kreuzgang. Ein Bauherr und sein Architekt haben sich für den konventionellen Zweck hier von den gewohnten Konventionen gelöst. Bewußt werden Stile und Formen gegeneinander gesetzt. Und das nicht, indem man Flügel an Flügel setzt, sondern raffinierte Ecklösungen findet. Ganz Gewohntes an Bögen, Säulen und Kapitellen wird mit schwingenden und sich überschneidenden Bögen auf kannelierten Pfeilern und Hufeisenbögen verbunden. Die Tradition des Orients in Spanien selbst und vielleicht die Architektur des Heiligen Landes standen dazu Pate. Auch wenn nur noch die Arkadengalerien des Kreuzgangs stehen, die Wände fehlen, wird man diesen Anblick nicht vergessen. Im mittelalterlichen Europa war so etwas nur in Spanien möglich.

Auf der gleichen Uferseite, aber nach Süden den Duero abwärts, trifft man auf die Ruinen des Klosters San Polo, einer Gründung des Templerordens im 13. Jahrhundert. Und noch einige hundert Meter weiter vorüber an Grotten, in denen einst der Eremit Saturio meditierte, gelangt man zu der achteckigen Kapelle San Saturio auf einem Felsen, einem Bau des 18. Jahrhunderts zur Verehrung des Stadtpatrons von Soria.

Noch weiter zurück in die Vergangenheit führt im Westen der Stadt, wieder jenseits Duero, das Museo Numantino. Es zeigt Funde aus dem seit 1806 bekannten Numantia, 8 km nördlich Sorias nahe der Straße nach Logroño, wo man bereits 1854 begonnen hatte zu graben. Numantia war und ist ein Symbol der spanischen Freiheitsliebe. Die Stadt der keltiberischen Arevaker hatte sich mehrfach römischen Belagerungen widersetzt, bis im Jahre 134 v. Chr. Scipio als Censor den Oberbefehl übernahm. Er hungerte die Stadt aus, aber statt zu kapitulieren steckten die Bewohner ihre Häuser in Brand und töteten sich. Scipio erhielt den Ruhmesnamen Numantinus.

Statt auf direktem Wege nach Norden, auf den Pilgerweg zurückzukehren, kann man nach Westen noch einige Pausen im Duerotal machen. Es bieten sich z.B. die gotische Kathedrale von El Burgo de Osma, die romanischen Kirchen und die Burg von San Estebán de Gormaz an oder die berühmte Fassade der Kirche Santa María in Aranda de Duero, gegründet von den Reyes Católicos, dem so besonders katholischen, gemeinsam Spanien beherrschenden Königspaar Ferdinand und Isabella, im isabellinischen Stil, dieser fast »barocken« Spätgotik.

Nájera

Die Brücke über den Najerilla, die heute in das Stadtzentrum von Nájera führt, ist ein verkehrserleichternder Ersatz des späten 19. Jahrhunderts für die romanische Brücke, die einst San Juan de Ortega Mitte des 13. Jahrhunderts errichten ließ. Aber auch diese war nicht die erste an diesem wichtigen Flußübergang des Pilgerweges. Besungen wird eine umkämpfte Brücke schon von Pseudo-Turpin, der hier den Kampf Rolands mit dem Riesen Feragut ansiedelt, dem man schon an einem Kapitell des Palastes der Könige von Navarra in Estella begegnen konnte. Der riesenhafte Heide hatte als Verteidiger der Stadt die Ritter des Heeres Karls des Großen zum Einzelkampf herausgefordert. Diesem ritterlichen Ansinnen konnte Karl nur entsprechen und schickte seinen Paladin, Ogier den Dänen. Feragut ließ es bei ihm und anderen Paladinen Karls gar nicht zu langwierigen Auseinandersetzungen kommen. Er klemmte sich den jeweiligen Helden unter den Arm und nahm ihn mit in die Gefangenschaft. Erst Roland gelingt es nach langem Kampf zu Pferd und dann zu Fuß mit dem Schwert und nach langen theologischen Diskussionen die einzige verwundbare Stelle des Riesen zu finden und ihn zu besiegen. So wurde dann Nájera erobert und christianisiert.

Die rekonstruierbare Vergangenheit kennt die Eroberung Nájeras im Jahre 923 durch Ordoño II. von Asturien und Sancho I. Garcés von Navarra. Als zweite Residenz der Könige von Navarra blieb der Ort bis zur Eroberung durch Alfonso VI. von Kastilien im Jahre 1076. Das Kloster Santa María La Real hatte schon zuvor im Jahre 1052 Don García III. Sánchez – el de Nájera – infolge eines Jagderlebnisses gegründet. Da Adel und Könige zu dieser Zeit sich entweder auf Kriegszügen oder auf der Jagd befanden, konnten ihre Wundererlebnisse auch nur bei der einen oder anderen Gelegenheit stattfinden. Don García stößt in der Grotte, die man noch besichtigen kann, auf ein Marienbild, Anlaß der Klostergründung, Anlaß aber auch der Gründung des frühesten Ritterordens im Rahmen der spanischen Reconquista. Alfonso VI. unterstellt die junge Gründung im Jahre 1079, drei Jahre nach der Eroberung für Kastilien, dem Kloster Cluny. Französische Mönche ziehen mit einem neuen Abt ein, Anlaß für langjährige Streitigkeiten.

Nájera liegt gedrängt zwischen Fluß und den dunkelroten Klippen der Felswand, in deren Tiefe sich die Höhlung der Krypta birgt. Hier leuchtet noch immer eine Lampe vor dem Bildnis

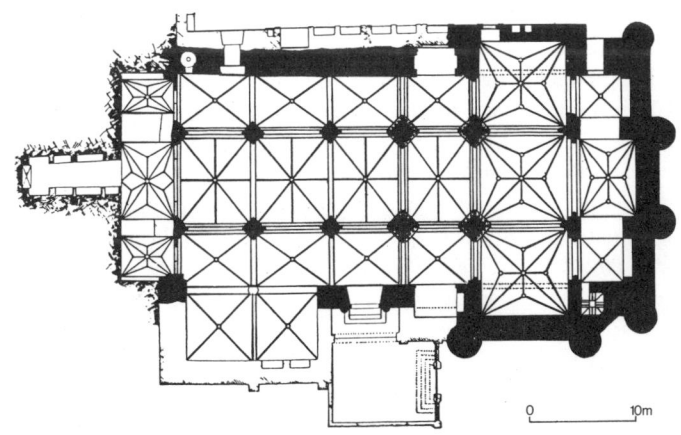

Nájera. Grundriß der Klosterkirche Santa María la Real

der Jungfrau, zu deren Füßen Don García seinen Falken und die gejagte Taube friedlich vereint als Jagdwunder wiederfand. In der Krypta steht als Ersatz ein gotisches Marienbild in der Grotte, das erste romanische Bildwerk bildet nun den leuchtenden Mittelpunkt des hohen vergoldeten Altarretabels im Chor der spätgotischen Weite der Klosterkirche (Abb. 32).

Der im Mittelalter immer gegenwärtige Tod forderte seine Opfer auch und oft früh in den Reihen der königlichen Familie. Zu den Zeiten, als Nájera als Residenz blühte, fanden sie hier, nahe dem durch die Erscheinung Mariens geheiligten Ort, ihr Grab. Die Renaissance gab dem Panteón Real unter Fray Rodrigo de Gadea als Abschluß der spätmittelalterlichen Bauarbeiten 1556-59 seine heutige Gestalt. Zwei steinerne Soldaten halten Wache vor den Gräbern von Adel und Königen, jungen Infanten und dem Grabmal der Doña Blanca von Navarra, die mit König Sancho III. von Kastilien (1157/58) verheiratet war. Sie starb bei der Geburt ihres Sohnes im Jahre 1156, der mit dem Tode seines Vaters den Thron als Alfonso VIII. bestieg und bis 1214 regierte. Während man im 16. Jahrhundert die anderen Sarkophage mit Bildnissen nach zeitgenössischem Geschmack versah, zeigt der Sarkophag der Doña Sancha noch den romanischen Bilderschmuck mit Christus als Richter und den Aposteln auf der Schräge des Deckels und darunter die Sterbszene, bei der Engel die Seele der im Kindbett verstorbenen Königin (und nicht ihr Kind) in Empfang nehmen. Trauernd, der Stützung durch zwei Begleiter bedürftig, steht der König daneben. Die andere Deckelschräge schildert das Gleichnis der klugen und törichten Jungfrauen, so oft im Mittelalter als mahnendes Beispiel zitiert, und darunter die Anbetung der Heiligen Drei Könige und den Kindermord von Bethlehem, der inmitten der Gräber jung verstorbener Infanten eine besondere Bedeutung erhält.

Die Kirche selbst entstand am Anfang der spätmittelalterlichen Baubegeisterung, ersetzte unter Prior Pedro Martínez de Santa Coloma 1422-56 den romanischen Vorgängerbau. Als Abschluß wurde am Ende des Jahrhunderts das feingeschnitzte Chorgestühl in der Werkstatt von Andrés und Nicolás de Nájera geschaffen. Unter Juan de Llanos und Diego de Valmaseda wurde der optisch opulenteste Teil der Klosteranlage, der untere Kreuzgang erbaut. Die spätgotische Architektur der Arkaden wurde, unter großzügiger Förderung durch Kaiser Karl V., dessen Wappen man mehrfach begegnet, mit Renaissancekandelabern statt des Maßwerks gefüllt (Abb. 29, 30). Mit dem oberen Kreuzgang 1571-81 finden die Bauarbeiten ihren Abschluß. 1486 hat sich das Kloster von Cluny wieder gelöst. Selten begegnet man spanischer Geschichte und Kunst zu einer so dichten Einheit verbunden wie hier. Und auch gegenüber den Zeiten Hermann Künigs aus Vach hat sich nicht zuviel geändert. Die Franziskaner, die seit dem Ende des 19. Jahrhunderts Santa María la Real betreuen, nehmen Pilger auf wie in seiner Zeit. Er rühmt den Ort: »Da gibt man gern umb Gottes willen/ In den spitalen hastü allen dynen willen/Ußgnomen in Sant Jacobs spitall/ das ist honerfolck allezumall/ die spitelfraw den brudern vyl schalckheyt dut/ Aber die beite synt sere gut.« Auch das Problem listenreicher Wirtinnen und des Überangebots an Geflügel auf Speisenkarten war schon zu seiner Zeit nicht ungewohnt.

Über die Brücke zurück und nun nach rechts in die Höhen der Sierra de la Demanda hinein führt ein Abstecher zum Kloster des heiligen Aemilianus – San Millán de la Cogolla. (Auch hinter Cogolla verbirgt sich lateinische Tradition, die cuculla, das rauhe Gewand der Mönche. Es wundert daher nicht, wenn man hier mit den glossae Aemilianenses einige der frühesten

Die straß zu sant Jacob in warheit gantz erfaren.

Titelblatt des Pilgerführers von Hermann Künig von Vach (undatierte Nürnberger Ausgabe)

Zeugnisse der zukünftigen spanischen Sprache findet.) Aemilian wuchs als Sohn eines Hirten auf und wurde durch die Schulung eines Eremiten schließlich Hirt auch der Menschen, die sich ihm anvertrauten. Rings um seine Höhle, die später zu seiner Grabkapelle wurde, sammelten sich weitere Eremiten, Schüler und die Ratsuchenden der Umgebung. Aemilians Tod im Jahre 574, gut hundertjährig soll er gewesen sein, brachte keine Unterbrechung, eher Vermehrung des Besucherstroms. Braulio von Zaragoza, Freund Isidors von Sevilla, recherchierte und schrieb das Leben Aemilians, und der große Dichter Kastiliens im 13. Jahrhundert, im nächsten Dorf Berceo geboren, Gonzalo de Berceo, übertrug die Lebensbeschreibung in die Volkssprache seiner Zeit.

Auf der Fahrt in die Berge stößt man auf zwei Klosteranlagen. Eine schmale Straße führt rechtsab zu San Millán de Suso, dem oberen älteren und ursprünglichen Kloster. Die Fahrt geradeaus führt ins untere jüngere Kloster San Millán de Yuso, das Anfang des 11. Jahrhunderts angelegt wurde, als König García III. Sanchez (1035–54) das Kloster von Nájera gründete. Damals habe man versucht, berichtet die Legende, die Gebeine des heiligen Millán wegzuführen, sei aber nicht weiter gekommen als zum so bestimmten Bauplatz des neuen Klosters.

1809 plünderten napoleonische Soldaten die strengen Renaissancebauten, die etwas fehlgegriffen manchmal als Escorial der Rioja bezeichnet werden. Vieles der barocken Ausstattung blieb erhalten, aber die kostbaren Schreine des heiligen Millán und eines weiteren Eremiten San Felice wurden beraubt. Gold, Silber und Edelsteine sind verloren, aber einige der sehenswerten Elfenbeinschnitzereien sind auf neuen Schreinen hier zu sehen, andere, die ebenfalls unter den Händen des Magisters Engelremnus und seines Sohnes Redolfus entstanden, sind auf große Museen in aller Welt verteilt. 1835 wurde auch hier das Klosterleben unterbrochen und erst seit 1883 unter Augustinern wieder aufgenommen. Immer noch aber reitet am großen Portal San Millán als Maurentöter, als Matamoros wie Jakobus.

Verlassen und einsam wirkt dagegen trotz der kleinen Straße, die erst seit wenigen Jahren dorthin führt, das obere ältere Kloster. Ein weiter Blick in die Berge und in die Ebenen der Rioja, der flüssereichen Landschaft, bietet sich inmitten der Eichen. Hier könnte ein westgotisches Klosterleben die Eroberung abseits jeglichen Verkehrs überstanden haben. Aber Lebenszeichen durch Überlieferung und durch ein untersuchtes Gräberfeld haben wir erst seit dem frühen 9. Jahrhundert. Ein Marmorkapitell, westgotisch und dann im 10. Jahrhundert mozarabisch überarbeitet, an der linken Seite des Eingangs zur eigentlichen Kirche könnte wie einige der östlichsten Mauerzüge davon Zeugnis sein.

Die der Südseite der Kirche vorgelagerte Vorhalle schützt Gräber, einen westgotischen Sarkophag, Gräber von Königinnen von Navarra und sieben Infanten von Lara, des vornehmsten Geschlechtes in der Umgebung. Innen entdeckt man rasch, daß die Höhle Milláns, in der heute eine Tumba der Mitte des 12. Jahrhunderts steht, Anlaß für den Bau der Kirche war. Der Tote im langen und faltenreichen Ornat ist liegend dargestellt, Mönche halten Totenwache, und Pilger eilen herbei, einer in Begleitung eines Hundes. Rechts davon nach Osten werden die ältesten Bauteile vermutet. Nach Westen wurde, das ist unübersehbar, in zwei Schritten erweitert. Im ersten Abschnitt treten noch Hufeisenbögen auf. Die Wand darüber wird von kleinen Nischen aufgelockert. Mit nochmals zwei Bögen wird dann, wohl in romanischer Zeit, die letzte Erweiterung nach Westen durchgeführt.

Aus einer Urkunde des Jahres 984, die am Tage der Weihe der oberen Kirche San Milláns die Besitztümer des Klosters bestätigt, unterschrieben von Abt Sisebut und König Sancho II. Garcés von Navarra und seiner Gemahlin Urraca, kennen wir ein Baudatum. Die Urkunde ist, wie der Verweis auf die obere Kirche deutlich macht, nach der Gründung des unteren Klosters zumindest verfälscht worden. Und berichtet wird auch, daß Almansor, der letzte große Feldherr der Mauren, im Jahre 1001 das Kloster plünderte und verwüstete; wenige Monate vor dem Tode des großen Christengegners in Medinaceli, der es immer wieder auf die Reichtümer und die Bedeutung der spanischen Heiligtümer abgesehen hatte, und, wie die Zeitgenossen erleichtert meinten, »in der Hölle begraben wurde«. Ist der mozarabische Bauteil nun vor oder nach diesen Ereignissen anzusetzen? Man hat Mühe, sich heute die Bedeutung eines solchen Ortes bewußt zu machen, aber Seelsorge und politischer Einfluß, Reichtümer und Werkstätten, in denen neben den Goldschmiedearbeiten auch zahlreiche bis heute teils erhaltene Handschriften entstanden, schufen eine Ausstrahlung, die man noch spüren kann. Auch die Denkmalpfleger erfaßten das. Nach den Freilegungsarbeiten und Restaurierungen der letzten Jahrzehnte blieb davon etwas am östlichsten Pfeiler der zweischiffigen Anlage erhalten. Blauornamentierte Fliesen rahmen ein Stück Holz, das einst auf Wunsch des Heiligen, um seine ihm zugedachte Aufgabe beim Bau der Kirche zu erfüllen, länger wurde.

Santo Domingo de la Calzada

Von Nájera aus hat man Santo Domingo de la Calzada auf der N 120 rasch erreicht. Von San Millán aus gibt es die Möglichkeit, ein weiteres Kloster, Valvanera, noch höher in die Sierra de la Demanda hinein, zu besuchen. Wie in Nájera steht die wundersame Auffindung eines Marienbildes am Ursprung des heute spätgotischen Baus mit einer Marienfigur des 12. Jahrhunderts. Möchte man dagegen zum Pilgerweg zurückkehren, sei trotzdem nicht der gleiche Weg von San Millán aus empfohlen. Unterhalb Berceo führt eine kleine Straße nach Cañas. Das ist der Heimatort des heiligen Domingo von Silos, dem von Burgos aus ein Besuch abzustatten ist, und der Sitz eines 1170 gegründeten Zisterzienserinnenklosters mit einer schönen frühgotischen Kirche und dem hochgotischen Grabmal der Doña Urraca López de Haro (1170–1262) – ein gotisches Gegenstück zum Sarkophag der Doña Blanca in Nájera.

Auf der N 120 führt dann der Weg weiter nach Santo Domingo de la Calzada. Die Stadt trägt den Namen ihres Gründers, des Heiligen, durch dessen Entscheidung, hier eine Brücke über den Oja zu bauen, die Straße zu pflastern – Calzada ist die gepflasterte Chaussee – und ein Pilgerhospital zu unterhalten, hier eine Stadt entstand. Domingo, der sich nach monastischen Anfängen im Kloster Valvanera als Eremit ans Ufer des Oja zurückzog, traf auf eine noch unsichere Grenzlandschaft, erst teilweise kultiviert, nicht ohne Straßenräuber auf den verfallenden römischen Straßen und den unebenen neuen Wegen. Oberhalb der römischen Brücke über den Oja schafft er Abhilfe für den gefährlichen Flußübergang. Die vierundzwanzig Bogen der Brücke über das meist schmale Rinnsal, das gefährlich anschwellen kann, werden seiner Initiative zugeschrieben. An der Kreuzung seiner Chaussee mit der von Süden dem Oja folgenden Route läßt er sich nieder. Und als Alfonso VI. von Kastilien 1076 die Rioja erobert, weiß er die Leistung des zukünftigen Heiligen zu schätzen. Er schenkt ihm alles Land, das dieser für sein Werk begehrt. Noch zu Lebzeiten Domingos wird 1105 die erste Kirche geweiht und als der Heilige 1109 stirbt, ist hier bereits ein wichtiger Ort an der Pilgerstraße gewachsen. Er wird schnell so interessant, daß zwischen den nächsten Bischöfen, in Calahorra und Burgos, gestritten wird, zu welcher Diözese er gehören soll. Calahorra siegt im Jahre 1135 in den am Hofe des König geführten Auseinandersetzungen. 1141 geben weitere Stiftungen Alfonsos VII. die Grundlage für die Einrichtung der Kirche als Stiftskirche und genügend Einkünfte, um 1168 den Grundstein für einen spätromanischen Neubau der Kirche am Grabe des Heiligen legen zu können. Noch vor der Vollendung der Kirche im Jahre 1235 wird mit Genehmigung Papst Gregors IX. im Jahre 1232 der Bischofssitz von Calahorra hierher verlegt.

Die N 120 wird um den alten Ortskern herumgeführt. Die Pilgerstraße führt mitten durch ihn hindurch, zwischen Kathedrale und Turm des 18. Jahrhunderts, vorbei am spätgotisch erneuerten Pilgerhospital, in dem der Heilige als Hausknecht arbeitete und das heute als gepflegter Parador Nacional Gäste aufnimmt. Anders als in Logroño scheint hier fast die Zeit stehen geblieben zu sein: Das Gackern der Hühner, die den Ort in den Erzählungen vom Pilgerweg nach Santiago berühmt gemacht haben, ist tatsächlich noch zu hören. In der Kathedrale ist an der Westwand des großräumigen spätgotischen Querhauses ein beleuchteter Käfig angebaut, mit einer Tür zur Versorgungstreppe darunter, in dem ein weißer Hahn mit einer Henne für dies in kirchlichen Räumen etwas ungewöhnliche Geräusch zuständig sind (Abb. 28). Zwei bis drei Wochen verbringen sie hier, bevor Ablösung erfolgt. Vielen von ihnen steht dann sicher noch das Schicksal bevor, dem ihre in ein Wunder verwickelten Vorgänger entgingen. Es ist die berühmte Geschichte des rheinischen Elternpaares, das seinen blondgelockten Sohn auf die Pilgerfahrt mitgenommen hatte. Kein ungewöhnlicher Vorgang. Ungewöhnlich auch nicht, daß eine junge Magd in der Herberge zu Santo Domingo dem attraktiven Jüngling ein attraktives Angebot macht – was dieser aber, seines Ziels bewußt, verschmäht. Die verschmähte Liebe wandelt sich in Haß. Ein silberner Becher wird im Gepäck des Jünglings versteckt, unter großer Erregung nach Aufbruch und rascher Verfolgung gefunden. Hugonell, so wird der Name des unglücklichen Jünglings überliefert, wird schnell verurteilt und gehenkt. In tiefer Trauer setzen die Eltern ihre Pilgerfahrt fort und stellen aber auf dem Rückweg drei Wochen später am einsamen Galgen fest, daß ihr Sohn noch lebt. Jakobus selbst habe ihn gehalten, unter den Füßen gestützt, sagt er, nun aber sei es Zeit, ihn wieder vom Galgen zu lösen.

Erfreut, entsetzt, verwirrt eilen die Eltern zum Hof des Bischofs – der ja seit 1232 hier residiert – und finden ihn beim sonntäglichen Mahl, einen Hahn und eine Henne wohlgebräunt vor sich auf dem Tisch; unwillens, sich mit einer solchen Geschichte beim Essen stören zu lassen, erwidert dieser auf die entsprechende Bitte der Eltern: »Eher wachsen dem Geflügel hier Federn und es fliegt davon, als daß euer Sohn noch lebt.« Auch wir würden uns nun – wie der Bischof – wenn sich unser Mittagsmahl daraufhin durchs offene Fenster davonmachte, sicher eilends auf den Weg zum Galgen machen und den Hunger wohl erst einmal vergessen. Der Jüngling wurde vom Galgen genommen und die Magd statt seiner gehenkt – und seitdem beherbergt die Kathedrale ein Hühnerpaar. Gegenüber dem Käfig in der Kathedrale, über dem südlichen Zugang zum Chorumgang hängt noch ein Stück Holz vom Galgen, an dem der Jüngling so geduldig ausharrte: »Esta madera es de la horca del peregrino« – Dieses Holz ist vom Galgen des Pilgers, und seine Fesseln und die anderer, die das Wunderwirken Domingos erlöste, hängen neben dem Hühnerkäfig.

Von der 1235 vollendeten romanischen Kirche sind noch wesentliche Teile erhalten: Chorapsis, Chorumgang und nördliches Querhaus, dazu die drei westlichen Joche des Schiffs. Man entdeckt außen am Chor, von der Plaza Mayor aus, und innen schon bei einem kleinen aufmerksamen Rundgang eine ganze Reihe vorzüglich gearbeiteter Kapitelle und aus gotischer Zeit im nördlichen Querhaus in einigen Fenstern Maßwerksterngitter wie in maurischer und asturischer Architektur aus einer Steinplatte gearbeitet. Seine heutige Gestalt, von der Fassade im Süden mit der Figur des heiligen Domingo über den Coro im Schiff bis zur Altarwand erhielt

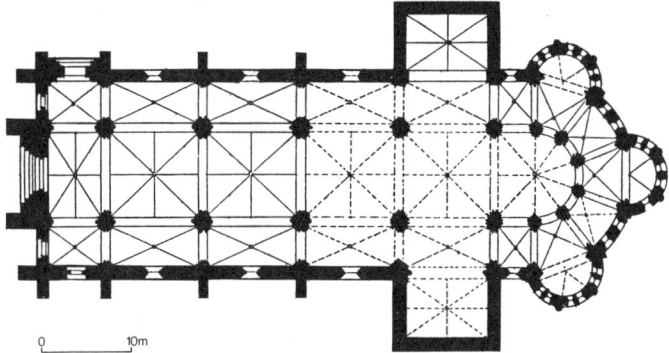

Santo Domingo de la Calzada. Grundriß der Kathedrale in romanischer Zeit

0 ⌐_____⌐ 10m

der Bau in der ersten Hälfte des 16. Jahrhunderts. Dabei wurde das bisher vor der Kirche gelegene Grab des Stadtgründers ins Südquerhaus einbezogen. Der erneuerte Vierungspfeiler trägt darüber ein doppeltes Netzgewölbe. Kryptaähnlich ist die untere Grabkammer zugänglich, und der Aufbau über der Grabplatte des 12. Jahrhunderts, verwandt der Platte für Millán in San Millán de Suso, durchbricht den Boden des Querhauses. Der kunstvoll geschmiedete Baldachin mit der rührenden Gestalt des Heiligen aus dem 18. Jahrhundert entstand zu Beginn des 16. Jahrhunderts nach Entwürfen des Felipe de Borgoña. Er entwarf auch den Hühnerkäfig und die dazugehörige Tür. Das Gemälde darüber schildert die Legende vom Gehängten, bei der es natürlich auch Versionen gibt, die das Wunder einem lokalen Heiligen, Domingo, oder Maria zuschreiben. Auch auf der Außenseite des Coros, in den Gemälden des Trascoro, eingebettet in reiche Renaissancearchitektur, wird die Legende erneut dargestellt. Das reiche und kunstvoll geschnitzte Gestühl im Coro, der in dieser typisch spanischen Form hier erstmals auf der Pilgerstrecke begegnet, und der stolze Bischofsthron entstanden 1521–26 unter der Leitung von Andrés de Nájera und Guillén de Hollanda, vermutlich wieder unter Mitarbeit von Felipe

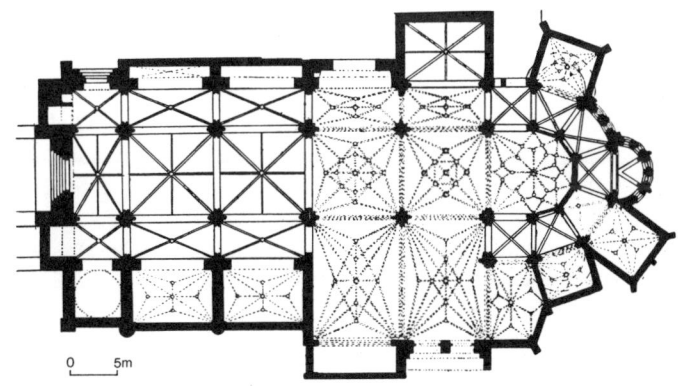

Santo Domingo de la Calzada. Grundriß der Kathedrale heute

0 ⌐_____ 5m

Vigarny, einem Franzosen aus der Bourgogne. Am Ende der großen Erneuerungsarbeiten steht die prunkvolle vergoldete Architektur der Altarwand in der romanischen Chorapsis. Mit seinen Szenen aus dem Leben Mariens und dem Leben Christi entstand er in der Werkstatt Damián Forments, wurde aber erst nach seinem Tode 1537 eingebaut. Romanik, späteste Gotik mit wagemutigen Höheneffekten und frühe Renaissance verbinden sich zu einem stimmungsvollen Ganzen, das durch die Seitenkapellen am Chorumgang und am Schiff noch betont wird. Der Kreuzgang der zweiten Hälfte des 16. Jahrhunderts ergänzt diese Renovierung. Einen unübersehbaren Akzent setzt zum Abschluß das 18. Jahrhundert mit dem hohen Glockenturm des Architekten Martín de Beratúa. Errichtet von 1762–67, steigert er den Reichtum seines Schmucks im Gegensatz zur Höhe des jeweiligen Geschosses und löst den quadratischen Grundriß über ein achteckiges Geschoß ins Rund einer abschließenden Laterne auf (Abb. 31). Er dominiert weithin die fruchtbare Landschaft rings um den Ort.

Ihm gegenüber liegt das nun als Parador, als staatlich geführtes Hotel, genutzte Pilgerhospital. Begründet vom heiligen Domingo, umgebaut im 14. Jahrhundert und noch bis ins 18. Jahrhundert seiner ursprünglichen Bestimmung treu, kann man es nun als guten Ausgangspunkt für Ausflüge benutzen. Da empfehlen sich der als himmlisches Jerusalem gestaltete Taufstein der Kirche in Redecilla de Camino, die Klarheit der gotischen Stiftskirche Santa Clara in Briviesca oder die Einsamkeit der romanischen Kirche des Monasterio de Rodilla, direkt an der N 1. An der Strecke des Pilgerweges selbst, aufgenommen von der N 120, gelangt man in den Montes de Oca an den letzten Paß vor Burgos mit dem Puerto de la Pedraja in 1163 m Höhe. Die Steigungen und Schwierigkeiten dieser Wegstrecke nach Burgos und dann durch die Weiten der Campos Góticos erleichterte man sich durch einen Aufenthalt in Villafranca de Oca. Der Name des Ortes ruft ja selbst schon die Ansiedlung von ›Franken‹ in Erinnerung. Von der N 120 ab, aber zurück auf die mittelalterliche Pilgerstrecke führt eine kleine Straße in den Nordwesten der Montes de Oca nach San Juan de Ortega. Jünger, aber noch Zeitgenosse des Santo Domingo, den man gerade verlassen hat, war er Mitarbeiter und Nachahmer des Heiligen. Nach einer Wallfahrt nach Jerusalem stiftete er, ein Gelöbnis einlösend, dem heiligen Nikolaus eine Kirche, richtete ein Pilgerhospital ein. Hier fand er 1163 in seiner Kirche auch sein bald verehrtes Grab. Offensichtlich belästigten damals Brennesseln das Fortkommen der Pilger, Reisenden und Händler; denn die urtica (lat. für Brennessel) steht am Ursprung des klangvollen Namens des Heiligen. In der Krypta des romanischen Baus, dessen Anfänge aus der Zeit San Juans stammen, hat man sein romanisches Grabdenkmal wiederentdeckt. Darüber erhebt sich in reicher flamboyanter Gotik ein Baldachingrab, das 1474 Isabella die Katholische in Auftrag gab. Sechs Reliefs am Sockel schildern Szenen aus dem Leben des Heiligen. Die kleinen farbig gefaßten Heiligenfiguren an den Pfeilern rings um die liegende Gestalt San Juans sind Ergänzungen des 18. Jahrhunderts. Nach seiner Tätigkeit am Pilgerweg wurde das Grab San Juans eine letzte Zuflucht kinderloser Ehefrauen. Isabella hatte Erfolg. Der Ehe mit Ferdinand, die Spanien einte, entsprossen drei Kinder – auch wenn es erst der Enkel Karl V. war, dem die Thronfolge zufiel.

Burgos

Spitze Zungen behaupten, was auch für weite Gebiete am Pilgerweg gelten könnte, daß der Sommer in Burgos vom Tage des Apostels Jakobus bis zum Tag der heiligen Anna und ihres Gemahls Joachim dauere – vom 25. bis zum 26. Juli. Das ist sicher zu pointiert formuliert. Eher trifft ein anderes Wort die klimatischen Verhältnisse: Der Winter in Burgos dauert neun Monate, dann folgen drei Monate sommerliche Hölle. Bei bald 900 m Höhe und durch die Gebirgszüge ringsum vom mildernden Einfluß des Meeres abgeschlossen, mit kontinentalen Verhältnissen also, ist es oft noch spät im Frühjahr bitterkalt und schon früh spürt man den Herbst, selbst wenn es tagsüber mehr als heiß wird.

Das alles hinderte die Ende des 9. Jahrhunderts als Festung gegen die Mauren gegründete Stadt am Ufer des Arlanzón nicht daran, sich zu einer der bedeutendsten Städte Spaniens zu entwickeln. Ihren an deutsche Burgen erinnernden Namen soll sie der Legende nach einem deutschen Jakobuspilger verdanken, einem Herrn mit dem für unsere Verhältnisse etwas ungewöhnlichen Namen Belchides. Die Gründung des noch unter asturischer Oberhoheit stehenden Grafen Diego Porcelos wurde im folgenden Jahrhundert unter Graf Fernán González Mittelpunkt der immer selbständiger werdenden Grafschaft Kastilien, aus zahlreichen kleineren Grafschaften zusammenwachsend: eine neue, selbst errichtet Herrschaft, neu angesiedelte Bevölkerung, voller Stolz auf die bei der Anwerbung zugesicherten Rechte, auch mit einer sich zunehmend ausbreitenden neuen Formung der romanischen Sprache, dem Kastilischen, das zum Inbegriff des Spanischen wird. Aus diesen Zeiten der frühen Reconquista, der bewußt und sorgsam gehüteten Rechte des einzelnen in der Gemeinschaft, in der Graf und König nur gleich unter gleichen sind, stammt spanischer Stolz, Bewußtsein persönlichen Adels, gesteigert ins Absolute und Absurde in der Person Don Quichottes. Das aber auch erst in einer Zeit, als diese Gesellschaftsform mit der Eroberung Granadas, dem Ende der Reconquista, ihren Lebenszweck verloren hatte. Die Entdeckung der Welt, die Eroberung Amerikas sind kein Ersatz.

Unter Fernando I., einem der drei Söhne Sancho III. el Mayor, wird Kastilien 1035 zum Königreich. 1037 gewinnt er bereits Asturien als Erbe seiner Frau Sancha hinzu. Sein Sohn, Alfonso VI. (1065–1109) stiftet den königlichen Palast für den Bau einer Kathedrale in Burgos. Hier hatte sein Bruder Sancho II. bis 1072 residiert, einem Zeitpunkt, zu dem es nun Alfonso gelungen war, Asturien und Kastilien wieder zu vereinigen. 1088 ist die 1077 begonnene romanische Kathedrale vollendet, der Bischofssitz wird von Gamonal nach Burgos verlegt und so auch 1095 von Papst Urban II. bestätigt. Das ist zugleich die große Zeit des Cid, dessen Spuren man in Burgos immer wieder begegnet. 1043 in Vivar, 9 km nördlich von Burgos, geboren, war Rodrigo Díaz einer der Mitstreiter Sanchos II., der in den Auseinandersetzungen der königlichen Brüder einem Mord zum Opfer fiel. Am Hofe des neuen Herrn, Alfonsos VI., faßt der waffengewaltige Held nie richtig Fuß, wird mit Mißtrauen beobachtet, schließlich im Jahre 1081 verbannt. Mit seiner Gefolgschaft tritt er in die Dienste des Maurenkönigs von Zaragoza, verrichtet seine Heldentaten nun für einige Jahre in heidnischem Dienste gegen seine Glaubensbrüder. Aus dieser Zeit stammt auch sein Beiname el Cid, übernommen aus dem Arabischen

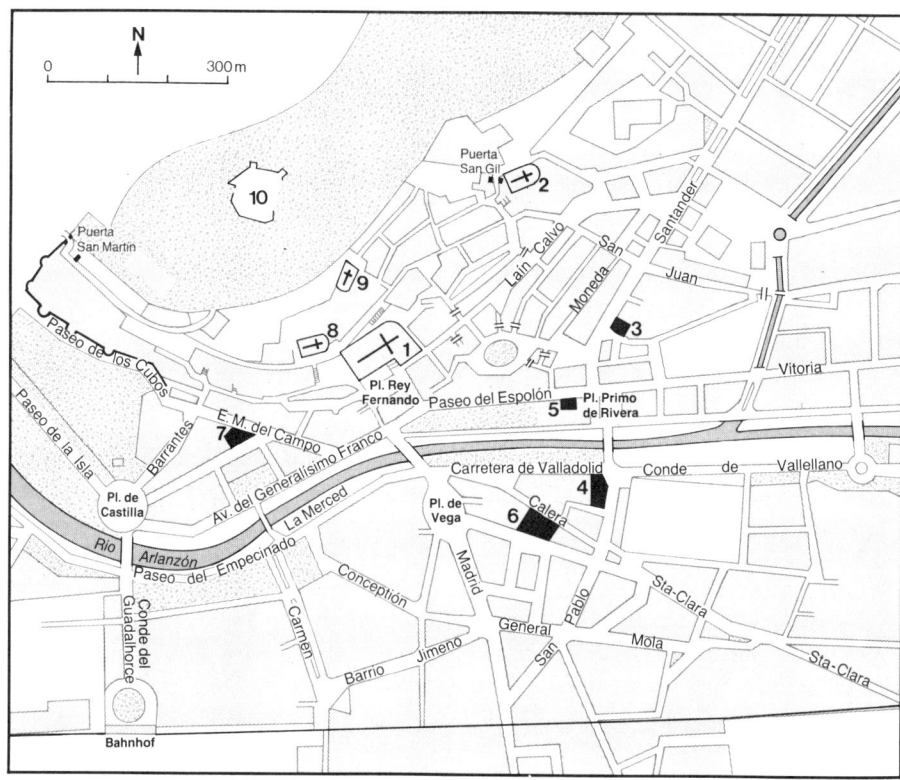

Burgos 1 Kathedrale 2 San Gil 3 Casa del Cordón 4 Post 5 Touristeninformation 6 Autobusbahnhof 7 Erzbischöflicher Palast 8 San Nicolás 9 San Estebán 10 Burg

sejjid ›Herr‹, der im Spanischen noch durch Campeador, der Kämpfer, ergänzt und verstärkt
wird. Seine Heldentaten müssen schon für die Zeitgenossen aufsehenerregend gewesen sein.
Höhepunkt war die Eroberung Valencias nach bald zwei Jahren Belagerung im Jahre 1094 als
eigenes Herrschaftsgebiet. Nach seinem Tode vermochte seine Frau Jimena noch drei Jahre bis
1102 die Stadt gegen die Angriffe der Almoraviden zu halten. König Alfonso, zur Hilfe gerufen,
ließ das wieder in die Hände der Mauren gefallene Valencia niederbrennen. Die Gebeine des Cid
wurden ins Kloster San Pedro de Cardeña südöstlich von Burgos überführt. Dort verbrachte
auch Jimena die letzten Jahre ihres Lebens und fand 1113 hier ihr Grab.

   Viele zeitgenössische Urkunden und spätere Chroniken überliefern Informationen zum
Leben des Helden und seiner Gemahlin Jimena, die eine Nichte seines Lehnsherrn Alfonso VI.
war. Die Auseinandersetzungen mit ihm prägen Dichtung und Wirklichkeit. In allen Jahrhunderten hat sein Schicksal die Gemüter und Dichterfedern bewegt. Aber die Gestaltung, die Teil
der Weltliteratur geworden ist, der Cantar de Mío Cid ist in einer einzigen Handschrift des

Jahres 1307 erst 1779 wiederentdeckt worden. Verfaßt wurde das Heldenepos um 1140 von wohl zwei noch unter maurischer Herrschaft lebenden juglares, Spielmännern aus San Estebán de Gormaz und Medinaceli. Mit der Annahme zweier Autoren soll verständlich werden, daß historische Faktentreue einerseits und dichterische Motivierung der am dramatischen Geschehen beteiligten Personen im ›Cantar‹ zur wirkungsvollen Einheit wurden. Aber es ist die gleiche Spannung zwischen ritterlichen Idealen, politischen Realitäten und menschlichen Fehlern, aus der Wirklichkeit und Dichtung leben, die hier unter den Händen eines oder zweier Autoren ein Stück Weltliteratur entstehen ließ: Träume und Wirklichkeit der Reconquista.

Am linken Ufer des Arlanzón erinnert etwa in Höhe der Kathedrale ein kleines Monument, eingebaut in das Gitter am Ufer, an ein weniger heldenhaftes als listenreiches Ereignis zu Beginn der Verbannung. Ohne Geld, ohne Möglichkeit, sich und seinen Anhang mit Vorräten zu versorgen, da der König jeglichen Handel mit dem Cid verboten hatte, greift unser Held unter Mithilfe des getreuen Martín Antolínez zu einer List. Zwei prächtige Kisten werden mit Sand gefüllt. Und Antolínez gibt sie mit ausreichend Aufwand an Geheimniskrämerei zwei Juden, Raquel und Vidas, als Pfand gegen eine Bargeldanleihe in Verwahr und kassiert auch selbst eine Vermittlungsgebühr, damit das Ganze auch richtig überzeugend wirkt. Mit diesem Coup war die Notlage in einen Erfolg verwandelt und die finanzielle Grundlage für die kommenden Siegeszüge gelegt. In der Capilla del Corpus Christi im Südosten des Kreuzganges hängt hoch an der Wand eine Truhe, die bei diesem »Geschäft« verwandt worden sein soll.

Unterhalb der Ruinen der 1739 abgebrannten Festungsanlagen, hinter der Puerta de San Martín, durch die einst die Könige in ihre Residenz Burgos einzogen, steht ein 1784 errichtetes Denkmal »Solar del Cid«. Hier lag eines der Besitztümer des Cid. Auch wenn manches Restaurant damit wirbt, »El meson del Cid«, ein Haus des Cid zu sein, mehr als Dekoration ist das nicht.

Prunkvoller ist die Puerta de Santa María, das auch als Arco de Santa María bezeichnete Stadttor am Arlanzón, der weiß im Sonnenlicht gleißende Eingang in die Altstadt (Abb. 37). Das schlichte Mischmauerwerk ähnlich der Puerta de San Martín ist hier am Flußufer in ein nobles Denkmal verwandelt worden. Nach dem gescheiterten Aufstand der Comuneros 1520/21 gegen den zunehmenden Absolutismus der Monarchie wird hier eine Huldigung in Stein verwandelt. 1536/37 wird der Entwurf entwickelt und 1553 mit den Skulpturen von Ochoa vollendet. Maria und der Schutzengel der Stadt nehmen auch Karl V. unter ihre Hut. Er steht inmitten einer Gruppe burdigalesischer Helden, die einst die Grundlagen für die Freiheiten legten, die nun verlorengehen. Unten tritt Diego Porcelos zwischen zwei Richter des 10. Jahrhunderts, Nuño Rasura und Lain Calvo. Karl V. wird von Graf Fernán González und Rodrigo Díaz de Vivar, dem Cid Campeador, geleitet: Ein steingewordener Akt der Unterwerfung. Aber als Abschluß des wundervollen Paseo del Espolón könnte man sich kaum etwas anderes wünschen.

Am Ostende dieser präzise beschnittenen Platanenallee, die an die Stelle der mittelalterlichen Stadtmauer trat, begegnet uns der Cid erneut. Auf der Plaza de Primo de Rivera hat am 23. Juli 1955 Generalissimo Franco das breitbärtig und großspurig daherstürmende Standbild aus der Werkstatt Juan Cristóbals enthüllen können. Auch hier wurde der Freiheitsheld der Vergangenheit wieder der Unterwerfung der Gegenwart dienstbar gemacht. Mit den faschistoi-

Ansicht von Burgos aus
dem 18. Jahrhundert

den Skulpturen der anschließenden Puente de San Pablo mit den Hauptpersonen des Cantar de Mío Cid wird der Verbrauch von Vergangenheit fortgesetzt.

Einem ähnlichen historischen Zwischenspiel verdankt es die Kathedrale, Grab des Helden und seiner Gemahlin zu sein. Erstmals wurden die Gebeine des Cid 1809 durch französische Truppen, die sich so die Sympathien der Stadt sichern wollten, nach Burgos übertragen. Zurückgekehrt nach San Pedro de Cardeña wurden sie nach der Aufhebung der Klöster wieder nach Burgos, ins Ayuntamiento, ins Rathaus gebracht, in weltliche Obhut. Der 1788 nach Entwürfen des Architekten Fernando de Lara errichtete Bau am Paseo de Espolón, zugleich Durchgang zur Plaza de José Antonio, bewahrte die Überreste des Helden und seiner Gemahlin bis zum 20. Juli 1921. Unter gewandelten Verhältnissen hatte sich der Vorschlag des Kardinals Juan Benlloch durchgesetzt, daß die Kathedrale anläßlich der 700-Jahr-Feier der Grundsteinlegung das einzig würdige Denkmal für den Helden sei. In Gegenwart des Königs Alfonso XIII. brachte ein Triumphzug die Überreste in die Vierung der Kathedrale. Hier ruhen sie auch heute unter einer schlichten Platte, bis auf einen Unterarmknochen des Helden. Den hatte bereits 1809 der Chirurg Cipriano López bei der Begutachtung der Skelette beiseite genommen. Seit 1930 ruht er wie in einem Reliquiar in einem silbernen Kästchen im Sitzungssaal des Rathauses, da man die Ruhe des Grabes nicht wieder stören wollte.

Die Kathedrale

»Pulcra es et decora« – schön bist Du und reich geschmückt: Trotz des Rechtschreibungsfehlers gilt diese großformatige Inschrift als Abschluß der Westfassade der Kathedrale nicht nur als Beschreibung der Kirche im Allgemeinen, als Hinweis auf die Patronin Maria, sondern auch für den im Laufe vieler Jahrhunderte gewachsenen Bau selbst.

Ihre Lage am Hang, unterhalb der Ruinen der alten Festung und Residenz der Könige von Kastilien, macht ihre türmereiche Gestalt schon von Ferne her bei der Fahrt in die Stadt sichtbar, und diese Silhouette ist auch von jenseits des Arlanzón über den Reihen der Häuser, jenseits des Paseo del Espolón ein reiches Spitzenornament gegen grauen wie blauen Himmel, der bei der erwähnten Höhenlage der Stadt leicht in natura schon Postkartenqualität erreichen kann. Der bühnenhaft inszenierte Zugang durch den Arco de Santa María enthüllt dann hoch über dem Platz die Südseite des Baus (Abb. 38). Abweisend verschlossen unten, wie man es auch aus der spanischen Profanarchitektur gewohnt ist, bietet sie auch hier in unerreichbarer Höhe ihren Reichtum in dann verschwenderischer Fülle dar. Eine einladende Treppe, erst allerdings des späten 19. Jahrhunderts, führt am verschlossen wirkenden Kreuzgang der Kathedrale, dessen unteres Geschoß auf der Südseite als Fußgängerpassage genutzt wird, vorbei zur Puerta del Sarmental. Aber bevor man hier den Zugang zum Inneren nutzt, sollte man einen Rundgang um die Kathedrale genießen. Er öffnet immer wieder neue Perspektiven auf den Bau, enthüllt die Geschichte seines allmählichen Wachstums.

Vor der Westfassade, die in den Maßwerkturmhelmen nach den Entwürfen des aus Köln stammenden Architekten Juan de Colonia gipfelt, steigt eine Treppe den Hang hinauf. Sie führt

29 NÁJERA   Kreuzgang der Stiftskirche
◁ 28 SANTO DOMINGO DE LA CALZADA   Der Hühnerkäfig in der Kathedrale
30 NÁJERA   Detail des Maßwerks

31 SANTO DOMINGO DE LA CALZADA Turmhelm der Kathedrale

32 NÁJERA Das Innere der Kirche nach Osten

33 SANTO DOMINGO DE LA CALZADA
Kathedrale

35 BURGOS Tympanon des Südportals der Kathedrale
◁ 34 BURGOS Capilla del Condestable der Kathedrale
36 BURGOS Stifterwappen an der Capilla del Condestable

37 BURGOS Arco de Santa María

38 BURGOS Kathedrale von Süden

39 BURGOS Doppelbogen in Las Huelgas Reales
40 BURGOS Gewölbe der Klosterkirche der Kartause Miraflores

41 BURGOS Doppelrose am Querhaus der Klosterkirche von Las Huelgas Reales

42   BURGOS   Chor der Klosterkirche der Kartause Miraflores

43 COVARRUBIAS Turm der Königin Urraca

44 QUINTANILLA DE LAS VIÑAS

45 QUINTANILLA DE LAS VIÑAS Detail des Ornamentfrieses

46 SANTO DOMINGO DE SILOS Kapitell 41

47 SANTO DOMINGO DE SILOS Kapitell 36

48 SANTO DOMINGO DE SILOS Wurzel Jesse
50 SANTO DOMINGO DE SILOS
     Kreuzabnahme

49 SANTO DOMINGO DE SILOS
     Verkündigung
51 SANTO DOMINGO DE SILOS Grablegung

52 SANTO DOMINGO DE SILOS   Gang nach
Emmaus
54 SANTO DOMINGO DE SILOS   Himmelfahrt

53 SANTO DOMINGO DE SILOS   Der ungläubige Thomas
55 SANTO DOMINGO DE SILOS   Pfingsten

57 VALLADOLID Collegio de San Gregorio Innenhof
56 VALLADOLID Collegio de San Gregorio
58 VALLADOLID Collegio de San Gregorio Obergeschoß

59 SAHAGUN San Tirso ▷

Die Kathedrale von Burgos. Stahlstich

zur Kirche San Nicolás, einem spätgotischen Bau des frühen 15. Jahrhunderts, deren Ruhm der Hochaltar des Francisco de Colonia ist. Der Enkel Juans de Colonia hat mit bald 500 Figuren hier die Legenden rings um den Patron der Kirche dargestellt, ein Prunkstück flamboyanter Gotik aus der Werkstatt der großen Architektendynastie. Im Zentrum der Plaza de Santa María leuchtet golden die hohe Krone eines Marienstandbildes, das seit der Mitte des 18. Jahrhunderts die Patronin der Kathedrale auch über dem älteren Brunnen vertritt.

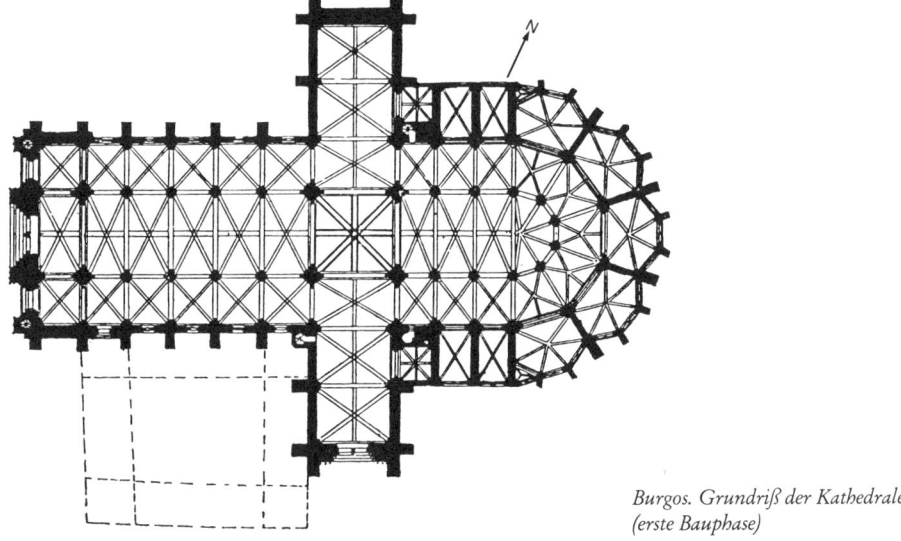

*Burgos. Grundriß der Kathedrale
(erste Bauphase)*

Der Überblick über die Fassade gibt zugleich einen ersten Eindruck der Baugeschichte. Die klassizistisch glatte Portalzone wirkt nicht nur wie abgeschnitten, sie ist es. Da erst nach der Mitte des 18. Jahrhunderts die Wimperge der Mitte des 13. Jahrhunderts über den Portalen abgetragen wurden und 1790 dann, nach den Entwürfen des Architekten Fernando de Lara, die neue Portalzone entstand, sind die tiefen Portalgewände, das durch einen Trumeaupfeiler geteilte Hauptportal und die reichen Wimperge, eingreifend in das nächste Geschoß der Fassade, von früheren Darstellungen noch bekannt. Auch die Maßwerkspielereien über der Tempelfront des Haupteingangs und die Rahmungen für die vier Skulpturen der Eingangszone sind spätes 18. Jahrhundert. Ein Versuch, einen Übergang zu geben. Gutgemeint sind auch die Skulpturen selbst, König Alfonso VI. und Bischof Asterio, König Fernando III. und Bischof Mauricio, die die Geschichte der Kathedrale in Erinnerung halten sollen. Unter Alfonso VI. wurde der Bischofssitz von Gamonal nach Burgos übertragen und 1096 die erste romanische Kathedrale vollendet. Asterio ist sein historisch nicht recht greifbarer erster Bischof für Burgos. Auch wenn Alfonso VI. sich, León verlassend, das 1085 eroberte Toledo als Hauptsitz wählt – allein schon das kulturelle Angebot macht das verständlich – wächst Burgos zur traditionsbewußten Hauptstadt Kastiliens heran.

Nach dem erneuten, kaum erwarteten Höhepunkt des Sieges über die Almohaden, die die Almoraviden abgelöst hatten, in der Schlacht von Las Navas de Tolosa im Jahre 1212 im Bündnis der Könige von Aragon, Navarra und Kastilien, genügte die alte Kathedrale bald nicht mehr dem neuen Glanz. Bischof Mauricio, dem neben seinem König Fernando III. ein Standbild der Fassade gewidmet ist, hatte in Paris studiert, kannte die fast vollendete Notre-Dame und mag ohnehin auf seinen Reisen nach Rom zum Konzil im Lateran, dem im Jahre 1215 der große

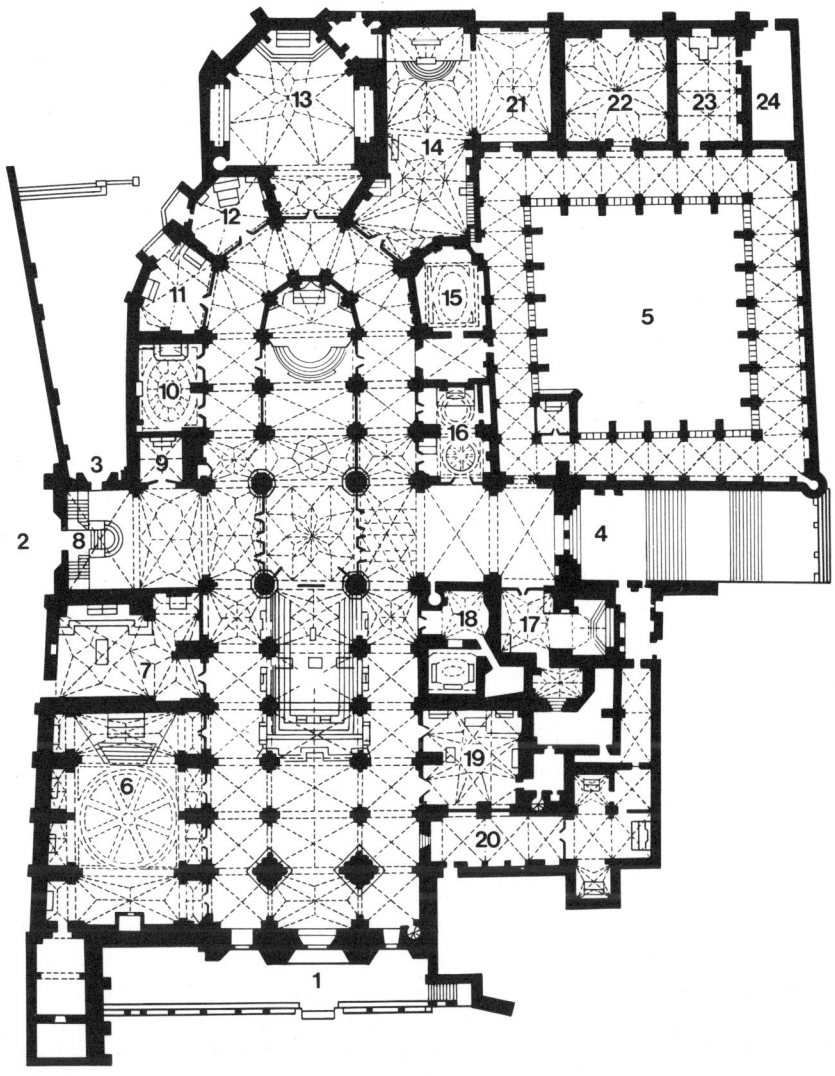

Burgos. Grundriß der Kathedrale
1 Hauptportal   2 Portal de la Coronería   3 Portal de la Pellejería   4 Portal del Sarmental   5 Kreuzgang   6 Kapelle Santa Tecla   7 Kapelle Santa Ana   8 Goldene Treppe   9 Kapelle San Nicolás
10 Kapelle de Nuestra Señora   11 Kapelle San Antonio Abad   12 Kapelle San Gregorio   13 Kapelle
del Condestable   14 Kapelle Santiago   15 Sakristei   16 Kapelle San Enrique   17 Kapelle de la Visita-
ción   18 Kapelle San Juan de Sahagún   19 Kapelle de la Consolación   20 Kapelle del Santo Cristo
de Burgos   21 Kapelle San Juan Bautista   22 Kapelle de Santa Catalina   23 Kapelle Corpus Cristi
24 Kapitelsaal

Innozenz III. vorsaß, oder auf seiner Reise ins deutsche Kaiserreich, um seine zukünftige Königin Beatrix von Schwaben abzuholen, die Tochter König Philipps von Hohenstaufen, manchen neuen Bau gesehen haben. Im November 1219 wird unter großem Aufwand in Burgos Hochzeit gefeiert, und beiden, dem jungen König Ferdinand III. (1217–52) und seinem Bischof, wird aufgefallen sein, daß eine neue, ›moderne‹ Kathedrale fällig war, um in Europa mithalten zu können. Am 20. Juli 1221 wird am Tage der heiligen Margarete der Grundstein für den gotischen Neubau gelegt, einer der frühesten gotischen Bauten außerhalb des Entstehungsgebietes der Gotik. Auch die Herkunft Mauricios, der als ›Engländer‹ bezeichnet wird, mag dabei eine Rolle gespielt haben. Er wird wohl aus einer der französischen Besitzungen der Plantagenets gekommen sein. Aus dem aquitanischen Süden oder aus der Normandie, deren Einflüsse im Grundriß des Ostteils, im einschiffigen Querhaus zu erschließen sind. In der an Bourges sich anschließenden Formung und Gestaltung der gereihten Vierpässe und Arkaden des Triforiums dagegen werden bereits wieder andere Vorbilder sichtbar. Aber weder Name noch Herkunft des ersten Architekten der Kathedrale sind bekannt. Kaum denkbar ist, daß jener Dompnus Henricus operis Burgensis ecclesiae, dessen Tod zugleich mit dem seiner Tochter Elisabeth ein Kalender des Kathedralarchivs für den 10. Juli 1277 verzeichnet, mehr als ein halbes Jahrhundert die Bauarbeiten geleitet hat. Er wird uns in León wieder begegnen. Zu seiner Zeit wird nach der Vollendung von Querhäusern und Vierung am 20. Juli 1260 die Weihe des Baus gefeiert. Seinem Nachfolger Juan Pérez, jetzt offensichtlich ein einheimischer Nachfolger für den französischen Vorgänger, ist es vergönnt, das Schiff und die unteren Geschosse der Fassade hochzuziehen und in dem zu seiner Zeit gebauten Kreuzgang 1296 sein Grab zu finden.

Bis auf die Helme der Türme ist nun auch die Fassade mit der Königsgalerie vollendet, deren Deutung hier wie in Frankreich umstritten bleibt. Sind es die Könige Kastiliens von Fernando I. bis zu Fernando III.? Oder die königlichen Vorfahren Christi? Oder beides zugleich? Die Maßwerkhelme der beiden Türme, die hinter den Balustraden mit den Inschriften: »Ecce agnus Dei« – siehe das Lamm Gottes – und: »Pax vobiscum« – der Friede sei mit euch – ansetzen, sind Kölner Herkunft. Bischof Alonso de Cartagena, der als Teilnehmer am Konzil zu Basel die neuesten Architekturströmungen seiner Zeit kennenlernt, ruft Juan de Colonia – Hans von Köln – nach Burgos. Was zu dieser Zeit in Köln nur als Entwurf, um 1300 entstanden, als großartigste Architekturzeichnung des Mittelalters zu sehen war, die Fassade des Kölner Doms mit ihren erst 1880 gebauten Maßwerkhelmen, das wird hier nun als Vorbild wie in Freiburg oder Esslingen oder in den Plänen für Ulm aufgegriffen. Am 18. September 1442 heißt es, habe man mit dem Bau der Helme begonnen, und am 4. September 1458 sei der linke Helm vollendet gewesen. Anders als im Kölner Entwurf tragen sie keine Maßwerkblume als Abschluß. Der Blick ruht auf den etwas tiefer umlaufenden Kronen, die mit Monogrammen von Jesus und Maria geweiht sind. Nach dem Entwurf Juans von Köln wurde auch der erste Vierungsturm, der cimborrio, gebaut, der am 4. März 1537, an einem frühen Dienstagmorgen, einstürzte. Erste Anzeichen dafür hatte man 1535 noch durch Reparaturversuche abzufangen versucht. Sofort wurde von Kapitel und Bischof der Bau eines neuen cimborrio beschlossen. Aber erst nach langen Debatten, Bildung einer Kommission und Prüfung verschiedener Pläne und Entwürfe wurde eine Entscheidung getroffen. Wohl nach einem Entwurf Felipe Vigarnys unter Mitarbeit des Enkels von Juan, Francisco de Colonia, fertigte der Schnitzer Juan de Langres, aus der Heimat Felipe Vigarnys, für 12 000 Maravedis ein Modell. Bis zu seinem Tode 1543 leitete Vigarny die Arbeiten. Dann traten Juan Vallejo und Juan de Castañeda an seine Stelle. 1568 war das Kunstwerk, das man nach Meinung König Philipps II. in einen Schmuckkasten packen und nur selten zeigen sollte, vollendet. Als 1642 erneut Einsturz drohte, gelang es diesmal aber dem Architekten des Königs, Juan Gómez de Mora, den cimborrio zu sichern. In seiner Durchdringung flamboyanter Formen, seiner skulpturenbesetzten Fialen, mit den Balustraden der Frührenaissance ist der Vierungsturm schon außen ein unvergleichliches Erlebnis in der europäischen Architektur.

Ihm und den Westtürmen gibt die Capilla de la Purificación oder del Condestable die architektonische Antwort, rundet das Bild der Kathedrale über den Dächern der Stadt ab (Abb. 34, Farbabb. 8). Aber damit soll der Rundgang nicht achtlos an der Puerta de la Coronería vorüber führen. Hoch am Hang, fast schon in Höhe des Triforiums angesetzt, stört nur auf den ersten Blick das klassizistische Portal, das Ende des 16. Jahrhunderts eingefügt wurde. Thema der Puerta de la Coronería ist das Jüngste Gericht. Christus thront, seine Wunden weisend, als Richter. Links und rechts treten Maria und Johannes der Täufer Fürbitte einlegend an ihn heran. Engel tragen ringsum die arma Christi, die Werkzeuge der Passion, Lanze und Geißelsäule, Kreuz und Nägel und das Schweißtuch. Weitere Engel halten in den Archivolten Wache. Nur die äußere und jeweils die untere Figurengruppe

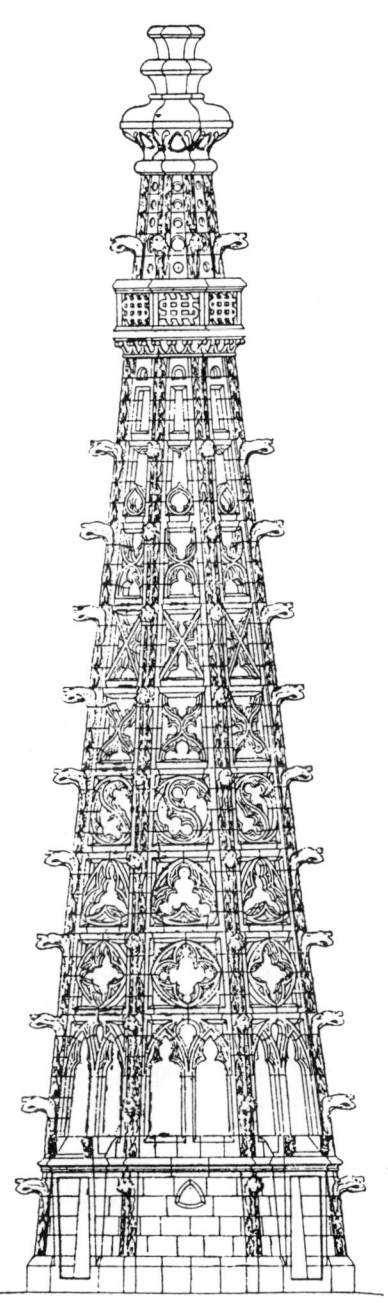

Burgos. Maßwerkhelm

der inneren Archivolten führen das Thema des Jüngsten Gerichtes mit den sich öffnenden Gräbern und dem Einzug der Seligen, Erzengel Michael als Seelenwäger und den übervölkerten Kochkesseln der Hölle fort, das den unteren Streifen des Tympanons bildet. Jeweils vom Portalgewände ausgreifend auf die benachbarte Wandfläche begleiten die zwölf Apostel den Eingang. Es wird hier das Thema in modernerer Form wiederholt, das schon einige Jahre früher am gegenüberliegenden Portal, der Puerta del Sarmental, den Besuchern der Kirche vorgehalten wurde. Offensichtlich fanden es Bischof und Kapitel wichtig, nach einer wohl kurzen Bauunterbrechung das Thema mit den effektvolleren Methoden der Darstellung zu wiederholen. Gegenüber der statischen Darstellung im Süden werden hier Bewegung und individuell nachvollziehbares Schicksal vorgetragen.

Allerdings wird der Zugang durch die Puerta de la Coronería, die einst die Könige von der Burg herunterkommend nutzten, kaum noch einmal geöffnet und damit dann Diego Siloés Escalera dorada – die goldene Treppe – benutzbar gemacht. Der Rundgang führt ohnehin weiter zum Chor und zur Capilla del Condestable. Dabei wird auch das Renaissanceportal, die Puerta de la Pellejería, sichtbar, die wieder auf tieferem Niveau einen Zugang zum nördlichen Querhaus möglich machen sollte. Heilige, darunter Apostel Jakobus und die Martyrien Johannes des Täufers und Johannes des Evangelisten, darüber betend der Stifter, Bischof Juan Rodríguez de Fonseca, vor einer thronenden Muttergottes, schmücken den frühen Versuch des Francisco de Colonia im neuen Geschmack der Renaissance. 1516 begonnen, wurden die letzten Skulpturen des Bartholomé de la Haya 1532 versetzt.

Wie ein zweiter Chor, ein Bau von eigenem gewaltigem Gewicht, schließt sich die Capilla del Condestable an die schlichten Formen des frühgotischen Chores der Kathedrale an. Sie schließt sich, nicht ganz exakt in der Achse der Kathedrale, als Rotunde im Chorscheitel an den Bau an, tritt an die Stelle der ersten Achskapelle, die dem Apostelfürsten Petrus geweiht war. Chorscheitelrotunden, runde oder wie hier achteckige selbständige Bauten, genutzt als Familiengrablege, treten in der gotischen Architektur der iberischen Halbinsel mehrfach auf, erinnern an die vergleichbare Konzeption der Grabeskirche Christi in Jerusalem. Hier in Burgos gelang es Doña Mencía de Mendoza (der Schwester des ›Großen Kardinals von Spanien‹, der als spanischer Branntwein ein gewissermaßen »süßes« Nachleben hat) am 1. Juli 1482 die Genehmigung des Kapitels für den Bau einer Familienkapelle für sich und ihren Herrn Gemahl Pedro Fernández de Velasco, Graf von Haro und erblicher Condestable von Kastilien, zu erhalten, ein Bauplatz von königlichem Rang. Auf ihm wurde nun von Simón de Colonia, Sohn des Juan und seiner Frau Maria Fernández, ein Prunkstück spanischer Spätgotik der flamboyanten Richtung geplant. Zwölf Jahre Bauzeit, dann anschließend die aufwendige Sakristei und schließlich noch die kostbare Ausstattung, an der noch während des ersten Drittels des 16. Jahrhunderts gearbeitet wurde.

Man konnte sich das leisten. Aus dem Jahre 1502 sind einmal die Jahreseinkünfte der höchsten Würdenträger des Königreichs überliefert. Der Erzbischof von Toledo hatte ein Einkommen von 52 000 Goldgulden, der von Sevilla nur 24 000. Der Großmeister des Santiago-Ordens 64 000 und 1000 Pferde, der Großmeister des Ordens von Calatrava 40 000 und 500 Pferde, der Großmeister des Alcantara-Ordens 36 000 und 400 Pferde. Der Admiral von Kastilien 15 000

Burgos. Chor der Kathedrale

Burgos. Triforium in Chor und Schiff

und 400 Pferde – der Condestable, inzwischen der Sohn Dom Pedros, 72 000 und 1500 Pferde. Ein Grande wie der Herzog von Alba zum Vergleich 48 000 und 500 Pferde.

Außen wie auch innen wieder zeigt sich der Stolz der großen Adelsfamilie in den großformatigen Wappenreliefs und Ordenszeichen. Sie zeigen, wie an den Adelspalästen (Doña Mendoza ist auch die Bauherrin der Casa del Cordón, des Familienpalastes, in dem Philipp der Schöne starb), wer hier auf ewig zu Hause sein wollte (Abb. 36). Am hochangelegten Ostarm des Kreuzgangs entlang, durch die Arkaden unterhalb seines Südarms führt der Rundgang nun zur Puerta del Sarmental, dem frühesten der Portale, zurück.

Mit ihr endete um 1230 die erste Bauperiode der 1221 begonnenen Kathedrale. Der Gründungsbischof Mauricio hatte dann 1238 sein Grab im Chor der Kathedrale gefunden. Erst im 16. Jahrhundert, mit dem Bau des Coros, wurde sein Grabmal ins Schiff übertragen. Er tritt uns, so will es die Überlieferung, als Hohepriester des Alten Testamentes mit Brustschild ausgestattet am Trumeaupfeiler entgegen. Erst um 1243, als eine Bulle Papst Innozenz IV. neue Ablässe für die Finanzierung des Baus ermöglicht, beginnt die zweite Bauphase, die 1260 mit der Vollendung des Schiffs abgeschlossen wird. Es ist wohl eher einer der Bischofsheiligen der Diözese, wie San Indalecio, der hier allen Besuchern der Kathedrale entgegen sieht.

Mit Petrus und Paulus in der Mitte sind darüber auf dem unteren Streifen des Tympanons (Abb. 35) die zwölf Apostel Zeugen des Jüngsten Gerichtes, als dessen Richter Christus inmitten der Symbole der Evangelisten thront. Diese Wesen, seit Ezechiels Vision Zeichen des Apokalyptischen, werden hier von braven Büroschreibern, die die Rolle der Evangelisten vertreten, begleitet. Ein Motiv, das seit karolingischer Zeit immer wieder erscheint, der Evangelist als Schreiber, lebt mit mehr anekdotischem Erfolg hier fort. In den Archivolten ringsum sind Engel und die vierundzwanzig Ältesten aufgereiht. Die Apostelfiguren links und rechts des Portals sind erst 1862 aufgestellt worden.

Innen steht man direkt neben dem Portal, das zum Kreuzgang führt. Um 1270 vollendet, gehört es zur späten Blüte der hohen Gotik der letzten Jahre des Meisters Enrique. In das leicht geknickte Gewände sind unter eleganten Architekturbaldachinen links die Verkündigung und rechts als Beobachter König David und Jesaja aufgestellt. Die auf die Archivolten verteilten Propheten und Könige müßten eigentlich eine Wurzel Jesse bevölkern. Das Tympanon mit der Taufe Christi wird auf den reichgeschnitzten Türflügeln des späten 15. Jahrhunderts aus der Werkstatt des Diego de Siloé durch die christologischen Szenen des Einzugs in Jerusalem und des Abstiegs in die Hölle ergänzt. Geschehnisse, deren Verkündigung durch Petrus und Paulus auf den unteren Hälften der Türen vertreten wird.

Der Kreuzgang des späten 13. Jahrhunderts hinter den Türen dient zugleich als Diözesanmuseum. Prächtig ist die Reihe der aufgestellten Grabdenkmäler. Reizvolle Ergänzung der kunstvollen Skulpturen des Kreuzgangportals sind die figurengeschmückten Eckpfeiler des Kreuzgangs, darunter die lebendige Szene der Anbetung der Heiligen Drei Könige. Aber die berühmtesten Skulpturen sind die Gestalten eines Königs und einer Königin. Ob es nun Alfonso X. und seine Gemahlin Violante sind, oder König Fernando III. und Beatrix von Schwaben, der der Gemahl einen Ring reicht, ist wohl nicht mehr zu klären. Weitere Schätze an kostbaren Gewändern, Tapisserien, Skulpturen bergen die Kapellen und der Kapitelsaal an der Ostseite des Kreuzganges.

Ein noch größerer Reichtum enthüllt sich dem Besucher Schritt für Schritt mit der Ausstattung der Kathedrale selbst. Ein Schatz, zu dem Jahrhunderte immer wieder Teile hinzugefügt haben, aber dabei auch – was veraltet schien – wieder zerstörten. Der unersetzlichste Verlust sind die mittelalterlichen und frühneuzeitlichen Glasfenster, die 1813 einer Pulverexplosion zum Opfer fielen. Ende des 19. und bis in den Beginn dieses Jahrhunderts wurden sie durch historisierende Versuche ersetzt. Architektonische Blickfänger sind innen, wie schon außen, die Gestaltung des Cimborrio und der Capilla del Condestable. In dem sich immer mehr steigernden Reichtum kann man die Entwicklung des Sterngewölbes in der Kathedrale verfolgen. Das reicht von den schlichten Anfängen des frühen 14. Jahrhunderts in der Capilla de Santa Catalina am Kreuzgang über die komplexeren Formen der als Alltagskirche genutzten Capilla de Santiago im Südosten des Chorumgangs zur Capilla de la Consolación an der Südseite des Schiffs. Hier und in der Capilla del Condestable wird die Auflösung des Gewölbes in Rippenornamente auf die Spitze getrieben. Im Zentrum steht jeweils ein als Glasfenster gestalteter Stern. So kehrt in neuer Form der offene Okulus der Grabeskirche in Jerusalem oder des Pantheons in Rom wieder. Als Steigerung in anderer Richtung, als immer aufwendigere Verarbeitung von Stein zu einem tief verwobenen Spitzenornament, farbig gefaßt, an die kostbaren Filigranarbeiten mozarabischer spanischer Goldschmiede erinnernd, entsteht am Ende der Entwicklung das Gewölbe des Vierungsturms, des Cimborrios (Farbabb. 7).

Im frühen gotischen Chor, dessen Obergadenfenster noch kein voll ausgebildetes Maßwerk zeigen, steht nun – alles überstrahlend – der dritte Altar an dieser Stelle. Den silbernen gotischen ersetzte Mitte des 15. Jahrhunderts ein spätgotischer Altar. Aus seiner Zeit blieb das Gnadenbild der Santa María la Mayor im Mittelpunkt des Renaissancealtars des späten 16. Jahrhunderts bewahrt. Die fast schon barocke Fassadenarchitektur entfaltet bis ins Gewölbe das mariologi-sche Programm aus der Werkstatt der Brüder Rodrigo und Martín de la Haya. 1562 hatte man begonnen, erst 1580 waren die letzten Arbeiten an Vergoldung und farbiger Fassung vollendet. Zu dieser Zeit standen bereits die zentralen drei steinernen Chorschranken, Reliefs von einem Aufwand, wie man ihn in Frankreich nur in Chartres wiederfindet. 1498 wurde das erste Relief, die Kreuztragung, bei Felipe Vigarny in Auftrag gegeben. 1500 und 1503 folgen Kreuzigung und Kreuzabnahme. Erst eine Stiftung des Erzbischofs Enrique Peralta ermöglicht dann ab 1679 die nächsten Chorschranken des Bildhauers Pedro Alonso de Ríos und den verbindenden Schmuck der Pfeiler zu beiden Seiten des Chorumgangs. Dichte, aufwendig gestaltete und vergoldete Gitter schließen die verbleibenden Arkaden.

Sie öffnen sich im Chorumgang und im Schiff nur unter der Führung eines Sakristans, bei der Kostbarkeit der Ausstattung eine verständliche Vorsichtsmaßnahme. Zuerst ein Blick in den Coro, der, ehrenden Abstand vom Hauptaltar einhaltend, das Chorgestühl mit seinen 103 Sitzen für den Dienst des Kapitels und seiner Hilfskräfte umschließt. Auch hier erhielt Felipe Vigarny aus Langres den Auftrag, aber zusammen mit Andrés de Nájera. Schnell, von 1505 bis 1512, waren die Arbeiten abgeschlossen. Aber reizvoller und interessanter ist das damals hierher über-tragene Grabdenkmal für Bischof Mauricio, der 1221 den Grundstein für die gotische Kathe-drale gelegt hatte. In Holz gearbeitet, mit Kupferbeschlägen, reich graviert und ursprünglich vergoldet, geschmückt mit Emails, findet sich auf spanischem Boden kaum Vergleichbares. Von der Mitte des 16. Jahrhunderts an schließt man dann Schritt für Schritt bis Ende des 17. Jahrhun-derts mit Gittern, kostspieliger Architektur und Gemälden des Fray Juan Rici den Coro ab, der Trascoro entsteht. Als Trascoro wird diese Außenseite bezeichnet, ähnlich wie man das Äußere der Chorschranken als Trasaltar bezeichnet.

Zum Abschluß ein knapper Rundgang durch die Kapellen. Vom Eingang her gesehen, von der Puerta del Sarmental, liegt die Capilla de San Enrique als erste an der Südseite des Chorum-gangs. Erzbischof Enrique Peralta hat hier nach 1670 zwei Kapellen des gotischen Chorumgangs zu seiner Grabkapelle zusammengefaßt. Seinem Namenspatron, dem heiligen Kaiser Hein-rich II., ist der Altar gewidmet, und das Grabdenkmal zeigt den frommen Stifter kniend in ver-goldeter Bronze. Sein berühmter Vorgänger Bischof Alonso de Cartagena hat sich seine Grab-kapelle bereits Mitte des 15. Jahrhunderts an der Westseite des Querhauses erbauen lassen. Hier steht, vom südlichen Querhaus aus zugänglich, sein qualitätvolles Alabastergrabdenkmal aus der Werkstatt des Gil de Siloé unter dem ersten Sterngewölbe des Juan de Colonia, den der Bischof nach Burgos geholt hatte.

Auf der Südseite des Chores setzt sich der Rundgang mit der Sacristia des späten 18. Jahrhun-derts und mit der anschließenden Capilla de Santiago fort. Ihre Sterngewölbe entstanden nach 1524 nach Plänen Juan de Vallejos, der auch am Cimborio mitarbeitete. Die nach Osten an-schließende Capilla del Condestable zeigt als Spitzenwerke die Liegefiguren des Stifterehepaares von Felipe Vigarny, der am Hauptaltar mit der Szene der Darstellung im Tempel mit Diego de Siloé zusammenarbeitete. Gil de Siloé begann zugleich die Arbeiten am Annenaltar, noch reine späte Gotik, den dann sein Sohn Diego nach des Vaters Tod vollendete. Die reizende Büßerin, Maria Magdalena, wird oft noch Leonardo da Vinci zugesprochen. Das gibt ja auch heute noch einem Gemälde einen anderen Aufmerksamkeitswert, als wenn es (nur) von seinem Schüler Gian Pietro Ricci stammen würde. Nach Nordosten schließt sich am Chorumgang die Capilla de San Gregorio und danach die Capilla de San Antonio Abad an. Ihnen folgt auf der Nordseite des Chores die Capilla de la Natividad de Nuestra Señora, der Geburt Mariens, die mit ihrer ovalen Kuppel des späten 16. Jahrhunderts an die Stelle zweier gotischer Kapellen getreten ist. Die letzte Kapelle der Nordseite des Chorumganges, San Nicolás geweiht, als einer der frühesten Bauteile 1230 erwähnt, ist nur vom Querhaus aus einzusehen. Zum Chorumgang hin ist zu Beginn des 16. Jahrhunderts das spätgotische Grabdenkmal für den Archidiakon Pedro Fernández de Villegras aufgerichtet worden, eines der spanischen Prunkstücke flämisch beeinflußter Bildhauerkunst.

Vorüber an der prunkenden Escalera dorada, der vergoldeten Treppe des Diego de Siloé, trifft man im Osten des nördlichen Seitenschiffs auf die Capilla de la Concepción und der Santa Ana. Hier hat sich nach 1477 der baubegeisterte Bischof Luis de Acuña seine Grablege einrichten lassen. Die Pläne entwarf Juan de Colonia, den Bau vollendete sein Sohn Simón 1488. Gil de Siloé schuf mit dem Hauptaltar – im Zentrum die unbefleckte Empfängnis Mariens – ein spätgotisches Meisterwerk. Kunstvoll verbinden sich Wurzel Jesse und spätgotische Schnitzarchitektur, Vergoldung und Farbenpracht zu einem Schauspiel, das sich noch nicht allzuweit von niederrheinischen Schnitzaltären und ihren meist nicht erhaltenen niederländischen Verwandten entfernt hat. Vom Sohn, Diego de Siloé, stammt das lebensnahe Grabdenkmal des Bauherrn in Alabaster, der aber auch seinem Archidiakon Fernando Díez de Fuentepelayo einen Grabplatz für sein Arkosolgrab aus der Werkstatt des Vaters überließ. Am Ende der großen Bauarbeiten an der Kathedrale steht der Entschluß, Mitte des 18. Jahrhunderts, die alte Pfarrkirche Santiago im Nordwesten der Kathedrale abzureißen und den Gottesdienst in die Capilla de Santiago zu verlegen. An ihre Stelle trat, auch vier kleine Kapellen zwischen den Strebepfeilern ersetzend, der große Raum der Capilla de Santa Tecla mit ihrer zentralen Kuppel und dem der Namenspatronin gewidmeten Altar.

Im Südwesten des Schiffs, als Rest eines alten Kreuzganges bezeichnet, im Zugangsbereich des erst im 19. Jahrhundert abgebrochenen Bischofspalastes, zieht sich die Capilla del Santo Cristo de Burgos in die Tiefe. Erst 1835 hat man das noch heute hochverehrte Bild des Gekreuzigten, aus Holz, Leder und Haar möglichst lebensecht gestaltet, hierher übertragen. Der Legende nach fertigte es einst Nikodemus, der jüdische Schriftgelehrte, der Christus am Kreuze sah. Ein Kaufmann aus Burgos, Pedro Ruiz de Minguijuán, soll es entweder treibend im Meer entdeckt oder in Flandern käuflich erworben haben. Spätestens seit der Mitte des 15. Jahrhunderts, als es in den Pilgerberichten erstmals erwähnt wird, gehört es im Augustinerkloster zu den besuchten Heiligtümern der Stadt. Nach der Aufhebung des Klosters wurde es in die Kathedrale übertragen – wenn nicht das Gegenstück in San Gil das echte ist. Eine offene Frage. Die Straußeneier zu Füßen des Gekreuzigten geben in eben etwas größerer Form das alte Symbol des Eis als Zeichen der Auferstehung wieder. Selten begegnet man heute noch dieser Intensität, mit der das Mittelalter versuchte, sich die Leiden der Passion zugänglich zu machen. Nach Osten ist dann das Portrait des Kanonikers und Protonotars Gonzalo de Lerma, aus der Renaissancewerkstatt des Felipe Vigarny, Anlaß für den Bau der Capilla de la Consolación mit ihrem Sterngewölbe, das dem Vorbild der Capilla del Condestable folgt. Von der anschließenden Capilla de San Juan de Sahagún hat man dann auch Zugang zum Relicario, zur Reliquienkapelle mit zwei schönen gotischen Marienbildern, der vielverehrten Nuestra Señora de Oca und Nuestra Señora del Milagro. Damit ist längst nicht alles gesagt, was zu einem solchen Bau, der über Jahrhunderte gewachsen und bereichert worden ist, zu sagen wäre. Vieles, auch Wichtiges, bleibt zu entdecken – wenn man sich die Zeit dazu nimmt und die Geduld dazu aufbringt.

Weitere Sehenswürdigkeiten

San Gil wurde schon als Aufbewahrungsort eines weiteren ›Santísimo Cristo‹ erwähnt. Er soll schon zu Zeiten Pedros des Grausamen (1350–69) vierzehn Tropfen Blut geschwitzt haben, die heute noch in einem Reliquiar verwahrt werden. Der Korpus konnte mit einer Öffnung in der Seitenwunde auch als Monstranz verwandt werden. Die Kirche San Gil, des heiligen Ägidius, ein großzügiger, aber schlichter gotischer Bau, bewahrt noch manches Sehenswerte, z.B. einen schönen spätgotischen Altaraufsatz mit der Anbetung der Heiligen Drei Könige in der Capilla de los Reyes. Wenige Schritte weiter stößt man auf zwei weitere Tore der mittelalterlichen Stadtmauer, das im 16. Jahrhundert erneuerte Tor San Gil und das Tor San Estebán, Backsteinarchitektur des 13. Jahrhunderts im Mudéjarstil. Die um 1300 errichtete Kirche San Estebán birgt eine Renaissanceausstattung, goldschmiedeartig »plateresk« im Ornament gestaltet. Die schon erwähnte Casa del Cordón, so benannt nach der als Gürtel benutzten Schnur der Franziskaner, die das Wappen des Condestable von Kastilien und seiner baufreudigen Gemahlin aus der Familie Mendoza rahmt, sah nicht nur den Tod Philipps des Schönen im Jahre 1506. Er starb nach einem hitzigen Pelotespiel, einem baskischen Ballvergnügen. Seine Frau Johanna verfiel in Trübsinn – wurde »die Wahnsinnige«. Hier begegnete auch 1526 der in der Schlacht von Pavia 1525 besiegte und gefangene König Franz I. von Frankreich dem glücklichen Sieger, Kaiser Karl V., eines der großen Ereignisse in der Geschichte des Hauses Habsburg. Noch etwas weiter nach Osten, bereits vor dem Stadttor, dem Arco de San Juan, liegt die Kirche San Lesmes. Der Heilige kam als Cluniazensermönch Adelelmus nach Spanien und erhielt als Dank für seine Unterstützung bei der Eroberung Toledos 1091 Kirche und Hospital San Juan als Geschenk König Alfonsos VI. – auf inständiges Drängen seiner Gemahlin Constanze, Grafentochter aus Burgund. Adelelmus führt die Aufgaben von Kirche und Hospital in der Betreuung der Pilger fort. Als er 1097 stirbt, findet er sein Grab in der Kirche. Heute schmückt ein Grabdenkmal mit einer Liegefigur in rotem Marmor die letzte Ruhestätte des Heiligen und Patrons von Burgos. Im Kreuzgang und im ehemaligen Kapitelsaal haben die Gemälde von Marceliano Santa María (1866–1952), eines in Burgos geborenen verspäteten Impressionisten, Unterkunft gefunden. Auf der anderen Seite des Arlanzón haben die Kunstschätze der Stadt von vorgeschichtlichen Funden bis zu Gemälden der Neuzeit Schutz in der Casa Miranda, einem Renaissancebau der Mitte des 16. Jahrhunderts mit weitem, von Arkaden gesäumten Innenhof gefunden. Im meist menschenleeren Museum kann man Schätze wie die Front des Schreins für den heiligen

Domingo aus Silos, kostbare Elfenbeinschnitzereien oder das Grabdenkmal des Juan Padilla, der vor Granada 1491 fiel, aus der Werkstatt des Gil de Siloé finden – wenn die jeweiligen Räume zugänglich sind. Weiter außerhalb des alten Stadtzentrums liegen noch zwei Klöster, denen man seinen Besuch abstatten sollte.

Die Stille der **Kartause von Miraflores** auf ihrem Hügel 3 km östlich der Stadt mag den Besucher daran erinnern, daß hier eigentlich eine Grablege zum Denkmal der Einheit Spaniens geworden ist. Mit der Ermordung Pedros des Grausamen, dem sein Halbbruder Enrique zu Füßen der Burg Montiel eigenhändig meuchlerisch den Dolch in die Brust gestoßen hatte, war die Linie der Trastamaras in Kastilien auf den Thron gekommen. Enrique II. (1369–79) hatte hier eine kleine Burg anlegen lassen. Juan II. (1406–54) verwandelte die Bauten in eine Kartause. 1442 zogen die ersten beiden Mönche ein. Kurz vor dem Tode des Königs begann Juan de Colonia mit den Bauarbeiten für die außen so schlichte Kirche. Juan folgte García Fernández de Matienzo und dann Juans Sohn Simón de Colonia als Baumeister. Die letzten Bauarbeiten an der Klosteranlage schloß Diego de Mendieta 1539 ab.

Zu dieser Zeit war Spanien längst geeint. Enrique IV. blieb ohne Nachkommen. Von seinen Halbgeschwistern starb der Infant Alfonso fünfzehn Jahre jung. Auch sein Grab finden wir hier. So trat seine Schwester Isabella (1474–1504) die Nachfolge an und einte durch ihre Heirat mit Ferdinand von Aragon Spanien – los reyes catolicos, wobei das Katholische den ursprünglichen Sinn des Allgemeinen, des ganz Spanien Umfassenden behielt. Erst unter Isabellas Herrschaft war die Kirche nach einer Unterbrechung durch einen Brand 1498 vollendet. Erst zu ihrer Zeit entstand das kunstvolle Grabmal für Juan II. und seine Gemahlin Isabella von Portugal in der Werkstatt Gil de Siloés.

Bereits der wie gewohnt mit Wappen gezierte Eingang zur Kartause kündet mit einer Pietà von der Bestimmung des Klosters. Nach dem Durchschreiten der glanzvollen Renaissanceausstattung des Chores der Brüder gelangt man in den Chor der einschiffigen Kirche unter den mit zierlichem Maßwerk geschmückten kräftigen Rippen des Gewölbes (Abb. 40). Von einem kunstvoll gegossenen Gitter, mit Wappenschilden geschmückt, umgeben, füllt das Zentrum des Chores der sechsstrahlige Stern des Grabdenkmals der Eltern Isabellas der Katholischen. In schimmernd weißem Marmor gearbeitet, blüht hier spätgotische Bildhauerkunst zur letzten überreifen Vollendung in der ruhmreichen Werkstatt Gil de Siloés. 1493 war der Traum gotischer Virtuosität verwirklicht, der spanische Frömmigkeit, burgundisches Hofzeremoniell und die Hoffnung aus dem Schlaf des Todes, den die Liegefiguren wiedergeben, aufzuerstehen, miteinander verbindet. Auch ihrem Bruder Alfonso, der jung 1470 verstorbenen letzten Hoffnung der Dynastie, gab Isabella ein Grabmal aus der Werkstatt Gil de Siloés in Auftrag. An der Nordwand des Chores kniet der Infant mit Blick auf die Altarwand ins Gebet versunken. Die gleiche Virtuosität auch hier. Es erscheinen auch die gleichen Motive wie am Grabmal für Juan de Padilla im Museum in Burgos, aber hier in Miraflores fehlt die unnachahmliche Gegenwärtigkeit des Pagen, dessen lebensvolles Gesicht mit dem Aufwand an eleganter Umgebung so reizvoll kontrastiert.

Goldene Folie für den weißen Schimmer der Grabdenkmäler ist die Altarwand (Abb. 42). Sie ist das letzte Werk aus dem Atelier des Gil de Siloé, in Zusammenarbeit mit Diego de la Cruz zwischen 1496 und 1499 entstanden. So wie der sechsstrahlige Stern dem alten Thema des Grabmals eine neue Dimension abgewinnt, so gelingt es hier, die Kleinteiligkeit der Altarretabel in eine äußere und innere Einheit zusammenzufassen. Unübersehbar steht der Gekreuzigte im Mittelpunkt. Ein Kreis von Engeln betont die zentrale Funktion des von Gottvater und personifiziertem Heiligem Geist getragenen Kruzifixes. Passionsszenen, wieder in Kreise gefaßt, füllen die Zwickel zwischen den Kreuzesarmen. Das große obere Rechteck des Retabels füllen wieder in Kreisen die schreibenden Evangelisten, zugleich Sockel und Baldachin für die Gestalten Petri und Pauli. Diese Skulpturen größerer Dimension werden durch Johannes und Maria, als Assistenz am Kreuze, und durch vier Heilige in der Sockelzone ergänzt. Eine doppelte optische Ebene wird so durch zwei Maßstäbe dem Betrachter abverlangt. Am Rand jeweils der Sockelzone begegnen uns wieder Juan II. und Isabella mit ihren von Engeln gehaltenen Wappen.

Das strahlende Gold soll das erste sein, das Christoph Kolumbus von seiner zweiten Fahrt nach Amerika mitbrachte. So stünden wir auch materialiter am Ende des Mittelalters in einer seiner glanzvollsten Formen. Die Fenster soll Isabella in Flandern in Auftrag gegeben haben. Dann sind sie nur die sinnvolle Ergänzung zu den Arbeiten des Gil de Siloé, dessen Heimat Flandern gewesen sein dürfte. Auch hier bleibt noch manches zu entdecken, das qualitätvolle gotische Chorgestühl, einige gute Gemälde, darunter eine Verkündigung Mariae von Pedro Berruguete, oder der Altar für den Gründer des Kartäuserordens, den heiligen Bruno von Köln. Die Figur aus der Hand des Bildhauers Manuel Pereyra in dieser Seitenkapelle ist mit einem klassischen Beispiel von Ausflugsortfolklore verbunden. Es heißt, sein Blick folge dem Besucher durch den ganzen Raum und er verändere auch seinen Gesichtsausdruck ...

Las Huelgas Reales

»Die königlichen Erholungen« – in heutiger, dritter Bedeutung des Wortes auch als »Streik« zu übersetzen – waren zuerst eine Weide für Mastvieh, dann ein Erholungsort des Königs vor den Toren von Burgos, heute noch in einem Spaziergang von einer halben Stunde gut zu erreichen. Das blieb die Bestimmung der Örtlichkeit, bis Alfonso VIII. hier 1187 ein Zisterzienserinnenkloster stiftete, das nur dem Papst und der Aufsicht von Cîteaux unterstehen sollte. Hier wurde lange Jahre hindurch immer wieder das Generalkapitel der Zisterzienser Spaniens abgehalten, und die Äbtissin, oft königlichen Geblütes, wurde zu einer der einflußreichsten Personen Spaniens. Herrschaft über zahlreiche Ortschaften und abhängige Klöster, Gerichtsbarkeit über Leben und Tod scheinen den hohen Damen nicht mehr genügt zu haben. Mehrfach wird darüber geklagt, daß sie die Einsegnung der Novizinnen vornehmen, ihren Nonnen die Beichte hören oder ihnen im Gottesdienst das Evangelium auslegen. Aber erst im 16. Jahrhundert wird ihnen ihre Selbständigkeit Schritt für Schritt genommen, und noch Kardinal Aldobrandini konnte die spitze Bemerkung zugeschrieben werden: »Wenn der Papst heiraten müßte, wäre die Äbtissin von Las Huelgas die richtige Partie.«

Manches von den Kostbarkeiten, die sich im Laufe einer solchen glanzvollen Geschichte ansammelten, ging auch wieder verloren, z.B. als 1809 französische Truppen die Sarkophage öffneten und plünderten. Nur der des Infanten de la Cerda, des ersten Sohnes Alfonso X. des

Burgos. Las Huelgas Reales. Ansicht von Nordwesten

Weisen, der 1275 starb, wurde dabei vergessen. Im Museo de Ricas Telas (Museum der kostbaren Textilien) kann man seine Ausstattung für die letzte Reise bewundern, nachdem alle Gräber 1942/43 geöffnet und untersucht worden sind. Trotz aller Verluste spürt man bei einer Führung durch Kirche und Kreuzgänge die Faszination einer seit Jahrhunderten ununterbrochenen Tradition. Im Vorhof des Klosters entdeckt man zuerst eine langgestreckte Arkadengalerie, die der Nordseite des Kirchenschiffs folgt. Nach Osten anschließend öffnet sich in einer Vorhalle mit eleganter gotischer Rose mit doppeltem Speichenkranz (Abb. 41) der offizielle Zugang zum nördlichen Querhaus.

Unter den ersten Äbtissinnen, Doña Maria Sol aus dem Hause der Könige von Aragon, und Doña Constanza, Tochter des Gründerpaares Alfonso VIII. und Leonor von England, entstehen der erste Kreuzgang und die größten Bauabschnitte der Kirche selbst. Zu den Anfängen gehört der kleinere, noch romanische Kreuzgang. Die Bauarbeiten an Kirche und Kreuzgang ziehen sich bis ins späte 13. Jahrhundert. Erst 1279 werden die Gebeine des Stifterpaares ins Schiff übertragen und Altäre geweiht. Aber Chor und Querhaus mit einem kostbaren silbernen Altar, der erst später durch Moderneres ersetzt wurde, müssen schon 1219 benutzbar gewesen sein, als Ferdinand III. am 27. November 1219 die Ritterwürde erhielt. Immer wieder sah das Kloster aufwendige Zeremonien des kastilischen Hofes: 1254 die Krönung Alfonsos X. el Sabio, des Weisen, der so unweise war, sich für die deutsche Königskrone zu interessieren, und bei Gelegenheit dieser Krönung den Ritterschlag für den zukünftigen Edward I. von England, der dann mit der Schwester Alfonsos, Leonor verheiratet wurde. Großen Aufwand sah man immer wieder beim Amtsantritt neuer Äbtissinnen, bei weiteren Krönungen und Ritterschlägen, für

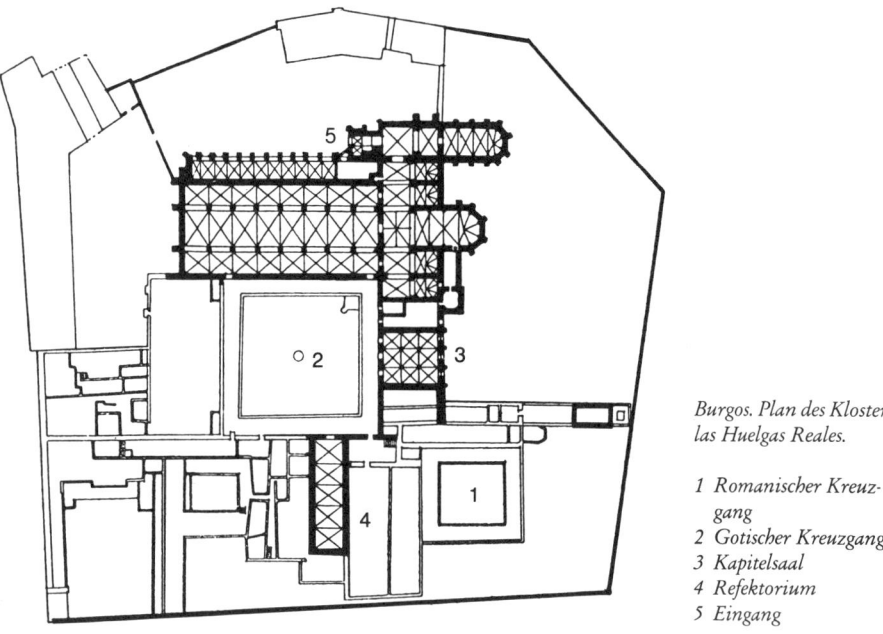

Burgos. Plan des Klosters
las Huelgas Reales.

1 Romanischer Kreuz-
gang
2 Gotischer Kreuzgang
3 Kapitelsaal
4 Refektorium
5 Eingang

die man vielleicht die Jakobusskulptur mit beweglichem Schwertarm benutzte, die in einer kleinen Kapelle mit Stuckdecke im Mudéjar-Stil südöstlich des Chores zu sehen ist. Hier entdeckt man beim Rundgang auch noch weitere Reste des Einsatzes maurischer Handwerker.

Ihnen begegnet man wieder in der Decke des jüngeren gotischen Kreuzganges. Ein Prunkstück maurischer Textilkunst wird immer noch stolz im Kapitelsaal ausgestellt, in dem auch erstmals General Franco seine Regierung zusammenrief und der Bürgerkrieg sich weiter in Bewegung setzte. Der schöne, hohe Raum (über vier Stützen ein neunteiliges Gewölbe) ist als Aufbewahrungsort der »Fahne« berühmt, die den Mauren im Sieg von La Navas de Tolosa 1212 abgenommen wurde. Die feine und farbenprächtige Arbeit könnte als Zeltvorhang des gegnerischen Herrschers erbeutet worden sein. Aber diese leisen Zweifel ändern nichts an der Kostbarkeit der Arbeit selbst und an der Aura ruhmvoller historischer Ereignisse der Reconquista, die sich damit verbinden. Der Kapitelsaal im Osten des Kreuzgangs und das Refektorium an seiner Südseite werden wie das Schiff wohl vor der Mitte des 13. Jahrhunderts vollendet gewesen sein. Querhaus und Chor, auch die kleinen Kapellen am Querhaus werden um die Jahrhundertwende als erste Bauteile entstanden sein. Besonders im Schiff spürt man die Einflüsse südwestfranzösischer Architektur. Im nördlichen Seitenschiff sind zahlreiche Sarkophage als Panteón der kastilischen Könige aufgestellt. Das Gründerpaar, Alfonso VIII. und Leonor, hat dagegen seine Ruhestätte im Chorgestühl des Schiffes gefunden, ständiger Fürbitte gewiß. Man meint den fernen Widerhall alter Liturgien noch in den alten, schweren und breiten Brettern zu spüren, die als Dielen des Fußbodens dem Bau einen völlig ungewohnten Klang geben.

Abstecher nach Santander und Laredo, nach Covarrubias sowie über Palencia nach Valladolid

Vor Burgos aus lohnen sich Abstecher nach Norden und nach Süden. Nach Norden führt der Weg über die N 632 nach **Santander,** das seine Altstadt im Jahre 1941 durch einen Brand verlor, den in der Nacht des 15. Februar ein Sturm unlöschbar machte. Schon vor Santander, das mit seinen Museen, der weitgehend erneuerten Kathedrale und der Bibliothek des Gelehrten Marcelino Menéndez y Pelayo trotz des Brandes den Abstecher ans Meer lohnt, kann man über Torrelavega zum beliebten Ausflugsziel **Santillana del Mar** abbiegen. Santa Juliana, Märtyrerin in Kleinasien zur Zeit der letzten Christenverfolgungen unter Diokletian, gab auf dem Weg über Santa Iliana dem nur nahe dem Meer liegenden Ort den Namen. An der Stelle, wo man ihre Reliquien verehrte, entstand im 12. und frühen 13. Jahrhundert eine romanische Stiftskirche, deren Kreuzgang zu den schönsten Spaniens gehört, auch wenn nur drei Seiten erhalten blieben. Gerade 2 km nach Süden von Santillana del Mar liegen die berühmten Höhlen von **Altamira.** Die berühmteste, die Höhle der Malereien, ist allerdings geschlossen. Wärme und Feuchtigkeit der Atemluft der ständig wachsenden Besuchermenge bedrohten die Existenz der magischen Kunst des späten Magdalénien, zwischen 15 000 und 12 000 v. Chr. Marcelino Sanz de Sautoula hatte 1879 die Bedeutung der die Formen der felsigen Oberfläche genial nutzenden Malereien erkannt. Aber erst 1902 setzte sich seine Erkenntnis durch, die auf wütende Fälschungsvorwürfe gestoßen war. Zuviel weitere Höhlenmalereien waren inzwischen gefunden worden, eine weitverbreitete Kultur der fernen Vergangenheit war unübersehbar geworden. Nach Westen kann auch von hier aus das Nationalheiligtum von Covadonga erreicht werden (vgl. S. 227). Der Weg führt über **Comillas,** den Badeort des späten 19. Jahrhunderts, den König Alfonso XII. (1874–85) als Sommerresidenz wählte, mit dem neugotischen Palast des Grafen von Comillas. Er ließ sich im zugehörigen Park einen Pavillon »El Capricho« von Antonio Gaudí errichten. Vorüber an der festungsartig ausgebauten Kirche Nuestra Señora de los Angeles im Küstenort **San Vicente de la Barquera** führt dann die N 621 in die Picos de Europa. Nach etwa 30 km führt eine Abzweigung nach Lebeña. Dort erfragt man den Schlüssel für die kleine mozarabische Kirche des 10. Jahrhunderts, Santa María de Lebeña, die man bereits am Ortsrand sehen konnte. Auf der N 621 wieder in Richtung Küste zurück trifft man bei Panes auf die C 6312, die durch eine eindrucksvolle Berglandschaft nach Covadonga führt. Von Santander nach Osten sind rasch die langen und gut bevölkerten Strände von **Laredo** zu erreichen, aber auch, wenige Kilometer weiter, die schöne gotische Kirche Santa María im malerischen **Castro Urdiales,** die an Reichtum der Architektur die Bauten in Laredo weit übertrifft.

Von Burgos nach Südosten liegen in den Tälern und auf den Anhöhen der Sierra de la Demanda zahlreiche kleine Kirchen und Orte wie Covarrubias, die man teils auf dem Wege nach Santo Domingo de Silos als Zwischenstation einschalten kann; wenn Zeit genug ist, kann aber auch ein ganzer Tag mit einer solchen Spazierfahrt verbracht werden. Verläßt man Burgos auf der N 1 nach Süden, zweigt am Stadtrand eine schmale Straße zum Kloster **San Pedro de Cardeña**

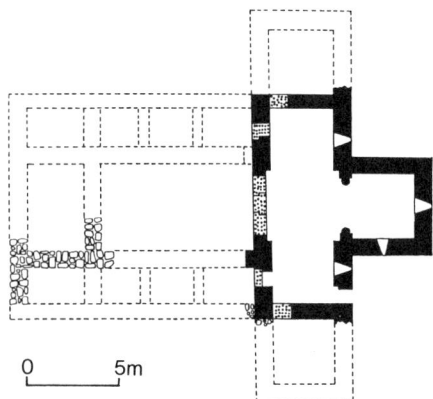

0 ____ 5m

Quintanilla de las Viñas. Grundriß

ab, der ursprünglichen Begräbnisstätte des Cid und seiner Gemahlin Jimena. 20 km weiter südlich stößt man etwas abseits der N 234 auf das romanische Kirchlein San Quirce mit reichem Skulpturenschmuck und einer in Stein gedeckten Apsis. Wieder etwa 20 km weiter südlich liegt unterhalb der Ruinen der vorrömischen Befestigung Lara de los Infantes der allein erhaltene Ostteil der späten westgotischen Kirche von **Quintanilla de las Viñas.**

Vom Querhaus blieb der zentrale Teil, daran nach Osten anschließend der Chor (Abb. 44). Trotzdem fasziniert schon außen der Kontrast zwischen den umlaufenden Dekorationsfriesen und die strenge Gestalt der Architektur, deren glatt geschnittene Wände nur schmale Schlitze zur Beleuchtung des Inneren durchbrechen. In den Friesen (Abb. 45) mit ihren Palmetten, Trauben, Pfauen, Greifen, Sternen und Bäumen verbergen sich drei Monogramme. Für ihre Auf-

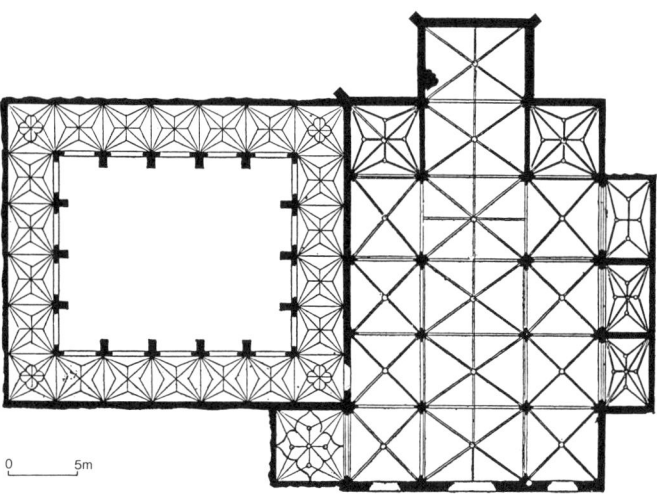

0 ____ 5m

Covarrubias. Grundriß der Stiftskirche

130

lösung werden verschiedene Angebote gemacht. Am Ende des 7. oder zu Beginn des 8. Jahrhunderts im zusammenbrechenden westgotischen Reich erbaut (?), trägt im Innern das am Chorbogen eingelassene Relief der Sonne eine Stiftungsinschrift: »+ OC EXIGVVM EXIGVA OFFLO FLAMMOLA VOTVM«. Handelt es sich um Doña Flammula aus der Verwandtschaft des vielgerühmten Fernán González, die mit einem Grafen von Lara verheiratet war und 879 das Kloster Santa María de Lara erneuert hat?

Weiter nach Osten liegen an den Abhängen der Sierra de la Demanda noch einige romanische Kirchen in den Orten Jaramillo de la Fuente, Vizcainos, Pineda de la Sierra oder noch weiter östlich in Canales. Von Quintanilla de las Viñas aus trifft die Straße nach Süden bald auf den Arlanza, dem man in Richtung **Covarrubias** folgen kann. Hier steht die malerische Ruine des 942 von Graf Fernán González gegründeten Klosters San Pedro de Arlanza am Wege. Eine nur im Archiv von Silos als Abreibung erhaltene Bauinschrift überliefert den Beginn der romanischen Bauarbeiten für das Jahr 1080, abgeschlossen wurden sie erst im späten 12. oder frühen 13. Jahrhundert.

Covarrubias, das seinen Namen nach den roten Höhlen trägt, den cuevas rojas in den nahen Felsenhängen, ist von Erinnerungen an die Anfänge Kastiliens geprägt. Mit dem Turm der Doña Urraca – Urracas gab es in den Anfängen des kastilischen Königshauses so viele, daß nicht festzustellen ist, auf welche sich hier bezogen werden soll – ist ein seltenes Beispiel der Festungsbaukunst des 10. Jahrhunderts erhalten (Abb. 43). Steil und unnahbar wacht er nun seit einem Jahrtausend über seine langsam als Ausflugziel erwachende Stadt. Am Ostende bewahrt die Stiftskirche der Heiligen Cosmas und Damian die Gräber von Fernán González (932–970) und seiner Gemahlin Sancha, die in einem römischen Sarkophag ruht. 1841 hat man nach der Aufhebung der Klöster beide von San Pedro de Arlanza hierher übertragen. Die Mönche überlieferten, daß sich Fernán González noch Jahrhunderte hindurch für militärische Aktionen gegen die Mauren interessiert habe. Bei jeder Schlacht gegen die Mauren hätten seine Gebeine im Sarkophag sich in hörbare Bewegung gesetzt.

1958 wurden die Gebeine der norwegischen Prinzessin Christina untersucht, die sieben Jahrhunderte zuvor in Sevilla mit dem Infanten Don Felipe vermählt worden war, aber bereits 1262 starb. Ein schlichter gotischer Sarkophag in der Stiftskirche wurde ihre letzte Ruhestätte, während Don Felipe ein unruhiges Leben als Verschwörer gegen seinen Bruder Alfonso X. begann. Dem Verschwörer und seiner zweiten Gemahlin begegnen wir wieder in der Kirche von Villalcázar de Sirga. Der schönste Teil der gotischen Kirche ist der spätgotische Kreuzgang des frühen 16. Jahrhunderts. Die Schätze des Museums, das man aus den Beständen der Collegiata eingerichtet hat, führt oft Hochwürden selbst mit Stolz vor. Darunter ein Gemälde mit den heiligen Cosmas und Damian, das tatsächlich von Pedro Berruguete stammt, und eine Madonna angeblich von van Eyck, deren Urheber wohl einmal Bilder seines großen Vorbildes gesehen haben muß. Danach sollte man sich aber noch die Zeit nehmen, die Promenade am Arlanza entlang zu spazieren und durch den Ort zu gehen, rings um dessen gotisches Marktkreuz noch mancher stolze Bau zu sehen ist. Sie erinnern daran, daß Covarrubias neben dem bedeutenden Stift lange Sitz und Zentrum eines Infantado, eines kleinen Fürstentums war. Nun ist es auch nicht mehr weit bis Santo Domingo de Silos.

In Richtung Valladolid, wohin uns der nächste Abstecher auch führen wird, liegt am Stadtrand eine der großen Pilgerherbergen am Weg nach Santiago de Compostela, das **Hospital del Rey.** Vom Kloster Las Huelgas aus ist es in gut zehn Minuten auch zu Fuß noch zu erreichen und man hat ein etwas pilgerhafteres Gefühl vor der nicht sehr einladenden Puerta del Romero, der Pilgerpforte. (Der ›romero‹ ist der nach Rom Pilgernde, übertragen auf alle Pilger benutzt.) Aber über dem Durchgang sitzend begrüßt Santiago selbst die Eintretenden, gerahmt von plateresken Ornamenten. Rechts liegt im Innenhof das ehemalige Pilgerhospital, das der Ritterorden von Calatrava betreute. So ist ein Ordensbruder auch auf dem Kirchenportal fürbittend zwischen Santiago und dem Drachentöter Michael zu sehen, die alle gemeinsam die Pilgergruppe auf dem anderen Türflügel beschützen.

Der Pilgerweg führt nun in Richtung Castrogeriz weiter, unser Abstecher auf der N 620 den Arlanzón entlang nach Palencia. Wenige Kilometer vor Palencia führt die Straße an der kleinen Ortschaft **Torquemada** vorbei. Er weckt Erinnerungen. Der hier 1420 geborene Thomas de Torquemada, Dominikaner und Beichtvater Ferdinands und Isabellas, der katholischen Könige, und seit 1483 Großinquisitor Spaniens wird wieder lebendig. 1498 stirbt dieser wohl bekannteste Leiter der spanischen Inquisition, die sich nach dem Beginn der Reformation bald auch intensiv mit den Pilgern aus verdächtigen Gebieten zu beschäftigen beginnt. Endgültig wurde sie erst 1834 aufgehoben.

Palencia bietet im Herzen und als Kern der Kathedrale die Reste einer westgotischen Kapelle für den heiligen Antolín, die an das Untergeschoß der Cámara Santa in Oviedo erinnert. Als Teil einer Gedächtniskapelle entstand der niedrige gewölbte Raum zu Beginn des 7. Jahrhunderts. Er schließt sich an die romanische Krypta an, diese wieder wurde von einer gotischen Kirche des 14. bis 16. Jahrhunderts überbaut. Nur wenige Kilometer nach Süden entfernt, bei Baños de Cerrato liegt dann eines der schönsten Beispiele westgotischer Architektur: **San Juan de Baños.** Eine Inschrift über der Hufeisentonne der Hauptapsis überliefert das Datum 661 und den königlichen Stifter Rekkesvinth, der die Kirche am 3. Januar dem hochverehrten Johannes dem Täufer übereignet: »PRECURSOR DN̄I MARTIR BABTISTA IOHANNES POSSIDE CONSTRUCTAM. IN ETERNO MUNERE SEDĒ QUAM DEUOTUS EGO REX RECCESUINTHUS AMATOR NOMINIS IPSE TUI. PROPRIO DE IURE DICAUI TRETII POST DECM̄. REGNIS COMES INCLITUS ANNO SEXCENTUM DECIES. ERA NONAGESIMA NOBEM«. Es ist der Kern, der Hauptteil des westgotischen Baus an den Bädern nahe den Ufern des Pisuerga, deren alte Quellen in einer modernen Fassung wenige Schritte entfernt noch heute zu sehen sind. Die im Süd- und Nordosten an das verkürzte Querhaus anschließenden Kapellen sind verschwunden. Ausgrabungen zwischen 1956 und 1963 haben die Grundmauern und Spuren eines Gräberfeldes des 7. Jahrhunderts aufgewiesen. Die Form des Chorgewölbes, die Fenster mit ihren Steingittern belegen überzeugend, daß der Hufeisenbogen hier bereits erscheint. Die Westgoten übernahmen ihn schon aus antiker Überlieferung, in der maurischen Architektur wurde er verfeinert. Statt eines Viertels oder Drittels des Radius als Maß der Überschreitung des Halbkreises wird in der mozarabischen Architektur bis zu einem halben Radius über den Halbkreis hinausgegangen. Von San Juan de los Baños bleiben die Kraft der Marmorsäulen, die Roheit der Imitation antiker Kapitelle, der straffe Schnitt des Quaderbaus nach einer Fahrt durch Bruchstücke von Siedlungen in Erinnerung, die ebenso öde sind wie die Landschaft, die sie zerstörten.

Abseits der von der Gegenwart verwüsteten Landschaft rings um San Juan de Baños, konzentriert entlang der N 620 und des Canal de Castilla, der Ingenieurleistung des 18. Jahrhunderts schlechthin – von Palencia aus nach Südwesten – sieht Spanien rasch wieder anders aus. Von der N 610 in Richtung León zweigt nach wenigen Kilometern bereits die C 612 nach Medina de Rioseco ab. Dort könnte man auch nach einem Überraschungen bietenden Umweg eine Pause einlegen. Die Überraschungen beginnen mit der von dreifachem Mauerring umgebenen Burgruine von **Torremormojón**. Von der Straße ab, 6 km nach Süden, erreicht man am Abhang der Montes de Torzos die klassische Ritterburg von Ampudia (Farbabb. 4), umgeben von Höhlenwohnungen. Wer es weniger verschnörkelt liebt, die große, klare Linie vorzieht, dem sei 15 km weiter nach Westen die grandiose Burg des 14. Jahrhunderts am Ortsrand von Montealegre empfohlen (Farbabb. 5). Hier belegen einige der immer noch vielen Bauten auf wenigen Quadratkilometern, warum Kastilien Kastelle im Namen und im Wappen trägt.

Von Medina de Rioseco mit seinen hölzernen Arkaden an der Hauptstraße weiter nach Südwesten trifft man mit **San Cebrián de Mazote** auf eine der elegantesten mozarabischen Kirchen des 10. Jahrhunderts, gebaut in den ersten Jahren der Rückeroberung alten westgotischen Bodens. Die Hufeisenbögen werden nun um ⅔ des Radius über den Halbkreis hochgezogen. Sie kehren auch im Grundriß von Ost- und Westapsis wieder, erscheinen zwischen den Säulen des dreischiffigen Baus, dehnen sich weit in den Triumphbögen der Vierung und der Apsiden. Die präzise Skulptur der Kapitelle ist eine Ergänzung der eleganten Linienführung, von der das Äußere keine Ankündigung gibt. Mit Tiedra und der grandiosen Ruine von Mota del Marqués liegen wieder zwei Festungen in der Nähe. In Wamba, dessen Name an den Nachfolger König Rekkesvinths erinnert, ist noch der Ostteil eines mozarabischen Kirchleins erhalten.

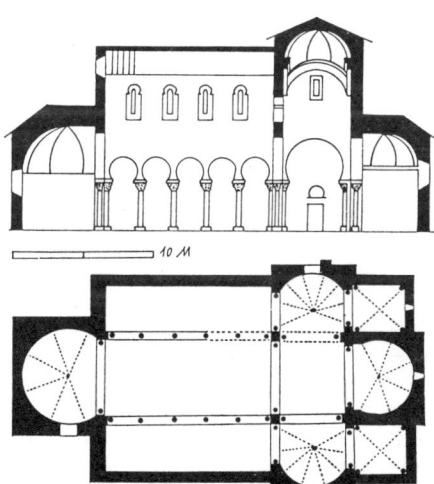

10 M

Mazote. San Cebrián, Grundriß und Schnitt

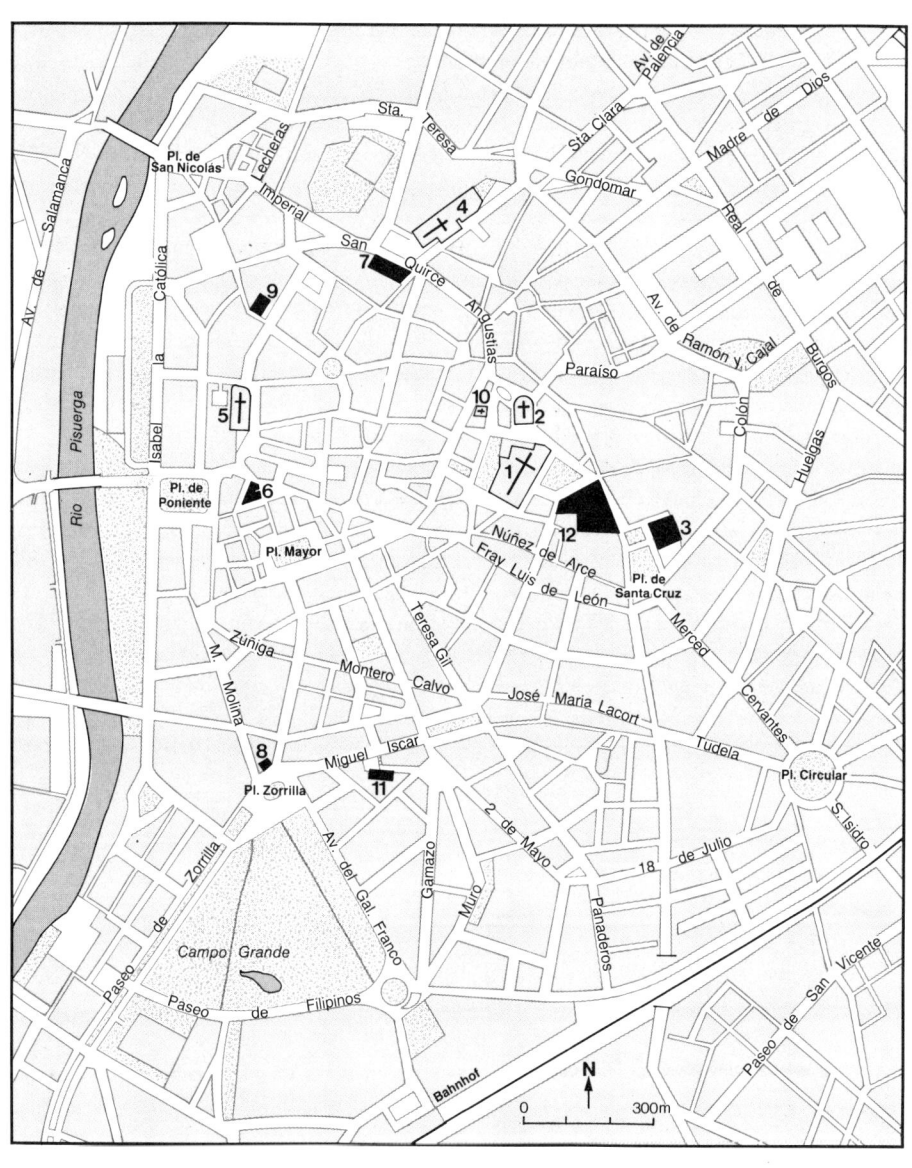

Valladolid   1 Kathedrale   2 Santa María la Antigna   3 Santa Cruz   4 San Pablo/Colegio de San Gregori   5 San Benito   6 Post   7 Capitanía General   8 Touristeninformation   9 Archäologisches Museum   10 Las Angustias   11 Cervantes-Museum   12 Universität

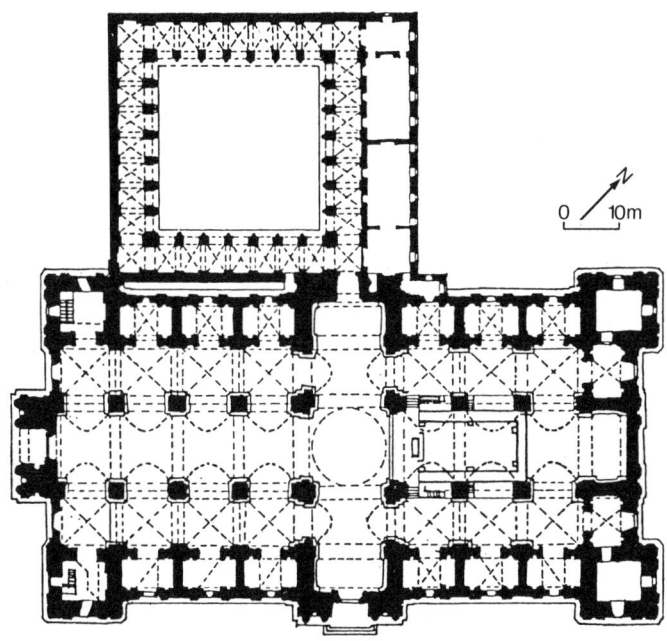

*Valladolid. Grundriß
der Planung
Juan de Herreras
für die Kathedrale*

Der Weg nach Süden, zum Duero, führt dann nach **Tordesillas.** Von der Terrasse neben der heute als Museum genutzten Kirche San Antolín hoch über dem Duero bietet sich ein weiter, fast grenzenloser Blick über die Meseta nach Süden. Ein Blick, der Johanna »der Wahnsinnigen« verwehrt blieb, die nach dem Todes ihres Gemahls Philipps des Schönen von 1506 bis zu ihrem Tode 1555 zur Gefangenen des Klarissenklosters wurde. Sie erlangte nicht die Herrschaft über Kastilien, die ihr nach dem Tode der Mutter Isabella zustand; und auch nach dem Tode ihres Vaters Ferdinand, den man ihr verheimlichte, nicht die ihr nun zufallende Macht über Aragon, Sizilien und Neapel. Nur widerstrebend gestand sie schließlich ihrem Sohn Karl V., der fern von ihr bei der Schwägerin Margarete in den Niederlanden aufwuchs, die Krone ihres Reiches zu. Er sollte sie aber nur um drei Jahre überleben.

Den Verkehrsknotenpunkt am Duero hatte man nach der Rückeroberung von den Mauren mit festen Mauern umgeben, und Alfonso XI. läßt sich Mitte des 14. Jahrhunderts einen prunkvollen Palast von Handwerkern aus der unterworfenen Bevölkerung erbauen, den sein Sohn Pedro der Grausame mit seiner Lebensgefährtin María de Padilla bewohnte. Nach dem Tode Pedros, der von Halbbruder Enrique ermordet wurde, wird das Schloß 1369 in ein Klarissenkloster umgewandelt. Die prunkvolle Decke des Thronsaales wird zum Schmuck der Kapelle. Hier wird am 7. Juni 1494 in Tordesillas der denkwürdige Vertrag geschlossen, der, von Papst Alexander VI. Borgia besiegelt, die noch zu entdeckende Welt zwischen Spanien und Portugal entlang eines Längengrades 370 Seemeilen westlich der letzten Azoreninsel aufteilt. Auch nach den

*Ansicht von Valladolid aus dem
18. Jahrhundert*

LLADOLID.

Valladolid. San Gregorio, Schema eines Stalaktitengewölbes

Veränderungen für die neue Nutzung bleibt der ehemalige Palast mit seiner Fassade im farbigen Kleid aus Stein und Keramik eines der schönsten Beispiele des Mudéjar. Beim Gang durch die engen Straßen der Stadt zwischen den vielbefahrenen Verkehrsstraßen findet man noch Häuser, kleine Geschäfte und die hölzernen Arkaden des Marktplatzes, die ein wenig abseits des raschen Gangs der Gegenwart stehen. Den Duero entlang führt dann die N 122 nach Valladolid. Auf hohem Felsen sieht man auf der Mitte des Weges das Schloß von Simancas liegen, mit seiner Unzahl von Urkunden zur Geschichte Spaniens seit dem 16. Jahrhundert. Damals bestimmte Karl V., daß das Schloß neben seiner Funktion als Gefängnis auch Archiv werden sollte – so zeugt der Bau in vielfacher Weise von Geschichte.

Damit nähert man sich schon der Großstadt **Valladolid,** rings um deren Stadtkern am Pisuerga sich weite jüngere Stadtquartiere, wohlgeplant mit breiten Straßen, und verschiedene Industrien ausbreiten. Aber es lohnt sich, bis ins Zentrum durchzuhalten. Gleichgültig, ob der Ort nun aus einem keltisch-römischen Mischnamen ›valle tolitum‹, Tal des Wassers, oder aus dem Arabischen als Balad Walid, Stadt des Statthalters, seinen Namen bezogen hat – geprägt wurde er durch die Entscheidungen des späten 15. und dann des 16. Jahrhunderts, beginnend mit der hier gefeierten Hochzeit Isabellas und Ferdinands, der Katholischen Könige im Jahre 1469. Immer wieder einmal war Valladolid Residenz kastilischer Könige gewesen, nun sieht es für Jahrzehnte fast so aus, als würde Valladolid Hauptstadt des vereinten Spaniens. Erst 1621 fällt die Entscheidung für die junge Gründung Madrid. Symbol der nicht vollzogenen Entwicklung

Valladolid. San Gregorio, Stalaktitengewölbe

Valladolid. Innenhof des
Collegio de San Gregorio

ist die Kathedrale. Im Jahre 1527, in dem auch Philipp II. in Valladolid geboren wurde, beschloß das Kapitel der noch romanischen Stiftskirche einen aufwendigen Neubau. Mit den Planungen für den riesenhaften Bau, der nur fünf Meter kürzer als der in Sevilla werden sollte, wurde Rodrigo Gil de Hontañon beauftragt, für die Verwirklichung des großen Traums fehlten dann aber die Mittel. Nach 1580 wurden die Pläne von Juan de Herrera, dem Architekten Philipps II., der zur gleichen Zeit auch den Bau des Escorial leitete, überarbeitet. Begonnen wurde 1595, als das Stiftskapital Kapitel einer Kathedrale, Valladolid ein neues, von Palencia unabhängiges Bistum wurde. Bis ins frühe 18. Jahrhundert wurde nicht mehr als die Hälfte des erträumten Riesenbaus errichtet. Er wirkt beklemmend, demütigt den Besucher.

Wie erschreckend würde erst der vollendete Bau gewirkt haben. Auch der Kontrast der oberen Partien der Fassade, die vom barocken Überschwang Alberto Churrigueras Anfang des 18. Jahrhunderts oder des Turms des gleichen Jahrhunderts, der nach seinem Einsturz 1841 Ende des 19. Jahrhunderts erneuert wurde, kann diese Atmosphäre nicht verändern. Sie spiegelt die Vorstellungen Philipps II. wider, der diese kalte Grandezza an die Stelle des isabellinischen Prunks seiner Vorfahren, der Katholischen Könige, oder der überschwenglichen Renaissance seines Vaters, Karls V. setzte.

Der verschwenderische Reichtum der barocken Gotik des isabellinischen Zeitalters verkörpert sich wenige hundert Meter weiter in der Fassade von San Pablo (Farbabb. 14). Auf dem Weg dorthin kann man mit Santa María la Antigua und den erhaltenen Überbleibseln der romanischen Stiftskirche noch das romanische Valladolid erahnen und mit Nuestra Señora de las Angustias noch einen Nachfolgebau der Schule Juan de Herreras mit der vielverehrten Mater dolorosa des Juan de Juni besichtigen. Die Mittel für den Bau der Fassade des Dominikanerklosters San Pablo, der Plaza de San Pablo großzügig zugewandt, stiftete der Beichtvater Isabellas Fray Alonso de Burgos. Man investierte bei Simón de Colonia, der den Stifter als Zeugen der Marienkrönung über dem Portal verewigte. Auch die nächsten beiden Ebenen der Fassade zeigen seine Handschrift. Ein schlichterer, strengerer Zug prägt die obere Hälfte der um 1500 vollendeten Pracht.

Mit dem Portal des Colegio de San Gregorio, das ebenfalls der Dominikaner Alonso de Burgos, Bischof von Palencia, stiftete und als gut ausgestattetes theologisches Institut einrichtete, kann man seine Bewunderung für die Pracht dieser bizarren Gotik fortführen (Abb. 56–58). Hier, wo einst berühmte Theologen wie Bartholomé de las Casas lehrten, hat man ein Museo Nacional de Escultura eingerichtet. Zu seinen Schätzen religiöser Bildhauerkunst, ausgestellt in den Sälen rings um den in reicher Architektur gestalteten Patio, den Innenhof (Farbabb. 13), gehören Arbeiten des Jean de Joigny, der in Spanien als Juan de Juni seine möglichst lebensnah farbig gefaßten Figuren zur Zeit Karls V. schuf. Arbeiten Alonso Berruguetes, des etwas älteren, auch als Maler bekannten Bildhauers, Arbeiten Diego de Siloés, Sohn des berühmteren Gil oder Werke des Gregorio Fernández, der die naturalistische Kunst der spanischen Plastik um 1600 noch mit Glasaugen und gläsernen Tränen zu steigern sucht, gehören ebenso dazu wie die lebensgroßen Szenen der Prozessionen der Semana Santa, der Karwoche. Die Erlebnisse der Karwoche in Valladolid gehören zu den eindrucksvollsten Spaniens.

Die schmale Straße weiter hinunter, am Colegio de San Gregorio vorüber, stößt man auf den Palast des Conde de Gondomar und San Benito el Viejo... Vieles bleibt in einer Stadt, die noch heute zu den bedeutendsten Spaniens zählt, zu sehen. Ein Denkmal für Cervantes, der in Valladolid erlebte, daß der erste Teil seines im Gefängnis geschriebenen Don Quijote im Druck erschien, und in der Casa de Cervantes die vier zu besichtigenden Zimmer von 1603–1606 bewohnte. Ein Denkmal auch für Christoph Kolumbus, der hier am 20. Mai 1506 verbittert im Hospital der Franzikaner starb, und auch eine Casa Museo de Colón. Und noch mehr Museen und Kirchen ... Uns führt nun der Weg zurück nach Burgos, zur Pilgerstraße, wenn wir nicht noch einen Abstecher den Duero entlang in Richtung Osten nach Peñafiel mit der großartigen Burg unternehmen wollen. Im Jahre 1307 gelangte sie in den Besitz des Infanten Manuel, der sie erweiterte und uns als lesenswerte Literatur die Erzählungen des ›Conde Lucanor‹ hinterließ, die Joseph von Eichendorff übersetzte. Über Aranda de Duero, wo sich ein Blick auf die spätgotische isabellinische Fassade von Santa María lohnt, kann auch auf diesem Wege wieder nach Burgos, zum Pilgerweg zurückgekehrt werden.

Santo Domingo de Silos

Diesen Abstecher nach Süden, um die Fürbitte des heiligen Domingo zu erflehen (der heute aus kunsthistorischen Gründen unumgänglich geworden ist), werden wohl auch manche Pilger des Mittelalters bereits gemacht haben. Der Kreuzgang des Klosters Santo Domingo de Silos – der Name kommt von den Getreidespeichern, die einst die Landschaft prägten – ist eines der großen romanischen Kunstwerke Spaniens, ja Europas. Schon Bilder vermitteln die Faszination der künstlerischen Kraft der Kapitelle und Reliefs des ersten Meisters, der zu Beginn des 12. Jahrhunderts hier wirkte. Nimmt man sich die Zeit, in Ruhe vor den Originalen zu verweilen – etwas mehr, als notwendig ist, um behaupten zu können, man habe alles gesehen – dann bleiben Formen, Gestalten und Szenen in Erinnerung, die man nicht wieder vergißt.

Von Burgos aus ist das Kloster in knapp zwei Stunden zu erreichen. Entweder verläßt man die ständig belebte N1 in Richtung Madrid vor Lerma und macht den empfehlenswerten Umweg über Covarrubias oder man verläßt die Straße und die Hochebene der Meseta hinter Lerma. Aus dem Dröhnen des Überlandverkehrs heraus erreicht man wieder Landschaft, fruchtbar erst und bald von Bergen umgeben, die in der Sierra de la Demanda oder der Sierra de Urbiòn mehr als 2000 m Höhe erreichen.

Dorthin, in eine der Höhlen am San Lorenzo mit 2271 m Höhe, heute ein vielbesuchtes Wintersportgebiet, zog sich Domingo Manso nach seiner Priesterweihe in die damalige Einsamkeit zurück. 1032 war er als Novize in das berühmte Kloster San Millan de Cogolla eingetreten. In der Meditation des Eremiten sammelte er nun die Kraft, um in die Welt der zeitgenössischen Heldentaten zurückzukehren. Sie reichte bis in die Klöster, griff mit Macht in die Entwicklung ein und griff aber ebenso gern in die Kassen eines reichen Klosters, so wie man auch stiftete, um Fürbitte für sein ständig bedrohtes Seelenheil zu erlangen. Domingo, erst nur Novizenmeister und Lehrer, dann Prior des Klosters, wurde bald auf die Probe gestellt. Der Dichter Gonzalo de Berceo hat in seinem *roman paladino* davon berichtet.

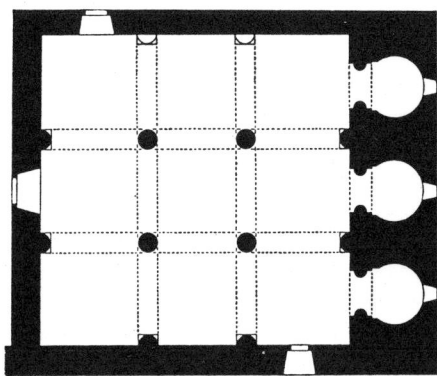

*Santo Domingo de Silos. Rekonstruktion des
Grundrisses der ersten Klosterkirche*

Nach dem Tode von König Sancho III. Garcés el Mayor (1000–1035), der die kleinen spanischen Königreiche des Nordens unter seiner Herrschaft vereint hatte, fielen diese an seine Söhne. Das Kloster San Millan, nahe der Residenz Nájera, unterstand König Garcia III. Sánchez el de Nájera (1035–54). In königlicher Finanznot, willens seine Brüder in Kastilien und Aragon in Schach zu halten, möglichst sogar zu unterwerfen, griff er nach dem Reichtum des Klosters. Domingo widersetzte sich eindrucksvoll mit der Feststellung, daß der König den Körper töten, den Leib quälen könne, aber keine Gewalt über die Seele habe. Trotzdem weicht er der Gewalt, geht ins Exil, an den Hof eines der feindlichen Brüder, zu Fernando I. von Kastilien (1035–65). Am 24. Januar 1041 wird Domingo vom König als Abt des Klosters San Sebastián eingesetzt, das dann seit dem 13. Jahrhundert seinen Namen trägt. Für die Gemeinschaft mozarabischer Mönche, die hier wohl eine alte westgotische Gründung wiederbelebt hatten, war das erst einmal ein Schock. Der Abt, denn es gab einen, zog sich resignierend vor der Macht des Königs zurück aus der Klostergemeinschaft.

Bis jetzt hatten wir es nur mit der üblichen Praxis politischer Eingriffe in kirchliches Leben zu tun. Aber wenige Monate später geschieht eigentlich ein Wunder: Der durch Domingos gewaltsame Einsetzung verdrängte Abt kehrt zurück. Die Qualitäten des Heiligen haben ihn ebenso wie die Mönche des Klosters überzeugt. 32 Jahre dauert Domingos Amtszeit. Sein Name ist als Zeuge auf einer Vielzahl königlicher Urkunden zu finden. Das Kloster blüht auf. Als Domingo am 20. Dezember des Jahres 1073 stirbt und, wie sein Schüler und Biograph Grimaldo wenige Jahre später notiert, vor den Toren der Kirche begraben wird, hat er den zusätzlichen Titel »reparator« mit dem ihn Ferdinand ausgestattet hatte, in die Tat umgesetzt. Geistlich und weltlich hatte er Kloster und Land erneuert, geistlicher und weltlicher Reichtum hatten sich angesammelt.

Sie stellen uns heute vor Probleme. Der mittelalterliche Reichtum, mit 29 vom Kloster abhängigen Kirchen und ausgedehntem Landbesitz in den umgebenden Provinzen in der Mitte des 12. Jahrhunderts, ermöglicht eine Vielzahl von Bauarbeiten. Unter den normalen Ausgaben des

Klosters wird einmal – mehr ist nicht erhalten – im Jahre 1158 der Kreuzgang erwähnt. Gegen Ende des 12. Jahrhunderts ist wohl auch ein Obergeschoß vollendet. Aber wann entstand der untere, ältere Teil? Hier wird der Reichtum zum Datierungsproblem. Nach dem Tode des Heiligen und immer zahlreicher seit Anfang des 12. Jahrhundert beginnen die Pilger zu den Reliquien des Heiligen zu strömen. Bringen sie erst die Finanzkraft, um die Bildhauerkunst des ersten Meisters im unteren Kreuzgang zu ermöglichen? Oder war der erste Meister bereits, wie der lokale Stolz gern behauptet, seit 1060 zu Zeiten Domingos tätig? Lassen wir die Frage noch offen.

Heute ist von Reichtum keine Rede mehr. Schon die Landschaft ringsum verheißt keine Reichtümer. Die Ortschaft, an deren Rand das Kloster liegt, bestätigt das. Hohe Mauern umschließen das Klostergelände. Ein weiter Torbogen mit kräftigen Gittertüren führt zur barocken Klosterpforte im Schatten einer riesigen Sequoia. An der Pforte bekommt man seine Eintrittskarten, zuckersüßen Honig und Schallplatten oder Cassetten mit den etwas herberen mozarabischen und gregorianischen Liturgien, gesungen von den Benediktinern, die seit 1880 das Kloster wieder aktiviert haben. Es waren französische Benediktiner aus Solesmes, die hier einzogen, nachdem in Spanien 1835 fast alle Klöster aufgehoben worden waren. Sie haben auch die Sequoia als Zeichen ihrer Hoffnung auf die Zukunft gepflanzt.

Zum Kreuzgang gelangt man nicht durch das Kloster. Man geht weiter in den Ort hinein. Erst hinter die sehenswerte Kirche – einem klassizistischen Entwurf des Architekten Ventura Rodriguéz folgend, 1752–92 gebaut und 1816 endlich geweiht, mit weitgespannten Kuppeln, die an die kalte Pracht Herreras erinnern – hat man den Touristeneingang zum Kreuzgang gelegt. Die Ruhe der Klausur und der Kirche sollen von den Besuchern nicht gestört werden. Ein wenig dieser Ruhe sollte man sich aber auch als Besucher suchen, um den viel beschriebenen, fotografierten, besungenen und diskutierten Kreuzgang zu sehen, zu verstehen. Er liegt an der Südseite der Kirche, wie es den Gewohnheiten benediktinischen Mönchtums entspricht. Eine hohe Zypresse dominiert das Quadrum des Innenhofs des zweigeschossigen Kreuzgangs.

Das obere Geschoß, dem normalen Besucher nicht zugänglich, auch ohne überragende architektonische oder bildhauerische Qualitäten, bietet mit seinem Westteil den sichersten Datierungshinweis. Das Mauerwerk belegt, daß oberer und unterer Gang hier in einem Zug entstanden sind. Im Norden, Osten und Süden hat man Baufugen festgestellt. Ende des 12. Jahrhunderts hat man die 1088 geweihte romanische Kirche um ein Joch nach Westen verlängert. Schon die romanische Kirche war unter Domingo zumindest renoviert worden. Sie war wiederum aus der Erneuerung des vielleicht westgotischen Baus hervorgegangen, auf den Fernán González Anfang des 10. Jahrhunderts gestoßen war, als er das Gebiet den Arabern entriß. Der Begründer des zukünftigen Kastiliens ritt samt seinem Gefolge in den Bau hinein, in der irrigen Annahme, eine Moschee auf diese Weise in einen Stall zu verwandeln. Kaum war der Irrtum erkannt, als man rasch die Pferde entfernte und die ruchlosen Hufeisen als Schmuck und Sühne an der Kirchentür befestigte. Noch im 18. Jahrhundert sollen sie zu sehen gewesen sein.

Aber zurück zur Verlängerung der romanischen Kirche nach Westen. Gleichzeitig verlängerte man auch den Kreuzgang um eine Bogenstellung. Daher steht auch auf der Nordseite des Kreuz-

1 PUENTE LA REINA   Die mittelalterliche Brücke ▷

3 EUNATE
◁ 2 Nordspanische Landschaft
4 AMPUDIA   Burg des 15. Jahrhunderts

5 MONTEALEGRE Burg des 14. Jahrhunderts

6 FRÓMISTA St. Martín

7 BURGOS Kathedrale, Blick in die Vierung

8 BURGOS Kathedrale, Capilla del Condestable ▷

9   SANTO DOMINGO DE SILOS   Kreuzgang

12 LEÓN Tympanon der Kathedrale
13 VALLADOLID Innenhof des Collegio de San
Gregorio

15 San Millán de la Cogolla ▷

14 VALLADOLID San Pablo Fassade

17 Maiskolbenspeicher bei CELANOVA

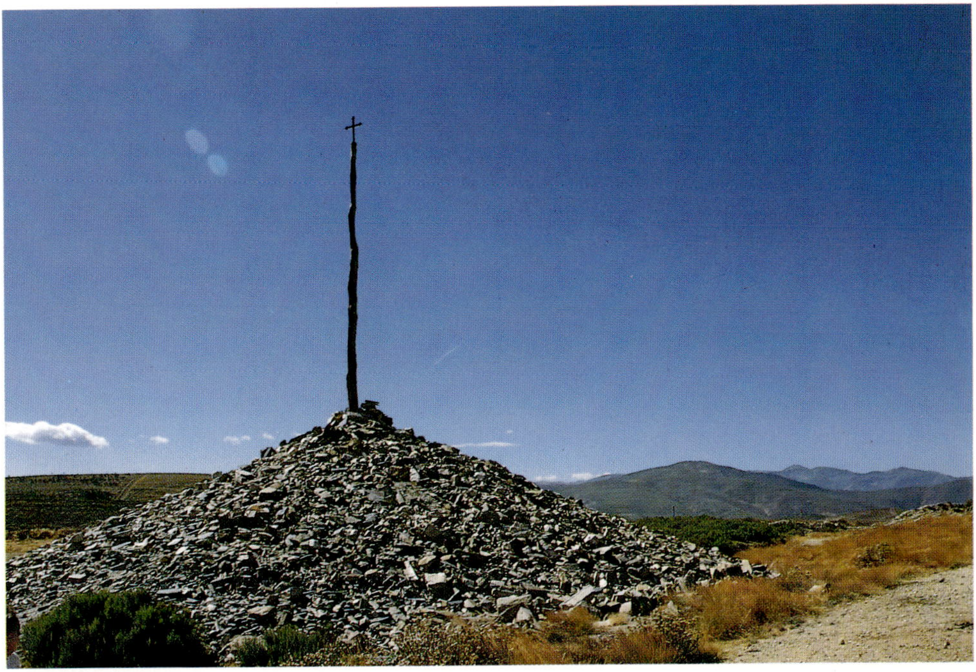

21 Cruz de Ferro
◁ 20 LOARRE Burg des 12. Jahrhunderts
22 FONCEBADÓN

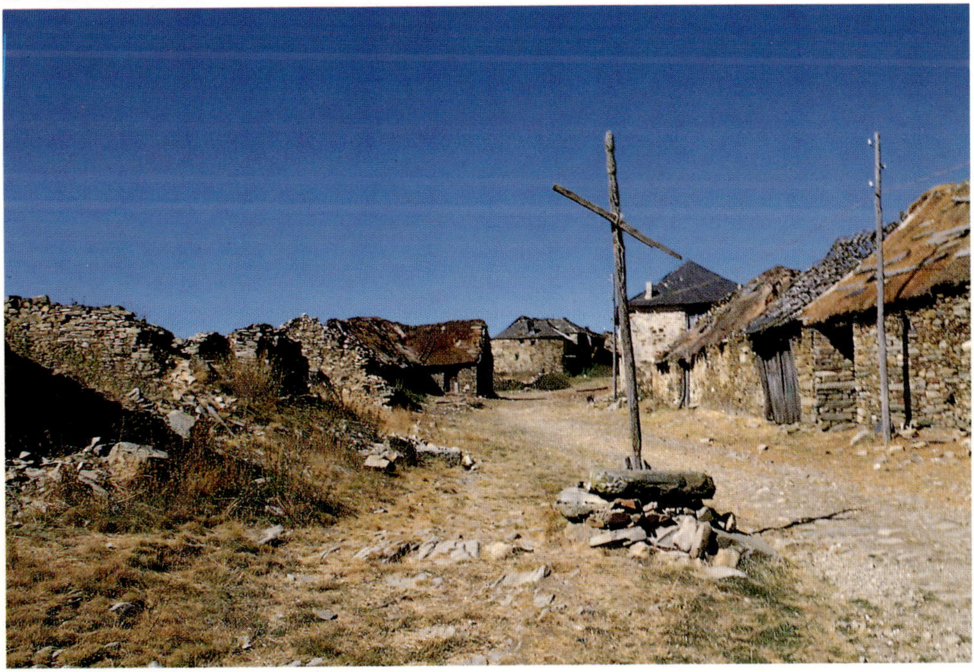

23 SANTIAGO DE COMPOSTELA   Kathedrale innen

24 SANTIAGO DE COMPOSTELA   Fassade der Kathedrale ▷

gangs, an die Wand der Kirche anschließend, das Viersäulenkapitell Nr. 23 mit der fragmentarisch erhaltenen Grabinschrift für Domingo nicht in der Mitte des Kreuzgangflügels. Bei der Verlängerung nach Westen hat man mit den Kapitellen 30 und 31 Arbeiten aus der Werkstatt des zweiten Meisters auf der Nordseite eingefügt und im Westflügel, dem letzten Bauabschnitt, mit den Kapitellen 34–37 noch Arbeiten des ersten Meisters verwandt. Die restlichen Kapitelle im Westen und Süden stammen aus der zweiten Werkstatt, im Norden und Osten aus der ersten Werkstatt, die auch sechs der grandiosen Reliefs an den Eckpfeilern lieferte. Der Kreuzgang war also ursprünglich quadratisch geplant. Gehen wir von dieser Baugeschichte aus, die auch durch den einzigen bekannten Beleg in den Rechnungen des Klosters gestützt wird, haben wir auch einen Anhaltspunkt für die Datierung der Bildhauerarbeiten der ersten Werkstatt mit ihrer staunenswerten Qualität. Man kann sich in der Situation eines der reichsten Klöster des mittelalterlichen Spaniens kaum vorstellen, daß ein Kreuzgang, zentraler Bauteil der gesamten Anlage, über Jahrzehnte halbfertig steht. Die erste Werkstatt wird nicht allzulange vor der Mitte des 12. Jahrhunderts gearbeitet haben. Das nimmt nichts vom Glanz und der Faszination der Reliefs oder der Kapitelle.

Dieser Datierung widerspricht scheinbar die Grabinschrift für den Heiligen, die über dem Viererkapitell Nr. 23 eingemeißelt ist. Schwer zu entziffern, nicht mehr vollständig erhalten, aber auch an anderer Stelle vom Verfasser Grimaldo mit noch ein paar Versen mehr überliefert: »Hac tumba tegitur diva qui luce beatur / dictus Dominicus nomine conspicuus; / orbi quem speculum Christus concessit honestum. / Protegat hic plebes sibi fida mente fideles« berichtet sie, wie auch Grimaldos Schriften über Leben und Wunder des Heiligen, die zu den ersten

Santo Domingo de Silos. Grabinschrift des Heiligen

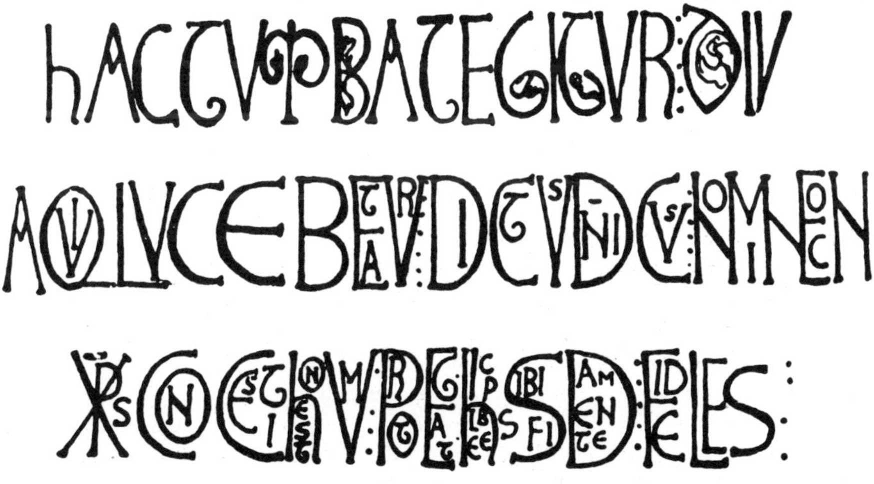

◁ 25 ORENSE Kathedrale, Jakobus am Westportal

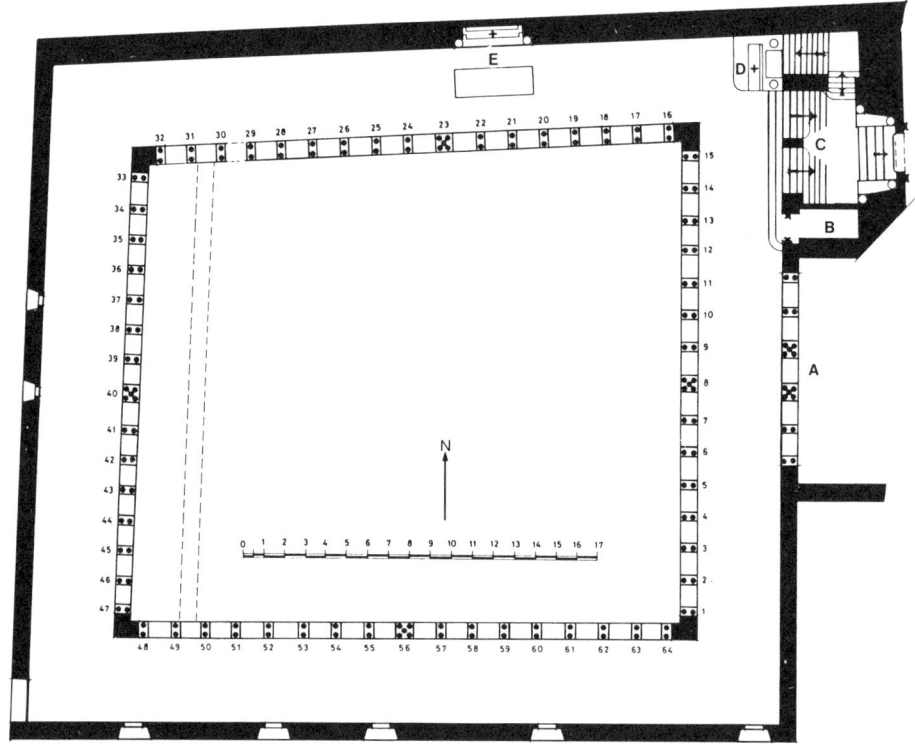

Santo Domingo de Silos. Kreuzgang. A Zugang zum Kapitelsaal B Kapelle C Zugang zur Kirche D Altar der Nuestra Senora de Marzo E Altar und Grabdenkmal für Santo Domingo

Texten in Kastilisch gehören, vor den Pforten der Kirche sei der Heilige begraben und schütze sein gläubiges Volk. Nun hat man bereits drei Jahre nach dem Tode Domingos, im Jahre 1076, seine Gebeine in eine Kapelle auf der Nordseite der romanischen Kirche gebracht. Zu zahlreich war der Andrang der Pilger im Kreuzgang geworden, die ähnlich wie heute störend in die Ruhe der Klausur einbrachen. Auch vom Cid, Rodrigo de Vivar und seiner Gemahlin Jimena wird am 12. Mai 1076 eine Schenkung zweier Dörfer nahe Silos und ihres Gebietes an das Kloster und den heiligen Domingo überliefert.

Die Stelle seines ersten Grabes wird weiter verehrt. Eine gotische Grabplatte des frühen 13. Jahrhunderts, getragen von drei Löwen, kennzeichnet noch heute die Stelle. Rings um die Grabplatte wird die Inschrift erneut und unverändert zitiert. In einer Nische dahinter zeigt ein Relief des 13. Jahrhunderts den Heiligen als Befreier der Gefangenen, Befreier von Christen aus den Drangsalen der Ungläubigen. Ketten legen hier wie auch im erhaltenen romanischen Südquerschiff als Votivgaben Zeugnis von seinem Wirken ab.

Die Grabinschrift geht davon aus, daß Domingo hier seine Ruhe gefunden hat. Sie ist also vor 1076 formuliert worden. Sind also Kapitell und Reliefs entsprechend auch vor seinem Tode begonnen worden? Nein. Auch wenn die Schriftformen der Grabinschrift über dem Kapitell, wie Kingsley Porter belegt hat, vor 1076 denkbar sind, so spricht auch nichts dagegen, daß sie später – wie an der erheblich jüngeren Grabplatte – kopiert wurden, um den Ort der ersten Ruhestätte des Heiligen in Erinnerung zu halten, auch nach der Erhebung zur Ehre der Altäre.

Diese Überlegungen zur Datierung der ersten Werkstatt können kein schlagender Beweis sein. Dazu ist die Lage viel zu schwierig und durch fahrlässige Grabungen in den frühen Dreißiger Jahren unseres Jahrhunderts nicht zu klären gewesen. Die anderen angebotenen Lösungen erfüllen zwar die Anforderungen patriotischen Stolzes, spanische Größe unübertreffbar an den Anfang romanischer Bildhauerkunst zu stellen – aber sie sprengen die Vorstellungen, die man sich vom kulturellen Umfeld machen muß. Die Grundgestalt des Kreuzgangs mit seinen Pfeilerreliefs erinnert an Südfrankreich und Anklänge an die Reliefs von Moissac des frühen 12. Jahrhunderts entdeckt man rasch. Hier ist der nächste zeitliche stilistische und kulturelle Partner zu greifen – so wie wir ihn in Spanien immer wieder beobachten können.

Die Kapitelle schildern keine Geschichte. Einzelne Szenen, die das Programm der Reliefs vervollständigen, treten zwischen die kunstvollen Fabelwesen, Ornamente und Pflanzenstudien. An Kapitell 38 werden die Anfänge der irdischen Geschichte Christi von der Verkündigung bis zur Flucht nach Ägypten erzählt. Das Ende des öffentlichen Auftretens mit Einzug nach Jerusalem, Fußwaschung und Letztem Abendmahl verzeichnet Kapitell 40. Sie stammen beide aus der Werkstatt des zweiten Meisters des späteren 12. Jahrhunderts, der gerne auch einmal die Arbeiten seines Vorgängers als Musterbuch benutzte. Kapitell 33 wiederholt das Korbflechtwerk von Nr. 1, Nr. 39 greift Nr. 6 und Nr. 13 des ersten Meisters auf. An Kapitell 41 (Abb. 46) werden die Harpien von Nr. 14 und Nr. 20 kopiert. Höhepunkte aber der Werkstatt des zweiten Meisters sind die großen Reliefs am Südwestpfeiler des Kreuzgangs.

Der Baum Jesse (Abb. 48) zeigt trotz seiner Beschädigungen große bildhauerische und theologische Qualitäten. Die menschliche und die göttliche Natur Christi werden in kräftigen und bewegten Formen – als Baum, der reiche Frucht trägt, wie es der Traum Jesses in Jesaja 11 schildert – vereint dargestellt. Im Baum aus der Seite Jesses aufwachsend, seitlich von je drei Propheten begleitet, sitzt zuunterst Maria, die Mutter Gottes. Darüber thront Gottvater, den Sohn vorweisend. Über ihm schwebt die Taube des Hl. Geistes. Alle Gestalten, streng symmetrisch in das Bildfeld komponiert, treten fast vollplastisch vor die Fläche. Wuchernd geschlungen, reich in Blattformen und Knospen trägt sie der Baum.

Auch die großfigurige Verkündigung, mit verehrend in die Knie gesunkenem Engel Gabriel und thronender Maria, birgt ein zusätzliches zweites Thema (Abb. 49). Über dem Bogenfeld, in dem ein aufgewirbelter Vorhang die Gewandmotive der Akteure aufgreift, schweben zwei Engel. Sie tragen die Krone der Himmelskönigin, erinnern damit an die leibliche Himmelfahrt Mariens. Beginn und Abschluß der Geschichte Gottes mit Maria werden zu einer Szene zusammengefaßt, deren plastische Kraft und Bewegtheit auf den Leistungen des Meisters Matheus in Santiago de Compostela aufbaut und deutliche Verwandtschaft mit den Fragmenten des jüngeren Westportals der großen Pilgerkirche aufweist.

Diese Verheißung im Traum Jesses und die Verkündigung an Maria sind die jüngsten der acht Reliefs an den Eckpfeilern des Kreuzgangs. Würde man die Themen der Pfeiler in eine biblische Reihenfolge bringen wollen, hätte man sie als erste zu nennen. Der erste Meister hatte sich auf Szenen des Neuen Testamentes nach dem Tode Christi am Kreuz beschränkt. Den südwestlichen Pfeiler hatte er nicht mehr in Angriff genommen. Es bleibt eine müßige Frage, an welche Themen er und seine Auftraggeber hier gedacht hatten.

Beträte man den Kreuzgang von der Kirche her, wie es dem Lebensrhythmus der Mönche entsprach, aus dem südöstlichen Querschiff durch die Puerta de las Virgenes mit dem Altar für die Virgen del Marzo, würde man als erstes am nordöstlichen Pfeiler auf das Relief der Kreuzabnahme und auf die Grablegung, verbunden mit der Szene der drei Frauen am leeren Grabe, treffen. Am nordwestlichen Pfeiler folgen dann die berühmte Emmausszene und die Überzeugung des ungläubigen Thomas. (Am südwestlichen Pfeiler, wie wir sahen, Wurzel Jesse und Verkündigung.) Schließlich als Abschluß der neutestamentlichen Gegenwart Christi nach der Passion Christi Himmelfahrt und Pfingsten.

Das Relief der Kreuzabnahme ist in ein von zwei Säulen gerahmtes Bogenfeld gesetzt (Abb. 50). Begrenzungen, die mit schwingender Bewegung die Gestalt des Johannes überschneidet. Er scheint zugleich als Zeuge und Verkünder des Geschehens aufzutreten. Sonne und Mond tragen noch die Tücher, mit denen sie ihr Angesicht vor dem Opfertode Christi verhüllten. Drei Weihrauchfässer schwingende Engel füllen das Halbrund mit der rahmenden Inschrift. »Hic obit, haec plorat, carus dolet, impius ort.« – Dieser stirbt, jene weint, der Geliebte trauert, der Ungläubige betet. Maria hält trauernd die durchbohrte Hand Christi, Josef von Arimathia hält den Körper Christi. Nikodemus löst mit einer Zange, die gerade noch zu erkennen ist, den Nagel der linken Hand.

Wie in Wellen aufgewühlt, rühren sich die Erdschollen unter den Füßen der Gruppe und unter dem Gekreuzigten öffnet sich der Sarkophag Adams. Ein Rest der Inschrift auf dem kleinen Sarkophag ist erhalten, die Figur des ersten Menschen nur noch als Fragment. Die Erlösung von der Erbsünde des ersten Menschen hat Gestalt angenommen. Die künstlerische Kraft, mit der das Bogenfeld aufgeteilt wurde, wie Maria und Johannes mit gegensätzlichem Temperament die Gruppe jeweils seitlich schließen, die Diagonale des Hauptes Christi Aufmerksamkeit erzwingt, wiederholt sich auch in den anderen Feldern.

Für die kristalline Strenge der Raumaufteilung sind die Szenen der Grablegung und der Frauen am Grabe ein faszinierendes Beispiel, in einem Bogenfeld zusammengeschlossen (Abb. 51). Zuunterst liegt die Wachmannschaft, in zeitgenössischer Bewaffnung, symmetrisch in den Schlaf gesunken. Die jeweils äußeren zwei Wächter finden ihr fast präzises Spiegelbild auf der gegenüberliegenden Seite. Die rahmende Säule gibt ihnen Halt. Drei weitere Wachen im Hintergrund, gleichmäßig nach rechts gelehnt, verschleiern die Konsequenz der Verteilung.

Die Grablegung darüber schließt den Raum der schlafenden Wachen ab, birgt das Geheimnis der Auferstehung. Der Deckel des Sarkophags, auf das Kapitell des Pfeilers der linken Begrenzung des Reliefs in steiler Diagonale aufgestützt, die vom Arm Christi aufgenommen wird, dient als Grenze der Szene. Er ist zugleich Sitz des Engels, der den drei Frauen, versehen mit Tüchern und Gefäßen voller Salböl, das Wunder des leeren Grabes kündet. Die Inschrift benennt sie: »Maria Magdalene, Maria Jacobi et Salome«, und notiert auch die Botschaft des Engels: »Nil formidetis, vivit Deus, ecce videtis« – Fürchtet nichts, Gott lebt, seht!

Im wohl bekanntesten Relief des Kreuzgangs am nordwestlichen Pfeiler begegnen zwei Jünger auf dem Weg nach Emmaus dem Auferstandenen (Abb. 52, Farbabb. 9). Dicht gedrängt füllen die drei ins Gespräch vertieften Gestalten das Feld. Christus tritt als Pilger auf, mit Muscheln auf seiner Tasche als dem schon damals geläufigen Zeichen – zugleich als Erinnerung an die Mönche, in jedem Pilger auch den Herr zu erkennen. Bewußt überschneidet die Gestalt Christi das Bogenfeld. Und so, wie der Blick eines der beiden Jünger auf dem Antlitz Christi ruht, so wird auch unser Blick immer wieder dorthin geführt. Elegant wird dabei die Linie von Mantel und rechtem Arm des Jüngers in der Mitte der Gruppe genutzt. Gewänder und Körper sind von elfenbeinhafter Glätte. Die Falten der Gewänder werden von je einer parallelen Linie betont. Gerne wüßte man, wie die farbige Fassung die Kunst des Bildhauers aufnahm, dem sicher auch das Schnitzen von Elfenbein kein ungewohntes Gebiet war.

Die Zweifel des ungläubigen Thomas werden gelöst, als er bei einer erneuten Erscheinung Christi seinen Finger in die Seitenwunde des Herrn legen kann (Abb. 53). Die staunenden Häupter der Apostel aufgereiht, die Beine der vordersten Reihe gekreuzt in schreitender Bewegtheit, so verfolgen die restlichen elf Jünger das Geschehen. Entgegen dem neutestamentlichen Bericht ist auch Paulus Zeuge der Szene, als ›magnus sanctus‹, großer Heiliger, auf seinem Heiligenschein aus der Reihe der anderen herausgehoben. Auf einem Schriftband, im Gegensatz zum Buch der anderen, mahnt er sich selbst: »Ne magnitudo revelationum extollat me« – die Größe der Offenbarungen mache mich nicht überheblich. Voll Freude werden in der Stadt darüber Hörner geblasen und Becken geschlagen.

Im Relief der Himmelfahrt Christi am südöstlichen Pfeiler ziehen zwei Engel die Wolkendecke des Himmels über die Gestalt Christi – zur elegant aufgereihten Verwunderung Marias und der zwölf Apostel (Abb. 54). Es ist wohl nicht nur die schlechtere Erhaltung, die hier einen schwächeren Eindruck bedingt. Symmetrie und Reihung der Gestalten besitzen nicht die gewohnte Kraft und zwingende Präzision. Die Strenge der Konzeption, verbunden wieder mit Eleganz der Linienführung und polierter Glätte der Gestalten, bietet das abschließende Thema Pfingsten. Spiegelbildlich sind die beiden Gruppen der Apostel gegeneinander gesetzt (Abb. 55). Als Ausdruck innerer Bewegung, des geistlichen Ergriffenseins, sind Beine und Füße gegeneinander verschränkt. Inmitten der Apostel ist das Haupt Mariens der Hand Gottes zugewandt. Ringsum fallen die Wolkenbänder des Himmels wie Wasserfälle und umspielen die Gestalten zweier Engel mit Spruchbändern.

Die kostbare Holzdecke des Kreuzgangs birgt in ihren farbenprächtigen Mudéjarmalereien Ornamente, geistliche und weltliche Szenen. Sie entstand nach einem bedrohlichen Brand Anfang des Jahres 1384 unter Abt Juan V., der schon am 5. Mai einen Ablaß des Bischofs von Burgos erwirkt, der denen, die mit ihren Spenden oder ihrer Arbeit zum Wiederaufbau beitragen, 40 Tage Ablaß zusichert. Das in leuchtenden Farben gehaltene Ergebnis der Spendenwerbung greift voll in die Bilderwelt des späten Mittelalters: Marienverehrung und ›verkehrte Welt‹, Hasen, die einen Hund hängen, Wölfe, die Messe lesen, Tanz und Musik, Arbeit und Spiel werden zitiert.

Santo Domingo de Silos. Nachzeichnung der Deckenmalerei des Kreuzgangs

Vom Kreuzgang aus erreicht man auch, meist von einem der Mönche geführt, die alte Apotheke. Reich mit Schubladen und kostbaren Fayencegefäßen ausgestattet, ist sie 1705 angelegt worden und verfügt auch über eine kleine wertvolle Bibliothek zu diesem Thema.

Weitaus Kostbareres wird unterirdisch aufbewahrt. Auch der Zugang zur Schatzkammer ist vom Kreuzgang aus zu erreichen. Skulpturen in Holz und Stein, darunter das Tympanon der romanischen Klosterkirche mit der Darbringung Christi im Tempel von der Hand des zweiten Meisters des Kreuzgangs, werden von zwei, drei Objekten überstrahlt. In Kopie, exzellent gearbeitet, ist die Vorderseite der Abdeckung des Schreins des Heiligen mit Christus und den zwölf Aposteln zu sehen. Zusammen mit der in Silos erhaltenen Dachfläche mit der Darstellung des apokalyptischen Lamms auf einer in Braunfirnis dekorierten Fläche wurde damit der neue Sarkophag des Heiligen in der Kirche abgedeckt. Die halbrunden Öffnungen ließen den Zugriff auf das Grab, Ziel der Pilger, frei. Beide Teile werden in den Jahren nach der Übertragung der Gebeine des Heiligen in die Kirche entstanden sein. Die aufwendigere Frontseite ist 1831 ins Archäologische Museum nach Burgos überführt worden. Ähnliches geschah mit wertvollen Handschriften, z.B. der Beatus-Handschrift des Klosters, die heute zu den Schätzen der Nationalbibliothek in Paris gehört. Im Kloster aber verblieben zwei kostbarste Goldschmiedearbeiten: Kelch und Patene des Heiligen. Für den 30 cm hohen Kelch bezeugt eine Inschrift auf der Unterseite die Herkunft: »In nomine Domini ob honorem s(an)c(t)i Sebastiani Dominico abbas fecit«. Im Namen des Herrn, zu Ehren des heiligen Sebastian, des ursprünglichen Patrons des Klosters, hat Abt Dominikus diesen Kelch in Auftrag gegeben. In seiner schlichten spiegelsymmetrischen Form ist der silberne Kelch, mit nur noch geringen Spuren von Vergoldung, einer der größten des Mittelalters überhaupt. Bei 19 cm Durchmesser faßt die Kuppa des Kelchs gut zwei Flaschen Wein, ausreichend für die Kommunion einer großen Gemeinde, die sich mit den Mönchen versammelte. Mozarabischen Einfluß zeigt nicht nur der auf Kuppa und Fuß wiederkehrende Hufeisenbogen, dessen Reihung vielleicht das Säulenrund der Grabeskirche in Jerusalem aufgreift, sondern auch die dichtgedrängte Filigran-Ornamentik aus zarten Lamellen, gekordelten Drähten unter Verzicht auf Steinbesatz. Etwas jünger ist die zugehörige Patene, wohl aus dem Reichtum der nach dem Tode des Heiligenden strömenden Pilger finanziert, prunkend mit Steinen, darunter zwei antiken Kameen.

Beide Kostbarkeiten berichten von einer Zeit intensiver Frömmigkeit, die ihre Reichtümer nutzt, um sich mit der Fürbitte der Mönche und der Heiligen den Weg in den Himmel zu bahnen. Nur mühsam gelingt es uns heute, diesen Zeiten nachzuspüren. Ganz gut ist dies aber noch in der Atmosphäre eines Klosters wie in Silos möglich, wo man von riesigen Raubvögeln, die einsam über dem Kloster ihre Kreise ziehen und dem Rauschen des Windes begleitet wird. Hier scheinen diese Zeiten verständlicher zu sein und näher zu liegen als sonst.

Frómista

Der ursprüngliche Pilgerweg, der nun weiter in Richtung León führt, entspricht nur noch streckenweise der heutigen Straßenführung. Die fortschreitende Reconquista und die Entwicklung Madrids als Hauptstadt Spaniens hat die Gewichte des Verkehrs längst gegenüber dem Mittelalter verändert. Von Burgos folgt man daher fast 30 km der N 620 in Richtung Palencia/Valladolid bevor man wieder nach Westen in Richtung Castrogeriz abbiegt. Hoch über dem kleinen Ort liegt die Ruine des oft umkämpften Castrum Sigerici, aus dem deutsche Pilger Kastell Fritz machten. Zu Füßen der Ruine lohnt sich ein Blick in die ehemalige Stiftskirche, in den gotischen Bau der Virgen del Manzano oder de Almazán, die neben ihrem einst wundertätigen Marienbild ein Bild der Verkündigung an Maria des deutschen Malers Anton Raphael Mengs aufweist, dessen Klassizismus von Winckelmann hoch gepriesen wurde. Er war Hofmaler König Carlos III., bevor er 1779 in Rom starb.

Durch die manchmal grenzenlosen Flächen der Campos, weite Getreidefelder, Lehmbauten und immer wieder einmal rund oder rechteckig, dachlos, Schafpferche. Sie zerfallen. Immer weniger Schafe werden gehalten. Auf den Speisenkarten findet man sie aber immer noch. Inmitten dieser fast industriell betriebenen Landwirtschaft liegt als landwirtschaftlicher Industrieort Frómista. Und der romanische Bau von San Martín verbirgt sich inmitten Ödnis wie ein Juwel im Schutt. Auf den ersten Blick ist kaum zu verstehen, daß solche Architektur hier entstand.

Die wirtschaftlichen Grundlagen sind noch zu sehen. Frómista liegt an der Straße von Süden nach Norden, von Palencia nach Santander, an der parallelen Eisenbahnstrecke, am Canal de Castilla, der zentralen Ader der Bewässerungssysteme Kastiliens. Ähnliches gilt schon für das 11. Jahrhundert, als diese Achse sich hier mit dem Camino Francés schnitt, dem reich bevölkerten Pilgerweg. Anlaß genug, für die Witwe des bedeutendsten Königs Spaniens, Sancho III. Garcés (1000–1035), sich hier nach dem Tode des Gemahls niederzulassen. Sancho III. war es noch einmal gelungen, die kleinen Königreiche Spaniens zu vereinen. Aragon, Navarra, León und Kastilien lösen sich unter seinen Söhnen voneinander. Doña Sancha, oder Doña Mayor

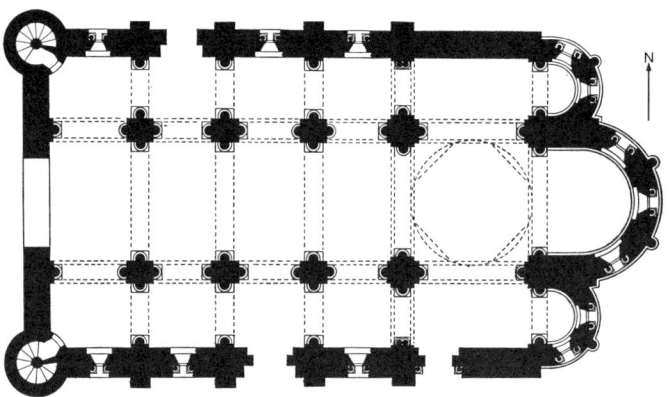

Frómista. San Martín,
Grundriß

nach dem Beinamen ihres Mannes, spricht in ihrem Testament vom 13. Juni 1066 von »hoc monasterio sancti Martini quem pro amore Dei et sanctorum eius et purificatione peccatorum meorum edificare cepi in Fromesta« – von diesem Kloster des heiligen Martin, das ich wegen der Liebe Gottes und seiner Heiligen und der Reinigung von meinen Sünden in Frómista zu bauen begonnen habe.

Trotzdem wagt man auf den ersten Blick kaum zu glauben, daß der so perfekte Bau, der nach den Restaurierungen zu Beginn unseres Jahrhunderts den Eindruck erweckt, als seien die Zeiten spurlos an ihm vorübergegangen, schon 1066 im Bau gewesen ist (Farbabb. 6). Aber neben der Aussage des Testamentes Doña Sanchas, die nun seit Jahren sich schon nach Frómista zurückgezogen hatte, spricht der Rang der Auftraggeberin für die Qualität der Architektur. Nach der Kathedrale von Jaca und dem Bau von San Isidoro in León entsteht hier der dritte der frühen romanischen Bauten Spaniens, den nach der Aufhebung der Klöster die Verwendung als Pfarrkirche rettete und den die verbissene Initiative des Kardinals Almaraz in eine zu perfekte Restaurierung führte.

Trotzdem ließ man Sorgfalt walten. Zwar sind alle Spuren der sonstigen Klosterbauten verschwunden, aber alle Kapitelle, die ersetzt worden sind – manche Originale sind im Museum zu Palencia zu sehen – tragen ein R (für: restauriert) als Zeichen. Innen wie außen fasziniert die Präzision des Entwurfs: Das doppelte Quadrat des Grundrisses, aus dem nur die mittlere der drei Apsiden herausragt. Die maßvolle Abstufung der Höhen innen und außen, betont durch die frühe Glätte des Steinschnitts, die Konstraste der Quader von Schiff und nicht darüber hinausragendem Querhaus mit dem Halbrund der Apsiden, dem Achteck des Vierungsturmes, dem Rund der Fassadentürme im Westen, akzentuiert durch die sparsame Gliederung mit Halbsäulen und Säulen, dem Schmuckband, das die Fenster ausgrenzt ... Reichtum der Bildhauerarbeit zeigt sich erst in den Kapitellen der Säulen und in gleicher Höhe in den über dreihundert Dachkonsolen, dann wieder im Inneren mit der manchmal schlichten, aber immer kraftvollen Arbeit der Kapitelle, teils mit ornamentalen Motiven, die an Jaca erinnern, oder mit biblischen Szenen, meist des Alten Testamentes.

Villalcázar de Sirga

Oft wird der kleine Ort auch nur als Villasirga oder als Santa María de Villasirga erwähnt, den man in Richtung Nordwesten, in Richtung Carrión de los Condes, entlang der alten Pilgerstrecke nach 13 km erreicht. Der Name erinnert noch an die alte große Bedeutung der heute schmalen, ungepflegten Straße. »Sirga« bedeutete gepflasterte Straße.

Wie bereits im Mittelalter dominiert schon von weitem der gotische Bau von Santa María la Blanca den Ort. Hier begann im frühen 13. Jahrhundert Maria dem Apostel Jakobus Konkurrenz zu bieten. Wunder geschahen vor einem bescheidenen frühgotischen Marienbild, Heilungen erfolgten, wo die Wallfahrt nach Santiago erfolglos geblieben war. In seinen *Cantigas,* die alle Maria gewidmet sind, bezieht König Alfonso X. el Sabio, der Weise, Ende des 13. Jahrhunderts einige auch auf Geschichten, die sich als Wunder in Villasirga abspielen. Rasch blühte die den Templern übergebene Kirche auf. Ein mächtiger Bau entstand, an dem zuerst die hohe Vorhalle erstaunt. Sie schützt die Apostel in über Eck gesetzter Reihe mit Christus als Richter des Jüngsten Gerichtes und Maria mit den anbetenden Heiligen Drei Königen und der Verkündigungsszene in der Ebene darunter (Abb. 61). Erst nachträglich entstand die Vorhalle, die manche Änderung in den beiden Reihen erzwang. Die weiten Hallen des dreischiffigen Baus mit zweischiffigem Querhaus und rechteckigem Chor, in den ein Renaissance-Retabel eingestellt ist, überzeugen durch den klaren Schnitt der Steine und konsequente Linienführung. Nur das

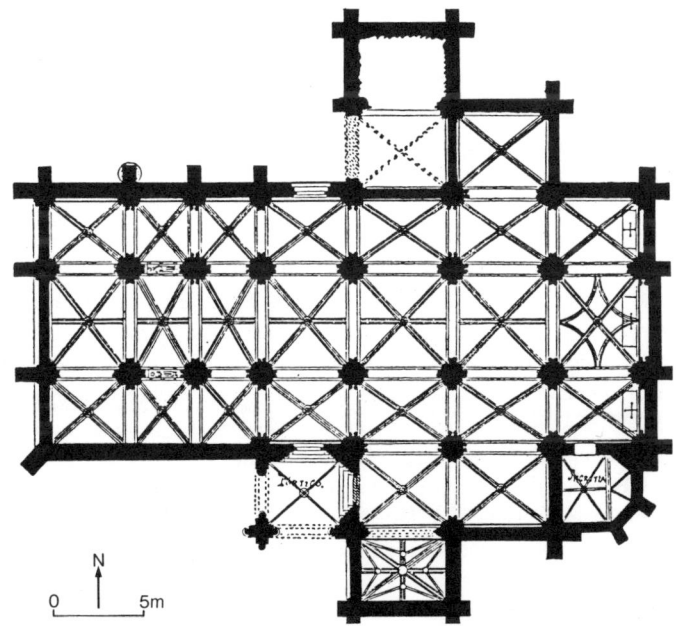

N
0 ___ 5m

Villasirga. Grundriß

Chorjoch und die nördlichste Kapelle des Querhauses zeigen reicheren Schmuck in der Linien-führung der Rippen. Im Querhaus kennzeichnen sie die Grablege Don Felipes, des Bruders Alfonsos des Weisen, des Dichters der »Cántigas«. Der jüngere Bruder war für die geistliche Laufbahn bestimmt, wurde Kanoniker der Kathedrale von Toledo, Abt in Covarrubias und Valladolid, erwählter Bischof von Osma und schließlich erwählter Erzbischof von Sevilla. Vor den letzten Weihen ließ er sich in den Laienstand zurückversetzen und widmete sich mehr als ritterlichen Herzens der von seinem Bruder als Braut verstoßenen Christina von Norwegen, heiratete sie, ohne Formalitäten und diplomatisches Protokoll zu berücksichtigen. Der Bruder verzieh dies auch nicht nach dem frühen Tode Christinas, derem Grab man in Covarrubias begegnen kann. Don Felipe heiratet erneut, Doña Leonor Ruiz de Castro, und bleibt in die Opposition gegen seinen Bruder verstrickt. Er stirbt 1274, ein Jahrzehnt vor dem Tode seines Bruders. Bald folgt ihm seine Frau ins Grab. Beide finden ihre Ruhestätte hier. Zwei kostbare Sarkophage, für die der Bildhauer Antón Pérez de Carrión bekannt ist, bergen noch die Gebeine. Don Felipe hat man 1897 untersucht und festgestellt, daß er eine Größe von fast zwei Metern erreichte und sich »noch in gutem Erhaltungszustand« befand. Aber auch die Sarko-phage geben mit ihren szenischen Schilderungen der Begräbnisfeierlichkeiten einen farbigen Einblick in das späte 13. Jahrhundert (Abb. 62).

Carrión de los Condes

Wenige Kilometer weiter entlang der Pilgerstraße wird Carrión de los Condes erreicht, am Fluß gleichen Namens. Vom Ruhm und Glanz längst vergangener Jahrhunderte ist wenig noch heute zu spüren. Man spiegelt sich im Glanz, den der arabische Geograph Idrisi oder der lateinische Pilgerführer schildern, rühmt, daß der Marqués de Santillana (1398–1458), eine der frühen Ge-stalten der spanischen Literatur, hier geboren sei, pflegt den Renaissanceaufwand des Klosters San Zoilo mit den Gräbern der Grafen, der Condes von Carrión, mit Sarkophagen des 13. Jahr-hunderts. In der sagenhaften Zeit des Cid, als Carrión blühte, der Markt vor Reichtum überfloß, Hofversammlungen, Gerichtstermine und Synoden hier abgehalten wurden, hatte das Grafen-paar Gómez und Teresa neun Söhne. Zwei darunter brachten ihnen keinen Ruhm. Der König verheiratete sie mit den beiden Töchtern des Cid, der die Verbindung zwar mit Skepsis sieht, sich ihr aber auch nicht widersetzen kann. Bald zeigt sich in Valencia, wo El Campeador resi-diert, die Schwäche der Schwiegersöhne. Feig verkriechen sie sich, als ein Löwe ausbricht. Feig schrecken sie vor der Schlacht mit den Mauren, die Valencia bedrohen, zurück und erbitten Urlaub, um ins sichere Carrión zurückzukehren, ihren Gemahlinnen ihren Besitz zu zeigen. Reich beschenkt ziehen sie los, um unterwegs heimtückisch ihre Gemahlinnen, die ihnen nicht standesgemäß erscheinen, fast nackt, verprügelt und verletzt, im Walde von Corpes zu ver-lassen. Aber sie werden gerettet, die beiden Grafen ereilt in dem als Gottesurteil verstandenen Kampf vor den Augen des Königs das gerechte Schicksal. Die beiden Töchter Doña Elvira und Doña Sol werden mit den Königen von Aragón und Navarra vermählt.

Tatsächlich heiraten die Töchter des Cid, Cristina und María Rodríguez, in königliche Familien ein, wurden mit dem Infanten Ramiro von Navarra und Ramón Berenguer III. von Barcelona vermählt. Die Geschichte der Infanten von Carrión dagegen legt zwar den Standesdünkel in dichterischer Freiheit bloß, wird aber nicht von den zeitgenössischen Quellen überliefert, füllt allerdings fast die zweite Hälfte des Epos in epischer Breite. Gerade in dieser Unabhängigkeit von der historischen Realität gewinnt die Schilderung adeliger Verhaltensweisen ihren exemplarischen Charakter und bietet die bunte Folie für die Darstellung der makellosen Heldengestalt des Campeador.

All das und noch mehr ruft Carrión de los Condes, wo so wenig zu sehen ist, wieder in Erinnerung. Zu sehen ist noch ein Zeugnis einer weiteren Legende, das zurechtinterpretierte Portal der Kirche Santa María del Camino oder de la Victoria. Hier werden Figuren zusammen mit zwei Stierköpfen als Schilderung eines Wunders, des Tributs der 100 Jungfrauen, interpretiert. Diese habe König Mauregato dem Mauren Miramamolín übergeben müssen. Die doncellas seien aber wunderbarerweise durch zwei Stiere gerettet worden ... Zu sehen ist schließlich, und das ist endlich der Grund, wirklich in den Ort hineinzufahren, in einer Seitenstraße der Plaza Mayor das Portal der Kirche Santiago, entstanden um 1160. Allerdings ist nur die Fassade erhalten. An ihr, eingezwängt zwischen die Häuser der engen Straße, interessiert nur die Darstellung Christi als Richter des Jüngsten Gerichtes über dem Portal. Es ist das gewohnte Bild, Christus in der Mandorla, begleitet von den vier apokalyptischen Wesen – dies nun aber in einer expressiven Qualität und dramatischen Präsenz, die es nicht ein zweites Mal gibt.

Sahagún

Als Eisenbahnstation an der Strecke Madrid – La Coruña und wichtige Straßenkreuzung inmitten der grenzenlosen Felder der Campos besitzt Sahagún noch einen Schatten seiner einstigen Bedeutung. Hier erlitten die Legionäre Facundus und Primitivur nahe dem Ufer des Cea ihr Martyrium, und auf dem Umweg über ›Santfagund‹ wurde die heutige Form des Ortsnamens gebildet. Verwüstet von der arabischen Invasion wurde unter Alfonso III. el Magno, König von León, das Kloster im Jahre 904 erneuert. Alfonso VI. (1072–1109) wählte sich hier die Stätte seines Grabes und führte im Jahre 1080 die Reform des Klosters nach dem Vorbild von Cluny durch. Spuren des großen Klosters, für Jahrhunderte das bedeutendste Benediktinerkloster Spaniens, sind in diesem ersten Ort auf dem Boden der heutige Provinz León, den wir berühren, noch mitten im Ort zu finden. Es ist nicht viel. Der Sarkophag Alfonsos VI. steht heute in Madrid, von der zu Beginn des 19. Jahrhunderts abgebrannten Kirche stehen noch ein Turm des 18. Jahrhunderts und ein paar Mauerreste. Ein Torbogen, der einst den Zugang zum Klosterbezirk öffnete, überspannt heute die Straße.

Aber mit San Tirso, der Nachbarkirche, blieb der früheste Backsteinbau im Gebiet der steinlosen Campos neben der Kapelle San Mancio in den Ruinen von San Facundo, erhalten. Mit San Lorenzo am Ortsrand und der Ruine des Franziskanerklosters La Peregrina auf einem Hügel oberhalb des Ortes ist Sahagún das Zentrum dieser Mudéjarbaukunst. Die Apsis von San Tirso zeigt wie der Chor der 5 km weiter südlich am Cea liegenden Klosterkirche San Pedro de Dueñas, daß Backstein das durch die hohen Transportkosten ins steinlose Gebiet aufgezwungene Baumaterial romanischer und frühgotischer Architektur wurde. Ein Vorgang, der sich ähnlich in Oberitalien oder an der Ostküste beobachten läßt. Zusätzlich gewinnen Stilelemente der unterworfenen maurischen Bevölkerung Eingang in die Entwicklung der architektonischen Strukturen. So erscheinen Ansätze zu Hufeisenbögen in San Tirso ebenso, wie sich in rechteckigen, gestuften Arkaden und Wandgliederungen die Bedingungen des Materials offenbaren. Aber die statische Sicherheit des Backsteins ermöglicht auch die hohen Vierungstürme (Abb. 59). Die reich gegliederten Apsiden von San Tirso und San Lorenzo finden in den luftigen romanischen Formen bei San Tirso mit Säulen in Naturstein und in den entsprechenden gotischen Formen des Vierungsturmes von San Lorenzo ihr Gegengewicht.

Auf dem Weg nach Santiago de Compostela führt die Legende auch Karl den Großen vor Sahagún – wenn nicht mit Sanctonas Saintes an der Atlantikküste Frankreichs gemeint ist. In der Nacht vor dem Kampf gegen König Agiolandus, der Sanctonas besetzt hält, stecken die Ritter Karls ihre Lanzen in eine Wiese nahe dem Lager. Am Morgen des Kampftages finden sie manche davon festgewurzelt, mit Rinde und Blättern versehen. So wurden die schon gekennzeichnet, die in der Schlacht die Märtyrerpalme erringen würden. Aber Spuren in der kleinen Provinzstadt von heute hat auch dieses Geschehen nicht hinterlassen.

Durch die schwingenden Ebenen der sich endlos dehnenden Getreidefelder führt nun der Weg der Pilger über den Cea zur N 601 und in Richtung León. Schnurgerade zieht sie die Straße nach Norden und stößt bei Mansilla da las Mulas auf den Esla. Noch immer umschließt der mittelalterliche Mauergürtel den kleinen Ort, sichert den schmalen Übergang über die acht Bögen der Brücke. Das Tal des Esla hinauf führt kurz darauf eine schmale Straße nach San Miguel de Escalada, ein Abstecher, der den Umweg von insgesamt gut 40 km lohnt – quer durch kleine Dörfer, in denen immer wieder der Kontrast zwischen Armut und den Neubauten der zurückgekehrten Gastarbeiter auffällt.

San Miguel de Escalada. Fenster mit aijmez und alfiz

San Miguel de Escalada

Die entscheidenden Informationen zur Geschichte dieses ebenso bescheidenen wie herausragenden Beispiels frühester mozarabischer Architektur in der Einsamkeit des gerade von
den Mauren zurückeroberten Gebietes liefert eine inzwischen verlorene lateinische Inschrift.
Überliefert von der emsigen Gelehrtheit des 18. Jahrhunderts berichtet sie, daß Abt Alfonso
den von altersher Erzengel Michael geweihten Bau als verlassene Ruine vorgefunden habe.
Alfonso war wohl 911, zwei Jahrhunderte nach der arabischen Invasion mit wenigen Mönchen von Córdoba ins junge christliche Herrschaftsgebiet gezogen. Rasch wuchs die Zahl der
Mönche, und, so berichtet die Inschrift, binnen zwölf Monaten wurde daraufhin diese präch-
tige Kirche errichtet, zu der Zeit, als König García I. (910–14) das königliche Szepter führte.
Und am 20. November 913 konnte Bischof Gennadius von Astorga den Bau weihen.

Ohne den Stumpf des im Südosten anschließenden Turms des 11. Jahrhunderts wäre das
Äußere der Architektur noch unauffälliger, ein bescheidenes Rechteck von 20×13,5 m. Den Anspruch der unter islamischer Herrschaft geschulten Mönche macht aber sofort schon die südliche Bogengalerie offenbar. Sie schützt und rahmt die Zugänge auf der Südseite (Abb. 75). Der
westliche führt ins Schiff der Laien mit der doppelten Reihe der Hufeisenbögen, der östliche ins
der Geistlichkeit vorbehaltene Querhaus. Chorschranken trennen hier die Seitenschiffe ab, und
ein dreibogiger Triumphbogen akzentuiert die Trennung im Hauptschiff. Die dunklen Räume

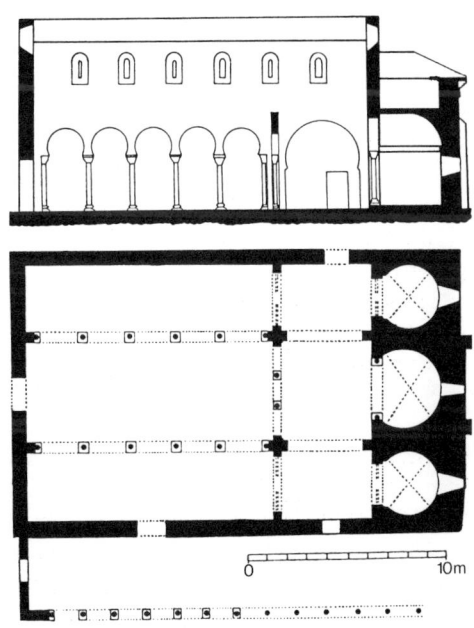

San Miguel de Escalada. Grundriß und Schnitt

Nachzeichnung einer Miniatur des
Beatus von Gerona, um 975

der Apsiden, wieder mit hufeisenförmigem Grundriß, sind voll in das Mauerwerk der rechteckig geschlossenen Ostwand eingelassen. Auch hier trennen wieder reich ornamentierte Chorschranken die äußeren Apsiden vom Querhaus ab. Nur die mittlere öffnet sich mit einer Arkade über Säulen zum Querhaus.

Die ausgewogene Gliederung der Raumaufteilung spricht von langer Erfahrung mit Architektur unter maurischer Herrschaft, spricht aber auch vom Eindruck, den die Bauten Asturiens bei den Einwanderern aus dem Süden hinterließen. Ein neues Niveau wird erreicht. Die komplexen Raumkonstellationen der asturischen Architektur werden durch eine konsequente Ordnung ersetzt. Der Hufeisenbogen wird bei allen Gelegenheiten auf ⅔ des zusätzlichen Halbmessers gesteigert. Unauffällige Raffinesse verrät auch der Wechsel zwischen schmalen und weiteren Fensteröffnungen im Obergaden oder der gut geschnittene alfiz, die gerahmte Doppelarkade im Westen der Galerie an der Südseite des Schiffs. Eine neue Eleganz zeigen auch die ornamentierten Chorschrankenplatten und die korinthisierenden Marmorkapitelle in Schiff und Südgalerie. Die Freiheit des germanischen Nordens verbindet sich mit der überlieferten Kultur des islamisch beherrschten Südens. Die heute in der Pierpoint Morgan Library in New York bewahrte Handschrift des Apokalypse-Kommentars des Beatus, den Mitte des 10. Jahrhunderts der Mönch Maius in San Miguel de Escalada illuminierte, ist dann ein glanzvoller Beleg für diese immer wieder erneuerte Einheit der christlichen Kultur der spanischen Halbinsel, die erst mit der Einführung der römischen Liturgie zerbricht.

León

Zu den interessantesten Spuren der römischen Vergangenheit der alten Residenzstadt gehört ein Grabstein im Archäologischen Museum, das im Renaissancebau des Hospitals San Marco in der Kirche untergebracht ist. Der Grabstein, wohl des 2. Jahrhunderts, zeigt unterhalb der Grabinschrift in abgestufter Höhe drei Hufeisenbögen über Pfeilern. Eine der ältesten spanischen Spuren des Motivs, das seit der westgotischen Zeit dann aus unserer Vorstellung spanischer Architektur nicht hinweg zu denken ist. Das riesige Pilgerhospital San Marco an der Brücke über den Bernesga, an der Pilgerstrecke in Richtung Astorga, war zugleich Komturei des Santiago-Ordens. So erscheint unser Heiliger als Matamoros, als Maurentöter, über dem Haupteingang mit dem Wappenaufsatz des 18. Jahrhunderts, dem heutigen Hoteleingang. Ein ähnliches Schicksal, wie es das Pilgerhospital der katholischen Könige in Santiago de Compostela erlebt. Auch hier in León geht die Planung auf die katholischen Könige Ferdinand und Isabella zurück. Aber erst unter Karl V. wird von 1513–49 der Bau nach Plänen von Juan de Badajoz errichtet. Das Kreuz der Santiago-Ritter an der Fasade, die als einer der reichen Ritterorden Spaniens seit 1168 ihre Aufgaben in der Reconquista erfüllen, und die Jakobsmuscheln an der Fassade der unvollendeten Kirche legen bis heute Zeugnis von der ursprünglichen Bestimmung des Baus ab. Der erste Hinweis auf die römische Geschichte Leóns ist der Name selbst. Die von Kaiser Galba im aufregenden Vierkaiserjahr 68 n. Chr. weitgehend aus Römern spanischer Herkunft gebildete Legio VII Gemina Pia Felix wählte sich 70 n. Chr. diese Stelle am Zusammenfluß von Bernesga und Torio als festen Standort.

Grabstein, 2. Jahrhundert

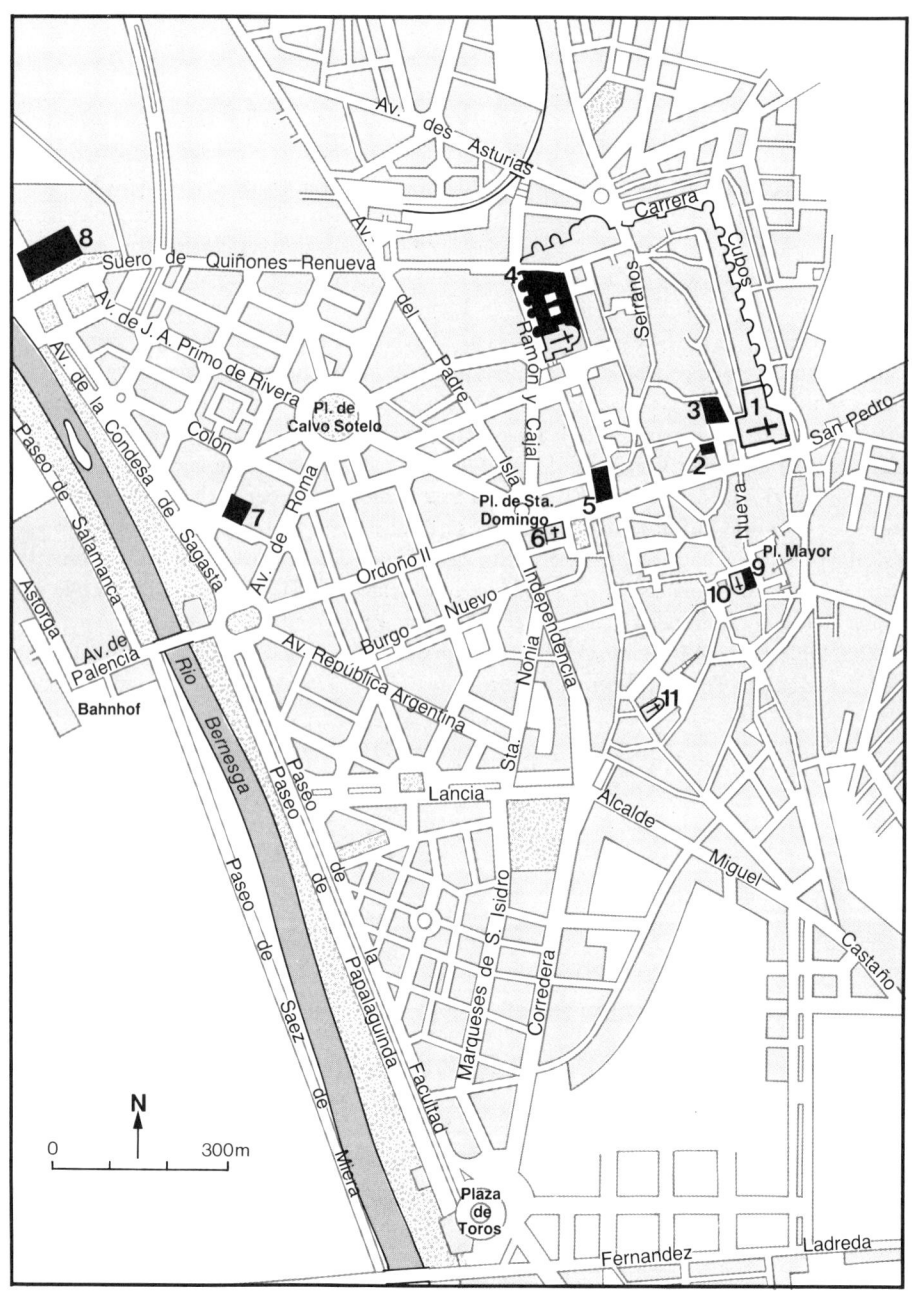

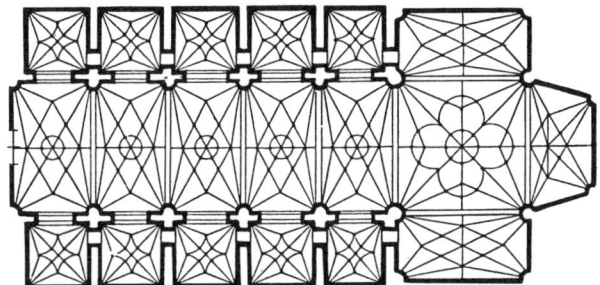

*León. Gewölbeschema der Kirche
des Hospitals San Marcos*

Die Stadtmauer, an die sich der Bautenkomplex von San Isidoro dicht anschließt, und die auch noch den Chor der gotischen Kathedrale umfaßt, enthält noch Bestandteile der römischen Mauer des 3. Jahrhunderts. Mit Kirche und Plaza de San Marcelo knapp außerhalb der römischen Mauerzüge, in der Mitte des heutigen Stadtkerns, werden ein weiteres Mal römische Erinnerungen festgehalten. Der Centurio Marcellus hat der Legende nach in León im 3. Jahrhundert mitsamt Frau und zwölf Söhnen das Martyrium erlitten. Die im 12. Jahrhundert erbaute, im 16. Jahrhundert modernisierte Kirche bewahrt seine Gebeine. Verführerisch ist es, die 1967/68 vom Deutschen Archäologischen Institut in Madrid ausgegrabene Märtyrerkirche in Marialba, 7 km südlich León, mit ihren 13 sorgfältig angelegten Grabkammern mit diesem legendären Bericht in Beziehung zu setzen.

Die Plaza de San Marcelo mit einem Brunnen des 18. Jahrhunderts im Zentrum rahmen die Casa de Botines, die 1891–93 nach den Plänen Antonio Gaudís entstand, und der Palacio de los Guzmanes, der 1559–66 für Bischof Juan Quiñones y Guzmán von Rodrigo Gil de Montañón errichtet wurde. Ein Renaissancebau mit schönem Patio, der heute vom Provinziallandtag, der Diputación Provincial, genutzt wird. Etwas jünger, aus dem Jahre 1585, ist das Ayuntamiento, der Bau des Rathauses gegenüber. Dieser Bereich der Stadt, mit San Martín und dem alten Rathaus weiter nach Osten und Santa Maria del Mercado weiter nach Süden mit der Achse der Rúa, der alten Pilgerstraße, wird auch noch von Resten jüngerer Stadtmauern eingefaßt. Allen diesen Spuren des Mittelalters und der folgenden Jahrhunderte ist nichts aus römischer oder westgotischer Zeit entgegenzusetzen. Erst im Jahre 540 von den Westgoten unter Leowigild erobert, wird sie bald nach der ersten Verwüstung durch die arabische Invasion im Jahre 717 zur verlassenen Stadt. Nach dem allmählichen Erstarken des asturischen Königreiches wagt es zu Beginn des 10. Jahrhunderts Ordoño II. (910–24) hier auf der anderen Seite des kantabrischen Gebirges die neue Hauptstadt seines wachsenden Königreiches einzurichten. Aber auch diese Episode hat keine Spuren hinterlassen. Die Feldzüge Almansors, des großen Feldherrn der Kalifen von Córdoba, verwüsten die junge Blüte der königlichen Residenz Ende des 10. Jahrhunderts. Erst danach setzt, wie es der Bau von San Isidoro zeigt, ein ungefährdetes Wachstum der Stadt ein.

◁ *León   1 Kathedrale   2 Touristeninformation   3 Post   4 San Isidoro   5 Palacio Guzman   6 San Marcelo   7 Autobusbahnhof   8 Kloster San Marcos   9 Altes Rathaus   10 San Martín   11 San Francisco*

San Isidoro

Der verschachtelte Baukomplex am Rand der römischen und mittelalterlichen Stadtmauer, die auch als Fundament für den romanischen Turm des ehemaligen Klosters dient, ist ein National-heiligtum. Durch den Eingang des Museo kann man nur gruppenweise, von Führern geleitet, das Panteón mit der museal eingerichteten Empore im Obergeschoß, den Kreuzgang und die Bibliothek besichtigen. Die Kirche selbst ist immer in auch für spanische Verhältnisse erstaun-lichem Maße von Gläubigen besucht (Abb. 70). Einen Grund nennt eine Inschrift am Portal: »por privilegio immemorial en esta basilica está permanente expuesto el santisimo sacra-mento« – schon seit unvordenklicher Zeit ist in dieser Kirche das Allerheiligste ausgestellt. Nur während der Messe wird es verhüllt. Aber auch der Heilige, dessen Reliquien im Haupt-altar ruhen, ist aller Verehrung wert. Nicht nur als Maurentöter, wie er in Konkurrenz zu Santiago Matamoros über dem Portal zum Kirchenschiff erscheint, sondern eher als Kirchen-lehrer (seit 1722 offiziell), dessen Schriften zwar oft nur das Wissen der Antike zusammenfaß-ten, aber es so für das kommende Mittelalter festhielten. Bis zum Jahre 1063 ruhten seine Gebeine in Sevilla, wo er bis zu seinem Tode am 4. April 636 als Erzbischof gewirkt hatte. Und es ist fast einem Zufall zu verdanken, daß seine Reliquien den Weg nach León fanden.

Noch vor den Zerstörungen durch Almansor war ein Kloster hier (wieder?) entstanden, das als alt bezeichnet wird, als König Sancho I. im Jahre 966 daneben für die Reliquien des jugend-

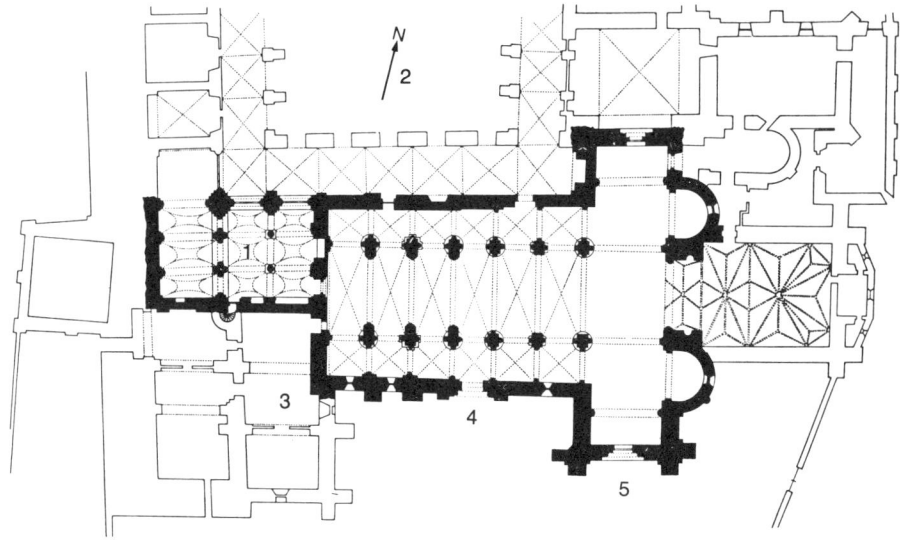

León. San Isidoro, Grundriß. 1 Panteón de los Reyes 2 Kreuzgang 3 Verkaufsraum und Zugang zum Panteón, zur Bibliothek und Museum 4 Puerta del Cordero (Portal des Lammes) 5 Puerta del Pardón (Portal der Vergebung)

lichen Märtyrers Pelayo/Pelagius aus Córdoba ein weiteres Kloster stiftet. Nach den Zerstörungen errichtet König Alfonso V. (999–1027) »de luto et latere« – aus Dreck und Lehm, wie seine Grabinschrift berichtet, einen bescheidenen Neubau, in den er aber bereits die Gebeine seiner Vorgänger, die in anderen Kirchen der Stadt lagen, übertrug. Seine Tochter Sancha wahrt diese Tradition, überzeugt sogar ihren Gemahl Fernando I., der eigentlich Oña oder San Pedro de Arlanza als Grabstätte vorgesehen hatte, sich hier begraben zu lassen. Am 21. Dezember des Jahres 1063 kann die Weihe vollzogen werden, neben der zahlreichen königlichen Familie sind neun Äbte, darunter der heilige Domingo von Silos und Bischof Pierre von Le Puy anwesend. Am Tag darauf werden mit wieder entsprechenden Feierlichkeiten und Prachtentfaltung die Reliquien des heiligen Isidor an ihre neue Ruhestätte gebracht.

Eigentlich hatte Fernando I. an eine Märtyrerin gedacht, als er nach entsprechenden Verhandlungen mit al-Mutadid von Sevilla Bischof Alvito von León und Bischof Ordoño von Astorga gen Süden auf die Reise schickte. Vorgesehen war als zusätzlicher Schmuck zu dem bereits vorhandenen Heiligen Pelayo von Córdoba die Märtyrerin Justa. Aber sie war in Sevilla nicht aufzufinden. Statt dessen erschien Isidor seinem Amtskollegen Alvito im Traum, verriet seinen Aufenthalt und daß Alvito binnen einer Woche sterben werde. Man findet die verheißenen Reliquien und Alvito stirbt. Mit dem Leichnam des Amtsbruders und den Reliquien kehrt Ordoño zurück. Die Reliquien des Kirchenvaters hüllt al-Mutadid zum Abschied in kostbare Stoffe und verabschiedet sie feierlich: »Nun gehst du fort von hier verehrungswürdiger Mann Isidor. Dennoch wußtest du selbst, wie sehr deine auch meine Sache war. Ich flehe dich an, daß du immer meiner gedenkst.« So berichtet die Chronik des Klosters Silos das in geistlichen Kreisen mit Aufmerksamkeit verfolgte Geschehen. Im Todesjahr Fernandos 1065 erwirbt man zusätzlich noch die Reliquien des heiligen Vicentius aus Avila. So ist man sich der Gegenwart bedeutender Heiliger gewiß, sicher ihrer Fürsprache im Jüngsten Gericht, als auch Königin Sancha 1067 stirbt. Ihre Tochter Urraca und schließlich Alfonso VII. (1126–57) ›Imperator Hispaniae‹ und seine Schwester Doña Sancha vollenden schließlich die Grablege der königlichen Familie. Erst 1230, mit dem Tode Alfonsos IX., der zur endgültigen Vereinigung der Königreiche León und Kastilien unter Fernando III. von Kastilien führt, verliert das Kloster seine einzigartige Stellung.

Der hohe Rang der Abtei im Königreich León hat Spuren hinterlassen. An erster Stelle steht das Panteón selbst. Es ist der älteste Teil des Baukomplexes – einmal abgesehen von den römischen Bestandteilen der Stadtmauer. Der Grundriß zeigt, daß diese Anlage ursprünglich Narthex, Vorhalle im Westen, einer schmaleren, kleineren Kirche war. Um 1060 setzen hier für uns erkennbar die Anfänge romanischer Architektur und Bildhauerkunst im Königreich León ein. Wenige Jahre danach hat man eine weitere Vorhalle nach Westen in Verbindung zur Stadtmauer angesetzt, und weitere Räume schließen sich nach Norden an. Diesen Vorgaben folgt der Kreuzgang in den spätgotischen Formen des frühen 16. Jahrhunderts.

Der erste Blick des Besuchers im Panteón wird verständlicherweise von den jüngst wieder einmal restaurierten Fresken der Gewölbe angezogen. Im Gegensatz zur Fülle der in Katalonien erhaltenen, meist nun in Barcelona im Museum zusammengetragenen Wandmalereien im Osten Spaniens ist der Bestand im Nordwesten Spaniens gering. Vieles ist untergegangen. Weniges ist z. B in Pamplona im Diözesanmuseum gesammelt. Das am ursprünglichen Ort im Panteón erhaltene Ensemble erhält schon dadurch einen hohen Rang. Qualität und Erhaltungszustand an dieser auch durch seine politische Bedeutung herausragenden Stelle geben den Fresken zusätzliches Gewicht. Der ursprüngliche Eingang zum Panteón wird heute durch den Altar im Westen verdeckt. Aber von diesem Blickpunkt aus ist das Szenengefüge konzipiert. Als erstes begegnet der Blick des Eintretenden Christus als Richter des Jüngsten Gerichtes, einer Majestas-Darstellung. Das Buch trägt die Inschrift: »EGO SUM LUX MUNDI« – ich bin das Licht der Welt. Ihn umgeben wie gewohnt die vier Wesen, die zugleich auf die vier Evangelien bezogen sind, in Menschengestalt mit den entsprechende Köpfen versehen. Ringsum an den Wänden und Gewölben wird dieses Bild der Wiederkehr Christi, angemessen für die Grabkammer der königlichen Familie, mit Szenen des Lebens Christi von der Verkündigung an Maria bis zur Kreuzigung ergänzt. Die Geschichte Gottes auf Erden, derer man sich bewußt bleiben muß, um im Gericht bestehen zu können.

Links und rechts des Kreuzes Christi scheinen sich die königlichen Auftraggeber anbetend haben darstellen lassen. Rechts vom Kreuz kniet mit betend erhobenen Händen ein König mit der Inschrift »FREDENANDO REX« dahinter. Vieles spricht hier für Fernando II. (1157–88), der auch die 1162 vollendete Bibel in der Bibliothek in Auftrag gab. Es könnten sogar Künstler der gleichen Werkstatt sein; denn technische Vielseitigkeit ist für den Künstler des Mittelalters nicht ungewöhnlich. Die Ergänzung der Darstellungen von Leben und Passion Christi bieten die anschließenden Bilder zur Apokalypse des Johannes, die die einzelnen Schritte und Erscheinungen auf dem Weg zum Jüngsten Gericht und ins Himmlische Jerusalem schildern. In Furcht und Hoffnung war man sich der ständigen Möglichkeit bewußt, daß diese Ereignisse beginnen könnten.

Einen besonderen Charme erhalten die Fresken durch Darstellungen ergänzenden Charakters. Heilige oder die Serie der Monatsbilder mit den entsprechenden Arbeiten aus der Landwirtschaft. Hier wird Einblick in die Verhältnisse des spanischen Alltags gewährt, wie ihn auch die Szenen rings um die Verkündigung an die Hirten schildern. Voll naiven Reizes, voll Können und Mut, sich von den schematischen Vorbildern der kanonischen Themen zu lösen, werden alltägliche Vorgänge des Hirtenlebens skizziert, wie man sie auf dem Weg durch die grünen Berge Leóns jederzeit beobachten konnte.

Architektur und Bauplastik des Panteón ziehen nicht den ersten Blick auf sich (Abb. 64). Aber ihre archaische Wucht spricht, wenn man ihnen erst einmal die Aufmerksamkeit widmet, die diesen Anfängen der Romanik im Königreich León gebührt, von stolzem und freiem Umgang mit dem antiken Vorbild des korinthischen Kapitells. Zu den gegenüber der mozarabischen Feingliedrigkeit und Eleganz neu belebten pflanzlichen Formen – als hätte man die Natur in ihrer Bedrohlichkeit neu entdeckt – treten erstmals wieder Wiedergaben und Erfindungen der Tierwelt, treten Menschendarstellungen. Man begegnet Moses mit den Gesetzestafeln oder dem Opfer Isaaks und links und rechts des ehemaligen Portals zur Kirche, im Osten des Panteón, den eindrucksvollsten Kapitellen mit den Szenen der Heilung des Leprakranken und der Auferweckung des Lazarus.

Schon Alfonso V. hatte vor seinem Tode 1027 das damals noch San Juan und San Pelayo geweihte Kloster als Grablege der Könige von León vorgesehen. Mit dem Tod und der Entscheidung für den nun San Isidoro geweihten Bau als Grablege von Fernando und Sancha 1065 und

1067 war die endgültige Entscheidung getroffen. Elf Könige, darunter Sancho el Mayor († 1035), und zwölf Königinnen, Prinzen, Grafen und Gräfinnen dazu liegen hier. 1808 haben französische Truppen die Gräber wie das Kloster geplündert. So fehlen nun die kostbaren Grabbeigaben, aber noch immer steht man inmitten einer ehrwürdigen Sammlung königlicher Gebeine und mancher mehr oder weniger dekorierter Sarkophage.

In dem nach Norden anschließenden Raum ist seit einigen Jahrzehnten ein steinerner Taufbrunnen aufgestellt, der zuvor in der Kirche untergebracht war. Rechteckig, aus einem wuchtigen Steinblock gearbeitet, ein weites, offenes Becken, das auf den Seitenwänden einmal zwei gegeneinander gestellte Löwen zeigt und auf drei Seiten nicht ganz klar zu deutende Szenen. Jahrhunderte des Gebrauchs haben ihre Spuren hinterlassen. Man meint eine Verkündigung an die Hirten auf dem Felde und den Zug der Heiligen Drei Könige und die Taufe Christi erkennen zu können. Jeweils die Epiphanie, die Erscheinung und das Erkennen Christi als Gottes Sohn, die als gemeinsames Thema angesprochen sein könnten. Ebenso umstritten wie die Deutung der grob und einfach skizzierten Szenen ist die Datierung des Taufbeckens. Seit dem 12. Jahrhundert treten auch in Spanien höhere kleine Taufbecken, die nicht mehr für das Eintauchen des ganzen Körpers gedacht sind, an die Stelle der größeren Becken. So reichen die Datierungsvorschläge von westgotischer Zeit bis ins 11. Jahrhundert. Manches in der Behandlung der Reliefs erinnert an die Gestaltung der Kapitelle des Panteóns. Vielleicht war das Becken Teil der neuen Ausstattung der zu neuem Glanz erweckten Kirche des heiligen Isidor.

Der geführte Rundgang bringt den Besucher nun meist in den Saal der Doña Sancha, oberhalb des Panteón. Die fromme Schwester des Imperators Hispaniae Alfonso VII. (1126–57), die bald nach dem Tode ihres Bruders 1159 ihr Grab im Panteón fand, hatte die Familiengrablege immer gefördert. Einen letzten Höhepunkt erreichte die Begeisterung des Geschwisterpaares für ihren Heiligen im Jahre 1147. Auf dem Schlachtfeld von Baeza erschien er, ähnlich wie es auch von Santiago berichtet wird, und offensichtlich in bewußter Konkurrenz, als Schlachtenhelfer. Nun treten Kanoniker an die Stelle der Benediktinerinnen, die Augustinerregel bestimmt das Leben der Abtei in Zukunft, und am 6. März 1149 wird die letzte große Weihe der Kirche vollzogen. Aber zu diesen Bauarbeiten später mehr. Erst lohnt der trotz aller Plünderungen durch Franzosen und Spanier selbst, trotz Aufhebung des Stiftes im 19. Jahrhundert unglaublich reiche Schatz einen Rundgang in Ruhe.

Einige der Kostbarkeiten werden bereits in der Urkunde des 22. Dezember 1063 erwähnt, die die Ausstattung des Klosters durch Fernando I. und seine Gemahlin Sancha notiert. Einige Teile sind im 19. Jahrhundert ins Archäologische Museum in Madrid überführt worden. Darunter das schönste Erzeugnis der mit San Isidoro verbundenen Elfenbeinwerkstatt, ein kostbares Kreuz. Aber ein Holzkasten mit Elfenbeinreliefs, den Fernando und Sancha 1159 für die Reliquien San Juans und San Pelayos in Auftrag gaben, blieb erhalten, wenn er auch seiner Beschläge in Edelmetall und seiner Edelsteine beraubt worden ist. Diesem Schicksal ist der Schrein für die Reliquien des heiligen Isidor entgangen. Bis 1960 war er im Altar der Kirche verborgen. 1808 ist er zwar auch beschädigt worden, aber nur zwei der in Silber getriebenen Reliefs gingen verloren. Hauptthema der Reliefs, die an ottonische Arbeiten wie die Bronzetüren Bischof Bernwards in Hildesheim erinnern, sind Erschaffung Adams, Sündenfall und Vertreibung aus dem Paradies.

1065 wird der Schrein, dessen Innenausstattung in kostbarem Stoff an die Gabe des Königs von Sevilla erinnert, erstmals erwähnt.

Neben zahlreichen anderen Arbeiten mittelalterlicher Schatzkunst, darunter ein kleines, zierliches unglaublich virtuos geschnitztes arabisches Elfenbeingefäß, ist der Kelch der Doña Urraca der Höhepunkt. Er ist eine Stiftung der Tochter König Fernandos und seiner Gemahlin Sancha, die ihren Ruhm und Beinamen la Zamorana der erfolgreichen Verteidigung Zamoras zu Ende des 11. Jahrhunderts verdankte. Zwei kostbare antike Achatschalen sind mit Gold und Edelsteinen in ihrem Auftrag wohl im Jahre 1063 zu diesem Prunkstück verarbeitet worden. Den Namen der Stifterin nennt die Inschrift unterhalb des mit Filigran und Edelsteinen geschmückten Nodus: »IN NOMINE DOMINI. URRACA FREDINANDI«. Antike Steine und Glaspasten werden auch an der etwas jüngeren Patene verwandt, die die 1112 von Alfonso I. von Aragon geraubte ersetzen muß.

Eine weitere Station des Rundgangs ist die Bibliothek mit ihren Schätzen, die aber sicher hinter Gittern untergebracht sind, und in der auch die Miniaturen der kostbaren Handschriften nur als (schlechte) Fotografien in den Vitrinen gezeigt werden. Der Raum selbst aber, anstelle des romanischen Königspalastes 1534 bei Juan de Badajoz, Architekt der Kathedrale, in Auftrag gegeben, mit seiner restaurierten farbigen Fassung der frühen und fröhlichen Renaissance, ist eines Blickes wert.

Viele der Restaurierungen sind im Laufe der Jahre nach 1960 durchgeführt worden, als es einige Jubiläen zu feiern gab und solche Feiern für Image und Ziele des Diktators Franco sinnvoll erschienen. Im Eingangsbereich erinnert eine aufschlußreiche Inschrift daran: »DUX: AC: MODERATOR: HISPANIAE / FRANCISCUS: FRANCO / HUIUS: DOMUS: HOSPES: CLARISSIMUS / VETUSTISSIMAM: COLLEGIALIS / S. ISIDORI: FABRICAM: NUNC: IN / PRISTINUM: DECUS: REDACTAM / INAUGURAVIT: SOLLEMNITER: MCMLXII: PRID: ID: SEPT /« – es war also der Führer und Moderator Spaniens der berühmteste Gast dieses Hauses. Es ist sicher sinnvoll, solche Inschriften zu Lebzeiten anzubringen, es könnte sein, daß später niemand daran denkt ...

Bevor man nun abschließend einen Blick in die Kirche wirft, sind die Bildhauerarbeiten beider Portale, am südlichen Querhaus und an der Südseite des Schiffs, ein genaueres Studium wert. Sie berichten zugleich von der Baugeschichte der Kirche. Den Bau Fernandos und Sanchas, der sich schmal und steil an das Panteón anschloß, von dessen rechteckigen Chorschlüssen die Grabungen Spuren freilegten, der noch in der Tradition asturischer Architektur stand, hat bereits Urraca, Tochter des königlichen Paares, erweitern lassen. Im Norden und Westen blieben Reste der Wände erhalten. Nach Süden wird das Schiff weiter angelegt. Damit wird hier um 1100 ein neues Portal, die Puerta del Cordero, des Lammes, erstellt (Abb. 65, 66). Das Tympanon wird mit einem ausführlichen Bericht des Opfers Isaaks zur volkstümlichen Erzählung ausgestaltet. Das Schaf, das auf Gottes durch den Engel übermittelten Befehl an die Stelle Isaaks tritt, wird mit dem apokalyptischen Lamm im oberen Teil des Tympanons wiederholt – und dem Betrachter auf diesem Wege erklärt, daß beides auf Christus zu beziehen ist. Sein Opfer und seine Rückkehr im Jüngsten Gericht sind die im letzten Sinne angesprochenen Themen, Mahnung für den, der die Kirche betritt. Außen wird das dreifach gestufte Säulenportal – mit bemerkenswerten Kapitellen – als selbständiger Baublock vor die Wand des Schiffs gesetzt. Ähnlich wie an Saint Sernin in Toulouse oder an der Kathedrale von Santiago de Compostela treten größere Skulpturen neben das Portal. Die Heiligen Isidor und Pelayo machen bereits hier darauf aufmerksam, daß sie innen verehrt und um Fürbitte gebeten werden können. Sie stammen von einem Bildhauer, dessen Eigentümlichkeiten z. B. das lange gewellte Haar des Pelayo, auch in Santiago de Compostela und Toulouse zu sehen sind. Der Ritter neben Isidor könnte ursprünglich der Henker des jungen Pelayo gewesen sein. Dann hätte man ihn, wie die Sternzeichen darüber, bei der Errichtung des Giebels mit Isidor als Matamoros im 18. Jahrhundert neu versetzt. Sie waren wohl als Metopen zwischen den Konsolen des Abschlußgesimses entstanden. Unklar bleibt die ursprüngliche Bestimmung der Musikergruppe, in der jener Musikant mit der Krone vielleicht König David darstellen soll.

Der von Urraca begonnene Neubau ist erst am 6. März 1149 vom Erzbischof von Toledo, Raimundo, in Gegenwart der königlichen Familie geweiht worden. Erst während der Regierungszeit Alfonsos VII. wird die Kirche unter Leitung des Architekten Petrus Deustamben vollendet. In den Seitenschiffen sind die Veränderungen, die er durchführt, Pfeiler z. B. im nördlichen Seitenschiff vor einem Fenster, um das ursprünglich nicht geplante Tonnengewölbe im Schiff zu sichern, gut erkennbar. Entsprechend jünger, nach 1120 entstanden, ist auch die Puerta del Pardón (Abb. 67, 69). Durch sie zogen einst die Pilger in die Kirche ein. Die Erzählung des Tympanons, außen von den Gestalten der Apostel Petrus und Paulus begleitet, kreist um das Geheimnis der Auferstehung Christi. Mit der Kreuzabnahme im Zentrum werden die Darstellungen der drei Marien am leeren Grabe und der Himmelfahrt Christi verbunden. Eine Inschrift erläutert: »ASCENDO AD PATREM MEUM ET PATREM VESTRUM« – ich fahre auf zu meinem und eurem Vater. Die Hoffnung aller, die die Kirche betreten.

Die weiten Tonnengewölbe des Schiffs und des Querhauses, die der bewunderte Architekt Petrus Deustamben errichtete – qui superedificavit ecclesiam hanc berichtet sein Grabdenkmal im Südwesten des Schiffs – üben einen gewaltigen Druck aus. Das erklärt die nachträglich verstärkten Pfeiler, die man an Schiff und Querhaus beobachten kann. Das war auch im 15. Jahrhundert Anlaß, in den drei westlichen Jochen des Schiffs eine Empore einzuziehen, die den Eindruck von Dunkelheit noch verstärkt. Den Raum bestimmen neben den weiten Tonnengewölben die hohen Arkaden zu den Seitenschiffen und die weiten Bögen, als offener Rundbogenfries dekorativ geschmückt, die sich von der Vierung zu den Querhäusern öffnen (Abb. 68). Den großen Reichtum der Kapitellplastik vom späten 11. bis ins 12. Jahrhundert hinein, in der sich die Handschrift der Bildhauer der Portale wiederfinden läßt, entdeckt man erst, wenn sich die Augen an die Dunkelheit gewöhnt haben und man ein kleines Fernglas oder ein Teleobjektiv zu Hilfe nimmt. Zusätzlicher Schmuck sind eine gotische Verkündigungsgruppe, die Querhaus und nördlichen Vierungspfeiler verbindet, und eine Skulptur des heiligen Isidor, Mitte 13. Jahrhundert. Die Hauptapsis ist nach 1513 durch den langgestreckten spätgotischen Neubau ersetzt worden. Hier ist heute auf die Monstranz die ausdauernde Aufmerksamkeit der Beter gerichtet, die in stetem Wechsel San Isidoro eine eigene Atmosphäre geben.

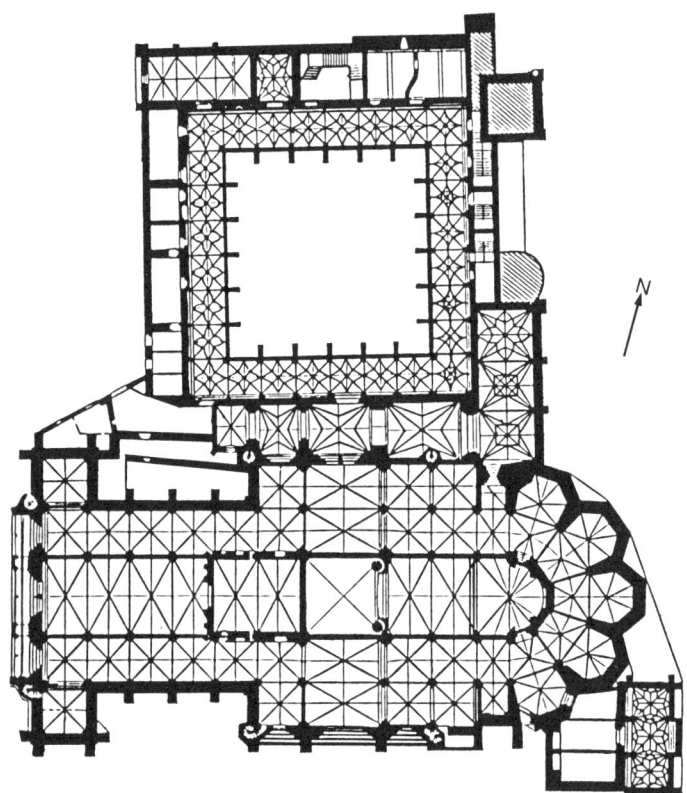

León. Grundriß der Kathedrale

Die Kathedrale

Ein mittelalterliches Sprichwort hebt vier spanische Städte aus der Reihe der anderen heraus: »Sancta Ovetensis, Dives Toletana, Pulchra Leonina, Fortis Salamanca« – Heiliges Oviedo, Reiches Toledo, Schönes León, Starkes Salamanca. Das ›pulchra‹ wird immer und zu Recht auf die gotische Kathedrale bezogen. Sie ist die französischste der spanischen. Leicht und elegant in der Architektur und – einzigartig damit in Spanien – leuchtend in der Fülle und Vollständigkeit der erhaltenen gotischen und Renaissance-Glasfenster.

Die gotische Kathedrale greift steil aufsteigend über die römische Stadtmauer am Rande des Plateaus hinaus. Hier, im Südosten der römischen Stadt, hatte Ordoño II. (910–24) in den Ruinen der Thermen der Legio VII. die aula regia, den königlichen Palast eingerichtet. Noch unter seiner Herrschaft entstand daraus die erste Kathedrale. Ein bescheidener dreischiffiger Bau, der 983 durch den Verwüstungsfeldzug Almansors zerstört wurde. Romanisch dann wohl Ende des 1. Jahrhunderts erneuert, wird von Bischof Manrique um 1198 der Grundstein für den

192

großzügigen gotischen Neubau gelegt. Aber es bleibt beim Grundstein, bei der Absicht. Lucas von Tuy berichtet, daß er »eam ad perfectionem non duxit«, daß er sie nicht zur Vollendung führte. Es werden nicht einmal die Linien des Grundrisses festgelegt worden sein, als Lucas 1236 seine Crónica del Mundo vollendet.

Der eigentliche Gründer und erste Bauherr der Kathedrale ist Martín Fernández, der als favorisierter Berater König Alfonsos X., des Weisen, 1254 Bischof von León wird. Bis zum Ende seiner Amtszeit im Jahre 1289 reißen die Nachrichten von Aktivitäten am und für den Neubau nicht mehr ab. 1255 bestätigt Alfonso seinem Bischof alte Privilegien und gewährt neue, die finanzielle Quellen erschließen und Land für die Gewinnung von Bauholz zur Verfügung stellen. Im Jahr darauf stiftet der König eine jährliche Rente von 500 Maravedís, damit für sein Seelenheil und das seiner Vorfahren gebetet wird. 1258 stellt er seine Einkünfte aus dem Bistum dem Bischof zur Verfügung, und eine Synode der spanischen Bischöfe in Madrid spricht denjenigen Ablässe zu, die sich finanziell für den Bau der neuen Kathedrale engagieren. Martín Fernandéz weiß die Gelder anderer für seinen Bau in Bewegung zu setzen, bringt aber auch sein eigenes Vermögen ein. 1258 stiftet er die Gelder für den Bau der Kapellen Santiago und San Clemente im Chorumgang, und im Jahr darauf setzt er eine jährliche Stiftung von 100 Maravedís für die Gottesdienste in den Kapellen aus. 1259 macht wieder Alfonso X. ein größeres Geldgeschenk »in nova fabrica ecclesiae construendis« – zum Bau der neuen Kirche. Und neue Ablässe gewährt eine allgemeine spanische Synode im Sommer des Jahres 1273, tief beeindruckt »de novo opere quamplurimum sumptuoso« – vom neuen sehr aufwendigen Bau, der ohne die Hilfe der Gläubigen nicht vollendet werden könne.

1259 waren also, das ist der Stiftung der Messen zu entnehmen, die ersten beiden Kapellen des Chorumgangs vollendet (Abb. 72). Auch danach scheinen Bauarbeiten, entsprechend dem finanziellen Organisationsgeschick des Bischofs, rasch fortgeschritten zu sein. Die Bauarbeiten leitet Maestro Enrique, der bereits seit 1235 auch die Bauarbeiten an der Kathedrale von Burgos führt. Und in León zeigt sich seine französische Herkunft und Schulung noch deutlicher fast als in Burgos. Im Grundriß des Baus und erkennbar auch im Zuschnitt der Chorkapellen greift er die Kathedrale von Reims als Vorbild auf. In der Gestaltung der Chorkapellen, bis ins frühe Maßwerk der Fenster, gibt es auch Verwandtschaften zur Kathedrale von Bayonne im Südwesten Frankreichs, fast schon an der spanischen Grenze. 1277 stirbt Maestro Enrique in Burgos, wo seine Familie lebt. 1289 folgt ihm der Bauherr für die Kathedrale von León ins Grab, nicht ohne ausreichende Mittel für die Feier des Gottesdienstes im Chor und Stiftungen für Almosen in den Chorkapellen zu hinterlassen. Dann läßt die Bauleidenschaft nach.

Bischof Gonzalo Osorio behauptet 1302, daß das Werk sich in gutem Zustand befände und gibt dem Kapitel im folgenden Jahr Einkünfte, die es unter Martín Fernández für den Bau bereitgestellt hatte, wieder zurück. Mit dem Initiator der neuen Kathedrale war auch die Initiative verschwunden. Man begnügte sich mit der für Gottesdienste nutzbaren Bauruine und führte die Bauarbeiten an den Mauern des Schiffes gemächlich fort. Erst im 16. Jahrhundert werden die Gewölbe geschlossen. Das gelang auch erst mit einer neuen Baubegeisterung, die sich im 15. Jahrhundert äußert. 1439 veranlaßt man die im Konzil von Basel zusammengekommenen Bischöfe, erneut Ablässe für den unvollendeten Bau auszusprechen.

Nicht immer scheint man ausreichend auf die Qualität der Bauausführung geachtet zu haben. 1631 bricht das Gewölbe der Vierung in sich zusammen. Da keine Sicherungsarbeiten folgen, folgt 1743 ein Teil des südlichen Querhauses in den Ruin. Vier Gewölbe stürzen ein. Und statt nun zu sichern, greift man zu einer echt barocken Lösung. Der Architekt Navedo errichtet eine gewaltige Kuppel über der Vierung, die bald darauf Joaquín Churriguera durch vier gewichtige barocke Fialen vor dem Zerfall sichern will. Das so erreichte empfindliche Gleichgewicht von Schub der Kuppel und Druck der Fialen zeigt im frühen 19. Jahrhundert zerstörerische Folgen. Risse treten auf. In Verkennung der statischen Verhältnisse beseitigt man die Fialen, und der ganze Bau gerät langsam in Bewegung. Erst als 1868 Juan de Madrazo die Bauleitung übernimmt, bekommt man die Verhältnisse langsam wieder in den Griff. Er läßt auch die barocke Kuppel verschwinden, versucht die gotische Konzeption wiederherzustellen. Sie prägt den heutigen Eindruck des Baus, dem man diese Zwischenspiele des Barock kaum noch anmerkt.

Er trägt geradezu eine überzeugende Einheitlichkeit zur Schau, die durch die unauffälligen Abweichungen von der perfekten Befolgung des Plans lebendig bleibt. Als solche ›Schönheitsfehler‹, die erst die Schönheit der Architektur zum Leben erwecken, entdeckt man z. B. an der Fassade, daß das Nordportal niedriger angesetzt ist als das Südportal, daß das Treppenhaus am Nordturm wie ein Strebepfeiler gestaltet ist, am Südturm polygonal hervorgehoben wird und als optischer Kontrast zum weiter als im Norden geöffneten Glockengeschoß gedacht wird, oder daß der Helm des Nordturms geschlossen ist, der des Südturms als Maßwerk nach dem Vorbild von Burgos oder besser nach dem Vorbild der Kölner Planungen durchbrochen ist. Diese Fassade ist, auch wenn Maestro Enrique aus Frankreich stammt oder in Frankreich sein Handwerk gelernt hat, eine völlig ungewöhnliche Lösung für das klassische Problem der Fassade einer großen gotischen Kirche. Statt eine scheinbare Einheit zwischen innen und außen, zwischen Schiff und Türmen und Fassade herzustellen oder, das ist der zweite, selten für große Kirchen genutzte Weg, einen schlichten Querschnitt durch das Schiff außen zu spiegeln, entscheidet sich wohl bereits Maestro Enrique (oder sein Nachfolger Juan Pérez?) für das ungelöste Fassadenproblem. Es gelingt ihm oder Juan Pérez, der 1296 stirbt, die einzelnen Bestandteile der Fassade so elegant nebeneinander zu stellen, daß sie eine optische Einheit ergeben. Die Türme stehen neben dem Schiff. Nur die weit vorgezogene Portalvorhalle verklammert Portalzone und Türme. Denn darüber treten deutlich die Strebepfeiler des Hochschiffs hervor, das als selbständiger Baukörper von den Türmen gerahmt wird. So wird das von vielen Mühen umgebene Fassadenproblem damit gelöst, daß man auf jegliches Problembewußtsein verzichtet.

Die tiefe Vorhalle hat die Skulpturen der Portalzone gut geschützt. Höhepunkt sind die Darstellung des Jüngsten Gerichtes im Hauptportal und die charmante Figur der Nuestra Señora la Blanca am Trumeaupfeiler darunter – auch wenn das Original inzwischen ins Innere der Kathedrale umgesiedelt wurde (Farbabb. 12). Die Handschrift des Bildhauers des Jüngsten Gerichtes, Christus als Richter, begleitet von Engeln mit den Werkzeugen seines Leidens, um Gnade angefleht von Maria und Johannes, und die erzählerisch reiche Szenerie der Seligen und Verdammten darunter zeigt Ähnlichkeiten mit dem gleichen Thema an der Puerta de la Coronería in Burgos. Ist es der gleiche Bildhauer? Dann wäre man damit wohl Maestro Enrique selbst auf der Spur. Da die Ausbildung gotischer Architekten vom Steinmetz über den Bildhauer führte und sich die Architekten gerne zusätzlich Bildhauerarbeiten bezahlen ließen, wäre verständlich, daß Maestro Enrique sich diese zentralen Themen und Orte für Bildhauerarbeiten in Burgos und León reserviert hätte.

Der raffinierte Schnitt der Bögen der Vorhalle – die großen Bögen werden durch je einen etwas niedrigeren schmalen getrennt, die der Vorhalle ihre Leichtigkeit geben – läßt die Aufstellung eines merkwürdigen Pfeilers zwischen nördlichem und Hauptportal zu. Der Marmorpfeiler trägt die altertümliche, ins 11. Jahrhundert datierte Inschrift »LOCUS APELLATIONIS« und wohl aus dem 13. Jahrhundert die grob eingeritzten Wappen von Kastilien und León. Am Portalgewände dahinter thront mit höfischem Lächeln und dem Stab des Richters König Salomon. Haben hier, wie vermutet wird, aber nicht weiter belegt werden kann, königliche Gerichtssitzungen stattgefunden? Es scheint alles dafür zu sprechen.

Die beiden seitlichen Portale schildern in den Tympana Szenen aus dem Leben Mariens, der Patronin der Kathedrale. Das beginnt links mit einem fröhlichen Zug von Engeln, beladen mit Kronen und Musikinstrumenten. Darüber dann Heimsuchung, Geburt und der warnende Traum Josephs mit der Verkündigung an die Hirten als nicht chronologisch eingeordneter Randerscheinung. In der dritten Ebene folgen die Anbetung der Heiligen Drei Könige und die Flucht nach Ägypten, im Abschnitt darüber ein Hinweis auf den Kindermord zu Bethlehem. Der Tod Mariens im Beisein der Apostel und die Krönung Mariens sind die Themen des rechten Seitenportals.

Trotz des Einbaus des Coros westlich der Vierung, wie er sich für eine spanische Kathedrale gehört, bleibt eine Übersicht über den immerhin 30 m hohen Raum der dreischiffigen Kathedrale möglich. Die Renaissance-Architektur mit ihrer alle Flächen und Körper überquellend füllenden Lust an Ornament und Dekor entstand bis 1539 unter der Leitung des Juan de Badajoz junior, der 1525 die Nachfolge seines Vaters angetreten hatte. Den Blick durch die hohen Türflügel aus Kristallglas verdanken wir allerdings erst einer Stiftung des Grafen de Cerrería und seiner Mutter im Jahre 1911. So wird der Blick frei in den Coro hineingeführt bis zum spätgotischen, aus Teilen wieder zusammengesetzten Hauptaltar des Nicolás Francés. Davor steht der Schrein des heiligen Froilan, eine ebenso streng zugeschnittene wie reich dekorierte Silberschmiedearbeit des Enrique de Arfe, der als Heinrich von Harff 1501 aus Köln nach León gerufen wurde. Er, sein Sohn Antonio und sein Enkel Juan ebenso, haben dann nicht nur für die Kathedrale von León noch weitere aufwendige Goldschmiedearbeiten angefertigt – wie die große Monstranz – sondern man begegnet ihren Werken immer wieder in den großen Kirchen. Sie sind eines der erfolgreichsten Beispiele für die Arbeit ausländischer Künstler in Spanien. Juan de Badajoz junior begann nach der Vollendung des Trascoro 1540 mit den Bauarbeiten für den Kreuzgang. Mit seinen geschwungenen Rippen des Gewölbes, seiner reichen Ausstattung mit Gräbern, die die Serie aus dem Innern der Kathedrale fortsetzen, wurde er an der Nordseite der Kathedrale angelegt (Farbabb. 16). Vollendet wurde er erst Ende des 17. Jahrhunderts, aber getreu dem Vorbild des 16. Jahrhunderts folgend. Neben dem Blick auf die Fassade des nördlichen Querhauses bietet der Kreuzgang noch die reichen Schätze des Museums, die Renaissancetreppe zum Kapitelsaal – manches, was wie die prunkende Kraft der Fenster eine ruhige Stunde des Verweilens lohnt. Kostbare Zeit, für die man reichen Lohn erhält.

Zwischen León und Oviedo: Santa Cristina de Lena

Der *Nouvelle Guide* des Jahres 1583 legt bei seinen Hinweisen für die Fahrt des Pilgers nach Santiago de Compostela eine überzeugende Zwischenwerbung ein: »Qui à esté a Saint-Jacques et n'a esté à Saint-Salvateur / A visité le serviteur et délaissé le Seigneur.« – Wer in Santiago gewesen ist und nicht den Erlöser (in Oviedo) besucht hat, hat den Diener besucht und den Herrn vernachlässigt. Diese Mahnung sollte man auch heute noch beherzigen. Oviedo, die vielgerühmte Hauptstadt des einstigen Königreichs Asturien, lohnt den Umweg.

Von León aus führt heute eine wohlgebaute Autobahn einen großen Teil des Weges nach Norden, quer durch das Kantabrische Gebirge. Für einen Teil der Streckenführung hat man das Flußtal des Luna genutzt. Aufgestaut hat man ihn auch, als Wasserreservoir für die trockenen Ebenen der Campos Góticos. Die Staumauer erreicht 1039 m Höhe – über dem Meeresspiegel. Aber auf dem trockenen, nackten Fels, steil aufragend, ist kaum eine Spur von Leben erkennbar, fühlt man sich wie in einer anderen Welt. Das um so mehr, als beim Abstieg zur Küste, dem Meer und seinen mit Feuchtigkeit beladenen Winden zugewandt, nun eine grüne, waldreiche, fruchtbare Landschaft mit Feldern und Weiden folgt. Frischer und saftiger als die weiten Ebenen, die man mit León gerade verlassen hat.

Dort, wo die Autobahn wieder auf die N 630 trifft, liegt inmitten des smaragdenen Grüns ein architektonisches Juwel: **Santa Cristina de Lena.** Im Bürgerkrieg 1934 wurde es beschossen und beschädigt, Ausdruck der selbstzerstörerischen Wut, die uns auch in Oviedo wieder begegnen wird. Inzwischen hat man den streng zugeschnittenen Bau aber längst wiederhergestellt. Die letzten Minuten des Wegs muß man noch immer zu Fuß zurücklegen und sich zuvor in einem der letzten Häuser den Schlüssel erbitten. An das gerade 10 m Länge messende Rechteck als Kern des Baus sind in alle Himmelsrichtungen Anbauten gesetzt: ein Kreuz entstand. Anbauten, die im Westen als Vorhalle, im Osten als Chorapsis und im Norden und Süden als abgeschrankte Querhäuser genutzt wurden. Das Äußere wird durch eine dichte Fülle von Strebepfeilern in kantige Eckigkeit zerlegt, das Innere durch raffinierte Inszenierung zu einem Raum voller Überraschungen. Im Westen hat man zwei Seitenräume, aber wichtiger noch, eine Tribüne eingebaut, im Osten mit drei Bogen über vier Säulen eine liturgische Bühne abgegrenzt, einer Ikonostase gleich. Zwischen die mittleren Säulen hat man Schmuckplatten, eine davon zerteilt, mit Inschriften versehen, in Zweitverwendung als Chorschranken aufgestellt.

Das Innere wird mit Halbsäulen, Rundbogen, mit Medaillons und mit Kordelstab geschmückten Kapitellen, mit von Quergurten gegliederter Längstonne gestaltet, das Äußere ruft die Bauten aus der Zeit König Ramiros am Naranco bei Oviedo in Erinnerung. Die Kirche könnte am Abschluß seiner Bautätigkeit, seiner Herrschaftszeit (842–850) stehen oder, da der nächste Ort Vega del Rey – Ebene des Königs heißt und ein Stück Land nahebei als Palacio bezeichnet wird, auch als Kapelle eines Sommerpalastes vielleicht seines Nachfolgers Ordoño I. (850–866) gedacht gewesen sein. Die Ausgewogenheit und Sensibilität des Entwurfs spricht für einen Architekten höfisch geschulter Kultur. Eine schriftliche Nachricht, ein Anhaltspunkt über die Architektur und Skulptur hinaus liegt nicht vor.

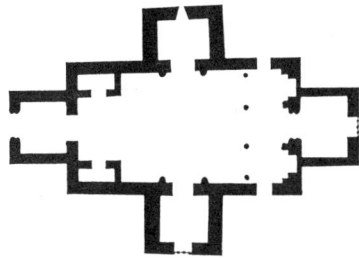

Santa Cristina de Lena, Grundriß

Wählt man für Hin- oder Rückfahrt den alten Weg über den Puerto de Pajares, die N 630, die von León aus dem Bernesga folgt, stößt man auf der Südseite des Passes in 1379 m Höhe über dem Meeresspiegel auf den kleinen Ort **Arbás** mit der romanischen Stiftskirche Santa María. Nicht weit entfernt soll der lebendigen gepflegten Legende nach Pelayo an einer Stelle, die heute noch den Namen Tibigracias trägt, eine Schlacht gegen die Araber gewonnen haben. Diesen Weg ins Herz Asturiens zogen auch die zahllosen Pilger, die wie wir der Cámara Santa in Oviedo zustrebten. Für sie stiftete Graf Fruela, Bruder Jimenas, der Gemahlin des Cid, wohl um 1090 ein Hospital, genauer ein großes und ein kleines, dem später auch die Könige von León ihre Gunst erwiesen. Aufgabe des Hospitals und der nach der Regel Augustins lebenden Kanoniker war es, die Pilger mit Brot und Wein, Feuer und Unterkunft zu versorgen. So wissen wir von Stiftungen Alfonsos IX. (1188–1230), der Ländereien bei Campos und Toro schenkte, damit die Pilger mit gutem kastilischem, nicht mit dem minderen asturischen Brot versorgt werden konnten. Der Weinkeller dürfte ähnlich gepflegt gewesen sein. Eine Pilgerfahrt muß ja nicht noch mit zusätzlichen Leiden verbunden werden.

Alfonso IX. ist auch der Stifter der spätromanischen Kirche, die als einziger Bau der großen Hospitalanlage, in der Pilger, wenn der Schnee den Paß manchmal für Wochen blockierte, Unterkunft fanden, erhalten blieb. Schlicht und glatt im präzisen Steinschnitt des Äußeren ist der ganze Aufwand an reicher Bildhauerarbeit auf das Innere der querschifflosen dreischiffigen Kirche konzentriert. Auf Portale und Apsis, auf Kapitelle und Basen hat man die ganze Aufmerksamkeit gerichtet. Oberhalb des glatten Sockels ist die Wand der Apsis, ähnlich wie in San Juan in Amandi weiter im Norden, durch runde Nischen mit vorgestellten Säulen gegliedert. Schmuckbänder rahmen die bewegte Lösung, und in Ornamente werden auch die Rippen aufgelöst, die im Chorbogen zusammengeführt werden. Alles das aber konzentriert den Blick für eine farbige, romanische Skulptur der Muttergottes mit ernstem Blick.

Oviedo

Auf den ersten Blick erscheint heute das mittelalterliche Sprichwort fast absurd, das in seiner Aufzählung der berühmten Städte Spaniens die Sancta Ovetensis – das heilige Oviedo – neben das reiche Toledo, das schöne León und das starke Salamanca stellt. Eine geschäftige Großstadt mit Industrie, Verwaltung, Banken, Neubauten und dichtem Autoverkehr verbirgt erst einmal ihre historische Dimension als Zentrum spanischer Geschichte. Die große Zahl der Neubauten legt von einem der dramatischen Kapitel spanischer Geschichte Zeugnis ab. Am 5. Oktober 1934 wird die Stadt zum Mittelpunkt des Aufstands der asturischen Bergarbeiter. Sie sprengen am 11. Oktober die Cámara Santa mit einer Ladung Dynamit, versuchen mit der Zerstörung der Vergangenheit die Aufmerksamkeit der Gegenwart auf sich zu lenken. Hart umkämpft erleidet Oviedo noch mehr Schaden, die Kathedrale wird beschädigt, die Universität brennt nieder. Mit dem Ausbruch des Bürgerkriegs im Juli 1936 geht die Garnison ins Lager der Generale über. Monatelange Kämpfe, Belagerung und Beschießungen zeichnen das Stadtbild.

Teils wieder aufgebaut oder restauriert wie Cámara Santa und Kathedrale, teils als Fragment erst in unserem Jahrhundert entdeckt wie die Chorfassade von San Tirso birgt und verbirgt das Stadtzentrum noch Spuren der frühen Geschichte Asturiens, und vor den Toren des Stadtzentrums, direkt neben der vielbefahrenen A 66 in Richtung Küste liegt San Julián de los Prados: Juwelen mit Geschichte, Juwelen vorromanischer Baukunst, die dann knapp außerhalb der Stadt am Berge Naranco durch Santa María de Naranco und San Miguel de Lillo noch ergänzt werden.

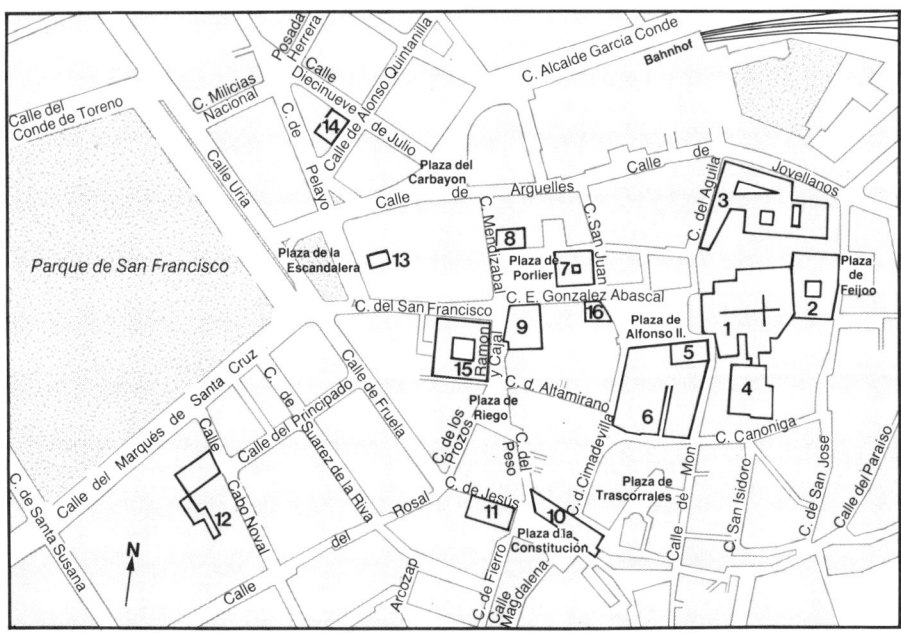

Oviedo 1 Kathedrale mit Cámara Santa 2 Museum San Vicente 3 Kloster und Kirche San Pelayo 4 Erzbischöflicher Palast 5 San Tirso 6 Museum 7 Palacio de Camposagrado 8 Telefon 9 Öffentliche Bibliothek 10 Rathaus 11 San Isidoro 12 Touristeninformation 13 RENFE-Büro 14 Post 15 Universität 16 Palacio de la Rúa

Oviedo ist die dritte Hauptstadt des langsam wachsenden Königreichs Asturiens. Nach der legendären Schlacht von Covadonga, in der Pelayo eine Schar Araber besiegte, nahm man zuerst Cangas de Onís als Residenz. Dann, als man Galizien hinzugewonnen hatte, zog der Hof nach Pravia, weiter westlich. Schließlich, unter Alfonso II. el Casto (dem Keuschen) wurde Oviedo zur glanzvollen Residenz seiner langen Herrschaftszeit (791–842). Der kleine Hügel zu Füßen des Berges Naranco, auf dem 761 Abt Fromestano, sein Neffe Máximo und 26 Mönche zwischen den Spuren einer aufgegebenen Siedlung ein Kloster zu Ehren San Vicentes errichten, lag ideal inmitten des gewachsenen Reiches, günstig auch am Wege nach León, zur Grenze mit den Arabern, zur selbstgewählten Aufgabe der Reconquista. Von dieser Aufgabe zeugen die Reliquien und Schätze der Cámara Santa, die man durch die Kathedrale, durch ein spätgotisches Portal im südlichen Querschnitt, erreicht.

Cámara Santa

Die Anfänge des unscheinbaren, altersgrauen Bauwerks gehen auf Alfonso II. el Casto (791–842), vielleicht schon auf den Palast zurück, den sich König Fruela I. (757–68) im zukünftigen Oviedo

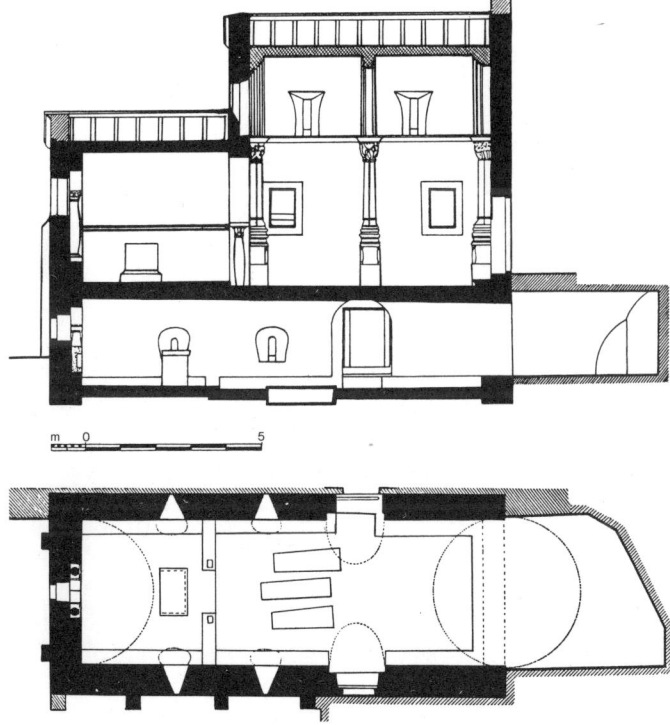

Oviedo. Grundriß und Schnitt der Cámara Santa

errichten ließ. Die zwei Geschosse, die heute als Anbau der Kathedrale erscheinen, waren ursprünglich Palastkapelle und nur vom Palast aus zugänglich. Das niedrige Untergeschoß, von einem Backsteingewölbe überspannt, diente zugleich als Grablege für die Heiligen Leocadia und Eulogio. Leocadia starb als Märtyrerin der Christenverfolgungen im 3. Jahrhundert in Toledo, Eulogius war als Diakon einer der beiden Begleiter des Bischofs Fructuosus von Tarragona im Martyrium, der dort ursprünglich auch sein Grab gefunden hatte, wie man auch Leocadia in Toledo verehrt hatte. Nur Legenden berichten darüber, wann und warum die Reliquien nach Oviedo gelangten. Hier fanden sie in einem Bau, der den frühchristlichen Martyrien nachfolgt, eine neue Ruhestätte unter mit Lebensbaummotiven geschmückten Grabplatten.

Eine niedrige Bank dient zugleich links und rechts als Auflager des Gewölbes. Vor dem kleinen Altar zeugt eine steinerne Schwelle von einer verlorenen Chorschranke. Das Chorfenster mit seiner durchbrochenen, steinernen Fensterplatte wird von zwei Säulen gerahmt. Ein aus der Antike übernommenes Ehrenmotiv für das Opfer auf dem Altar davor, das auch im Obergeschoß, der Kapelle des heiligen Michael oder in der Krypta von San Antolín in Palencia wieder erscheint. Der Ostteil des oberen Geschosses zeigt auch das entsprechende Tonnengewölbe. Der Westteil ist im 12. Jahrhundert spätromanisch umgebaut worden. In der Nachfolge des Meisters Matheus und seines Pórtico de la Gloria der Kathedrale von Santiago de Compostela stehen je zu zweit, in lebhaftes Gespräch vertieft, die zwölf Apostel an den Säulen, die die reichornamentierten Gurtbögen des Tonnengewölbes tragen. Sie gehören zu den herausragenden Werken spanischer romanischer Plastik. Im Westen schloß eine Kreuzigungsszene den Raum, als Fresko gestaltet, in das nur die Häupter der Beteiligten dreidimensional aus der gleichen Bildhauerwerkstatt eingefügt waren. Nur sie sind heute noch zu sehen.

Ein schweres Eisengitter trennt den älteren Chorteil der Kapelle San Miguel vom romanischen Westteil. Dahinter werden die kostbarsten Reliquien Spaniens in barockisierenden Schränken und unter Glasstürzen verwahrt (Abb. 80). Mühselig hat man sie nach dem Dynamitanschlag des Jahres 1934 wieder restauriert und auch die Cámara Santa selbst wiedererrichtet. Einen erneuten Verlust hatte Spanien 1977 zu verzeichnen. Das Kreuz der Engel und das Kreuz des Sieges, dazu der Achatkasten wurden gestohlen, zerschlagen – aber auch wiedergefunden und erneut restauriert. Eine Leidensgeschichte, von der man heute nichts zu spüren vermeint.

Hinter spiegelnden Glasscheiben und auf bunten Postkarten entdeckt man dann, geduldig suchend, eine unglaubliche Kostbarkeit nach der anderen. So, wie man die Gebeine der heiligen Leocadia und des heiligen Eulogius vor den Arabern in Sicherheit brachte, so gelangten auch wertvolle Reliquien in der Arca Santa nach Oviedo. Gesammelt zur Zeit der westgotischen Könige in Palästina und Afrika, gerettet vor dem Ansturm der Perser und der Araber, waren sie wohl einst der Reliquienschatz der Kirche von Toledo. Als König Alfonso VI. sich in der Fastenzeit des Jahres 1075 gemeinsam mit seiner Schwester Urraca die Reliquien vorweisen ließ, stiftete er einen neuen silberbeschlagenen Schrein für die Kostbarkeiten, die die Kathedrale San Salvador verwahrte. Dieser Schrein steht nach den Zerstörungen des Jahres 1934 nun an der Stelle des Altars inmitten des Chors. Eine umfangreiche Inschrift, die auf der Oberseite eine Kreuzigungsdarstellung rahmt, erzählt diesen Beschluß und berichtet über den Inhalt des Schreins: Mehrere Teile vom Holz des Kreuzes Christi, ein Stück seines Gewandes, um das die Soldaten

61 VILLALCÁZAR DE SIRGA   Skulpturenfries über dem Südportal
◁ 60 LEÓN   Hauptportal der Kathedrale
62 VILLALCÁZAR DE SIRGA   Sarkophag des Infanten Don Felipe

63 ZAMORA Vierungsturm der Kathedrale

64 LEÓN San Isidoro Panteón Real

66 LEÓN   San Isidoro Tympanon des Portals des Lammes
◁ 65 LEÓN   San Isidoro Portal des Lammes
67 LEÓN   San Isidoro Querhausportal Tympanon

68 LEÓN San Isidoro Schiff nach Osten

69 LEÓN San Isidoro Querhausportal

70 LEÓN San Isidoro von Südosten

71 LEÓN Kathedrale Arkosolgrab im Kreuzgang

73 COVADONGA ▷

72 LEÓN Chor der Kathedrale

74 COVADONGA Höhlenheiligtum

75 SAN MIGUEL DE ESCALADA   Vorhalle

76 OVIEDO San Miguel de Lillo

77   OVIEDO   Kathedrale

78 OVIEDO San Tirso

79 OVIEDO San Julián de los Prados

80 OVIEDO Cámara Santa

81 CELANOVA San Miguel ▷

würfelten, vom Brot des letzten Abendmahles, vom Schweißtuch der heiligen Veronika, vom Blute Christi, von seinem Grabe, vom Gewand Mariens und der Milch Mariens, Zeichen der Menschwerdung Jesu, Reliquien der Apostel Petrus, Paulus, Bartholomäus und anderer der Propheten und vieler Märtyrer . . .

Die Vorderseite zeigt Christus als Richter des Jüngsten Gerichtes, begleitet von den Aposteln, von denen zwei verloren sind, gerahmt von einer kufischen Inschrift, die das Lob Gottes singt und so die Sprache des Feindes in christliche Dienste nimmt. Dahinter leuchtet, fast einen Meter hoch, das Kreuz des Sieges – la Cruz de la Victoria. Eine Inschrift berichtet, daß König Alfonso III. und seine Gemahlin Jimena es im Jahre 908 der Kathedrale stifteten. Die Legende berichtet von der Vorgeschichte des nun aufwendig in Gold mit Filigran, Edelsteinen und Perlen, mit Gemmen und Emails geschmückten Holzes. Es ist das Siegeszeichen, mit dem Maria Pelayo für die Schlacht von Covadonga ausrüstet, den Wendepunkt des Siegeszuges der arabischen Eroberer, Beginn der Reconquista. Im Mittelpunkt des Kreuzes scheint eine Vertiefung einst für Reliquien gedacht gewesen zu sein, Gegenwart des Heils im Zeichen.

Rechts dahinter, kleiner, aber nicht bescheidener, bereits ein Jahrhundert länger im Besitz der Kathedrale, strahlt vielfach restauriert das Kreuz der Engel, la Cruz de los Angeles. Engel fertigten nach der Legende das Kreuz, das laut Inschrift im Jahre 808 vom König Alfonso II. el Casto gestiftet wurde. Gedacht war es als Altarschmuck: ohne Fassung, um als Vortragekreuz wie das Siegeskreuz zu dienen, hing es wohl über dem Hauptaltar. An den Armen des kaum höheren als breiten Kreuzes mit seinen an byzantinische Vorbilder angelehnten Formen sind noch Ösen für Pendilien zu erkennen. Mit dichtem Filigran werden die sorgfältig verteilten großen Steine vor einen schimmernden Hintergrund gesetzt. Der Goldschmied muß dabei eine wahre Engelsgeduld aufgebracht haben.

Links im Schrank kann man ein Konsular-Diptychon bewundern. Kunstvoll in Elfenbein geschnitzt kündete die Innenseite, die als Wachsschreibtafel genutzt werden konnte, dem erfreuten Empfänger wohl den Amtsantritt des neuen Konsuls. Flavius Strategius Apion, der auf beiden zentralen Medaillons im Schmuck der neuen Würde erscheint, übernahm das Amt im Jahre 539 in Konstantinopel. Noch manches andere kostbare Objekt der Goldschmiedekunst läßt sich mit Geduld, guten Augen oder einem Opernglas entdecken. Darunter preziöse romanische Elfenbeinschnitzereien wie das sogenannte Kreuz des Nikodemus oder das Diptychon des Bischofs Gundisalvus, oder kunstvoll verarbeiteter Achat in dem Schrein, den Fruela II. und seine Gemahlin Nunilo im Jahre 910, noch zu Lebzeiten Alfonsos III., des Großen, stifteten.

Die Kathedrale

Die spätgotische Kathedrale, durch die wir erst einmal eilten, um die Cámara Santa aufzusuchen, hat zahlreiche Vorgänger (Abb. 77). Die erste Kirche, die König Fruela I. (757–68) hier San Salvador, Christus als Erretter weihte, ging schon 794 während eines Streifzugs eines arabischen Heeres unter. Das war zur Zeit Alfonsos II. des Keuschen (el Casto) (791–842), dem Zeitgenossen Karls des Großen, von dessen Neubauten nur die Palastkapelle, die Cámara Santa,

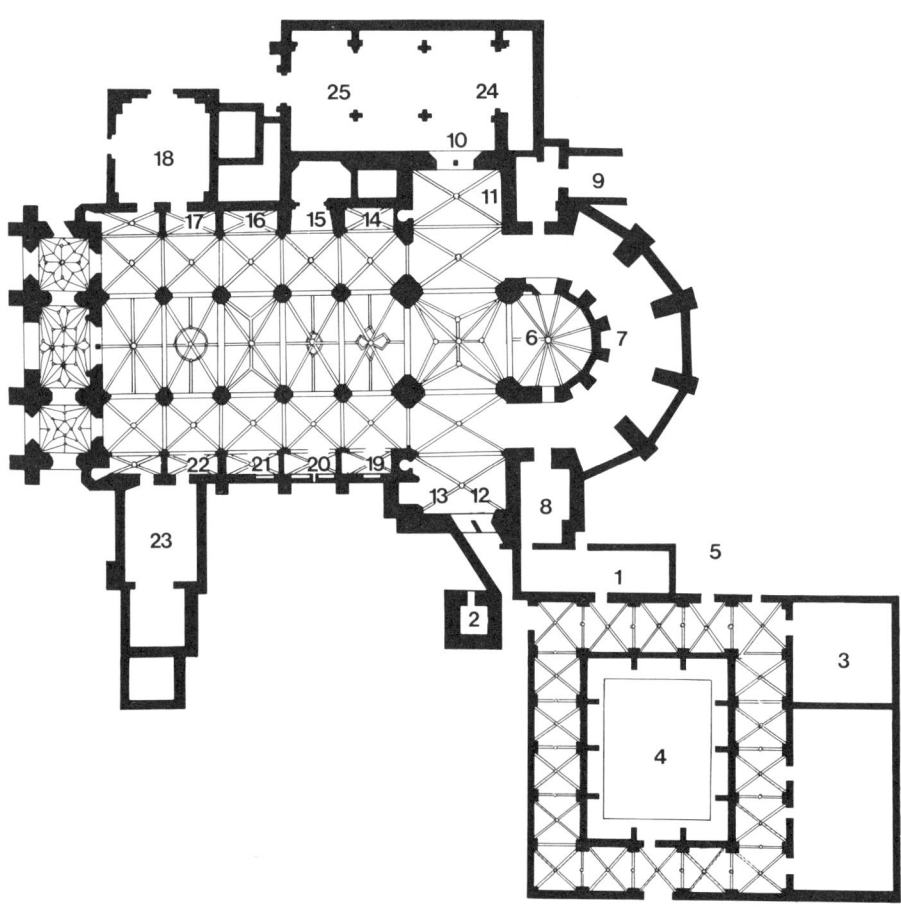

Oviedo. Grundriß der Kathedrale. 1 Cámara Santa   2 Romanischer Turm   3 Kapitelsaal   4 Kreuzgang   5 Pilgerfriedhof   6 Hauptaltar   7 Chorumgang   8 Kapelle D. Gutierre   9 Sakristei   10 Portal des Nördlichen Oberhauses   11 Kapelle des Krugs von Kana   12 Portal des Südlichen Querhauses   13 Zugang zur Cámara Santa   14 Kapelle Santa Catalina   15 Kapelle de la Anunciación   16 Kapelle de la Asunción   17 Kapelle San Juan Bautista   18 Kapelle Santa Eulalia   19 Kapelle Velarde   20 Kapelle San Antonio   21 Kapelle San Roque   22 Kapelle San Martín   23 Kapelle Santa Bárbara   24 Kapelle des Rey Casta   25 Panteón Real

heute an die gotische Kathedrale angeschlossen ist. Aber auch von der jüngeren romanischen Kathedrale zeugt nur noch ein Rest eines Turmes südlich des gotischen Chores, errichtet zu Anfang des 12. Jahrhunderts. Zwischen ihm und der Cámara Santa schließt sich der gotische Kreuzgang an, an dessen Ostseite findet sich der früheste gotische Bauteil der heutigen Kathedrale wieder, der Kapitelsaal (1293–1314). Der karge hohe Raum aus Bruchsteinmauerwerk ist mit den Resten des spätgotischen Chorgestühls ausgestattet, flämische Schnitzarbeit des späten 15. Jahrhunderts, wie das Wappen Bischofs Arias del Villar (1487–98) bezeugt.

Bereits im August des Jahres 1300 sind Steinmetze mit Arbeiten am Kreuzgang beschäftigt: »los pedreros estaban hy labrando« berichtet eine zeitgenössische Quelle. Das wird am nordöstlichen Anschluß des Kreuzgangs ans Schiff gewesen sein, und der nördliche Flügel wird dann auch zuerst vollendet. Auch zwei Joche des Westflügels werden noch gebaut, bevor wirtschaftliche Schwierigkeiten die Arbeiten unterbrechen. Erst ein Besuch König Alfonsos XI. im Jahre 1345, verbunden mit einer Stiftung von 24 000 Maravedis, und der Eifer Bischof Sanchos seit 1348 führen zur Wiederaufnahme der Bauarbeiten, die zwischen 1412 und 1441 mit dem Ostflügel, der die Wappen des Bischofs Diego Ramírez de Guzmán zeigt, abgeschlossen werden. Im 18. Jahrhundert wird ein zweites Geschoß aufgestockt. Mit romanischen Skulpturen, die in die Wände eingelassen sind, mit gotischen Sarkophagen und Skulpturen, mit dem Reichtum an Maßwerk und Kapitellen eine reiche Ergänzung zur Architektur der Kathedrale selbst.

Das Wagnis, den Neubau der ehrwürdigen vorromanischen Kathedrale zu beginnen, nimmt erst Ende des 14. Jahrhunderts Bischof Gutierre Goméz de Toledo (1377–89) auf sich, der am Hof, im Rat des Königs, im Krieg Kastiliens gegen Portugal und England immer eine wichtige Stütze König Juans I. (1379–90) gewesen ist. Mit seinem Privilegio de los Excusados, das zehn Steinbrüche zu Gunsten der Kathedrale von allen Lasten befreit, erweist sich König Juan auch als Förderer des Baus, der nun bis ins 16. Jahrhundert hinein andauert. Erst der Nachfolger Gutierres, Bischof Guillén de Verdemonte (1389–1412), erlebt zumindest die Vollendung des Chores. An den einfachen Formen des Triforiums, das gerade noch hinter der Bekrönung des Retablo mayor zu erkennen ist, des Maßwerks der Fenster des Obergadens und des Gewölbes ist das gut zu erkennen. Der barocke Chorumgang entsteht allerdings erst im 17. und 18. Jahrhundert.

Die Bauarbeiten an der Kathedrale werden nach der Vollendung des Chores mit der Vierung unter Bischof Manrique de Lara (1444–57) fortgeführt. Hier wird erstmals mit Nicolás de Bar ein Architekt genannt, dem im Januar 1449 Nicolás de Bruselas folgt. In der Herkunft der Architekten spiegeln sich die Beziehungen Kastiliens zum Nordwesten Europas, die sich auch im Fehlen des typisch spanischen Coros bemerkbar macht. Zwei reich geschnitzte Kanzeln für Epistel und Evangelium an den westlichen Vierungspfeilern und der Kapitelsaal dienen als Ersatz. Erst mit Juan de Candamo tritt 1459 ein asturischer Architekt die Leitung der Bauarbeiten an. Aber auch er entstammt der gleichen Schulung. In León arbeitete er zusammen mit Alfonso Ramos unter der Leitung des Flamen Jusquin. Unter dem Franziskanerbischof Alonso de Palenzuela, der 1469 den Thron des Bischofs von Oviedo besteigt, kann dann endlich auch das südliche Querschiff vollendet werden. Prunkstück flämischen Einflusses ist das Portal des nördlichen Querhauses (Mitte des 15. Jahrhunderts) mit der lebendigen Farbigkeit der Marienfigur am Mittelpfeiler. Das Gegenstück, das Portal im nördlichen Querhaus, eine in Stein gearbeitete Goldschmiedearbeit, entstand 1508–11 nach den Entwürfen des Juan de Badajoz.

Die Arbeiten am Schiff konnten dank bischöflichen Eifers nun rasch fortgeführt werden. So rasch, daß Bischof Alonso de Palenzuela hier schon 1485 sein Grab im ersten, östlichen Joch anlegen lassen konnte. Wenige Jahre später findet auch Juan de Candamo sein Grab, versehen mit einem Wappen, das Zirkel und Meßlatte zeigt, im südlichen Querhaus. Den Vertrag als sein

Nachfolger schließt Bartolomé de Solórzano ab, zugleich Architekt der Kathedrale von Palencia, einer der wichtigsten Vertreter der spanisch-flämischen Architektur seiner Zeit. Ihm ist es vergönnt, am 26. Februar des Jahres 1498 den Bau des Schiffes zu vollenden: »se çerro e acabó la Santa Yglesia de Oviedo.« Aber immer noch blieben Vorhalle und Türme zu bauen.

Schiff, Querhäuser, Vierung und Chor sind von unauffälliger Eleganz. Weder Aufwand an Ausmaß noch Aufwand an Bildhauerarbeit werden betrieben. Die Formen der Gewölbe sind abwechslungsreich, die Maßwerke der Fenster wieder einheitlich gehalten. Die Fenster sind, um nach spanischer Gewohnheit den Raum auch nicht zu hell werden zu lassen, nicht unter den Ansatz der Gewölbe herunter gezogen. Das Triforium bleibt aus dem gleichen Grund geschlossen. Die Gliederung der Pfeiler und Arkadenbögen wird mit Hohlkehlen und zierlichen Diensten durch zurückhaltende Linienführung bestimmt. Sie hebt sich vor glattgespannten Flächen ohne Dekoration gut ab. Die bescheidene Dreischiffigkeit wird durch die nach innen gezogenen Strebepfeiler um eine Kapellenreihe bereichert. Hier setzt in den kommenden Jahrhunderten fromme Bau- und Ausstattungsbegeisterung an.

Vorher blieb noch das Problem der Fassade zu lösen. Im Jahre 1500 lud man die Architekten der Kathedralen von Burgos und León ein, zusammen mit dem eigenen leitenden Architekten Bartolomé de Solórzano Entwürfe einzureichen. In Burgos lehnte man ab, und in Oviedo entschied man sich dann für den Vorschlag des Architekten von León, Juan de Badajoz, der nun auch die Bauleitung übernahm. Die Arbeiten gingen aber nur schleppend voran. Längst unter der neuen Leitung eines anderen Architekten, Pedro de Buyeres, unterbrach ein Brand Oviedos Weihnachten 1522 den Fortgang und, in dessen Todesjahr 1530 waren erst das erste und zweite Geschoß des Turmes errichtet. Nun übernimmt mit ebensowenig Erfolg ein Schüler des Juan de Badajoz aus Léon, Pedro de la Tijera, die Leitung. Erst mit dem nächsten Architekten, Juan de Cerecedo el Viejo, beginnen Fortschritte sichtbar zu werden und 1551 ist der Turm vollendet. Als Abschluß wird 1552 ein Bronzekreuz über zwei Bronzekugeln, in Flandern bestellt und gefertigt, auf den Turm gesetzt. Die Freude daran ist kurz. Am 13. Dezember 1575 wüten Erdbeben und Unwetter zugleich. Der hölzerne Glockenstuhl gerät in Brand, Kugeln und Kreuz stürzen ab, der Turm ist ruiniert. Man greift, als das Kapitel der Domherren am nächsten Tag zur Katastrophensitzung zusammentritt, nicht auf die alten Pläne zurück. Neue werden bei Rodrigo Gil de Hontañon in Auftrag gegeben und von Juan de Cerecedo el Joven ausgeführt. Und so liegt nun ein leichter Hauch von Renaissance über dem Wahrzeichen der Stadt mit dem durchbrochenen Helm, der den Einfluß von Burgos vermeldet, auf die einst um 1300 in Köln entwickelten Pläne zurückgreift. Der eigentlich vorgesehene zweite Turm zur Vollendung der Fassade wird nicht mehr gebaut. Zeiten und Geschmack haben sich geändert. Frömmigkeit und Gelder werden in eine Fülle von Kapellen investiert.

Nach dem Überblick über die Baugeschichte lohnt sich nun ein kleiner Rundgang zu den interessantesten Punkten der Ausstattung. Immer wieder erstaunen in Spanien die zu eigenständigen Architekturen herangewachsenen Altäre, die seit der späten Gotik immer größer werden, schließlich wie hier das ganze Chorrund ausfüllen und einen eigenen Raumteil abschließen. Hier macht sich der flämische Einfluß mit dem bei Giralte de Bruselas in Auftrag gegebenen Entwurf bemerkbar. 1511 wird der Vertrag abgeschlossen. Mit Vergoldung und farbiger Fassung werden 1531 die Arbeiten an der Darstellung der neutestamentlichen Botschaft von der Verkündigung unten links bis zum Pfingstereignis oben rechts vollendet. In der mittleren Reihe werden Kreuzigung, Himmelfahrt Mariens und die Wiederkehr Christi als Richter des Jüngsten Gerichtes betont herausgehoben. Alle Szenen sind in eigene Architekturen gesetzt, Fortsetzung der Architektur der Kathedrale, Liturgie, die Geschehnisse des Neuen Testamentes und der Rahmen des Himmlischen Jerusalem werden zu einer Einheit verbunden.

Die aufwendigste der Kapellen an der Nordseite des Schiffes liegt direkt im Westen, geweiht der heiligen Eulalia, Patronin der Diözese und zugleich Grabkapelle für Bischof Simón García Pedrijón (1682–97), der die Kapelle 1690 bei Francisco Menéndez Camina in Avila in Auftrag gab. Der große quadratische Raum wird von einer hohen Kuppel überspannt. Im Zentrum steht ein Barocktabernakel für die Reliquien der Heiligen. Nach Osten folgen mit entsprechenden Ausstattungen die Kapellen Johannes des Täufers, der Himmelfahrt, der Verkündigung, der heiligen Catalina. In der Nordwand des anschließenden Querhauses liegt hinter verschlossener Tür eine kleine Kapelle verborgen, die nur an zwei Tagen im Jahr geöffnet wird, die Capilla de la hidria. Sie birgt ein großes Tongefäß, das der Legende nach bei der Hochzeit von Kana Verwendung fand, dem ersten öffentlichen Auftreten Christi. Sie war durch Jahrhunderte Ziel der Pilger. Heute wird sie nur noch am Tage des Apostels Matthäus und am Tag der Lesung des entsprechenden Evangeliums geöffnet.

Vom nördlichen Querhaus aus findet man auch Zutritt zum Anbau mit der Kapelle del Rey Casto, die an der Stelle stehen soll, wo sich die von Alfonso II. erbaute Kathedrale befand. Nach Westen anschließend wurde das Pantheon der asturischen Könige errichtet, das zu Beginn des 18. Jahrhunderts seine heutige klassizistische Gestalt erhielt. Hier steht in der Mitte des Raums eine archäologische Kostbarkeit, der frühchristliche Sarkophag des Ithacius. Nur der Marmordeckel mit Rankenwerk und Inschrift blieb erhalten. Um 500 entstanden, wohl für ein jugendliches Mitglied einer der führenden römischen Familien Spaniens, hat er sich schon vor dem 18. Jahrhundert in der Grablege der asturischen Könige befunden. Aber es bleibt unbekannt, woher er übernommen wurde und wofür er genutzt wurde.

Auf der Südseite des Schiffes beginnt die Reihe der Kapellen im Osten mit der Capilla de Velarde, mit einem vorzüglichen Kruzifixus des Alonso Berrguete, zu dem ein Gegenstück aus den gleichen Jahren um 1540 mit gleichem preziösen Realismus in der Kathedrale von Toledo zu finden ist. Es folgen die Kapellen der Heiligen Antonius, Rochus, Martin und Barbara.

Gegenüber der Kathedrale steht San Tirso. Ihr Chor liegt in der Straße Santa Ana. Erst 1912 freigelegt, bietet er ihren einzigen erhaltenen Bauteil aus der Gründungszeit unter Alfonso II. el Casto (Abb. 78). Seine Stiftung für die Kathedrale nennt als Zeugen einen Theoda, der in einer späteren Abschrift des 12. Jahrhunderts als Architekt bezeichnet wird. War er mit allen Bauten in Oviedo beauftragt, wie man gerne annimmt? Dann würde auch der Entwurf der Chorfassade von San Tirso von ihm stammen, der ein rechteckig gerahmtes Fenster mit einer gestaffelten Dreibogenöffnung vorweist, dem alfiz der mozarabischen Architektur des 10. Jahrhunderts. Auch an der Kirche von Bendones hat man sie entdeckt, nicht erst an San Salvador de Valdedios. San Tirso selbst ist nach einem Brand im Jahre 1513 mehrfach umgebaut worden.

Östlich der Kathedrale sind entlang der Straße Paraíso noch Teile der Stadtmauer aus der Zeit Alfonsos X., Mitte des 13. Jahrhunderts, zu sehen. Im ehemaligen Kloster San Vicente ist das Archäologische Museum, daneben erhebt sich das mächtige Kloster San Pelayo. Westlich der Kathedrale ist mit dem Palacio de la Rúa des 14. Jahrhunderts die älteste, schmucklose Palastfassade Oviedos erhalten. Damit hat man die heute noch sichtbaren Schätze des alten Stadtkerns gesehen.

Oviedo. Rekonstruktion der Ausmalung in San Julián de los Prados

San Julián de los Prados

Die Kirche der Sommerresidenz Alfonsos II. des Keuschen muß nach 812, nach dem Verzeichnis der Kirchen Oviedos in seinem ›Testament‹ vom 16. November 812 zugunsten der Kathedrale, und vor seinem Tode im Jahre 842 erbaut worden sein. Hier ist der hohe Anspruch der

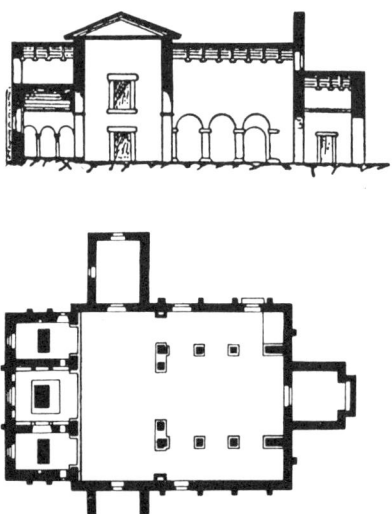

Oviedo. San Julián de los Prados, Grundriß und Schnitt

höfischen Kultur und Architektur, vertreten durch Thioda, noch am besten zu erkennen (Abb. 79). Geweiht wurde die für die Verhältnisse der frühen Architektur Asturiens große Kirche den Heiligen Julián und Basilia, die als Ehepaar den Entschluß zu mönchischem Dasein gemeinsam faßten und schließlich Abt und Äbtissin ihrer Klöster wurden. Eine Wahl der Patrone, die für den Einfluß Alfonsos II. des Keuschen spricht.

Der Bau mit 28 m Länge und 24 m Breite ist großzügig unterteilt. An das basilikale Schiff schließt sich ein hohes Querschiff an, so mit drei Bögen vom Schiff getrennt, daß man noch die Verwandtschaft zu antiken Triumphbögen spüren kann. Um je eine Mauerstärke schmaler setzt nach Osten der dreischiffige Chorraum an. Die drei Chorkapellen sind eingewölbt, Querhaus und Schiff mit Holzdecken versehen. Im Giebel über dem Chor ist eine nur von außen zugängliche Kammer angelegt – Zugang und Licht bietet die elegante Dreibogenöffnung – deren Bestimmung unklar ist. Bei den Wandgliederungen der Chorkapellen hat man zum Teil auf älteres Baumaterial zurückgegriffen. Im Osten der Hauptkapelle wird die Dreibogenstellung als Rahmung für den üblichen Reliquienschrein, von Säulen getragen, wiederholt. Eine Lösung, die der in der Cámara Santa gesehenen ähnelt.

Kaum noch zu erkennen ist heute die größte Sensation, die Santullano zu bieten hat. Ein umfangreiches System von Wanddekorationen wurde freigelegt – immerhin war so viel zu erkennen, daß man den Eindruck zusammenfassen und ergänzen konnte. Über imitierter Marmorinkrustation werden mit Architekturrahmen Kirchenbauten dargestellt, die als die von Oviedo abhängigen Kirchen verstanden werden, und dazu zwischen Vorhängen und Blumenschmuck immer wieder die crux gemmata, das edelsteingeschmückte Kreuz. Es bietet zugleich Erinnerung an Christus und das edelsteinstrahlende Himmlische Jerusalem mittelalterlicher Vorstellung, ähnlich denen der Cámara Santa. Die Malereien in Purpur, Schwarz und gelben Tönen gehalten, dazu Vorhänge, die den Vollzug der Liturgie nur zeitweise sichtbar machten, kostbare Gewänder und liturgische Geräte, mit Gold und Silber verkleidete Altäre – so gewinnt man langsam eine Ahnung vom Glanz, mit dem der Hof der asturischen Könige sich umgab. Ein Hof, der in der Dekoration der Kirche wie in seinen politischen Vorstellungen Anschluß an das untergegangene westgotische Reich von Toledo suchte. Entsprechend prunkvoller darf man sich auch das Äußere des Baus vorstellen, verputzt und farbig gefaßt, ohne die jüngere Glockenwand über dem Westeingang und mit einer anderen Gestaltung für den neuen Anbau auf der Südseite des Querhauses, der heute als Eingang dient.

Santa María de Naranco

Erst Palast, dann Kirche, seit 1930 von allen späteren Anbauten befreit, ist Santa María de Naranco mit seiner schlanken und stolzen Silhouette sicher einer der berühmtesten Bauten der vorromanischen Architektur. Am Südabhang des Berges auf einem kräftigen Sockel ist das Untergeschoß, ähnlich der Cámara Santa, über einem bankförmigen Unterbau mit einem Tonnengewölbe versehen. Gliedernd und verstärkend sind Gurtbögen eingezogen. Dies Motiv wiederholt sich auch im Obergeschoß, das über eine doppelläufige Treppe an der Nordseite erreicht wird. Nach Westen und Osten öffnen sich zwei Loggien der Landschaft (Farbabb. 10). Auf der Südseite sind noch die Abrißspuren eines südlichen Balkonanbaus zu erkennen. Er ist verschwunden, wie auch die anderen königlichen Villen und Bauten der Umgebung, von denen die Quellen erzählen, bis auf das westliche Drittel der Kirche San Miguel de Lillo nahebei untergegangen sind.

Daß Gewölbe auch im Obergeschoß gebaut wurden, auch in San Miguel Verwendung fanden, wird von den Chroniken der Zeit besonders hervorgehoben. Zu Recht; denn damit stehen die Bauten Ramiros I. einzigartig in ihrer Zeit da, Vorläufer der architektonischen Entwicklung des romanischen Europa im 11. Jahrhundert. Die Konstruktion ist bemerkenswert gut durchdacht. Die Gurtbögen der Gewölbe werden außen von schlanken Strebepfeilern aufgenommen. Zusätzliche Absicherung geben die Anbauten im Süden und Norden und die Unterteilung der langgestreckten Anlage durch die Loggien im Osten und Westen.

Die fragmentarische Inschrift des Altars in der östlichen Loggia, deren Original im archäologischen Museum zu sehen ist, berichtet, daß König Ramiro in Begleitung seiner Gemahlin

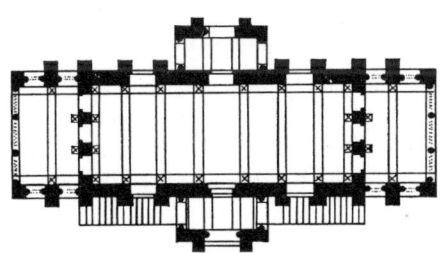

Oviedo. Santa María de Nanranco, Grundriß

Paterna am 24. Juni 848 diesen Altar für Maria habe erbauen lassen. Die Inschrift ergänzt unsere Kenntnisse mit der rätselhaften Bemerkung, daß der König den Bau, der unter dem Übermaß seines Alters zusammengebrochen sei, habe erneuern lassen. Damit kann er wohl kaum seinen eigenen, erst wenige Jahre alten Sommerpalast gemeint haben. Hatte man zu Ramiros Zeiten auf antike Vorgänger zurückgegriffen? Auf Spuren, die für uns nicht mehr zu sehen sind?

Der Altar bietet auch schon mit seiner zarten Kannelierung ein erstes Beispiel der aufwendigen Dekoration des Baus, die in dieser Form an den Strebepfeilern hier und an San Miguel wiederholt werden und auch den Rahmungen der Bogen der oberen Halle entspricht. Auch die seilartige Riffelung der Säulen und die an Schmuckbänder angehängten Medaillons treten innen wie außen auf. Aber statt der korinthisierenden Kapitelle der Loggien folgen innen Kapitelle, deren Oberfläche in dreieckige und trapezförmige Flächen, von seilartigen Stäben gerahmt, zerlegt sind. Stark abstrahierte Figuren füllen die Felder der Kapitelle, der Medaillons und der auch von den Gurten heruntergezogenen Schmuckbänder. Dienten hier Stoffe des christlichen Orients als Vorbilder? Trotz des aufwendigen Quadermauerwerks muß man sich sicher den Bau geschlämmt, teils verputzt für die Gewölbe, und dann farbig gefaßt vorstellen.

San Miguel de Lillo

Wenige Schritte bergauf steht noch, zum gleichen Komplex von Bauten zugehörig, das westliche Drittel der auch von Ramiro gestifteten Kirche San Miguel (Abb. 76). In der

Oviedo. San Miguel, Portalrelief ▷

Ortsbezeichnung Lillo oder Liño erscheint noch die Bezeichnung für die ganze Sommer-
frische Ligno, die die Chronik von Albelda für die Bauten Ramiros nennt.

Grabungen haben 1916/17 den Grundriß mit einem drei Joche umfassenden Schiff, einem
schmalen Querhaus mit Anbauten und drei Chorkapellen bekannt gemacht. Neben dem aufwendigen Westteil, mit seiner schmalen, über zwei enge Treppenläufe zugänglichen Westempore, ist
nur noch das westlichste Joch des Schiffes erhalten. Das Erhaltene läßt das Bedauern über den Verlust um so größer werden. Kapitelle und Basen der Pfeiler, die formenreichen Fenstergitter – aus
einer Steinplatte gearbeitet – und die beiden Seiten des Türgewändes des Westeingangs. Sie greifen
als Vorbild auf Elfenbeinschnitzereien ähnlich dem Konsular-Diptychon des Areobindus in
Leningrad zurück. Auch dort thront der neue Konsul, ausgestattet mit Stab und Mappa, zwischen
zwei Begleitern, und zu seinen Füßen zeigen sich die von ihm eröffneten Spiele. In San Miguel
wird die obere Szene, um den zur Verfügung stehenden Raum auch zu füllen, unten wiederholt.
Sollte damit der Machtanspruch des Königs verdeutlicht werden? Versuchte man ein kulturelles
Vorbild zu notieren? Eine Fülle von Traditionen verbindet sich langsam zu etwas Neuem, wie es
auch die zur Marienkirche verwandelte Königshalle ein wenig tiefer am Berg verdeutlicht.

Abstecher nach Covadonga und San Salvador de Valdedios

In der näheren und weiteren Umgebung gibt es noch eine Fülle von Spuren der asturischen Baukunst zu sehen. Sei es die alte Residenz Santianes de Pravia oder der Altar des Königs Silo
(774–83) in der Krypta der Kirche von El Pito oder San Pedro de Nora und San Adrian de
Tuñón, San Pedro de Teverga mit den Anklängen in der Konzeption der Säulen an die Krypta
von Leyre, Santa Maria de Bendones oder San Salvador de Priesca an der Küste wie auch Santiago
de Gobiendes. Selbst in Oviedo läßt sich mit der unter Alfonso III. Ende des 9. Jahrhunderts gefaßten Quelle Focalada mit dem Kreuz Asturiens im Giebel noch Architektur aufspüren. Einen
zusätzlichen Tagesausflug lohnen die Kirche San Salvador de Valdedios und das spanische

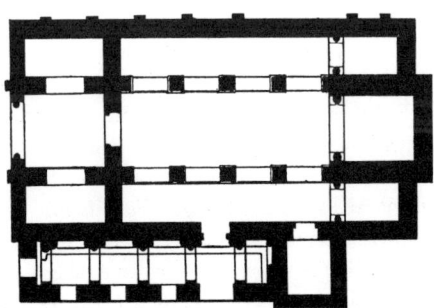

San Salvador de Valdedios, Grundriß

Nationalheiligtum Covadonga. Von Oviedo aus nutzt man die N 634 in Richtung Osten. Für den Abstecher zur Kirche **San Salvador de Valdedios** biegt hinter Pola de Siero die C 638 in Richtung Villaviciosa ab. Noch bevor man Valdedios selbst erreicht, führt eine Seitenstraße ins Tal von Boides mit der heute einsam liegenden Kirche San Salvador. Hier lag ein königliches Gut, auf das sich wohl Alfonso III. (866–910) zurückzog, nachdem seine drei Söhne ihn entmachtet hatten. Sonst meist als Auftraggeber für Paläste und Befestigungen tätig, läßt er hier einen Kirchenbau mit ähnlichem imperialen Anspruch wie San Miguel de Lillo errichten: Wieder dreischiffig, mit einer jüngeren Vorhalle an der Südseite, einer Empore im Westen, allerdings ohne Querhaus. Hoch und steil sind auch hier die Gefüge der Räume. Das Hauptschiff der Pfeilerbasilika ist gerade 2,8 m breit bei einer Höhe von 8,2 m zum steinernen, eisenverstärkten Gewölbe, bei einer Länge von 16,6 m des Schiffs. Auch hier sind Reste von Wandmalereien erkennbar.

Als am 16. September 893 hier die Bischöfe von Dume, Coimbra, Compostela, Astorga, Lamego, Lugo und Zaragoza die Weihe des Baus vollziehen, macht sich nun auch in der Architektur der vom König zuvor geförderte Einfluß mozarabischer Zuwanderung bemerkbar. Das Fenster der zentralen Chorkapelle zeigt den klassischen gerahmten alfiz, der am Bau von San Tirso in Oviedo noch Fragen aufwirft. Hier wie auch am Bogen der Hauptkapelle selbst wirkt schon das wiederaufgelebte Vorbild des westgotischen und spätantiken Hufeisenbogens mit. Aber die Kapitelle der Pfeiler, die Rahmungen der Fenster des Obergadens werden noch mit Seilstäben wie am Berge Naranco verziert.

Zum spanischen Nationalheiligtum **Covadonga** müssen wir auf die N 634 zurückkehren. In Arriondas geht die C 631 ab, die über Cangas de Onis zur O 220 nach Covadonga inmitten der Picos de Europa führt, ins Naturschutzgebiet mit Steinböcken, wilder, zerklüfteter Landschaft, guten Hotels und Wintersportmöglichkeiten. Einen Halt lohnt vor Cangas de Onis nicht nur der Blick auf die romanische Brücke über den Sella, die eine römische ersetzt. Sie diente in römischer wie in mittelalterlicher Zeit der Erleichterung der wertvollen Erztransporte. Einen Halt lohnt auch die Kapelle Santa Cruz, die der Überlieferung nach erstmals von Fávila, dem nur zwei Jahre regierenden Sohn Pelayos erbaut wurde. Bevor er auf der Jagd einem Bären zum Opfer fiel, setzte er damit an der ersten Residenz der asturischen Könige ein Denkmal für die Schlacht von Covadonga. Erbaut wurde die Kapelle an der Stelle eines von Christen übernommenen römischen Tempels, der über einem prähistorischen Grabhügel errichtet worden war. Der Dolmen ist vom Inneren der Kapelle aus zugänglich. Neben Ritzzeichnungen ist auch noch eine Inschrift aus der Zeit König Fávilas zu erkennen. Die Kapelle ist dann 1635 erneuert worden, im Bürgerkrieg 1936 zerstört und anschließend neoromanisch wieder aufgebaut worden.

Es ist eine der merkwürdigen Eigenschaften menschlichen Geistes, daß man eine Landschaft mit anderen Augen ansieht, wenn man sich der Ereignisse bewußt ist, die sich in ihr abgespielt haben. Das gilt besonders für die steilen Hänge der Sierra de Convadonga unterhalb des Gipfels des Peña Santa, des heiligen Felsens mit 2596 m Höhe (Abb. 73). Hierher, in einer Höhle Schutz suchend, hatte sich Pelayo mit wenigen Getreuen zurückgezogen, als Aufrührer und entflohene Geisel gesucht von den Arabern. Die Berichte und Überlieferungen sind nicht so eindeutig, wie man es sich wünschen würde. Zu oft hat man sich damit schon in der mittelalterlichen Überlieferung beschäftigt, auf christlicher Seite ausschmückend, auf arabischer Seite kaum erwähnt, herunterspielend. Manchmal geht man sogar soweit, das Ereignis ganz in Frage zu stellen. Pelayo-Pelagius, vielleicht aus königlich westgotischem Geschlecht, bei Westgoten keine große Rarität, hatte sich nach der verlorenen Schlacht von Jerez de la Frontera 711 nach Norden zurückgezogen. Aber auch hier vertrat bald der Araber Munuza, in Gijón residierend, die neuen Herren Spaniens. Er soll einen von Pelayo nicht wohlwollend vermerkten Blick auf die schöne Schwester unseres Helden geworfen haben. Munuza räumt den Widerstand zivilisiert aus dem Wege, indem er Pelayo nach Toledo in die Verbannung schickt. Pelayo weiß diese Zurückhaltung nicht zu würdigen, er flieht und kehrt in den Norden zurück, ruft zum Widerstand gegen die noch längst nicht gesicherte arabische Herrschaft auf. Schwierigkeiten hatten hier bereits die Römer, und auch die Westgoten hatten erst zu Beginn des 7. Jahrhunderts ihrer Herrschaft Geltung verschaffen können. Eigentlich hat sich bis heute nichts daran geändert. Unter dem Befehl Alqamas spürt ein Trupp Araber von Süden her Pelayo nach. Und in der Cueva Santa von Covadonga = cova domnica, Höhle der Herrin, erscheint ihm Maria in seiner höchsten Not, weist ihm das Zeichen des Kreuzes als Siegeszeichen, das rasch aus Eichenholz geschnitzt wird. Es wird zum Cruz de la Victoria, zum Kreuz des Sieges, das nun goldbeschlagen und mit Edelsteinen verziert in der Cámara Santa in Oviedo zu bewundern ist. Der Trupp Araber wird vernichtend geschlagen und auch Munuza, der von Gijón herannaht, verliert sein Gefecht und schließlich auch sein Leben. In Toledo ist man mit anderen Dingen beschäftigt, als sich um »den wilden Esel mit Namen Pelayo«, wie ihn eine der arabischen Quellen bezeichnet, zu kümmern. Die Eroberung Septimaniens, des von Westgoten beherrschten Südfrankreichs, war sicher lukrativer, als in unzugänglichen Bergtälern Jagd auf belanglose Widerstandsnester zu machen.

Diese meist in das Jahr 722 datierten Ereignisse waren, wie man ja erst im Nachhinein feststellen konnte, der Beginn der Reconquista, die bald zum Programm der asturischen Könige wurde. Nachträglich und erst mit gebührendem historischem Abstand wurde Covadonga als Ort und Ereignis denkmalwert. Das dann allerdings bis heute.

Zentrum der Pilger- und Touristenströme ist immer noch und wieder die Cueva Santa mit dem erneuerten Bildwerk der Virgen de las Batallas, der Jungfrau der Schlachten (Abb. 74). Sie war es, die Pelayo die Form und das Zeichen des asturischen Kreuzes wies, noch heute Mittelpunkt des Wappens Spaniens. Durch Jahrhunderte verehrt, hatte man die bescheidene Fläche der Höhle, in der bei entsprechendem Wasserstand der Deva einen Zufluß gleichen Namens erhält, um einen hölzernen Vorbau erweitert. Die verwirrend aus Treppen und Plattformen zusammengesetzte Konstruktion geriet 1777 in Brand, Anlaß für das Spanien der Aufklärungszeit, einen Versuch des Vergessens zu unternehmen. Erst 1858 wird ein Besuch der Königin Isabella II. zum Anlaß der Restaurierung: ein neues Marienbild, wohl ursprünglich des 15. Jahrhunderts, wird als Ersatz aus Oviedo gebracht. Neue Verwüstung bringt auch hier der Bürgerkrieg, in dem das Marienbild verschwindet. Erst nach dem Ende des Bürgerkriegs wurde das entführte Gnadenbild unter bis heute nicht geklärten Umständen bei der spanischen Botschaft in Paris wiedergefunden, und die »Santina« kehrte im Triumphzug 1939 nach Spanien zurück.

Ähnliche Schicksale künden auch die übrigen Ausstattungsteile: der historisierende Altar mit seinem Antependium als Darstellung der Schlacht, die Gräber für Pelayo, seine Gemahlin

Gaudiosa und seine Schwester Hermensinda, die erst im 12. oder 13. Jahrhundert hierher übertragen wurden, mit einer Inschrift des 17. Jahrhunderts, sowie das Grab Alfonsos I. des Katholischen mit seiner Inschrift des 16. Jahrhunderts. Er hat Mitte des 8. Jahrhunderts den Marienkult hier institutionalisiert, der dann im späten 19. und frühen 20. Jahrhundert Covadonga seine heutige Erscheinung gab. Dazu gehört die neoromanische Kapelle als Wetterschutz der Marienfigur gegenüber dem Höhleneingang ebenso wie die Basilika. Sie entstand 1877–1901 nach den Entwürfen des deutschen Architekten Roberto Frasinelli als exzellentes Beispiel des historisierenden Stils des späten 19. Jahrhunderts. Ein Heiratsbrunnen, der heute vielleicht ein wenig an Attraktivität verloren haben könnte (denn Mädchen, die daraus trinken, heiraten im gleichen Jahr), ein Denkmal für Pelayo selbstverständlich, ein hoher Glockenturm, ein Hotel Pelayo, ein Kloster San Fernando und natürlich ein Museum, das die Geschenke an die »Santina« bewahrt, runden das Bild von Covadonga ab.

Jenseits der Picos de Europa liegt noch ein Ort des frühen Spaniens, des frühen Europas, von dem im 8. Jahrhundert Einflüsse ausgehen, die das Mittelalter gestalten. Im Kloster **Santo Toribio de Liébana** schrieb Beatus 776 seinen Apokalypsekommentar, der in den folgenden Jahrhunderten immer wieder abgeschrieben wurde und dessen Illustrationen in späteren Handschriften zu den einflußreichsten und schönsten des frühen Mittelalters gehören. Santo Toribio, das damals noch San Martín hieß und erst im 13. Jahrhundert den Namen des heiligen Toribius, Bischof von Astorga, übernahm, besitzt eine spätromanische Klosterkirche und eine kostbare Reliquie des Kreuzes Christi. Diese hatte Toribius von einer Wallfahrt nach Jerusalem mitgebracht. Sie wird noch heute in einer barocken Kapelle neben der Kirche verehrt. An Beatus, der nur einmal in den zeitgenössischen Quellen erwähnt wird, als am 26. November 785 Adosinda, die Witwe König Silos, den Schleier nimmt, erinnern nur einige Fotovergrößerungen im barocken Kreuzgang.

Noch manches andere könnte man an Abstechern anschließen, z.B. die Höhlenzeichnungen der jüngeren Steinzeit der **Cueva del Buxu** mit Linienmustern und Tierdarstellungen nahe Cangas de Onis oder den romanischen Chor des ehemaligen Benediktinerklosters **San Pedro in Villanueva** zwischen Cangsa de Onis und Arriondas. Der Fries des Portals schildert den Jagdunfall König Fávilas, bei dem ein Bär dafür sorgt, daß statt des Sohnes Pelayos nun der Schwiegersohn, Alfonso I. der Katholische (739–57) den Thron übernimmt.

Von León nach Süden

Nach Süden mit den sehenswerten Zielen Zamora und San Pedro de la Nave vor Augen führt die N 630 mit schnurgeradem Straßenzug parallel zum Esla. Nach gut 30 km bringt uns ein kurzer Abstecher zum Fluß mit der aufwendigen Festung von Valencia de Don Juan. Die noch als Ruine sehenswerte Burg, bedroht vom uferunterspülenden Fluß, war schon im 12. Jahrhundert eine der wichtigsten Festungen des Königreichs León. Noch kann man die Grablege der Grafen von Valencia de Don Juan und die Marienfigur des 13. Jahrhunderts besichtigen. Den

Benavente. Santa María,
Chor

wohlklingenden Beinamen ›de Don Juan‹ erhielten Ort und Burg erst im 17. Jahrhundert, als die Grafschaft Besitz des Sohnes von König Alfonsos X. war.

Die N 630 führt dann weiter nach **Benavente**, Straßenkreuz und mittelalterlicher Handelsplatz am Esla mit der spätromanischen Kirche Santa María del Azoque. Aufwendig und auffällig sind neben dem reichen Bildhauerschmuck der Portale die fünf Apsiden die in gestaffelter Tiefe direkt an das breitgelagerte Querhaus angesetzt sind. Aus etwa der gleichen Zeit um 1200 stammt auch San Juan del Mercado und immer noch beachtlich sind die Reste des Castillos, dessen Hauptturm als Parador genutzt wird.

Weiter auf der N 630, die vor Benavente einen Haken schlägt, nach Süden. Nach wieder gut 20 km führt bei Granja de Moreruela eine schmale Straße nach rechts zur Ruine des Klosters **Moreruela.** Hier wurde Mitte des 12. Jahrhunderts die große und elegante Kirche des ältesten Zisterzienserklosters Spaniens begonnen. Zu Anfang des 13. Jahrhunderts war sie vollendet und die Ruine ist noch immer ein Zeugnis der einstigen Macht und des einstigen Reichtums, gewonnen aus Stiftungen und aus der intensiv betriebenen Landwirtschaft, wie es die Grangia, die

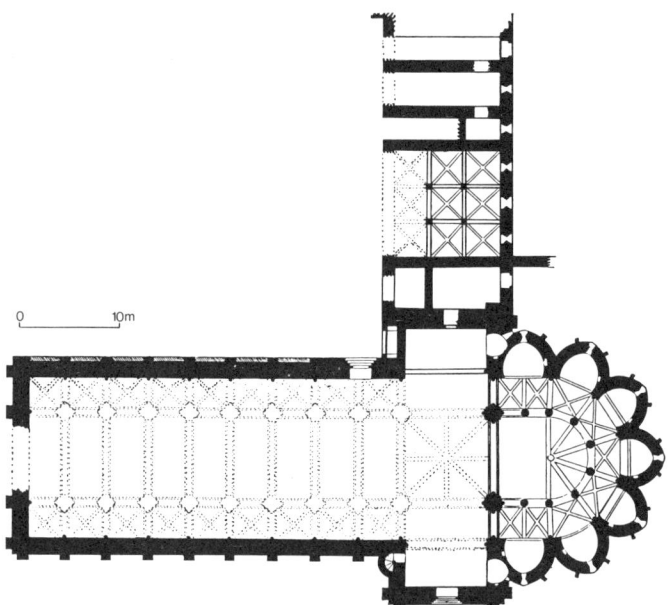

0   10m

*Moreruela. Grundriß
der Klosterkirche*

Granja de Moreruela noch heute im Namen belegt, eine der landwirtschaftlichen Außenstationen des Klosters. Bis zu den Ruinen des Klosters hat man den Esla aufgestaut. Weiter nach Südwesten, durch Zamora erst einmal hindurch und auf der N 122 in Richtung Portugal durch die weiten Flächen der Campos de Zamora, erreicht man das westgotische Kirchlein San Pedro de la Nave beim Dorf El Campillo. Um dorthin zu gelangen, muß man nach gut 12 km auf der N 122 rechts ab noch ca. 10 km fast bis zum Stausee weiterfahren, mitten durch das enge Dorf hindurch. Hierher hat man 1930 auf eine Anhöhe mit weitem Ausblick die kostbare westgotische Kirche des späten 7. Jahrhunderts, die im Wasser des Stausees untergegangen wäre, Stein für Stein übertragen. Die Staffelung der kleinen und steilen Räume im kreuzförmigen Grundriß, die Stufung der Raumvolumen in die Höhe zum rekonstruierten Vierungsturm und die hohe Qualität der Bildhauerarbeiten machen die einsam gelegene Kirche zu einem lohnenden Ziel. Zwei Bildhauertraditionen lassen sich unterscheiden. Die Ornamentbänder in den unteren Teilen des Baus zeigen Kerbschnittmuster, Kapitelle, Kämpfer und Basen der Säulen in der Vierung kunstvoll vereinfachte Darstellungen. Die Kapitelle im Westen der Vierung zeigen je ein Apostelpaar mit Thomas und Philippus, Petrus und Paulus. Auf den sich gegenüberliegenden Flächen der beiden Kapitelle erscheinen Daniel in der Löwengrube und das Opfer Abrahams. Die beiden östlichen Kapitelle im nur noch der Geistlichkeit zugänglichen Bereich zeigen nicht identifizierbare Köpfe.

Der Weg nach **Zamora** zurück überspringt Jahrhunderte. »La bien cercada« – die wohlbefestigte Stadt am Duero gewann ihre entscheidende Rolle als Festung am Duero, im Grenzbereich von Kastilien und León mit der Eroberung Toledos im Jahre 1081 unter Alfonso VI. von León. 1151 beginnt man mit dem Bau der Kathedrale auf dem die Stadt beherrschenden Hügel neben der Festung. 1174 ist der Chor, der von 1496–1506 unter der Herrschaft der katholischen Könige durch eine spätgotische Anlage ersetzt wurde, vollendet. Zu diesem Neuanfang gehören auch das Chorgestühl, das seit 1490 unter Rodrigo Alemán entsteht, und die kunstvollen schmiedeeisernen Gitter. Die präzise Eleganz des Schiffes wird 1225 abgeschlossen und dann gut ein Jahrzehnt danach der wuchtige Turm. Noch berühmter als der Turm ist die Vierungskuppel, Vorbild für den Torre del Gallo der alten Kathedrale von Salamanca oder die Vierungskuppel der Stiftskirche in Toro. Die Konzeption dieses Cimborio gehört zu den eigenartigsten architektonischen Gedanken Spaniens. Orientalisches und Byzantinisches, Gedanken an die Grabeskirche in Jerusalem und romanisches Baudenken verbinden sich zu einer feingliedrigen, lichtvollen Vierungslösung. Sechzehn schmale Rundbogenfenster mit Rippen darüber, die das dazwischen leicht gebuste Gewölbe in den Schlußstein zusammenführen, werden außen als steinplattengedeckte Kuppel mit Ecktürmchen und kleinen Giebeln an den Turmseiten dargestellt. Die eleganteste Seite zeigt die Kathedrale im Süden. Hier steigt die Südfassade des Querhauses steil am Abhang auf, reich gegliedert mit Nischen und Scheinportalen. Das Hauptportal verzichtet auf ein Tympanon, betont den ornamentalen Charakter der Archivolten. In den Scheinportalen daneben wird in preziöser Bildhauerarbeit in den Tympana Maria verehrt. Tief in die Wand eingeschlossen haben sich hier auch die Feinheiten, die der Kalkstein dem Bildhauer ermöglicht, erhalten.

Zamora wird gern als ›romanische‹ Stadt gerühmt. Dreiundzwanzig romanische Kirchen zählt man auf: La Magdalena, das spätromanische Juwel, der frühe Bau von Santiago de los Caballeros, in der El Cid den Ritterschlag erhalten haben soll, San Claudio de Olivares, Espíritu Santo, San Cipriano, San Esteban, San Frontis, San Isidoro, San Juan, Santa María la Nueva, Santa María de la Orta, Santo Sepulcro, Santo Tomé, San Ildefonso, San Andrés oder Santiago del Burgo kann man bei Gängen durch die engen Straßen der Altstadt auf beiden Ufern des

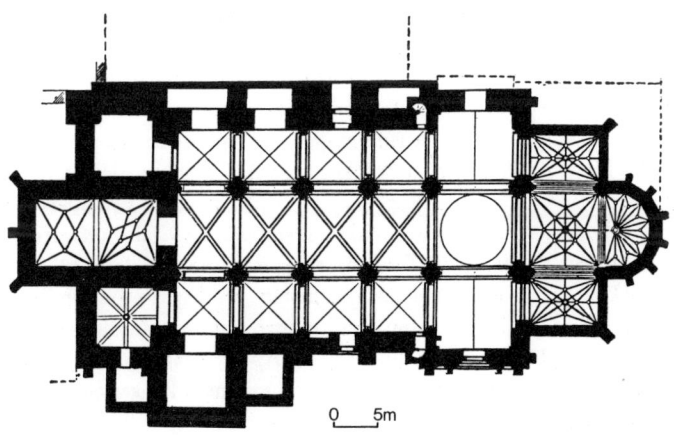

Zamora. Grundriß der Kathedrale

0   5m

233

Duero entdecken, die durch zwei Brücken verbunden werden. Immer wieder wird man auf gelungene Kapitelle, reich gearbeitete Archivolten der Portale aufmerksam, auch wenn keiner der Bauten aufregenden Rang erreicht.

Den Duero entlang, 33 km nach Osten, trifft man mit der Stiftskirche Santa María la Mayor in **Toro** auf eine Wiederholung des Vierungsturmes der Kathedrale von Zamora. Hier werden zwei Geschosse Fenster eingerichtet, ohne daß damit eine glücklichere oder elegantere Lösung geboten würde. Aber die Choranlage, die in Zamora durch einen spätgotischen Neubau ersetzt worden ist, kann mit gestaffelten drei Apsiden hier besichtigt werden. Dagegen spiegelt sich in den Bildhauerarbeiten des Westportals und der Kapitelle des in den Jahrzehnten um 1200 errichteten Baus bis in die durch Rippen gegliederte Kuppel der Seitenschiffe westfranzösischer Einfluß. Einen Rundgang durch den reizvollen Ort sollte man anschließen. Der noch romanische Backsteinbau von San Lorenzo, Santo Sepulcro und ein Dutzend weiterer Kirchen bergen zwar keine großen Überraschungen, aber sie erzählen von der einstigen Bedeutung des Ortes.

Auf dem Weg nach Astorga

Auf dem Weg nach Astorga liegt auf einer kleinen Anhöhe rechts der Straße ein auffälliger moderner Kirchenbau. Ein steiles Betonskelett als Turm und Kreuzeszeichen markieren den Ort, wo zwischen 1502 und 1511 mehrmals die Jungfrau Maria dem Hirten Alvar Simón erschien und den Bau einer Kirche an der Stelle ihres Erscheinens verlangte. Wunder und Pilgerfahrten folgten rasch. Gefeiert wird noch heute am 15. und 29. September und am 15. Oktober. Der heutige Bau wurde 1961 geweiht. Schmuck des fabrikartigen Saales ist der Altar des 17. Jahrhunderts, in dessen Zentrum die Pietà des 16. Jahrhunderts an die Anfänge der Kirche der **Virgen del Camino** erinnert. Als Architekten hatten die Dominikaner, die den Wallfahrtsort inzwischen betreuen, ihren portugiesischen Ordensbruder Francisco Coello beauftragt. Aber als Bildhauer für das pfingstliche Ereignis der dreizehn immerhin je sechs Meter hohen Bronzeskulpturen der Fassade, Maria und die Apostel, wählten sie José María Subirachs. Das gewaltige, besser noch überwältigende Ergebnis wirkt sehr spanisch.

Sehr spanisch ist auch die ruhmredige und ruhmreiche Geschichte, die sich gut 20 km weiter in Richtung Astorga mit der Brücke über den Orbigo im kleinen Ort **Hospital de Orbigo** verbindet. Kaum jemand erinnert sich der Schlachten, die sich Sueben und Westgoten Ende des 5. Jahrhunderts oder Christen und Mauren Ende des 9. Jahrhunderts unter Alfonso III. lieferten. Aber bis heute werden die Taten des edlen Ritters Suero de Quiñones besungen, deren Vorbild noch Don Quichote de la Mancha nacheifert, der den irrationalen Kern ritterlicher Waffentaten in einer Zeit, die keiner Ritter mehr bedarf, mit unsanfter Ironie bloßlegt.

Im Jahre 1434 fiel der 25. Juli, Tag des Apostels Jakobus, auf einen Sonntag, so daß das Jahr als Heiliges Jahr der Wallfahrt galt. Es war mit mehr Pilgern als sonst zu rechnen. Und da kaum noch Mauren in Spanien zu bekämpfen waren, langweilte man sich. Suero de Quiñones und neun seiner Genossen suchten und fanden Abhilfe. Mit Erlaubnis des Königs gelobte er, sich und seine Genossen als Herausforderer aller Ritter und edler Damen auf dem Pilgerweg fünfzehn Tage vor und nach dem Tage des Apostels an der Brücke von Orbigo aufzustellen, um sich damit von der Halsfessel zu befreien, die er jeden Donnerstag zu tragen pflegte – als Zeichen seines Gefangenseins in den Fesseln einer edlen Dame. Er gelobte dreihundert Lanzen im Kampf gegen jeden vorüberkommenden Ritter zu brechen. Feierlich zu Neujahr bei Hofe in Medina del Campo verkündet, brachten Herolde die frohe Botschaft für ruhmdürstende Ritter in alle Welt, und nahe der Brücke, auf der ein Stein die Namen Sueros und seiner Genossen verzeichnet, wurden alle Vorbereitungen für den turniermäßigen Kampf getroffen: Zelte, Tribünen, eine Rennbahn für das Stechen und natürlich ausreichend qualifizierte Herolde, um alle Ereignisse genau zu verzeichnen. Nur ein Todesopfer war neben den zahllosen Verletzten zu beklagen, und immerhin zwei der zehn hielten das Dauerturnier bis zum so ehrenvollen Schluß des »Paso honroso« durch. Die Halsfessel war gelöst und gehört heute zu den Schätzen der Kathedrale von Santiago de Compostela. Sie schmückt jetzt eine Büste des Jakobus Minor.

Heute führt die N 120 nicht über die 20 Bogen der alten steinernen Brücke. Vom Hospital sieht man nur noch Ruinen gegenüber der Kirche San Juan und zwischen beiden ein bescheidenes Steinkreuz. Aber an die Stelle einträglicher Brückenzölle des Mittelalters sind heute ja auch die Autobahngebühren getreten ...

Astorga

Die wohlbefestigte Anlage der alten Stadt auf einer ersten Anhöhe der Montes de León über dem Tuerto, fernhin sichtbar mit Kathedrale, Bischofspalast und den Halbtürmen der noch römischen Mauer, kündet von der einstigen Bedeutung des Verkehrsknotenpunktes, an dem heute der Verkehr vorüberzieht (Abb. 84). Zur Zeit des Kaisers Augustus übernahmen römische Präfekten die wichtige Siedlung. Asturica Augusta wird von Plinius als »urbs magnifica« gerühmt. Durch die Stadt strömt der Reichtum der Erzgruben, darunter das heißbegehrte Gold. Grabungen nordöstlich der Kathedrale haben gerade wieder römische Spuren freigelegt. Anderen Spuren begegnet man ebenso. Unter dem Rathaus ist noch eine große Halle erhalten, die – ohne mehr als romantische Begründung – als ergastulum, als Sklavenarbeitsraum bezeichnet wird. Und Spolien, wiederverwendetes Material älterer römischer Bauten, entdeckt man schnell mit etwas suchendem Blick in der römischen Mauer, die spätere Jahrhunderte immer wieder instandsetzten.

Der Legende nach ist Astorga Bischofssitz seit apostolischer Zeit, Jakobus und Paulus hätten den ersten Hirten der Stadt eingesetzt. Als erster tritt Basilides im 3. Jahrhundert ins Licht der Geschichte, und im 5. Jahrhundert gelingt dem heiligen Toribius die Bekehrung der Sueben. 714 von den Arabern erobert, bleibt die Stadt entvölkert zurück. Die Überlebenden ziehen sich in die unzugänglichen Berge zurück. Und die ersten Ansätze zu einer Wiederbelebung im 10. Jahrhundert verwüstet einer der Raubzüge Almansors. Erst 1069 wird wieder eine Kathedrale geweiht. Mitte des 13. Jahrhunderts die nächste, eine spätromanische, die ebenfalls fast spurlos verschwunden ist. Sie bildete den Mittelpunkt einer Stadt, die zu einer der wichtigsten Etappen des Pilgerweges geworden war. Mehr als ein Dutzend Hospitäler standen dem Zustrom offen. Reiche Bruderschaften sorgten für seelisches und leibliches Wohl der Pilger. Hier wurde regelmäßig ein französischer Geistlicher eingestellt, der seinen Landsleuten die Beichte abnehmen und ihren letzten Willen notieren konnte. Die Pilger hatten die letzten schweren Pässe durch die Kantabrische Kordillere vor sich, warteten, daß der Weg schneefrei wurde – oder hatten diese schwierigste Strecke nun gerade zum zweiten Mal auf dem Rückweg hinter sich gebracht.

Ein wenig ahnt man davon noch im Museo de los Caminos, im Museum der Pilgerwege. Zum Camino francés tritt in Astorga noch der südliche, mozarabische hinzu. Zahllos sind die Souvenirs, die sich mit dem Pilgerwesen verbinden lassen. Stäbe, Flaschenkürbisse, Muscheln in verschiedensten Materialien sind mit einer wilden Kollektion ländlicher Skulpturen und provinzieller Gemälde vereint, zwischen denen man aufatmend die eine oder andere qualitätvollere Arbeit entdeckt. Aber man sollte ohnehin mehr auf die Architektur achten.

Das Museum ist im Bischofspalast untergebracht, der 1889 nach den Plänen Antonio Gaudís begonnen wurde. Es ist eine seiner faszinierendsten Arbeiten, ein Schloß auf dem Mond, in schimmernd weißem Granit in einer unnachahmlichen Mischung gotischer Formen mit Linienführungen, die die Entwicklung des Jugendstils vorwegnehmen (Farbabb. 19). Das gilt in den aus elegant geführtem Backsteinmauerwerk errichteten Räumen des Untergeschosses ebenso wie in den farbig schimmernd verglasten Räumen der oberen Geschosse mit Thronsaal und Bischofskapelle. Nie hat hier ein Bischof von Astorga gewohnt. Als 1893 der Auftraggeber stirbt, der hinter den ungewöhnlichen Plänen stand, die Ersatz für den 1886 abgebrannten Bischofspalast sein sollten, kommt es zu Auseinandersetzungen mit dem Kapitel. Verständnislos gegenüber der Verständnislosigkeit seiner neuen Bauherren tritt Gaudí vom Bau zurück. Erst 1913, unter einem anderen Architekten, wird der Bau mit abgewandelten Plänen vollendet.

Der Brand des bischöflichen Palastes im Jahre 1886 und die Zerstörungen, die dem Widerstand Astorgas gegen französische Truppen im Jahre 1810 folgten, haben den Urkundenbestand, den Bestand der Bibliothek und der Schatzkammer verringert. So läßt sich nicht mehr klären, ob Simón de Colonia den Auftrag für den Neubau der Kathedrale erhielt, deren erster Stein am 15. August 1471 gesetzt wurde. Aus dem Beschluß des Kapitels für den Neubau wissen wir, daß die spätromanische Kathedrale den stolzen Herren »muy pequeña y oscura y baxa« – sehr klein und dunkel und niedrig erschien. Niemand kann ihnen vorwerfen, daß sie ihr Ideal nicht verwirklicht hätten. Steil, aber auch gedrungen wird der enge Raum hinter der Stadtmauer genutzt. Das Querhaus erreicht nicht die Höhe des Schiffs. Die drei in der Tiefe gestaffelten Apsiden schließen übergangslos an das Querschiff an. Der reiche Dekor des spätgotischen Chores, der 1524–27 seine Verglasung erhält und vollendet ist, weicht im Bereich von Querhaus und Schiff einer antikisch schlichten Wandgestaltung. Nur in den reichen Maßwerken der Fenster läßt Rodrigo Gil de Hontañon seine solide Kenntnis gotischer Architektur aufleuchten. Von 1530–59 leitet er die Arbeiten. Bei der Fassade befreien sich die Architekten äußerlich mit dem antikischen Zuschnitt der Gliederung der Turmgeschosse von der gotischen Grundlage. Aber ein zweiter Blick legt rasch offen, daß die Äußerlichkeiten die gotische Grundkon-

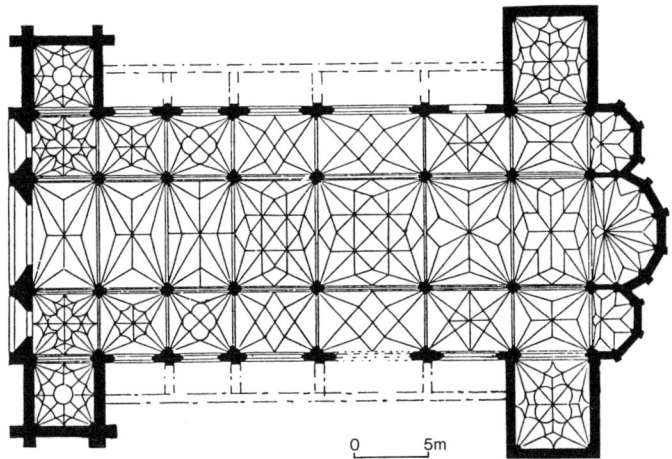

Astorga. Grundriß der Kathedrale

0 5m

zeption der Westfassade der Kathedrale von León bekleiden. Wie dort stehen die Türme als selbständige Einheiten und rahmen, durch Strebebogenbrücken verbunden, die Fassade des Hauptschiffs, bekrönt mit zierlicher Rosette und luftigen Türmchen (Abb. 83). 1703 waren die Arbeiten bis auf den nördlichen Turm weitgehend abgeschlossen. Erst vor wenigen Jahren hat man ihn, als Gegenstück zum südlichen, vollendet. Barock und exzentrisch ist der bildhauerische Dekor der Fassade, pflanzenhaft verspielt in den oberen Bereichen, theaterhaft erzählend im Bereich des Hauptportals. Im Zentrum der weiten Eingangsnische steht die Kreuzabnahme, dazu Allegorien der Frömmigkeit und Unschuld, die mahnenden Exempel der Anklage der Ehebrecherin und der Vertreibung der Händler aus dem Tempel.

Auch wenn der Coro den Blick durch das Schiff zum Chor versperrt, bleiben noch drei Joche im Westen frei, die die gewaltigen Pfeiler mit ihren komplex konstruierten Sockeln voll zur Geltung kommen lassen. Der grünliche Stein gibt seinen Farbenklang dazu. Ohne Unterbrechung durch eine Kapitellzone werden die aus der kristallinen Struktur der Sockel entwickelten Profile in die Rippen der variationsreichen Sterngewölbe überführt. Wie gewohnt bleiben die Fenster klein, geben aber eine für spanische Verhältnisse große Helligkeit mit reichen Farben der Renaissance in den ungewöhnlichen Raum.

Zu den Bravourstücken der Ausstattung gehören der aufwendige Hauptaltar von Gaspar Becerra, dessen Angebot über 3000 Dukaten 1558 vom Kapitel akzeptiert wurde, das nicht die billigeren seiner Konkurrenten verwirklicht sehen wollte. Rings um die Himmelfahrt Mariens gruppieren sich weitere Darstellungen des Marienlebens in reicher Schnitzarbeit; die Figuren sind farbig gefaßt, reich vergoldet, manche von ihnen kräftig mit Muscheln bepackt – so haben sie die Zeitgenossen tief beeindruckt. Ein Rundgang durch die Kathedrale, vorüber an den Kapellen des Schiffs, zeigt noch manche virtuose Arbeit des 16. und 17. Jahrhunderts. Mitte des 16. Jahrhunderts entstanden auch die Gitter des Chorbereiches und das reichgeschnitzte Chorgestühl, in dem sich gotische und antikische Schmuckelemente apart mischen.

Ältere, romanische und gotische Arbeiten, darunter Objekte von hoher Qualität, birgt das neben der Kathedrale eingerichtete Diözesanmuseum. Das wichtigste Objekt ist ein silberbeschlagener, teils vergoldeter Reliquienkasten. Eine Inschrift weist den Kasten als Stiftung des Königs Alfonso III. und seiner Gemahlin Jimena aus dem frühen 10. Jahrhundert aus. Aber auch der fatimidische Bergkristall des angeblichen Kelchs des heiligen Toribius, 11. Jahrhundert, in einer Fassung des 17. Jahrhunderts, oder die kostbare Goldschmiedearbeit des 13. Jahrhunderts für ein Stück Holz vom Kreuze Christi und der rare Holzschrein mit seiner farbigen Fassung aus Carrizo de la Ribera, der einmal ein Beispiel exzellenter Ausstattung in nicht kostbaren Materialien bietet sind sehenswert. Ein starkes Gewicht setzt dann der Barock, wie das auch für viele weitere Kirchen in der Stadt gilt.

Eine schlanke Gestalt, stolz eine Fahne weisend, mit breitkrempigem Hut, zieht auf dem südöstlichen Pfeiler der Achskapelle als auffällige Silhouette immer wieder den Blick an. Im 16. Jahrhundert hat man hier in luftiger Höhe einem der populären Helden der Schlacht von Clavijo, in der im frühen 9. Jahrhundert erstmals Santiago als Retter Spaniens in Erscheinung trat, ein Denkmal gesetzt. Pero Mato sei ein Maragato gewesen, berichtet die Sage, Mitglied jener kleinen Volksgruppe, die viele der Dörfer zwischen Astorga und Ponferrada bewohnt, die mit eigenen Sitten und Gebräuchen in dieser armen und fast unfruchtbaren Landschaft seit Jahrhunderten lebt. Bis heute ist ihre Herkunft nicht geklärt, auf welche Episode der wechselhaften Geschichte Spaniens ihre Existenz zurückzuführen ist. Ein Berberstamm, der in dieser gottverlassenen Gegend zurückblieb? Das ist eine der geläufigsten Theorien. Die bunten Trachten sieht man nur noch an Feiertagen, und die Männer suchen ihre Arbeit längst in den großen Städten des Landes. Die Dörfer sterben langsam aus, Häuser und Straßen verfallen, und die Felder liegen wüst und leer, wo sich der Anbau nicht mehr lohnt.

Am Stadtrand von Astorga ist erst einmal die Entscheidung über die Strecke zu fällen. Zwei stehen zur Auswahl. Entweder die gut ausgebaute Linie der N VI, die in etwa dem Verlauf der alten römischen Straßenführung folgt und den niedrigeren Paß des Puerto de Manzanal mit 1225 m nutzt, oder die malerische, schwierige und ebenso sehenswerte wie kürzere Strecke über Foncebadón mit einer kühlen Paßhöhe von 1500 m beim eisernen Kreuz, am Cruz de Ferro.

Wer es eilig hat, sollte die N VI wählen, die die 61 km bis Ponferrada rasch überwinden läßt. Im Mittelalter bevorzugte man meist die kürzere, aber unfreundlichere Strecke über El Ganso, Rabanal del Camino, das die Erinnerung noch im Namen des Ortes notiert, über Foncebadón, Manjarín, Acebo und dann über Molinaseca wieder ins Tal des Sil nach Ponferrada hinein. Trotz der optischen Kürze der Strecke ist der erst seit wenigen Jahren durchgängig befahrbare Weg über Foncebadón die zeitraubendere Wahl. Aber sie vermittelt Eindrücke, die unvergeßlich bleiben. Die kleinen, stillen Dörfer der Maragatería, die zunehmende Unfruchtbarkeit der Landschaft, das Aufsteigen in die Montes de León, die in den alten Streckenbeschreibungen als mons Irago, als Berg Irago, erscheinen mit dem Straßendorf Rabanal del Camino, dessen Rückgrat noch heute die alte Pilgerstraße bildet. Dann knapp unterhalb der Paßhöhe Foncebadón, von der neuen Straßenführung links liegen gelassen, dessen ›Hauptstraße‹ dem Autofahrer rabiaten Widerstand bietet. Aber zu Fuß zumindest sollte der fast schon verlassene Ort erwandert werden (Farbabb. 22). Immer mehr der einfach aus Bruchsteinen aufgeschichteten Häuser, der noch schlichteren ›pallozas‹ mit ovalen Mauern und Strohdach zerfallen. Die Türen anderer Bauten glänzen frisch gestrichen, aber verschlossen in der Sonne. Oft begegnet man keiner Seele mehr in dem Ort, der rings um das Hospital und die Kirche San Salvador de Monte Irago entstand, das einmal zu den wichtigen Zielen am Pilgerweg gehörte. Auf einem Steinsockel stand lange Jahre inmitten der Straße, inmitten von Foncebadón ein schlichtes Astkreuz als Zeichen des Pilgerwegs. Wetter und Vandalismus haben es inzwischen zerstört.

Auf der Paßhöhe dann, mit weitem Ausblick in die Berge nach Westen auf oft noch schneebeckte Höhen, steht inmitten eines ständig wachsenden Steinhaufens neben einer modernen Kapelle das eiserne Kreuz – Cruz de Ferro (Farbabb. 21). Hier pflegen Pilger und andere, die des Weges ziehen, einen weiteren Stein abzulegen, mit Schwung zu werfen. Zeichen dafür, daß man Schutz erbittet auf dem Weg, dessen Ziel noch nicht erreicht ist. Zeichen für die Sünden, von denen man sich befreien möchte. Bald wird das auf hohem Pfahl aufgesteckte Kreuz wieder von Bäumen umgeben sein. Mit schweren Maschinenpflügen hat man bereits Furchen in den steinigen Boden gezogen, um darin dann wieder Bäume zu pflanzen. Ein Bild, dem man in den kahlen Bergen Nordwestspaniens immer wieder begegnet.

Ähnlich verlassen wie Foncebadón liegt Manjarín, eng zieht sich dann die Straße ungepflastert durch Acebo. Kaum glaubt man, daß solche Ortschaften regelmäßigen Busverkehr kennen. Und man blinzelt dann etwas verwirrt, wenn man unvermittelt in Ponferrada der angestammten Zivilisation wieder begegnet.

Ponferrada

Geschäftig, staubig und lärmend ist der erste Eindruck, den man von Ponferrada, dem Zentrum der fruchtbaren Landschaft des Bierzo am Sil, gewinnt und der sich bald vertieft. Immer wieder trifft man auf Spuren des Bergbaus, der seit römischer Zeit, als man nicht weit entfernt bei Las Medulas Goldgruben und Sklaven ausbeutete, aus dem Bierzo nicht wegzudenken ist. Die heutige Stadt beginnt, wie so oft entlang des Pilgerweges, mit einem Brückenschlag. Ende des 11. Jahrhunderts läßt Bischof Osmundo von Astorga die namengebende pons ferrata, eine mit Eisen verstärkte und gesicherte Steinbrücke über den Sil erbauen. Es wird vermutet, daß sie etwas weiter flußaufwärts im Stadtteil Compostilla stand. Spuren sind seit dem Beginn unseres Jahrhunderts nicht mehr zu sehen.

Die Einkünfte des Wegezolls an der Brücke fielen dem Bischof von Astorga zu. Die Herrschaft über den aufstrebenden Ort erhielt der Templerorden. Er ließ die noch heute malerisch am Abhang über dem Flußtal gelegene Festung zu Beginn des 13. Jahrhunderts errichten, die nach langer Vernachlässigung inzwischen restauriert auch besichtigt werden kann. Ritter der Festung sollen um 1200 ein altes Marienbild wiederentdeckt haben, das lange zuvor zu Füßen einer Eiche versteckt worden war, um es vor einem Streifzug der Araber zu verbergen. Der hei-

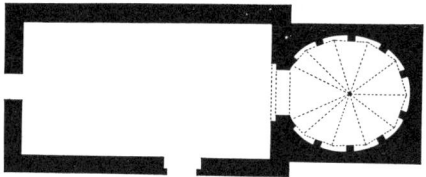

Ponferrada. Santo Tomás de las Ollas, Grundriß und Schnitt

lige Toribius, der uns bereits als Bischof von Astorga begegnete, soll es von einer Wallfahrt nach Jerusalem mitgebracht haben. Der heutige Bau der vielbesuchten Wallfahrtskirche der Nuestra Señora de la Encina, unserer Herrin von der Eiche, wurde im 16. Jahrhundert erbaut, im 17. Jahrhundert verändert. Sehenswert sind die reichen Schätze der Schatzkammer, wenn es gelingt, Zutritt zu erlangen.

Von der einstigen militärischen Bedeutung des Ortes spürt man heute nur noch wenig. Nur der Torre del Reloj, der Uhrenturm, engt die schmale Straße im Stadtzentrum noch als letzter Zeuge der Stadtmauer noch mehr ein. Er erinnert daran, daß der Brückenkopf inmitten des Bergbaugebietes wichtig war, nach wechselhaftem Geschick schließlich Ende des 15. Jahrhunderts in den Besitz der Katholischen Könige überging.

Aus noch älteren Zeiten, als nach dem Sturm der arabischen Eroberung Mönche aus Córdoba Zuflucht und Sicherheit in der grünen Einsamkeit des Bierzo suchten, stammt das kleine mozarabische Kirchlein **Santo Tomás de las Ollas.** Auf der N VI in Richtung Astorga biegt nach kurzer Strecke eine kleine Straße nach links in ein Gebiet schlampig errichteter Häuser und vernachlässigter kleiner Fabriken ab. Inmitten dieser Trostlosigkeit steht der bescheidene Doppelkubus der Kirche. An den einfachen Saal des Schiffs schließt sich der ovale Altarraum mit Hufeisenbogenarkaden geschmückt, von einer Kuppel überfangen, über einen Hufeisenbogen zugänglich, als immer noch gelungene Überraschung an. Unvermittelt steht man in der strengen Gesinnung eines vergangenen Jahrtausends.

Das erstaunt bei der zierlichen Kirche von **Santiago de Peñalba** weniger, die knapp 20 km weiter südlich von Ponferrada in herrlicher Lage unterhalb des Gipfels des Cabeza de la Yegua (2135 m) liegt. Hier in der kaum veränderten Einsamkeit der Bergtäler hatten schon vor einem Jahrtausend Bischof Gennadius von Astorga und seine Mönche Ruhe gesucht. Nach dem Verlassen seines Bischofssitzes lebte er hier noch 19 Jahre. Im 16. Jahrhundert ließ die Herzogin von Alba seine Gebeine nach Valladolid übertragen. Das Kirchlein entstand wohl im dritten Jahrzehnt des 10. Jahrhunderts unter seinen Nachfolgern Fortis und Salomon. Für den Gründer der Mönchsgemeinschaft wurde dabei die Westapsis reserviert. Der niedrigen Apsis folgt das schon höhere Quadrat des tonnengewölbten Schiffs, in der Höhe noch gesteigert, von einer Kuppel überspannt, ragt dann turmartig die Vierung auf. Die Ostapsis auf hufeisenförmigem Grundriß bleibt in der gleichen Höhe wie die Westapsis. Immer wieder greift man auf Hufeisenbögen zurück. Die schönsten bleiben die beiden zum ajimez wie ein Fenster zusammengefaßten Bögen des Südportals, deren Linie vom Profil des alfiz umschlossen werden. Der Putz ist verschwunden. Das Gestein des Mauerwerks greift auf die Umgebung zurück. Aber sie ist verwandelt vom Anhauch des Geistes.

Von Ponferrada nach Santiago de Compostela

Manches liegt auf der letzten großen Wegstrecke noch am Wege. Ruhmreiche Namen, durch Jahrhunderte von den Pilgern mit Bewunderung genannt, sind darunter. Aber die Spuren dieser großen Vergangenheit sind oft kaum noch zu sehen. Vernachlässigung und Zerstörungen, Verlust der einstigen wirtschaftlichen Bedeutung haben ihre Wirkungen gezeigt. Ungebrochen ist der Reiz der Landschaft, in die atlantische Tiefausläufer mit konstanter Regelmäßigkeit Regen liefern. Zugleich bleibt es warm genug, daß man bald den ersten Eukalyptusbäumen begegnet, deren rauchig riechendes Holz als Fußbodendielen und Möbelholz fast allgegenwärtig ist.

Zuerst aber muß die Entscheidung über die zu wählende Route fallen. Die alte Pilgerstrecke entspricht bis zum Puerto de Pedrafita do Cebreiro mit 1109 m der heutigen N VI. Dann zog man geradewegs über Cebreiro, Triacastela, Sarria und Portomarin zur heutigen C 547 nach Santiago de Compostela. Die Strecke ist fahrbar und empfehlenswert, auch wenn sie mehr Zeit erfordert. Wer es eiliger hat, folgt der N VI bis Lugo, fährt ein Stück von 20 km auf der N 640 in Richtung Süden bevor er dann ebenfalls auf die C 547 trifft. Eine Alternative im zeitlichen Rahmen und auch mit ihrem Angebot an Sehenswürdigkeiten bietet die südliche Strecke über Orense. Wir folgen erst einmal der alten Pilgerstrecke.

Sie lief über den kleinen Ort Cacabelos während die gut ausgebaute N VI heute knapp an den Ruinen des Zisterzienserklosters Carracedo vorbei einen weiten Bogen durch die Talebene nach

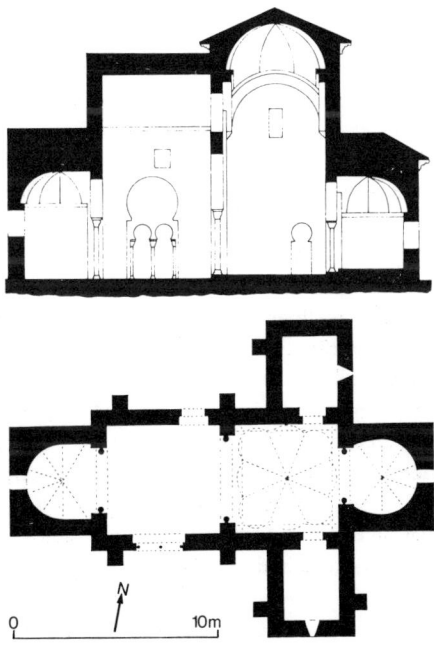

Santiago de Peñalba, Grundriß und Schnitt

Villafranca del Bierzo zieht. Die ›Villa francorum‹ trägt noch im Namen die Erinnerung an ihre erste Besiedlung durch Einwanderer von jenseits der Pyrenäen, denen Alfonso VI. Ende des 11. Jahrhunderts hier eine neue Heimat bot. Bis heute wirkt die Pilgerstraße nach. Die verwitterte romanische Puerta del Perdón der Kirche Santiago am Hang neben dem Friedhof wird wie in Santiago nur im Jubeljahr, wenn der Tag des Heiligen auf einen Sonntag fällt, geöffnet. Hier erhielt, wer die restliche Strecke durch Galizien nicht mehr überstehen würde, bereits die Absolution, wie er sie sonst in Santiago erhalten hätte. Die Stiftskirche, die Colegiata de Santa María, war einst der Nuestra Señora de Cluniaco, der Muttergottes von Cluny geweiht gewesen. Ihre Mönche unterhielten hier zwei Hospitäler. Südlich der N VI lohnt sich ein Abstecher nach **Corullón** mit der Ruine der Burg der Grafen von Villafranca oder dem Portal der Kirche San Estéban. Auf der N VI weiter sind es dann nur noch wenige Kilometer bis zum Paß von Pedrafita do Cebreiro. In Pedrafita auf der Höhe folgt die schmale LU 634 dem Pilgerweg.

Zumindest **Cebreiro** sollte man gesehen haben, auch wenn man dann auf die schnellere Streckenführung der N VI zurückkehrt. Hier beginnt Galizien. Alfonso VI. etablierte hier in 1300 m Höhe 1072 ein Priorat der Benediktinerabtei von Aurillac. Eine Kirche bestand bereits. Fast schon in sich zusammengestürzt, hat man sie 1962 erneuert. Die schlichten Arkaden der dreischiffigen Anlage, die rechteckigen Apsiden gehen noch aufs 9. und 10. Jahrhundert zurück, das ist der älteste Bau an der Pilgerstrecke. Die Außenmauern der Seitenschiffe und die Westfront mit der Kapelle für den Taufstein, der noch zum Untertauchen eingerichtet ist, wie es bis ins 13. Jahrhundert üblich war, sind jüngeren Datums.

Neben der Muttergottesskulptur des 12. Jahrhunderts in ihrer erneuerten farbigen Fassung sind die Reliquien eines eucharistischen Wunders heute wieder jedes Jahr am 8. und 9. September Ziel einer Wallfahrt. Es soll um 1300 gewesen sein, daß hier einer der Mönche des Priorats unwillig und voll Zweifel in Anwesenheit eines armseligen Bauern, der trotz schlechten Wetters den Weg zur Kirche gewagt hatte, die Messe feierte. Zweifel an der Realität der eucharistischen Wandlung waren im hohen Mittelalter mehrfach Grundlage eines Wunders. Hier wandeln sich Brot und Wein in Fleisch und Blut vor den nun geöffneten Augen des Mönchs. Kelch und Patene, Arbeiten des späten 12. Jahrhunderts, und das Doppelreliquiar für die Reliquien des Wunders sind noch heute sichtbares Ziel der Wallfahrt im Gedenken an das Milagro del Cebreiro, an das Wunder von Cebreiro.

Den schlichten Bau des Priorats hat man in eine Herberge verwandelt. Hier zeigt man mit Stolz ein rätselhaftes bronzezeitliches Relief mit Reiterdarstellungen. Es ergänzt die Atmosphäre, die vor den Türen die restaurierten ovalen Bauten, aus Bruchsteinen aufgeschichtete, mit Stroh gedeckte pallozas bieten. Museal wird hier eine Erinnerung an die Vergangenheit festgehalten, die in Galizien noch an mancher Stelle nachklingt – sei es in den horreos, den auf Stelzen gesetzten Speicherbauten oder in den schweren Fuhrwerken mit ihren schwer beschlagenen Scheibenrädern. Über Triacastela, wo von den drei namengebenden Burgen keine Spuren sichtbar sind, geht die Strecke weiter über Samos und Sarria nach Portomarín. Hier führte eine wichtige Brücke über den Miño. Inzwischen sind die letzten Spuren der romanischen Brücke über den Miño im aufgestauten Fluß verschwunden. Sie war eine zentrale Station des Pilgerwegs. Seit 993 war der Ort im Besitz des Bistums Santiago und als Königin Urraca zu Beginn des

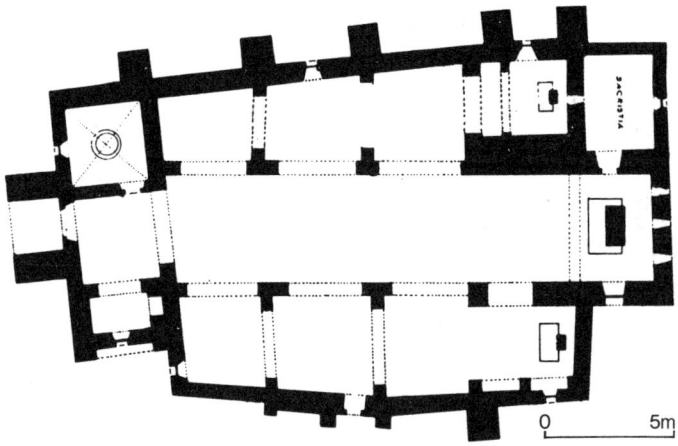

0   5m

12. Jahrhunderts in kriegerischen Auseinandersetzungen die Brücke zerstören läßt, wird sie rasch wieder aufgebaut. Hier überliefert der lateinische Pilgerführer sogar den Namen Petrus Peregrinus für den leitenden Architekten. Nach Aussage des lateinischen Pilgerführers drohten auf dem folgenden Weg bis Santiago große Gefahren. Die Wälder wurden einerseits von Dirnen bevölkert, die wie Wegelagerer den Pilgern nachstellten. Genauso gefährlich für die Börsen der Pilger, weniger für ihr Seelenheil, waren andererseits Schlepper, die ihre Opfer Pilgerherbergen in Santiago zuführten, wo sie mit überteuerten Kerzen, schlechtem Essen und gepanschtem Wein um ihre Besitztümer und die Kirche um die eigentlich ihr zustehenden Opfergaben gebracht wurden.

Bevor Portomarin in den Wellen des Stausees versank, versetzte man das Kirchlein San Pedro und den Palast der Berbetoros in den neuen Ort. Sein Zentrum aber bildet die Stein für Stein übertragene Kirche San Juán. Als erstes fallen die steilen Zinnen auf, die über den streng ge- schnittenen Wänden des einschiffigen Baus an die immer wieder umkämpfte Situation des Ortes erinnern. Die Johanniter trugen Sorge für Kirche und ein Hospital, das den Pilgern offenstand. An den strengen Kubus des Kirchenschiffs ist die Apsis angesetzt, und in der Wand darüber öffnet sich ebenso wie nach Westen eine Rosette. Die drei Portale erinnern im Westen, Süden und Norden an das Jüngste Gericht, an den neuen Patron San Nicolás und die Verkündigung an Maria. Aber sie sind weniger eindrucksvoll als der weite und hohe Raum des Schiffs mit seinen hochgelegenen Fenstern, mit enggestaffelten Gurtbögen von einem Tonnengewölbe überspannt, das nur im Osten durch ein Kreuzgerippengewölbe ergänzt wird. In der Tristesse des zu wohlgeplanten Ortes ein Erlebnis.

Nach gut 8 km auf der N 640 nach Norden führt dann die C 547 nach Santiago de Compostela. Auf diesen letzten kaum 100 km sei ein kleiner Abstecher empfohlen. Nach etwa 10 km auf der C 547 führt eine schmale Straße rechts nach **Villar de Doñas**. Ein dreifacher Bogen rahmt den Zugang zur kleinen romanischen Kirche, die heute als Pfarrkirche dient. Zwei mit stolzen Rit- tergestalten und Wappen belegte Sarkophage, dabei auch das Wappen des Santiago-Ordens mit

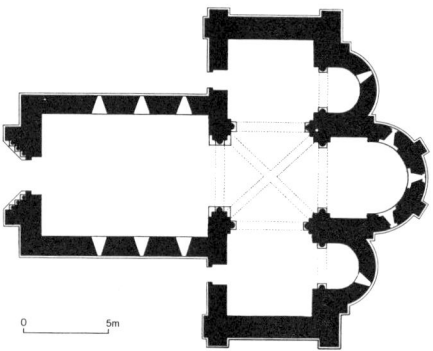

0 5m

Villar de Doñas, Grundriß

Muschel und Schwert, erinnern an eine glänzendere Vergangenheit. 1175 bestätigte Papst Alexander III. die Gründung des neuen Ritterordens. 1184 stiftete Don Juan Arias de Monterroso, Dekan der Kathedrale von Santiago, die Einkünfte und Besitzungen des kleinen Nonnenklosters seiner Familie dem zweiten Großmeister des Ordens Don Sancho Fernández. Ein reich gearbeitetes Portal ohne Tympanon wird noch von Türen mit den romanischen Eisenbeschlägen verschlossen. Solche Türen sind selten geworden. Einschiffig öffnet sich der Kirchenraum dahinter mit seinen Grabdenkmälern. An das breitgelagerte Querhaus sind direkt drei Apsiden angesetzt, deren mittlere noch Spuren jüngerer Ausmalung aufweist. Hier trafen sich jährlich die galizischen Santiago-Ritter zu ihren Kapitelsitzungen und noch im frühen 19. Jahrhundert gilt Vilar de Doñas als bescheidenes Priorat des Hauptsitzes des Ordens, des großen Hospitals San Marcos in León.

Über Melide und Arzúa führt der Weg dann weiter. Vor Santiago selbst ruft in den Eukalyptuswäldern, denen die ständige Feuchtigkeit zu rasantem Wachstum verhilft, nur Labacolla, heute der Flughafen von Santiago de Compostela, noch einmal den lateinischen Pilgerführer in Erinnerung. Hier pflegten, so notiert der lateinische Pilgerführer, die französischen Pilger ihren gesamten Körper, »apostoli amore« aus Liebe zu Jakobus zu waschen und zuvor auch die Kleider abzulegen. Nun war es nicht mehr weit bis zum ersehnten Ziel. Kurz vor der Autobahn liegen die wenigen Häuser des kleinen Ortes San Marco. Hier erhebt sich links der Straße mit 368 m Höhe der Monte del Gozo, der »Mons Gaudii« – Berg der Freude, erstmals die Türme der Kathedrale von Santiago in noch 5 km Entfernung erblicken zu können. Der erste einer Pilgergruppe, dem dies gelang, wurde oft als ›König‹ bezeichnet. Mancher französische Leroy oder deutsche König trägt da wohl noch das Andenken an einen wallfahrenden und lauffreudigen Vorfahren mit sich herum.

Abstecher nach Norden: Lugo, Betanzos, La Coruña, San Martín de Mondoñedo, Bóveda

Auf dem Weg nach Santiago kann man, statt der alten Pilgerstrecke über Sarría zu folgen, auf der N VI die Fahrt über Lugo fortsetzen. Lugo und einige Abstecher, die man von dort aus machen kann, lohnen diese Strecke, wenn man sie nicht aus Gründen der reinen Zeitersparnis wählt.

Lugo ist berühmt durch seine römischen Stadtmauern von gut 2 km Länge, die im 3. Jahrhundert errichtet, trotz mancher Zerstörungen immer noch Höhen von 10 bis 15 m erreicht. Nachdem sie 1921 zum Monumento Nacional erklärt wurde, hat man sie in den letzten Jahrzehnten von Anbauten befreit und gesichert. Sieben Tore sind erhalten, darunter die Puerta de Santiago, die die Pilger, die schon damals manchmal den Weg über Lugo wählten, auf den Weg zum Pilgerziel führte. Eine Fülle römischer Funde und auch mittelalterlicher Objekte bietet das Museo Provincial.

Hinter der klassizistischen Westfassade der Kathedrale, die Ende des 18. Jahrhunderts nach Plänen von Sánachez Bort und Ferro Caaveiro entstand, verbirgt sich noch der romanische Bau, den nach 1129 der Architekt Raimondo de Monforte plante. Die Capilla mayor ersetzt gotisch seit dem 14. Jahrhundert die romanischen Apsiden. Hier führte 1762 der französische Architekt Charles de Lemaur zeitgemäße Umbauarbeiten durch, die die passende Umgebung für den neuen Hochaltar schaffen sollten, in dem immer das Allerheiligste ausgestellt ist. Die Achskapelle des Chorumgangs, Capilla de Nuestra Señora de los Ojos Grandes, der romanischen Madonna mit den großen Augen, ist 1726–37 in farbigem Marmor nach Plänen des Architekten Fernando de Casas y Nóvoa, der auch die Pläne für die Westfassade der Kathedrale von Santiago de Compostela schuf, entstanden. Die offiziell 1904 gekrönte Marienfigur ist die Patronin der Stadt, die schon Königin Urraca rühmte.

Für eine weiter ausgreifende Rundfahrt in den Nordwesten Galiziens seien hier nur ein paar Zielpunkte angedeutet: Nach Westen zur buchtenreichen Küste der Rías altas, der fjordähnlichen tiefen Buchten der galizischen Küsten trifft man in **Betanzos** neben den Stadttoren und der Santiago-Kirche auf den elegant geschnittenen Bau der gotischen Kirche San Francisco und dann gut 20 km weiter auf die altehrwürdige Hafenstadt **La Coruña**. Hier erhebt sich seit dem 2. Jahrhundert ein römischer Leuchtturm ›Torre de Hercules‹ mit gut 100 m. Am Ende des 18. Jahrhunderts, als die als Außenrampe ringsum geführte Treppe morsch wurde, entstand der heutige rechteckige Außenbau als Rahmung der Treppenanlage. Aber auch der Hafen, die Kirchen oder die gläsernen Fassaden der Avenida de la Marina und die Altstadt reizen zum Bummel durch die Stadt. Entlang der Küste kann man in weitem Bogen nach Lugo zurückkehren. Strände und Buchten locken zum Verweilen. Noch bevor die Straße hinter Foz nach Lugo wieder ins Innere führt, liegt wenige km entfernt die frühromanische Kirche des ehemaligen Bischofsitzes **San Martín de Mondoñedo.** Berühmt ist das heute auf dem Altar aufgestellte Relief des Jüngsten Gerichtes mit seinen präzise geschnittenen Körpervolumen und Linienfüh-

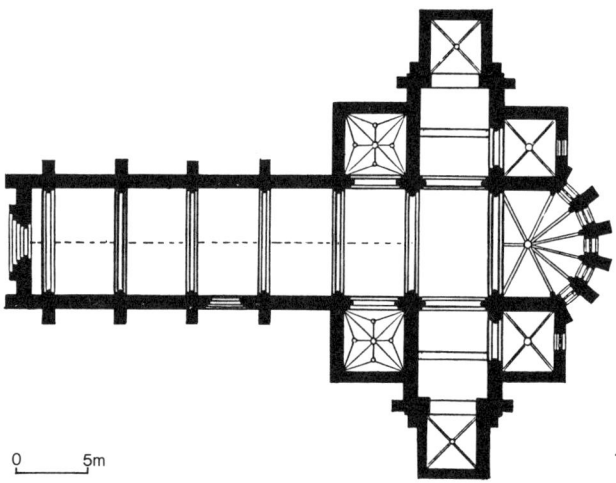

0 5m

Betanzos. San Franzisco,
Grundriß

rungen. Aber auch Mondoñedo selbst, wohin 20 km weiter landeinwärts im Jahre 1112 der Bischofssitz verlegt wurde, lohnt mit der reizvollen Architekturmischung seiner Kathedrale einen Aufenthalt (Abb. 88). Schließlich kann man sich auf dem Weg von Lugo nach Santiago de Compostela noch mit einem spätantiken Rätsel beschäftigen. Sind die Vögel und Blumen der Wandmalereien des Gewölbes des 4. oder 5. Jahrhunderts, das man unter der kleinen Kirche Santa Eulalia in **Bóveda** entdeckte, heidnische oder christliche Symbole einer Paradiesesvorstellung? Den Schlüssel zur Kirche erhält man in der Poststation.

Abstecher nach Süden: Orense, Celanova, Baños de Bande, Pontevedra, Padrón

Hier ist die alte Bischofsstadt Orense am Miño das wichtigste Ziel. Von Ponferrada aus folgt die N 120 und ab A Rúa die C 533 immer wieder dem Sil. Der schönste Talabschnitt allerdings, nordöstlich Orense mit den Ruinen des romanischen Klosters Ribas de Sil über der Talschlucht ist nur über schlecht befahrbare Straßen zugänglich. Aber unvergeßliche Landschaftseindrücke lohnen das Abenteuer. In der römischen Gründung **Orense** residierten im 6. und 7. Jahrhundert die suebischen Könige. Weit spannen sich die gotischen Bogen der Brücke über den Miño auf den romanischen, vielleicht noch römischen Pfeilern und auch in ihrer barocken Fassung sprudeln noch immer die warmen Quellen von Las Burgas. Inmitten des Häusermeers der Altstadt mit ihren engen und oft steilen Gassen stößt man dann auf die im Kern romanische Kathedrale San Martín. Als Westportal entstand hier mit dem Pórtico del Paraíso um 1240 eine reizvoll pro-

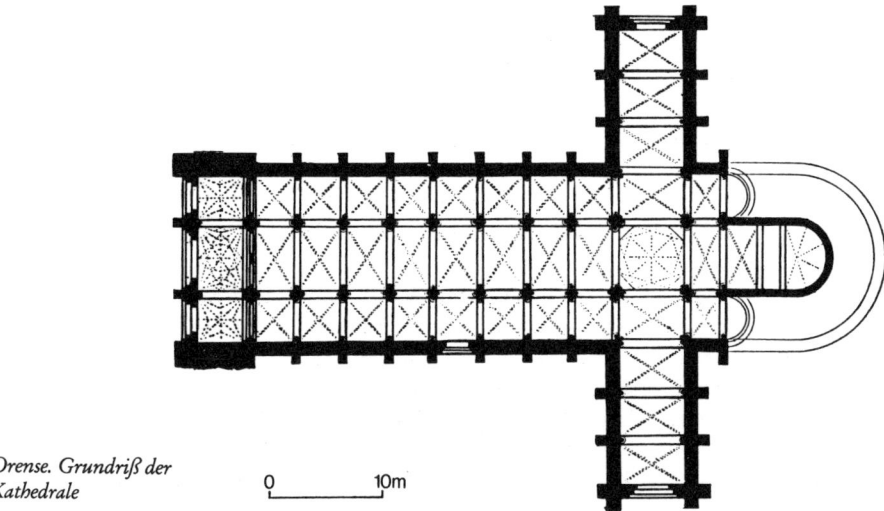

Orense. Grundriß der Kathedrale

0   10m

vinzielle Nachfolge des Pórtico de la Gloria des Meisters Matheus in Santiago de Compostela. Der Apostel selbst sitzt am Mittelpfeiler mit einem beweglichen Schwert ausgerüstet, wohl um in eigener Person den Ritterschlag erteilen zu können (Farbabb. 25). Portale von barock wuchernder romanischer Bildhauerarbeit, straff geschnittene Sarkophage aus den Übergängen von Romanik zur Gotik, der spätgotische Prunk des Hauptaltares von Corneilles de Holanda und schließlich die barocke Phantasie der Capilla del Santo Cristo, eines der vier Bilder Christi, die der Legende nach Nikodemus schuf und das im 14. Jahrhundert vom Meer angeschwemmt in die Kathedrale kam, faszinieren den Besucher.

Pontevedra. Santa María Mayor, Grundriß und Schnitt

247

Weiter nach Süden ausgreifend bietet **Celanova** die kleine mozarabische Kapelle Sàn Miguel des 10. Jahrhunderts (Abb. 81) und **Baños de Bande** den westgotischen Bau des 7. Jahrhunderts der Kirche Santa Comba, der im 9. Jahrhundert nach den Verwüstungen durch die arabischen Invasoren erneuert wurde. Zur Küste hin mit den tiefen überfluteten Tälern der Rías erreicht man die Hafenstadt Vigo und weiter nach Norden die Stadt **Pontevedra**, die sich gern rühmt, eine griechische Gründung zu sein. An den ehemaligen Reichtum des inzwischen versandeten Hafens erinnert der spätgotische Prunk der Basilica Santa María la Mayor (Abb. 89). Die Hauptfassade stammt von Corneilles de Hollanda, Leiter einer großen Werkstatt, der auch den Hauptaltar der Kathedrale von Orense schuf.

Die letzte Station auf diesem Weg nach Santiago ist **Padrón**. Hier, einst Hafen am Ulla, landete die Legende das Boot mit dem Leichnam des Apostels Jakobus an. Unter dem Altar der Pfarrkirche am Ufer des Sar wird hinter einer Platte immer noch der Pfeiler gezeigt, an den das Boot anstieß und an dem man es befestigte. Aus einer ursprünglich keltischen Ansiedlung entwickelte sich das römische Iria Flavia, dessen Bischof Theodemir zu Beginn des 9. Jahrhunderts im verlassenen Gebiet des heutigen Santiago de Compostela die Gebeine des Apostels entdeckte. Damit war auch der Anlaß gegeben, nach Zerstörungen durch Almansor im Jahre 997 und später durch die Normannen, schließlich 1095 unter Bischof Dalmutius den Bischofssitz nach Santiago zu verlegen. Die Collegiata Santa María ist die frühere Kathedrale. 20 km sind es nun noch bis zum Ziel der Pilger.

Santiago de Compostela

Santiago bleibt unvergeßlich. Man begegnet keiner romanischen Pilgerstadt, wie man nach dem Ruhm der mittelalterlichen Wallfahrt erwarten möchte. Die Hauptstadt Galiziens hat einen ganz eigenen Zauber, der auf der Kraft der mittelalterlichen Legende gründet. Der Reichtum des 17. und 18. Jahrhunderts ist die Grundlage der Stadtarchitektur. Sie ist Gesamtkunstwerk im ursprünglichen Sinne, alle Sinne erfassend. Die barocke Architektur in Santiago ist streng, kubisch, selten zu bewegten Ausbrüchen aufsteigend, die dann um so nachhaltiger wirken. Die Westfassade der Kathedrale ist dafür das beste Beispiel und zugleich die Zusammenfassung aller anderen Akzente.

Die Stadtarchitektur verwirklicht die Ideale, die schon im späten 16. Jahrhundert von dem Architekten Juan de Herrera formuliert wurden. Aber im Gegensatz zum Escorial oder zu seiner unvollendeten Kathedrale in Valladolid fühlt sich der Bewohner, der Besucher der Stadt nicht verachtet, als Nichts vor dem Antlitz Gottes und des Architekten. Die Architektur hält menschliches Maß. Sie birgt und bietet Schutz, erdrückt aber nicht.

82 Galizischer Maiskolbenspeicher ▷

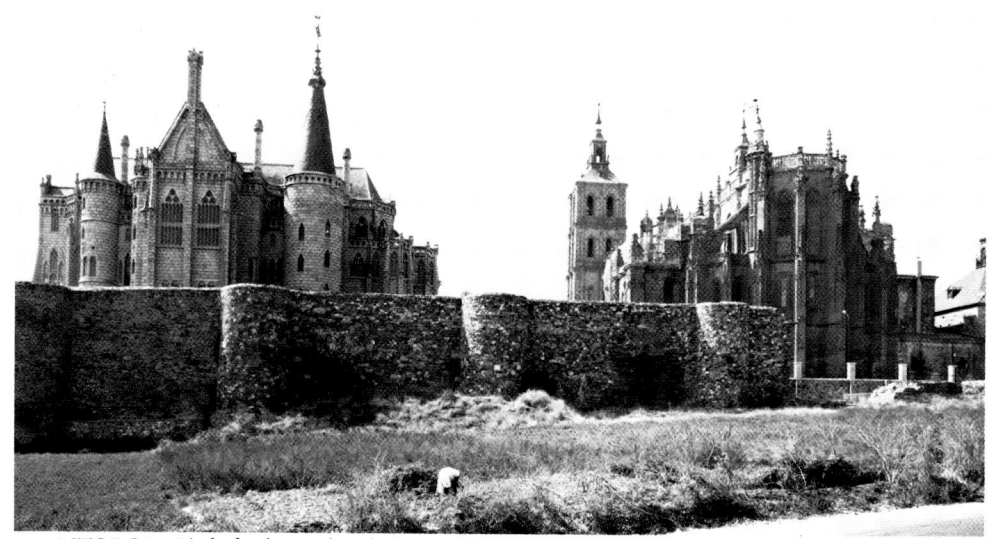

84 ASTORGA Bischofspalast und Kathedrale hinter der römischen Stadtmauer

◁ 83 ASTORGA Westfassade der Kathedrale

85 Friedhof in GALIZIEN

86 BETANZOS ▷

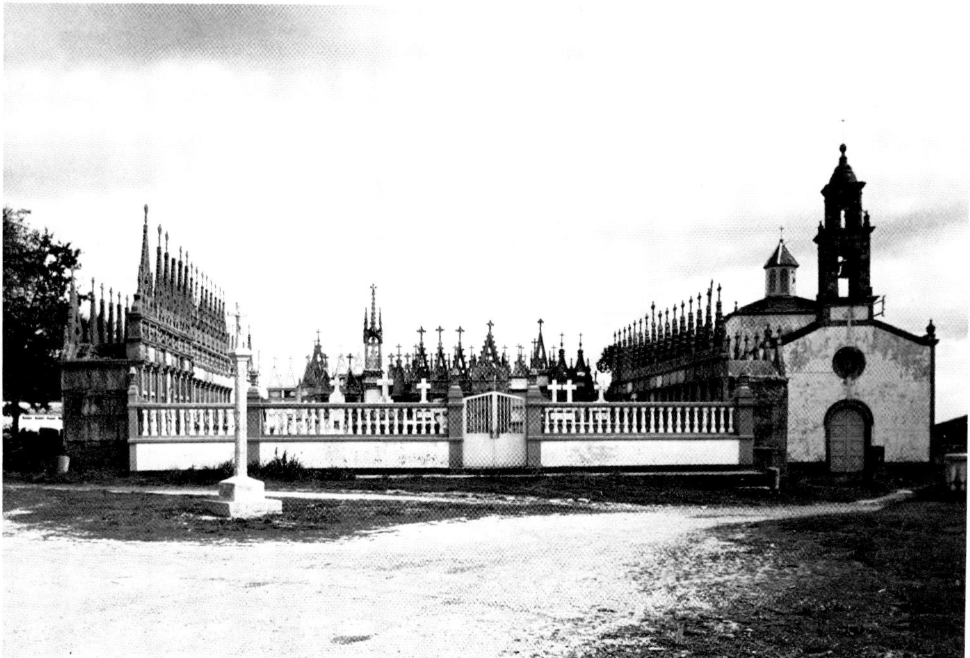

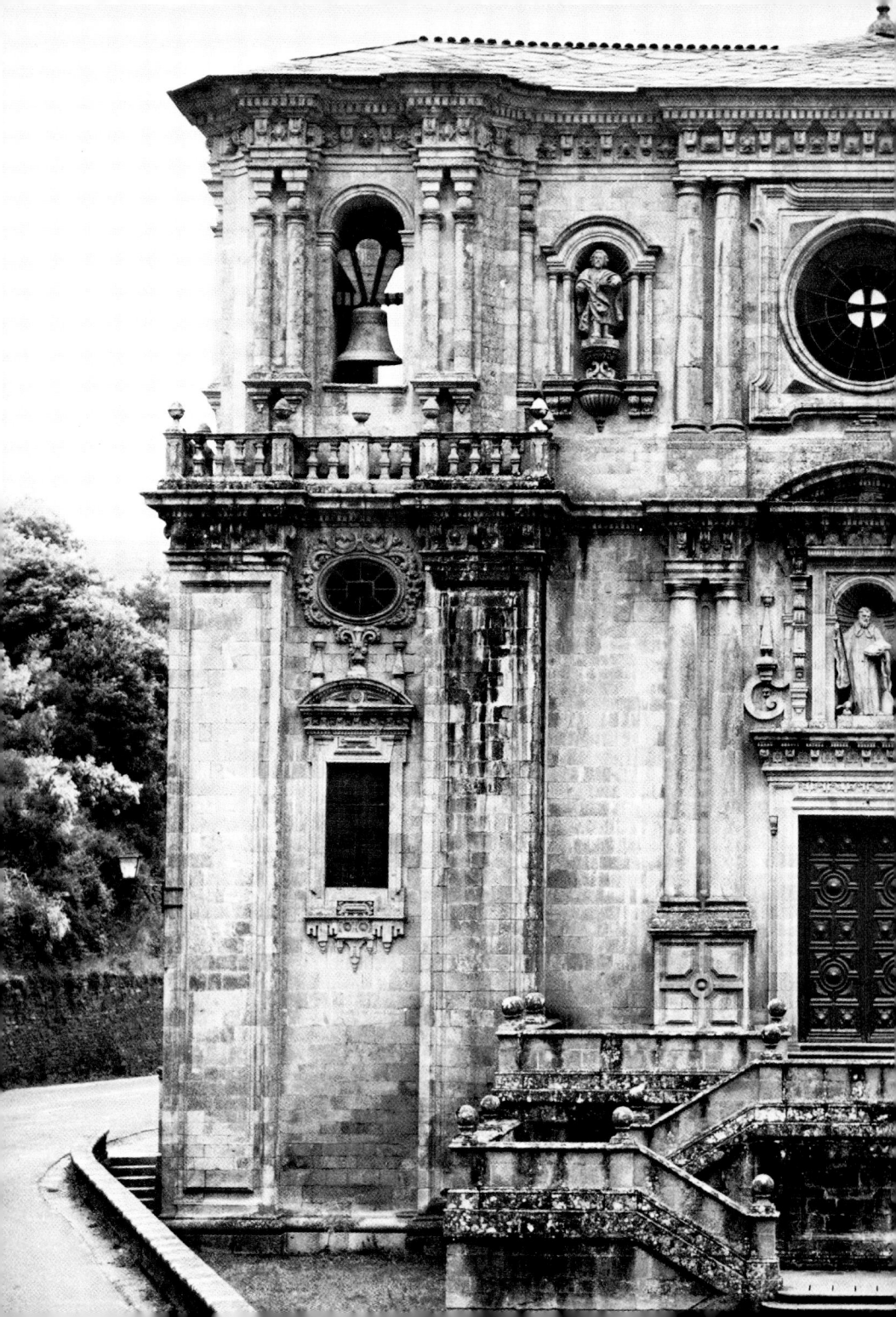

88 MONDOÑEDO Kathedrale

◁ 87 SAMOS

89   PONTEVEDRA   Santa María la Mayor

90 SANTIAGO DE COMPOSTELA Türme der Kathedrale

92 SANTIAGO DE COMPOSTELA Kathedrale Portal der Silberschmiede, Detail

93 SANTIAGO DE COMPOSTELA Kathedrale Portal der Silberschmiede König David

94 SANTIAGO DE COMPOSTELA Die »Alte Kathedrale« ▷

95 SANTIAGO DE COMPOSTELA Kathedrale
Blick ins südliche Querhaus

96 SANTIAGO DE COMPOSTELA
San Martín Pinario

97 SANTIAGO DE COMPOSTELA Platz der Silberschmiede mit dem Haus des Kapitels

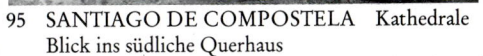

Sie formuliert ihre Gedanken und Ideale in einheimischem Material, in galizischem Granit. Dies ist der allgegenwärtige zweite Faktor, ohne den Santiago de Compostela nicht vorzustellen ist. Bauten, Plätze und Straßen im alten Stadtkern sind wie aus einem Guß. Im gleichen warmen und hellen Farbton gehen Straßen, Plätze und Bauten ineinander über. Die Oberfläche lebt. Der allgegenwärtige Regen, ohne den man sich Santiago kaum in Erinnerung rufen kann, löst Kristalle aus der Oberfläche der Steine, rundet die Kanten. Eine naturhafte Weichheit formt die Konturen. Die ständige Feuchtigkeit nährt auch die endgültige Farbgebung der Oberfläche, gestaltet den letzten Akzent der farbigen Fassung der Stadtarchitektur. Überall breiten sich Flechten aus. Goldgelb, rostrot und in silbrigem Grau setzen sie ihre Tupfen in die Flächen des Granits. Aufleuchtend nach einem Regen geben sie der Architektur die letzte Vollkommenheit.

Das barocke Erscheinungsbild bildet den frühen mittelalterlichen Stadtplan wieder ab. In der mauerartigen Fluchtlinie der Häuser im Osten der Kathedrale, mit der Plaza de la Quintana als Mittelpunkt, das Kloster San Pelayo einschließend, ist der erste mittelalterliche Stadtkern noch zu erkennen. Keine 300 m Durchmesser hatte das Städtchen um die Jahrtausendwende. Dann folgt die Erweiterung nach Norden und nach Süden, dort im gleichmäßigen Zug der Straßen erst parallel und dann zur Puerta Fajera zusammentreffend, mit der großzügigen Parkanlage des Paseo de la Herradura als Kontrapunkt. Inmitten der heutigen Parkanlage steht die Ruine der Kirche Santa Susana, geweiht im Jahre 1102 von Erzbischof Diego Gelmírez noch unter dem Titel Santo Sepulcro für die Reliquien der heiligen Susanna und weitere Schätze, die er aus Braga in Portugal mitgebracht hatte. Teile der Portalanlage hat man nach Ausgrabungen Ende des 19. Jahrhunderts wieder aufgerichtet. Den Spuren der langen Herrschaft des tatkräftigen und ehrgeizigen Erzbischofs Diego Gelmírez (1098–1140) werden wir in dieser Stadt noch oft begegnen. All sein Wirken, seine Bestrebungen, seine Projekte sind ohne die Reliquien des heiligen Apostels Jakobus des Großen, Sohn des Zebedäus, Bruder des Apostels und Evangelisten Johannes nicht vorzustellen.

Reliquien im allgemeinen und die des Apostels Jakobus im besonderen sind ein unerschöpfliches Thema für Legenden, für wissenschaftliche und unwissenschaftliche Diskussionen. Oft geht es dabei hoch her. Und da die zur Verfügung stehenden Tatsachen keine endgültige Entscheidung zulassen, wird das Thema auch für die kommenden Generationen seinen Reiz behalten. Dabei birgt unsere Muttersprache mit der immer noch gebräuchlichen Redewendung demonstrativen Zweifels: »Das ist nicht der wahre Jakob« ein altes Belegstück dieser Auseinandersetzungen. Denn neben Santiago de Compostela beanspruchte auch St. Sernin in Toulouse, die Reliquien des Apostels zu besitzen. Das vermochte ebensowenig wie Zweifel daran, daß der Leichnam des Apostels überhaupt nach seiner Enthauptung auf Befehl des Herodes Palästina verlassen habe, den Erfolg der Auffindung seiner Gebeine zu mindern.

Bereits die Predigt zum Fest des Heiligen, die im Codex Calixtinus unter dem Namen des Papstes Calixt II. (1119–24) überliefert wird, der auch Autor des gesamten Sammelwerkes sein soll, wettert gegen die Vielzahl verschiedener Legendenformulierungen seiner Zeit. Aber bei

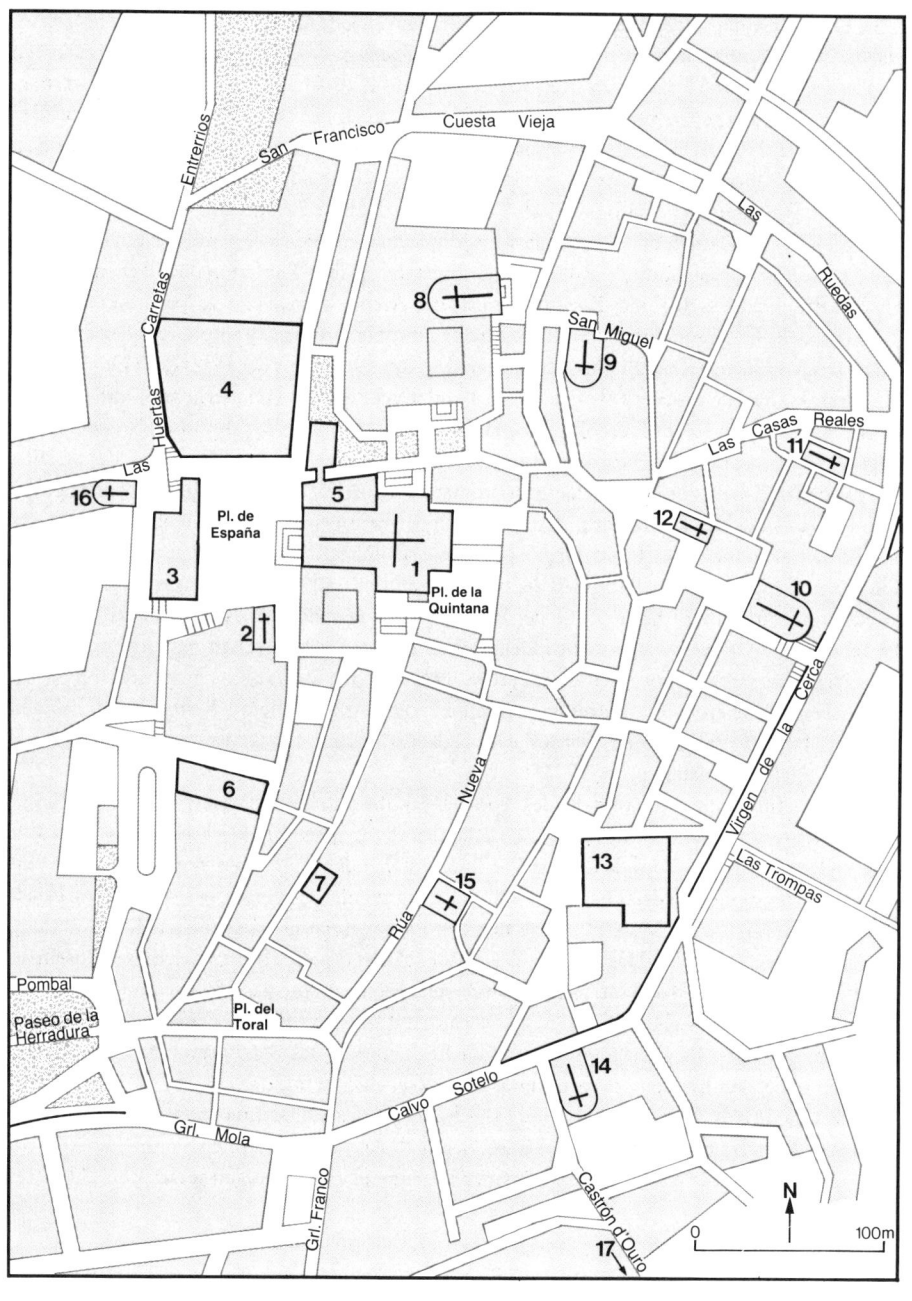

Entrerrios

San Francisco   Cuesta   Vieja

Las

Ruedas

San Miguel

8

9

Carretas

4

Las   Casas   Reales

11

Huertas

Las

16

12

Pl. de
España

5

10

3

1

Pl. de la
Quintana

2

Virgen   de   la   Cerca

6

Nueva

7

13

Rúa

15

Las Trompas

Pombal

Paseo de la
Herradura

Pl. del
Toral

14

Grl. Mola

Calvo Sotelo

Grl. Franco

Castrón d'Ouro

N

17

0   100m

Französische Darstellung des 18. Jahrhunderts einer Pilgerprozession in Santiago de Compostela

einer so populären Story kann man in einer fabulierfreudigen Zeit kaum das Festhalten an einer kanonischen Fassung erwarten. Die Legende lebt.

Jakobus soll, um die wichtigsten ›Fakten‹ zusammenzufassen, vor der Enthauptung durch Herodes Agrippa in Spanien missioniert haben. Zwei seiner Jünger, Athanasius und Theodorus, legen den Leichnam in ein Boot und, von Engeln geleitet, gelangt die kostbare Fracht in sieben Tagen nach Galizien. Von der Landestelle Padrón bringen die Jünger den Leichnam nach Compostela und bauen ein Grab und eine kleine Kapelle. Auch die beiden finden dort ihre letzte Ruhestätte. In den Wirren der kommenden Jahrhunderte gerät der Ort in Vergessenheit.

Erst unter Bischof Theodemir von Iria Flavia wird der Einsiedler Pelayo/Pelagius durch Lichterscheinungen auf das Grab des Apostels und seiner Gefährten aufmerksam gemacht – oder, um die zumindest ebenso populäre Version des Pseudo-Turpin mit der Geschichte Karls des Großen im Codex Calixtinus zu nennen, der Apostel erscheint Karl dem Großen im Traum und zeigt ihm als Wegzeichen für seinen Kreuzzug zur Befreiung des Apostelgrabes im fernen

◁ *Santiago de Compostela 1 Kathedrale 2 San Jerónimo/Colegio Fonseca 3 Rathaus 4 Hostal de los Reyes Católicos 5 Palacio Gelmírez 6 Post 7 Touristeninformation 8 San Martín 9 San Miguel 10 San Augustín 11 Santa María del Camino 12 San Benito 13 Universität 14 Le Merced 15 Santa María Salomé 16 San Fructuoso 17 Colegiata Santa María del Sar*

Initiale C des Codex Calixtinus mit Papst Calixtus II.

Galizien die leuchtende Spur der Milchstraße. Die Folgen für die Dichtung und die historischen Hintergründe kennen wir bereits aus Roncesvalles (vgl. S. 20 f.). Gegenüber der lokalen Fassung des Eremiten Pelayo bringt Karl sein ganzes gesamteuropäisches Gewicht in die Werbung für Santiago de Compostela ein. Mit der Erwähnung des von der Bevölkerung eifrig verehrten Grabes des Apostels im Martyrologium des Usuard um 860 stoßen wir auf die früheste schriftliche Notiz, die mit dem gesamten Werk Karl dem Kahlen gewidmet wird. Offizielle spanische Erwähnungen sind jünger, was in einer relativ schriftarmen und unruhigen Gegend kaum zu verwundern ist.

Vom Gewicht und der Bedeutung, die man dem Apostelgrab bald nach der Entdeckung um 820/30 beimaß, spricht die im Jahre 1955 entdeckte Grabplatte Bischof Theodemirs, der sich im Jahre 847 in einem kleinen Anbau an der Südseite des ersten Kirchenbaus am Apostelgrab der Zeit Alfonsos II. (791–842) beisetzen ließ: »IN HOC TUMULO REQUIESCIT / FAMULUS

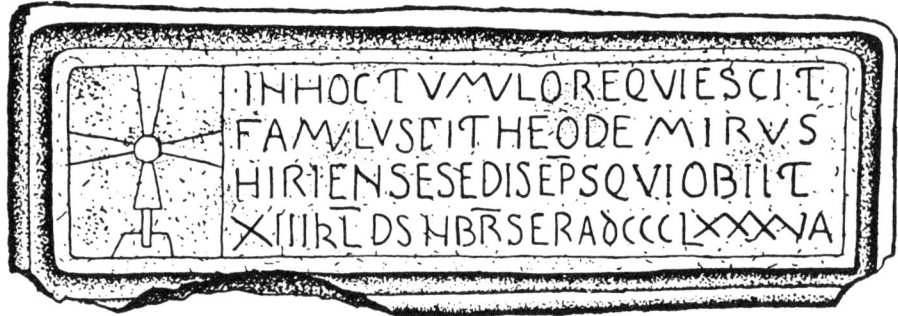

Santiago de Compostela. Grabplatte des Bischofs Theodemir

DeI THEODEMIRUS / HIRIENSE SEDIS EPiscopuS QUI OBIIT / XIII KaLenDaS Novem-
BRiS ERA DCCCLXXXVA« – in diesem Grab ruht der Schüler Gottes Theodemir, Bischof
von Iria, der am 13. Tag vor den Kalenden des Novembers (im Jahr) 885 der Era starb. Da die
»Era« mit der Julianischen Kalenderreform 38 v.Chr. einsetzt, kommt man auf den 20. Oktober
des Jahres 847.

Bischof Theodemir und König Alfonso II. gehören als Entdeckerbischof und als Bauherr der
ersten Kirche bereits zu einer Generation, die mit dem Wissen aufwuchs, daß Jakobus in
Spanien missionierte und als hilfreicher Patron des Landes gepriesen werden kann. Die erstere
der Nachrichten wird im einflußreichen Apokalypsekommentar des Beatus von Liébana
notiert, die andere ist Hauptthema eines Hymnus, der zur Zeit des übelbeleumundeten Königs
Mauregatus (783–88) entstand. Der Hymnus, als dessen Dichter teils ebenfalls Beatus von
Liébana in Anspruch genommen wird, setzt die zwölf Apostel mit zwölf Edelsteinen gleich,
beschäftigt sich aber in zwei Dritteln des Textes vorwiegend mit Jakobus: »... O vere
digne sanctior apostole, / caput refulgens aureum Spanie, / tutorque nobis et patronus
vernulus / ...« – O wahrhaft würdiger, heiligerer Apostel, goldglänzendes Haupt Spaniens,
unser Schutz und hilfreicher Patron ... Im gleichen Stil geht es noch einige Strophen weiter.
Hier ist die Einstimmung zu spüren, die die Atmosphäre für die Entdeckung des Grabes vorbereitet. Das Grab, die Reliquien des Apostels und seiner beiden Jünger, sie werden zum religiösen
Mittelpunkt des kleinen asturischen Reiches und seiner Rückeroberungsstrategie. Endgültig
manifestiert in der legendenbildenden Schlacht von Clavijo, in der der Apostel eigenhändig in
das Schlachtgeschehen eingreift. Ähnliche Vorgänge, in denen Heilige zum nationalen Symbol
werden, beobachtet man in der gleichen Generation in Venedig mit dem Evangelisten Markus
oder in Byzanz mit Apostel Andreas. Rom war mit Petrus und Paulus das beispielgebende
Vorbild.

Mit Bischof Godescalcus von Le Puy und seinen zahlreichen Begleitern erfahren wir für das
Jahr 951 erstmals von einer grenzüberschreitenden Pilgerfahrt. Sie wird, wie die Notiz im Martyrologium Usuards vermuten läßt, nicht die erste gewesen sein. Bis ein Bischof sich einer Wallfahrt anschließt, muß sie schon eine beachtliche Bedeutung erlangt haben. Zahlreich sind die
Namen der Heiligen wie Franziskus und Dominikus, der Könige und Kaiser, zahllos die hoch-
edlen und edlen Damen und Herren, die sich im Laufe der Jahrhunderte bis heute auf den weiten
Weg nach Santiago de Compostela machten. Mit Rom und Jerusalem galt Santiago als eine der
drei großen Wallfahrten des Mittelalters und der frühen Neuzeit.

Heute bekommt man mehr zu sehen als je zuvor. Über Treppen hat man Zugang zur Krypta,
in der seit 1886 die am 29. Januar 1879 bei Ausgrabungen entdeckten Reliquien des Apostels und
seiner Gefährten in einem silbernen Schrein auf dem Altar ausgestellt sind. Bis dahin hatte man
nur die Möglichkeit, wie man das auch heute noch kann, eine schmale Treppe hinter dem Altar
hochzusteigen, das silberbeschlagene Bildnis des Apostels zu küssen, das über seinem Grab
steht, und damit die so ersehnte Nähe der Reliquien zu spüren. Schon Theodemirs Versuche, die
gefundenen Reliquien von ihrem Ruheplatz zu entfernen, waren fehlgeschlagen. So errichtete
man einen bescheidenen Altar über den Gräbern, wohl den, der heute im Museum der Abtei San
Payo (Pelayo) de Anteltares gezeigt wird. Über ihm entstand die barocke Altararchitektur, die

Inschrift des Altarpfeilers im Kloster Antealtares

heute das in Gold und Silber schimmernde Zentrum der Kathedrale ist. Wer daran zweifelte, daß sich die Gebeine des Apostels unter dem Altar befanden, wie es auch der lateinische Pilgerführer schildert, der würde, so warnten die Hüter der Reliquien den rheinischen Ritter Arnold von Harff im Jahre 1496, unverzüglich verrückt wie ein tollwütiger Hund. Und wer möchte das schon! Die letzten Hinweise auf Zugänge zu den Reliquien hat man dann 1589 verdeckt, als Sir Francis Drake nach dem Untergang der glorreichen Armada in La Coruña landete und drohte, nach Santiago zu marschieren. Die 1879 wiedergefundenen Reliquien wurden aufwendig untersucht und schließlich mit der Bulle »Deus Omnipotens« Papst Leos XIII. vom 1. November 1884 der Verehrung der Gläubigen empfohlen. Aber auch die Zweifel setzen wieder ein. Mit einem berühmt gewordenen Aufsatz wies der große französische Gelehrte Louis Duchesne im Jahre 1900 erstmals und grundlegend bis heute auf die großen Lücken in der Überlieferung und die schwierigen Probleme hin, Auftreten und Grab des Apostels Jakobus in Spanien plausibel zu machen. Auf höherem Niveau, mit einer Fülle hochwissenschaftlicher Diskussionsbeiträge und Beweisführungen bleibt die alte Frage im Raum: Ist dies nun der wahre Jakob oder nicht?! Für Millionen von Pilgern und Touristen seit dem 9. Jahrhundert – noch im Heiligen Jahr 1982, als wieder einmal der Festtag des Apostels, der 25. Juli, auf einen Sonntag fiel, zählte man rund 6 Millionen Besucher – waren Grab und Kathedrale das lange ersehnte Ziel, auch ohne daß die Frage eine Lösung gefunden hätte.

Die Kathedrale

Die Plaza de España (del Obradoiro), des goldenen Werks, der oft golden im Abendlicht leuchtenden Westfassade der Kathedrale, ist einer der schönsten Plätze Europas (Farbabb. 24). Nichts weist hier darauf hin, daß hinter den barocken Fassaden die romanische Kathedrale noch fast vollständig erhalten ist. Bis ins 17. Jahrhundert prägte die unvollendete romanische Westfassade das Äußere. Auch die Plaza del Obradoiro hatte noch nicht ihre bezwingende Gestalt erhalten. Aber dazu später mehr.

Einer der ersten Schritte für die barocke Neugestaltung traf den Zugang zum Westportal. Um den Standort des Hauptaltars über dem am Hang gelegenen Apostelgrab zu wahren, war schon für die romanische Kathedrale, für die Verlängerung des Schiffs nach Westen, für den Pórtico de la Gloria, für die beiden unvollendeten Türme der Westfassade davor, ein Unterbau erforderlich gewesen, die sogenannte Alte Kathedrale. Der wohl zur Zeit des Magister Matheus erbaute Raum, bietet über massiven, tief gestaffelten Pfeilern, kryptaähnlich, heute Platz für ein interessantes Lapidarium. In ihm werden Fragmente der steinernen Ausstattung der Kathedrale bewahrt, darunter Fragmente des romanischen Westportals und zwei restaurierte Chorsitze des Chorgestühls von Magister Matheus, das man im 17. Jahrhundert durch ein hölzernes ersetzte. Dieses wieder verschwand 1945, um endlich den uns heute selbstverständlichen freien Blick durch das Schiff in den Altarraum zu öffnen. Wir haben weit vorgegriffen.

Das Portal zur »Alten Kathedrale« (Abb. 94), von der man wohl einmal meinte, sie wäre der Vorgängerbau der romanischen darüber, trägt das Wappen des Erzbischofs von Santiago, Maxi-

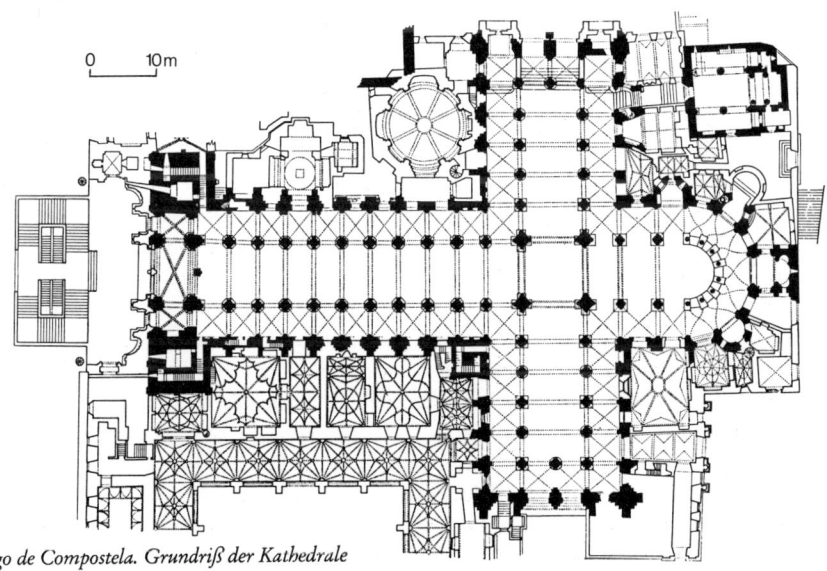

Santiago de Compostela. Grundriß der Kathedrale

milian von Österreich, eines Bastards des kaiserlichen Hauses, und die Jahreszahl 1626. Maximilian hatte den Architekten Ginès Martínez mit nach Galizien gebracht. Und für festliche Prozessionen ist ja nun kaum etwas wichtiger als eine elegante Treppe. Doppelläufig gegeneinandergesetzt, mit bequemen Plattformen dazwischen, doch mit einer nicht zu breiten Gittertür zu verschließen, wird hier das Vorbild der Goldenen Treppe des Diego de Siloé in der Kathedrale von Burgos ins Freie verlegt.

Auch im Osten der Kathedrale beginnen bereits zu Beginn des 17. Jahrhunderts die ersten Zeichen der barocken Inszenierung. Unter Verwendung von Figuren, die einst Propheten, Patriarchen und Apostel darstellten und weiterer Fragmente des Chorgestühls und der Choranlage des Magister Matheus, entsteht die Puerta Santa. Durch sie öffnet sich den Pilgern im Jubeljahr, wenn der Tag des Apostels, der 25. Juli, auf einen Sonntag fällt, der Zugang in den Chorumgang der Kathedrale. Durch das schwere Gitter vermag man einen bescheidenen Blick auf das noch erhaltene Äußere des romanischen Chores zu werfen.

Die endgültige Barockisierung beginnt mit der Ankunft des neuen Kanonikers José de la Vega y Verdugo, Graf von Alba Real. Er verfaßt zwischen 1658 und 1660 einen umfangreichen Bericht mit Vorschlägen zur Umgestaltung der Kathedrale, die er eigentlich, wäre genug Geld vorhanden gewesen, durch einen völligen Neubau hätte ersetzen wollen. Zu unserer Zufriedenheit war das nicht der Fall. Es bleibt bei äußeren kosmetischen Korrekturen.

Als wichtigster Architekt ist in diesen Jahren Domingo de Andrade tätig. Er vollendet den südlichen Turm der Westfassade, der Torre de las Campanas im Jahre 1670, zwei Jahre bevor Vega y Verdugo Santiago verläßt. Aber die Arbeiten gehen weiter. An der Fassade des südlichen Querhauses, der Puerte de las Platerías, dem Portal der Goldschmiede, wird von 1676–80 die Torre del Reloj, der Uhrenturm, als Andrades Meisterwerk mit 72 m Höhe fertiggestellt.

Das sind die Voraussetzungen für Fernando de Casas y Nóvoa, der von 1738-50 seine Pläne für eine neue Westfassade, das Obradoiro, verwirklichen kann. Die Torre de la Carraca, mit der hölzernen Ratsche des karfreitäglichen Gottesdienstes wird als Pendant zu Andrades Glockenturm erbaut. Davor schiebt Casa y Nóvoa die Szenerie seiner eigenen Architektur (Farbabb. 24). Wie es sich für das Bühnenbild des Schauspiels großer Prozessionen gehört, stehen inmitten der großen Säulenordnungen, gerahmt vom Reichtum churriguerresker Ornamente – so benannt nach der barocken Architektenfamilie Churriguera – die Hauptakteure der Legende. In der höchsten Nische der Apostel selbst. Darunter schreinartig sein von den Wellen getragener Sarkophag und daneben seine beiden getreuen Jünger Athanasius und Theodosius. Engel und weitere Heilige ergänzen das Bild. Die heftige Bewegung der Fassade, die sich filigran zum Himmel öffnet, wird zu den Seiten von den glatten Mauerflächen des Kreuzgangs und der Fassade des romanischen Palastes von Bischof Diego Gelmírez aufgefangen. Das Gleichgewicht, das Maßhalten des Platzes ist gesichert, das Ziel und Thema der Stadt hat seine würdige Fassung gefunden.

Der barocke Vorhang der grandiosen Architektur des Fernando de Casas y Nóvoa verbirgt bis zum letzten Moment, dem Durchschreiten des Portals, den Pórtico de la Gloria vor dem Blick des Besuchers. Das war bis ins 17. Jahrhundert anders. Ein hoher und weiter Bogen in der romanischen Fassade ließ die reiche Kraft der Skulpturen aus der Werkstatt des Magister

Santiago de Compostela. Schnitt durch das Schiff der Kathedrale

Mattheus sichtbar werden. Bis 1529 blieben dazu die Tore der Kathedrale immer geöffnet. Pilger pflegten hier zu übernachten. Die Verehrung des Grabes fand keine Unterbrechung.

Der erste Schritt des Pilgers in die Vorhalle endete im Kniefall vor dem Mittelpfeiler des Hauptportals. Mit allen Fingern seiner Hand griff er – und man sieht dies heute noch oft genug – in Vertiefungen der Darstellung der Wurzel Jesse in weiß aufschimmernden Marmor. Handgreiflich wird das Ziel der Pilgerfahrt erfaßt. Das dient der Orientierung (Farbabb. 23). Die Legende behauptet, daß man auf diese Weise die Kathedrale exakt nach Osten, dem Ort der Wiederkehr Christi ausrichten könne. Hier wird innere gegen äußere Bewegung getauscht. Es ist die eigene Ausrichtung, die ein letztes Mal vor dem Ziel vorgenommen wird. Hat sich der mittelalterliche Pilger die Zeit genommen, das umfangreiche Programm des Pórtico de la Gloria zu studieren? Sicher, wenn die Fülle der Menschen ihm nur langsam den Weg zum Grab, zum Altar freigab.

Die fein ziselierte Marmorsäule der Wurzel Jesse endet in einer Marienfigur unter einem Kapitell mit der Darstellung der Trinität: Gottvater mit Sohn und verstümmelter Taube des Heiligen Geistes. Darüber thront majestätisch Apostel Jakobus. Seine Mutter war, so wußte man es zur Zeit des Magisters Matheus, Maria Salome, aus einer dritten Ehe der Mutter Mariens. Eine Halbschwester Mariens als Mutter des Jakobus, auch sie hatte das Recht als Blüte der Wurzel Jesse aufzutreten. Eine Interpretationsmöglichkeit, für die die Sicherheit spricht, mit der Jakobus sein Amt als Mittler der Fürbitte erflehenden Pilger wahrnimmt. Er ist der große Wundertäter, den der Herr sandte, um in Spanien zu predigen, als Patron des Landes die Reconquista zu schützen, als mächtiger Fürsprecher die Sünden der Flehenden zu löschen, ihnen Schutz im Jüngsten Gericht zu geben.

Es steht bevor. Über Jakobus, dessen Skulptur zu den großen Meisterwerken der Kunst des Abendlandes gehört, öffnet sich der Himmel. Man schaut die Glorie der Rückkunft Christi. Über gigantischen Akanthusblättern, Symbol der Auferstehung, thront Christus, die fünf Wunden seines Opfers in Händen, Füßen und Seite vorweisend. Ihn begleiten die vier Wesen, wie es die Apokalypse schildert, zugleich als Symbole der Evangelisten. Je vier Engel links und

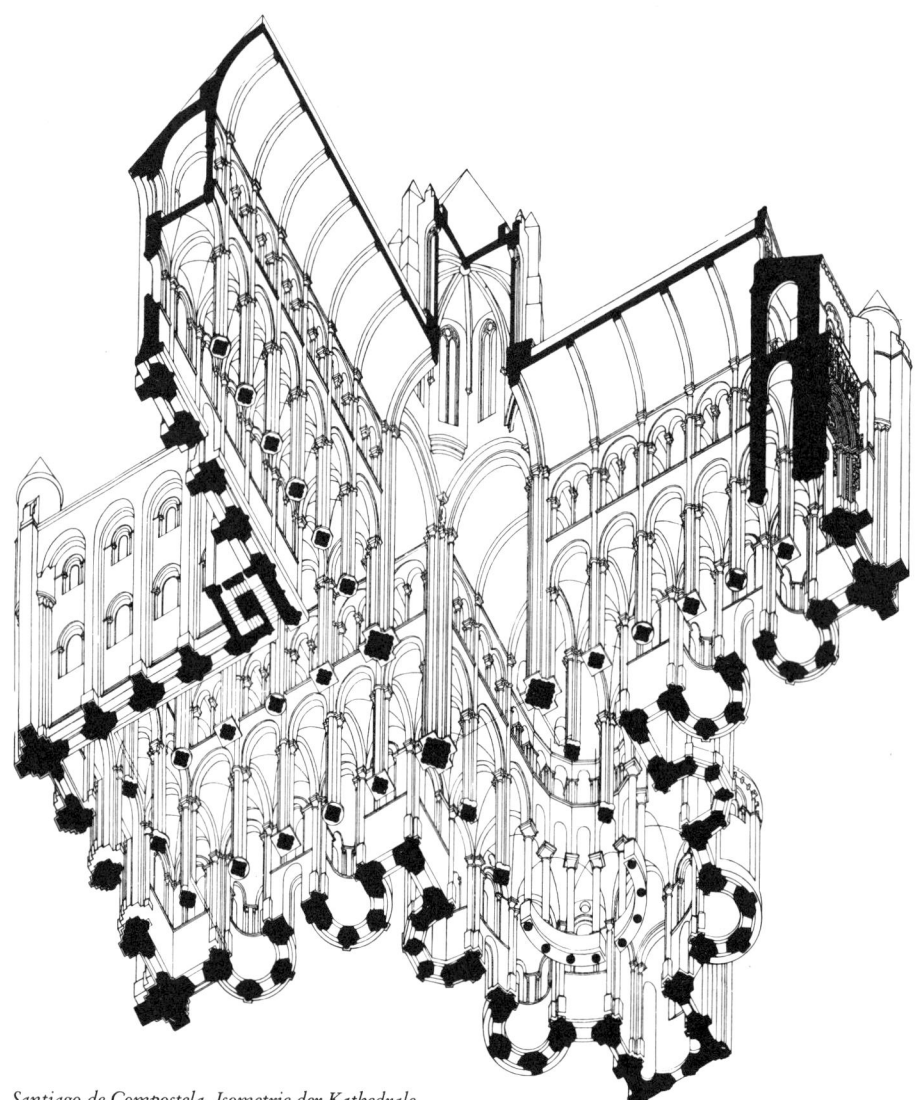

Santiago de Compostela. Isometrie der Kathedrale

rechts tragen, teils ehrfurchtsvoll mit verhüllten Händen, die Werkzeuge der Passion, die »Arma Christi«: Geißelsäule, Kreuz und Dornenkrone, Nägel und Lanze, Essigkrug, Geißel und Stab mit Schwamm. Den Rest des Tympanons füllen in gebanntem Schauen, von Engeln geleitet, die Gestalten der Seligen, denen bereits die Anschauung Gottes gewährt ist. Die rahmende Archivolte füllen die musizierenden Gestalten der vierundzwanzig Ältesten. Mit einer variationsreichen Ausstattung an Musikinstrumenten, gekrönt, und mit meist einem flaschen-ähnlichen Trinkgefäß in der Hand.

Auf der Unterseite des Tympanons schildert Magister Matheus mit Stolz, daß er am 1. April des Jahres 1188 meisterhaft die Portale vollendet habe, deren Entstehen er von Anfang an leitete. Magister Matheus tritt erstmals beim Bau einer Brücke im Jahre 1161 auf. Aber seine Meister-schaft, der hohe anerkannte Rang seiner Leistung wird wenige Jahre später, 1168, in einer Urkunde König Fernandos II. anerkannt. Er setzt dem Meister jährlich ein Einkommen von 100 Maravedis auf Lebzeiten aus. Diese hundert Goldstücke entsprechen den Einkünften eines Adligen und nicht gerade dem eines der geringsten. Noch im Anfang des kommenden Jahrhun-derts wird der Name in Zeugenlisten verzeichnet. Und noch im 14. Jahrhundert tragen die Häuser, die einst sein Besitz waren, seinen Namen. Magister Matheus ist eines der prominente-sten Beispiele für eine Fehleinschätzung der Rolle des mittelalterlichen Künstlers, die wir dem 19. Jahrhundert zu verdanken haben. Er ist, wie es auch die stolzen Signaturen und Selbstdarstel-lungen zahlreicher Künstler an auffälliger Stelle belegen, nicht der demütige Handwerker im Dienste Gottes – er ist sich seines Wertes bewußt. Man verlangt die entsprechenden Honorare und nimmt mit dem akademischen Titel Magister auch eine im Einkommen adelsgleiche soziale Stellung in Anspruch. Der Künstler als sozialer Aufsteiger, unentbehrlich für den Glanz könig-licher Paläste und für Verwirklichung der Kathedralen als Abbilder des himmlischen Jerusalem, verlangt seinen irdischen Preis und erhält ihn. Aber er tritt auch an prominenter Stelle in die Verehrung des Apostels ein, dessen Ruhm er in Bilder faßt. An der Innenseite vom Sockel des Mittelpfeilers am Hauptportal kniet ins Gebet versunken eine jugendliche Gestalt. Spuren einer Inschrift, die sie als Architekten bezeichneten, sind kaum noch zu erkennen. Aber nach alter lokaler Tradition wird der Beter als Magister Matheus identifiziert und als O Santo dos Croques, an dessen steinerner Stirn die Gläubigen ihre eigene reiben, um am Genie des lange verstorbenen Meisters Anteil zu nehmen. Besonders gern führt man Kinder dorthin. In Richtung Eingang liegt ein alter Mann gequält unter dem Mittelpfeiler, ersetzt den Sockel – ein »alter Sünder«? Die als Tragefiguren unter die anderen Pfeiler gebannten Tiergestalten, die bezwungene Natur in den Dienst genommen, könnten für diese Deutung sprechen.

Dem Apostel Jakobus, dem Patron der Kathedrale, leisten stehend nach links die Propheten des Alten Testamentes, rechts mit Petrus als erstem Nachbarn, Apostel des Neuen Testaments Gesellschaft. Jeweils acht treten auf. Gegenüber, an der Innenseite der Westfassade, werden sie durch zwei Frauen des Alten Testamentes, Judith und Esther, und wohl Hiob ergänzt. Sie gehören zu den Propheten. Zu den Aposteln treten drei der Evangelisten: Markus, Lukas und Johannes. Allen diesen Skulpturen, die nur von Christus selbst an Größe überragt werden, ist eine ausgepägte Individualisierung gegeben. Oft sind sie, wie es auch bei den Skulpturen der Puerta Santa vom ehemaligen Coro des Magisters Matheus zu sehen ist, einander im Gespräch zugewandt. Die Reste der im 18. Jahrhundert erneuerten farbigen Fassung betonen die Leben-digkeit der Gestik. Alle Meisterschaft wächst noch aus romanischen Wurzeln. Das plastische Volumen steht im Vordergrund, nicht die bewegte Linie, das Kräftespiel des Gleichgewichts. Längst hat die gotische Skulptur im Norden Frankreichs einen anderen Weg beschritten, der

ƗAN͠O:ʃBIꝛCARꝡACIONE:DꝠ͠I:ᴏͦⱬ̇b∞̇Ↄⅽⱽⁱⁱ:ERAʃ⸱ⅽⅽↃↄⱽⁱ:DIE·ꝘL:
ʃAPRILIS:SⱯPER:ꝇOꝛINARIA:PRINCIPAꝇIⱯOꝛ:PORⱵAꝇIⱯOꝛ:

ECꝆESIE:BEꝥTi:IAꝆOBI:SⱯꝛⱬ:COꝇꝉOꝆATA:PER:MꝤGISⱬRⱯꝤꝥGꝝEⱯꝤ:
QⱯI:ꝥFⱯꝛDꝤꝝEꝛⱬIS:ꝉPSORⱯꝙPORꝉAꝇIⱯꝝ:GESSIⱶ:MꝤGISⱶERIⱯꝝ:

Santiago de Compostela. Inschriften im Türsturz des Pórtico de la Gloria

mit den Portalen in Chartres und St. Denis eine Generation vor Magister Matheus angelegt
wurde.

Die eigenständige Konzeption des Pórtico de la Gloria setzt sich links und rechts des großen
Tympanons mit Engelsgestalten fort, die sich fürsorgend um auferstandene Seelen kümmern
und ganz außen die Trompeten des Jüngsten Gerichts ertönen lassen. Das Thema der Apokalypse wird auch in den Archivolten über den seitlichen Zugängen weitergeführt. Da dem Engel
neben dem linken Portal ebenso wie den Köpfen in den Archivolten des rechten Portals zwar
Schriftbänder beigegeben, die Inschriften aber nicht erhalten sind, werden die Themen der Sei-
tenportale nicht mehr deutlich. Verbergen sich inmitten der paradiesischen Pflanzenwelt links
die Seelen der Vorväter aus der jüdischen Vergangenheit? Rechts treten Engel mit Seelen in ihrer
Hut beutebeladenen Dämonen der Hölle gegenüber.

An den Innenseiten des Portalgewändes ist jeweils eine kostbare, reich dekorierte und in sich
gedrehte Marmorsäule eingesetzt. Ähnlich wie in Berninis Altarbaldachin in St. Peter in Rom
deuten solche Säulen seit dem frühen Mittelalter den Bau, an dem sie erscheinen, als Tempel,
Nachfolge des einzigen Tempels zu Jerusalem. Denn als Säule dieses Tempels wurde die
Colonna Santa in Rom, zugleich Säule der Geißelung Christi, verstanden. Und es ist ein Anspruch an architektonischer Bedeutung, den der Bau der romanischen Kathedrale auch einlöst.

Seit dem Abbau des barocken Coros im Jahre 1945 bietet sich ein freier Blick bis fast zum
Altar. Da das Kirchenschiff bis in die Nähe der Vierung auch frei von Gestühl ist, vermag unser
Blick die romanische Architektur, wie sie der Architekt plante, vom Boden, vom Sockel der
Pfeiler über die Arkaden zu den Öffnungen der Emporen bis zu den Gurtbögen des Tonnenge-
wölbes zu erfassen. Der grandiose Bau, der hinter dem barocken Make-up kaum zu vermuten
ist, entstand als dritter Kirchenbau über dem Grab des Apostels. Der erste bescheidene Bau zur
Zeit König Alfonsos II. von Asturien (791–842), den sich Bischof Theodemir als Grablege
wählte, hat kaum Spuren hinterlassen. Er wird auch noch im gleichen Jahrhundert durch einen
Neubau ersetzt, dessen Fundamente die Ausgrabungen seit 1879 und nach dem letzten Welt-
krieg aufweisen konnten. Auch das ausgedehnte Gräberfeld, das von römischer Zeit bis ins
7. Jahrhundert immer wieder genutzt wurde, konnte dabei genauer erschlossen werden. Auch
der zweite Bau, unter König Alfonso II. (866–910) und Bischof Sisnando (880–920) am 6. Mai 899

geweiht, war bescheiden. Von der Apsis des heutigen Chores reichte er gerade über die Vierung und wurde während der Bauzeit der großen romanischen Kathedrale vollkommen von deren Mauern umschlossen. Erst 1112 wird Compostela II abgerissen.

Begonnen hatte man unter Bischof Diego Peláez vor 1077. Nahezu ein Jahrhundert hatte man noch mit der 997 von Almanzor verwüsteten und geplünderten Kathedrale, restauriert und Mitte des 11. Jahrhunderts unter Bischof Cresconio mit Westtürmen versehen, gelebt. Nur das Grab soll ungeplündert geblieben sein. Selbst die Glocken wurden auf dem Rücken versklavter Christen nach Córdoba gebracht. Nach der Eroberung Córdobas am 29. Juni 1237 traten sie dann wieder die Rückreise an. Über den Beginn der Bauarbeiten sind wir durch einen Vertrag informiert, der die Verlegung des Klosters San Pelayo de Antealtares mit Zustimmung des Abtes Fagildo vorbereitete. Er wurde 1077 abgeschlossen. Ein kleiner Bau, kaum größer als die Achskapelle der Kathedrale heute, war am Sitz des Einsiedlers Pelayo, der die ersten Zeichen über dem Sternenfeld – Compostela – entdeckte, entstanden. Er war der Vorläufer des riesigen Baublocks, den man heute östlich der Kathedrale als Abschluß der Plaza de la Quintana bewundert.

Der lateinische Pilgerführer des Codes Calixtinus, der notiert, daß man als Pilger einen Kalkstein von Triacastela nach Castañeda mitnimmt, der dort zu Mörtel verarbeitet wird, nennt auch die Namen der Baumeister. »Bernardus senex, mirabilis magister et Robertus« – Bernardus der Ältere und Robert – mit etwa 50 Steinmetzen werden erwähnt. Zu den Steinmetzen als hochspezialisierten Fachkräften müssen zahlreiche weitere Arbeitskräfte hinzugerechnet werden: Träger, Mörtelmischer, Werkzeugmacher, einfache Bauarbeiter und Arbeiter aus dem Bereich der Holzverarbeitung. Mit 300–500 Arbeitskräften wird man rechnen müssen. Die Namen der beiden Architekten werden nur hier erwähnt. Ob Bernardus senex mit einem Schatzmeister gleichen Namens identisch ist, der auch einen technisch aufwendigen Brunnen für die Pilger stiftet, bleibt fraglich.

*Santiago de Compostela.
Längsschnitt durch Chor
und Vierung der Kathedrale*

277

Die Namen aber lassen eine Herkunft von jenseits der Pyrenäen vermuten. Dort hatte man Mitte des 11. Jahrhunderts mit dem Bau der Kathedrale von Tours für die Pilger zum heiligen Martin erstmals den Typ der Pilgerbasilika entwickelt. Mit tonnengewölbtem Schiff, Emporen zum Übernachten der Pilger, mit breitem Querhaus, ebenfalls mit Emporen, und einem Chorumgang und ausstrahlenden Kapellen, die die Prozession der Pilger erleichtern, folgen St. Martial, die zerstörte Abteikirche in Limoges, Sainte Foy in Conques, St. Sernin in Toulouse und Santiago ohne große Zeitabstände dem Modell von Tours. Über die Reihenfolge der Bauten, der Bauabschnitte, über den Weg der Einflüsse im Detail wird immer wieder diskutiert. Die Kathedrale von Santiago de Compostela ist das perfekteste Beispiel der Gruppe, sicher auch der Bau mit dem größten Zustrom an Pilgern. Die Namen der Architekten sprechen für ihre französische Herkunft. Nichts Ungewöhnliches in einer Zeit, als ein Cluniazensermönch Bernardus zum Erzbischof von Toledo, zum Primas von Spanien wird, und zahllose Einwanderer sich in den Städten entlang des Pilgerweges nach Santiago niederlassen.

Bischof Diego Peláez wird 1088 abgesetzt. Der König warf ihm vor, in eine Verschwörung gegen ihn verwickelt zu sein, die Wilhelm den Eroberer nach Galizien rufen wollte. Seinem Nachfolger Dalmutius gelingt es 1095 die längst praktisch vollzogene Übersiedlung von Iria Flavia vom Papst genehmigt zu erhalten, der seinen Einfluß zunehmend in Spanien geltend machen kann. Zu dieser Zeit ist Diego Gelmírez, Sohn eines kleinen Adligen, längst einer der wichtigsten Männer in der Verwaltung des Bistums. Im Jahre 1100 zum Bischof gewählt, wird er im folgenden Jahre geweiht und es gelingt ihm 1120, von Papst Calixt II., der auch als Verfasser des Codex Calixtinus mit dem lateinischen Pilgerführer in Anspruch genommen wird, die Erhebung seines Bistums zum Erzbistum zu erreichen.

So glatt, wie sich diese Daten als Erfolgsgeschichte aneinanderreihen lassen, ist das Leben des Diego Gelmírez nicht verlaufen. Immer wieder war er in die Selbständigkeitsbestrebungen Galiziens, in die Auseinandersetzungen zwischen Königin Urraca (1109–26) und ihrem zeitweiligen Gemahl Alfonso I. el Batallador, König von Aragón (1104–34), in den Wirren der Jugend des zukünftigen Alfonso VII. el Emperador, des Sohns der Königin Urraca und ihres ersten Gemahls Raimund von Burgund, verwickelt. Das lief nicht ohne gefährliche Situationen ab. Dazu kamen die eigenen Ziele, die er zu verwirklichen suchte. Über die Stellung eines Erzbischofs hinaus erstrebte er den Primat in Spanien. Das war das mindeste, was dem Bischof auf dem Throne des Apostels Jakobus zustand. Die Idee war nicht neu. Schon Vorgänger im 9. Jahrhundert hatten ähnliche Gedankengänge gepflegt. Aber das Vorhaben gelingt nicht. Der Erzbischof von Toledo weiß seine angestammte Würde zu wahren. Und an die letzte Konsequenz, als Inhaber des Stuhles des Apostels Jakobus dem Inhaber des Stuhles Petri Konkurrenz zu machen, war kaum zu denken. Das blieb Traum, ein Traum, aus dem man unsanft geweckt werden konnte. Wie z.B. im Jahre 1117, als ein Aufstand der Bürger seiner Bischofsstadt gegen Königin Urraca und Diego Gelmírez bis zum Brand der in Bau befindlichen Kathedrale führte, und nur die eilige Flucht das Leben des Bischofs rettete.

Schäden an der Puerta de las Platerías werden darauf zurückgeführt. Der in den Jahren nach dem Aufstand geschriebene lateinische Pilgerführer beschreibt ihre bildhauerische Ausstattung bereits etwa so, wie wir sie heute sehen (Abb. 92, 93). Nach diesem Zustand des frühen 12. Jahr-

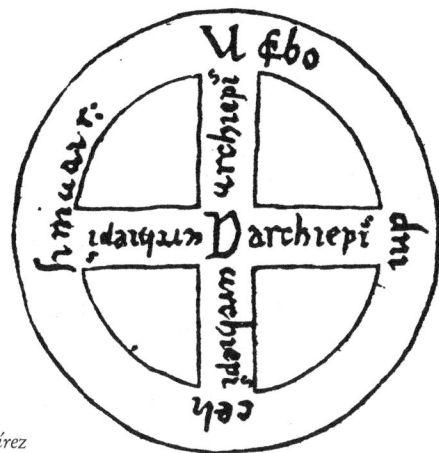

Santiago de Compostela. Unterschrift von Diego Gelmírez

hunderts folgten weitere Änderungen. Bis ins späte 19. Jahrhundert hinein hat man hier Fragmente romanischer Skulpturen über dem Doppelportal und daneben eingefügt. Ein Lapidarium der romanischen Kathedrale entstand, das eine faszinierende Sammlung herausragender Skulpturen ergab. Aber die Einordnung, Bestimmung der dargestellten Themen und die Datierung bleiben ein oft diskutiertes Problem, auf das die Kunsthistoriker ungern verzichten möchten.

Schon die Inschrift auf dem linken Gewände des rechten Portals ist der Anfang der Streitigkeiten. Man hat sie als »ERA MCXVI« oder als»ERA MCXIII« oder als »ERA MCXLI« gelesen. Also umgerechnet als 1078, als Beginn der Arbeiten, als 1075 für die Grundsteinlegung oder als 1103 für die Zeit der Vollendung des Querhauses, als am 15. Juli des umstrittenen Jahres, an den Iden des Juli, der Magister das Werk vollbrachte – wie sich die Inschrift auf der rechten Seite des Portals fortsetzt. Aber heute verrät uns nichts mehr, was er nun gemacht hat, auch nicht seinen Namen, der vielleicht einst auf dem Türsturz zu lesen war. Entscheidende Teile fehlen. Für die Datierung der Skulpturen wäre die Inschrift nach den Verwüstungen des Aufstandes im Jahre 1117 ohnehin kein guter Anhaltspunkt. Berühmt ist die Verwandtschaft der Jakobusgestalt zwischen zwei symbolischen Zypressen links und der um 1200 entstandenen majestätischen Figur Christi in der Mitte über den beiden Portalen. Sie besitzt ein Gegenstück – von der gleichen Hand? – über der Porte Miégeville an der Südseite von St. Sernin in Toulouse. Auch an anderer Stelle ist die gleiche Handschrift zu erkennen. An Kapitellen aus St. Martin in Fromista, am Südportal von San Isidoro in León oder der Frauengestalt mit dem Totenkopf im Schoß im linken unsere beiden zusammengestückelten Portaltympana. An solchen offensichtlichen Beispielen von gleicher Werkstatt haben sich mit Datierungsfragen heftige nationalistisch gefärbte Diskussionen über Abhängigkeiten zwischen Toulouse und Santiago de Compostela, zwischen französischen und spanischen Gelehrten entwickelt. Zur Zeit neigt sich die Waage wegen der Anfänge großformatiger Skulptur, wie man sie im Kreuzgang von Moissac oder im Chorumgang von St. Sernin in Toulouse bewundern kann, zugunsten Frankreichs.

Das nimmt dem Lapidarium der Puerta de las Platerías nichts von seiner Schönheit. Das linke Tympanon kreist, wie es auch der lateinische Pilgerführer des Codex Calixtinus interpretiert, um das Thema der Versuchung Christi. Man beobachtet die Demut der Dämonen und die dienenden Engel. Aber auch andere Fragmente, wie die Frau mit dem Totenkopf im Schoß, sind hier untergebracht. Offensichtlich wurde die Platte beschnitten, um sie bei den Wiederaufbauarbeiten nach dem Aufstand von 1117 hier einzufügen. Das gilt für andere, zum Teil kaum erkennbare Fragmente. Im rechten Tympanon sind Teile einer Passionsdarstellung verarbeitet worden. An die Heilung des Blinden links schließen sich Dornenkrönung, Geißelung und Gefangennahme an. Stark beschädigt ist die Szene der Anbetung der Heiligen Drei Könige in der Ebene darüber, mit Spuren der Krippe links samt dem legendären Ochsen und rechts einem willkürlich zugefügten Engel.

Schmuckstücke ersten Ranges sind die drei vordersten Marmorsäulen der Portalanlage. Sie sind offensichtlich vollrund gearbeitet, zeigen in je drei Ebenen je vier Gestalten. Waren sie vielleicht zuerst für ein Altarziborium gedacht, für den baldachinartigen Aufbau über dem Hauptaltar? Im Zwickel zwischen den beiden Portalen tritt über den beiden Löwen das Chrismon auf, das in der frühen romanischen Portalausstattung entlang des Pilgerweges nicht fehlen darf. Spätromanischen Glanz verbreitet die Halbfigur Christi über reichem Ornament oberhalb davon. Neben dem Schimmer des Marmors verkünden die Trompeten der Engel den Anbruch des Jüngsten Gerichts. Da nichts folgt und dargestellt wird, bleibt ihr Erscheinen zufällig. Das gilt auch für die Vertreibung aus dem Paradies links über dem Engel sowie Sternzeichen, Apostelfiguren, Ornamentstreifen und weitere Gestalten, die über dem Doppelportal zusammengetragen wurden.

Drei der großartigsten Arbeiten sind in die Wand links neben dem Portal eingesetzt worden. Ein mit Fiedel ausgestatteter König David (Abb. 93), einer Erschaffung Adams und eine Gestalt Christi von sanfter Eindringlichkeit darüber, deren Schlichtheit höchste Kunst verrät. Daneben lohnt es sich, sich in die Feinheiten zu vertiefen und das wechselnde Spiel des Lichtes zu beobachten, das immer neue Details heraushebt, bis hin zu den Doppelfenstern darüber und der abschließenden Verkündigungsgruppe gotischer Zeit ganz hoch oben an der Wand des Querhauses. Im Rücken hat man dabei immer die Plaza de las Platerías, den Platz der Silberschmiedearbeiten – Produkte, die auch heute noch reichlich in Santiago de Compostela angeboten werden.

Mit dem hohen Uhrenturm, der Torre del Reloj, 1676–80 nach den Plänen des Domingo de Andrade errichtet, und dem Brunnen inmitten des Platzes, wird der Platz zur geschlossenen Einheit, die von der hohen Treppe zur Puerta de las Platerías ausgerichtet wird. Der zu Beginn des 19. Jahrhunderts errichtete Brunnen zitiert mit den Wogenpferden des Meeres und dem Schrein auf dem Pfeiler darüber mit Apostel und Sternzeichen wesentliche Elemente der Jakobuslegende in klassizistisch schlichter Ergriffenheit (Abb. 97).

Durch die Puerta de las Platerías, das Portal der Südseite, kehren wir in die Kathedrale zurück. An der Westwand des Querhauses entdeckt man, wenn sich das Auge wieder an die Dämmerung des Innenraums gewöhnt hat, neben den spätgotischen Eingängen zu Kreuzgang und Sakristei über dem Grabmal des Kanonikers Martín Lopez († 1477) das berühmte Tympanon mit der Darstellung des Apostels Jakobus als Kämpfer in der Schlacht von Clavijo, das einst wohl den Zugang zum romanischen Kreuzgang markierte. Mit bloßem Schwert und Fahne zu Pferd, von Engeln umgeben, danken ihm links und rechts je drei junge Doncellas die Errettung aus der legendären Tributzahlung der hundert Jungfrauen. Die Legende war wichtig. Auf das Wirken in der Schlacht von Clavijo im Jahre 844 führte man die Einkünfte aus den »votos de Santiago« zurück, Stiftungen, ohne die der Glanz der Liturgie und der Kathedrale selbst nicht vorstellbar gewesen wären.

Vom barocken Prunk der Liturgie bleibt dem heutigen Besucher eine Vorstellung erhalten, wenn er an einem hohen Festtag den »Botafumeiro«, das große Weihrauchfaß in Aktion sieht. Das mächtige silberne Gerät, ein Ersatz des 19. Jahrhunderts für das von napoleonischen Truppen geraubte Original, ist außerhalb der hohen Festtage in der Bibliothek des Kapitels zu besichtigen. In der Vierung, die erst 1384–1445 ihre heutige Gestalt erhielt, hängt in der Zwischenzeit nur die ›Artischocke‹ als Aufhängevorrichtung für das Weihrauchfaß. Die von Juan Bautista Celma konstruierte Anlage läßt das Weihrauchfaß in riesigem Bogen durch beide Querhäuser schwingen, wie es nun seit Ende des 16. Jahrhunderts üblich ist.

Diesem barocken Schwung entspricht auch der Hochaltar, der Mitte des 17. Jahrhunderts vom Architekten Peña de Toro nach den Vorstellungen des Kanonikers José de la Vega y Verdugo ausgeführt wurde. Mittelpunkt der Aufmerksamkeit ist dabei aber nicht das reichlich verarbeitete Silber, sondern die Skulptur des Apostels, die trotz Überarbeitungen ihren romanischen Charakter noch nicht verloren hat. Sie erhebt sich über dem Grab. Zu ihr führen zwei Treppen. Und ein Kuß des Pilgers auf die Rückseite der Skulptur ist dann der Abschluß seiner Pilgerfahrt. Darüber tritt der Apostel noch zweimal wieder auf, als Pilger und zuoberst hoch zu Roß als Matamoros, als Maurentöter. Während der Coro, das barocke Chorgestühl, 1945 abgebaut wurde – Teile sind in der Capilla del Espíritu Santo an der Ostseite des nördlichen Querhauses aufgestellt – blieb die Orgel des frühen 18. Jahrhunderts von Manuel de Viña aus Salamanca vor Ort, dekorativ mit ihren klassischen ›spanischen‹ Trompeten. Sie ist im zweiten Joch westlich der Vierung an der Südseite des Schiffes eingebaut, aber hindert nicht – wie einst der coro – den freien Blick durch das Kirchenschiff. Dieser gehört – ob für Pilger oder Tourist – zu den großen Erlebnissen am Ende einer langen Fahrt. Seit der lateinische Pilgerführer im Codex Calixtinus erstmals Begeisterung formulierte, ist der Eindruck gleich geblieben: »In eadem vero ecclesia nulla scissura, vel corrupcio invenitur: mirabiliter operatur, magna, spaciosa, clara, magnitudine condecenti, latitudine, longitudine et altitudine congruenti, miro et ineffabili opere habetur . . .« – In dieser Kirche wird kein Riß, kein Verderb gefunden, sie ist wunderbar gearbeitet, groß, geräumig, hell, von gehöriger Größe, in Breite, Länge und Höhe abgestimmt, wundervoll und unerschütterbar gebaut . . . Und wer die Schönheit der Kirche geschaut habe, fährt er fort, wird glücklich und fröhlich, wenn er zuvor traurig war.

Die Bemerkung des lateinischen Pilgerführers zu den Maßverhältnissen wäre einer genaueren Untersuchung wert. Aber den Plänen und Maßgaben läßt sich schon manches entnehmen. Höhe und Gesamtbreite von Schiff und Querschiff entsprechen sich mit etwa 22 m. Ein Verhältnis von 1:1, die Längen von Schiff und Querschiff ergeben ein Verhältnis von 3:2. Die Breite von Seitenschiffen zum Hauptschiff wiederum 1:2. Das gilt auch für die Höhenverhältnisse von Seiten- und Hauptschiff und wiederholt sich im Höhenverhältnis von Empore und Seitenschiff.

Grundeinheit ist wie meist in mittelalterlichen Planungen die Vierung, die verzehnfacht die Länge des Schiffs ergibt. Aber auf diesem Weg über immer zu ungenaue und vereinfachte Pläne läßt sich den Gedanken des ersten Baumeisters nur vermutungsweise nachgehen. Präzise Maße und die Bestimmung der Maßeinheit, des Fußes mit dem er arbeitete, überprüfbar dann in vielen Details wären notwendig, um die congruentia und condecentia festzustellen, über das Maß des Menschen hinaus, das der lateinische Pilgerführer als Maßeinheit benutzt.

Wir schließen noch einen Rundgang durch einige der Kapellen und durch den Kreuzgang mit seinen musealen Darbietungen an, für die immer wieder von Regenschauern durchfeuchteten Tage in Santiago eine angenehme Abwechslung. Auf der Nordseite des Schiffes begegnen wir mit der barocken Kapelle des Cristo de Burgos der Verehrung des Gnadenbildes in der Kathedrale von Burgos (vgl. S. 121). Im Winkel zwischen nördlichem Querhaus und Schiff entstand Ende des 18. Jahrhunderts der kühle klassizistische Kuppelbau der Capilla de la Comunión. In Kapellen verwandelt hat man jeweils das Ende der Seitenschiffe des nördlichen Querhauses. Die westliche wurde ursprünglich für die Verehrung der heiligen Katharina bestimmt. Heute residiert auch hier die Muttergottes von Lourdes. Friedliche Koexistenz alter und junger Wallfahrt am spätgotischen Grabmal des Alonso López, des Bischofs von Orense. Das Gegenstück auf der Ostseite des Querhauses ist dem heiligen Antonius geweiht. Daneben führt eine Pforte zuerst zur Capilla de San Andrés und dann weiter zur Capilla de la Corticela. Mehrfache Stufen und ein schmaler Gang führen in einen kleinen dreischiffigen Kirchenraum, in dem oft die kleinen Werktags- oder frühen Sonntagsmessen gelesen werden. Hier, nordöstlich des Apostelgrabes, hatte Alfonso II., Zeitgenosse der Entdeckung des Grabes, eine kleine Kirche gestiftet. Grabungen haben die Spuren seines Baus in den Mauern des heutigen aus dem 13. und 18. Jahrhundert wiedergefunden. Man hat das Kirchlein schließlich ganz in den Organismus der Kathedrale einbezogen, lange genutzt als Kapelle der Pilger.

Auch noch an der Ostseite des nördlichen Querhauses öffnen sich die Zugänge zur Capilla del Espíritu Santo, des Heiligen Geistes und zur spätgotischen Capilla de la Concepción, der Unbefleckten Empfängnis, in der neben zwei Domherren auch der Architekt Domingo de Andrade sein Grab gefunden hat. Auf der Nordseite des Chorumgangs ist die Capilla de San Bartolomé das am besten erhaltene Beispiel der Chorkapellen des romanischen Baus. Bischof Pedro von Pamplona weihte sie im Jahre 1102. Vielleicht war das die Gelegenheit, bei der er Magister Esteban für seine Neubaupläne in seinem Bischofssitz gewinnen konnte? Die folgende Kapelle mit dem Evangelisten und Apostel Johannes als Patron ist barock erweitert worden, während die benachbarte Marienkapelle von der Zunft der Silberschmiede als ein gotischer Neubau eingefügt wurde.

Damit entspricht sie im rechteckigen Grundriß auch der Achskapelle, die mit einer verstümmelten Inschrift als Datum des Baubeginns der Kathedrale 1075 vorschlägt. Die Inschriften an den Kapitellen des Portals tragen zu der Diskussion über den Baubeginn nichts bei: »Tempori presulis Didaci inceptum hoc opus fuit« und »Regnante Pricipe Adefonso constructum opus«. Daß zur Zeit des Bischofs Diego Peláez und unter der Herrschaft Alfonsos VI. mit dem Bau begonnen wurde, wird auch niemand bestreiten wollen. Ungewöhnlich bleibt der erhaltene romanische Zuschnitt dieser Capilla del Salvador – quadratisch mit Nischen neben dem platéresken

Altar nach Entwürfen des Architekten Juan de Alava aus dem Jahre 1532. Neben der Achskapelle öffnet sich nur in Jubeljahren, wenn der Festtag des Apostels, der 25. Juli, auf einen Sonntag fällt, die Puerta Santa, die Heilige Pforte, die den glücklichen Eintretenden mit zwei Skulpturen aus der Werkstatt des Magister Matheus begrüßt: »Venient omnes gentes – et dicent gloria tibi Domini« – Es kommen alle Völker und rühmen dich, Herr. So fassen die Spruchbänder der beiden Figuren den Strom der Pilger in Worte. Als nächste bewahrt die Capilla de la Azucena mit dem Grab der Doña Mencia de Andrade noch die romanische Struktur bei aller barocken Ausstattung. Spätgotik des frühen 16. Jahrhunderts verrät dann wieder die Formulierung der Capilla de Mondragón, die den Namen des stiftenden Domkanonikers bewahrt.

Den anschließenden Winkel zwischen Chor und südlichem Querhaus füllt die Capilla del Pilar. Das wundertätige Marienbild in Zaragoza wird dort an der Stelle verehrt, an der Jakobus eine Marienerscheinung hatte. So verbinden wachsende Legenden die Wallfahrten miteinander. Mit dem Bau konnte noch Domingo de Andrade 1696 beginnen. Aber erst Fernando de Casas y Nóvoa vollendete den aufwendigen Bau 1715, der zugleich als Grabkapelle des Stifters des Erzbischofs Fray Antonio Monroy dient. Das Portal des Kreuzgangs und den Zugang zur Sakristei, das Santiago-Tympanon auf der Westseite des südlichen Querhauses kennen wir bereits. Auf der Südseite des Schiffs folgt nach der Sakristei die Kapelle des heiligen Fernando, die zugleich als Schatzkammer der Kathedrale dient. Prunkstücke sind darunter. So kann man auf drehbarem Untergestell die Prozessionsmonstranz des Antonio de Arfe betrachten, Sohn des aus der Nähe von Köln stammenden Enrique de Arfe. 1539 wurde die aufwendige Goldschmiedearbeit in Auftrag gegeben, 1546 war sie vollendet. Neben Goldschmiedearbeiten und kostbaren liturgischen Gewändern findet man auch ein typisches Erzeugnis aus lokaler Herstellung, Objekte aus Azabache. Diese tiefschwarze Pechkohle, den Römern schon als Gagat und unseren Großmüttern als Jett geläufig, ist im Abendland immer wieder als Material für Kunstgewerbe verwandt worden. Hier im Schatz begegnet man besonders großen Teilen wie einer Skulptur des Apostels. Das Nordportal »de la Azabachería« war einst ein Zentrum des Verkaufs von Souvenirs aus diesem Material an Pilger, die dort aber auch ihre Pilgermuscheln erwarben und ihre Ausrüstung ergänzen konnten. Ein einträgliches und von den Bewohnern der Stadt eifersüchtig gegen Übergriffe des Bischofs gehütetes Geschäft. Kleine und größere Souvenirs aus Azabache findet man heute noch in vielen Geschäften der Stadt. Oft in der Gestalt der zur ›Feige‹ geschlossenen Hand, die als Amulett Unheil abwehren soll. Aber auch Pilgermuscheln als Naturprodukt, als Vorspeise, und in vielen Materialien sieht man. Ein Zeichen, das in Santiago entstand und international wurde, ohne daß seine Deutung klar wäre. Sicher war sie nicht die Trinkschale der Pilger, dafür trug man seinen Flaschenkürbis. Eher war sie eine Erinnerung an die wundersame Meerfahrt der Reliquien des Apostels nach Santiago, aber ihr Gebrauch war so selbstverständlich, daß man gar nicht darüber sprach.

Zurück in die Kathedrale. Es fehlt noch die Capilla de las Reliquias, die zugleich als Panteón Real, als Grablege der königlichen Familie diente. Im Vorraum ist die Grabplatte Bischof Theodemirs aufgestellt, des Bischofs zur Zeit der Auffindung des Grabes (vgl. S. 267). Man entdeckt die Reliquienbüste für das Haupt des Apostels Jakobus des Jüngeren mit dem Halsband, das als Stiftung aus dem Waffengang des Paso Honroso bei der Brücke über den Orbigo in den

Besitz der Kathedrale kam. Neben dem Reichtum an Reliquien, darunter auch ein Haupt einer der Begleiterinnen der heiligen Ursula aus Köln, sieht man eines der schönsten Beispiele englischer Alabasterkunst: ein Altarretabel, das im Jahre 1456 John Gudguar, Pfarrer von Cheil auf der Insel Wight der Kathedrale stiftete. Es schildert Szenen aus der Legende des Apostels bis zu seiner Ankunft per Boot in Galizien. Unter den Grabdenkmälern, mit denen Könige und Königinnen die Nähe des Apostels im Jüngsten Gericht suchten, ist das für Fernando II. von León wohl das schönste. Magister Matheus wird es wohl selbst für seinen Gönner gefertigt haben. Er starb 1188. Auch sein Nachfolger, Alfonso IX. (1188–1230) hat in gleicher ruhender Haltung hier als Schutzherr der Kathedrale sein Grab gefunden. Stiller und sanfter als beide liegt Königin Berenguela, Gemahlin König Alfonsos VII. seit 1149 hier. Aber auch einer der wichtigsten Gegen- und Mitspieler des Bischofs Diego Gelmírez zu Beginn des 12. Jahrhunderts, Graf Pedro Froilaz, Erzieher des jungen Alfons VII., ist hier bestattet worden.

Durch das spätgotische platereske Portal im Westen des südlichen Querhauses betritt man den aufwendigen und ausgedehnten Komplex des Kreuzgangs mit mehr als 44 m Seitenlänge und drei, teils vier Geschossen vielfältig genutzter Räume. In einem Architektenwettbewerb, wie er seit der späten Gotik üblich war, entschied man sich zur Zeit von Erzbischof Alonso de Fonseca III. für den Entwurf von Juan de Alava gegen Juan Gil de Hontañon, Juan de Badajoz und Alonso de Covarrubias. 1521 wurde mit den erst Ende des Jahrhunderts dann beendeten Bauarbeiten begonnen. Als Juan de Alava 1537 starb, übernahm Rodrigo Gil de Hontañon die Fortführung der Arbeiten. Der Generationengegensatz spiegelt sich im reichen Prunk der Gotik innen, die nur im Detail Renaissance zuläßt, und in der Strenge des Äußeren, die bereits den herben Ton der Zeit Philipps II. anschlägt. Im Innenhof steht als Erinnerung an die erste große Blüte der Pilgerfahrt die kostbare Schale des Brunnens, den der lateinische Pilgerführer voll Bewunderung für die technische Leistung schildert. Kunstvoll wurde das Wasser für die Pilger von außerhalb der Stadt vor das Nordportal der Kathedrale geleitet; ähnliche Leistungen kennt man etwa aus der Kathedrale von Canterbury oder von den Mönchen des rheinischen Klosters Maria Laach. Der Höhenunterschied machte einen Brunnen möglich, dessen Strahlen die weite, aus einem Stein gearbeitete Schale füllten. Wasser, das den Pilgern wie den Einwohnern der Stadt zur Verfügung stand. Als Stifter notiert der lateinische Pilgerführer den Schatzmeister der Kathedrale Bernard, der das Werk zum Heil seiner eigenen Seele und der seiner Eltern am 11. April des Jahres 1122 vollendete. Die technische Leistung von Leitung und Brunnen, dessen Bronzeteile untergegangen sind, hat dazu verführt, diesen Bernhard mit dem Baumeister Bernhard zu identifizieren. Verführerisch, aber nicht eindeutig.

Die zahlreichen Räume des Kreuzgangs bergen mehrere Museen. Man kann sich mit kostbaren Tapisserien beschäftigen. Darunter Gobelins nach Entwürfen von Goya, die gut zeigen, daß dies Medium ihn zur Belanglosigkeit führt. An anderer Stelle werden die wichtigsten Funde aus den Grabungen um und unter der Kathedrale ausgestellt, oder man besichtigt die Bibliothek mit dem Botafumeiro und den anschließenden Kapitelsaal. Einen beeindruckenden Blick auf die Plaza del Obradoiro und die Stadt öffnet sich von der Galerie im obersten Geschoß.

Weitere Sehenswürdigkeiten

Santiago de Compostela ist wie jede größere Stadt voll des Sehenswerten, erwachsen aus mehr als einem Jahrtausend Geschichte seit der Entdeckung des Apostelgrabes inmitten des noch älteren Gräberfeldes.

Diego Gelmírez, unter dessen wechselvoller Herrschaft als Administrator, als Bischof und dann als Erzbischof die Kathedrale die wichtigste Phase ihrer Baugeschichte erlebte, begegnet jedem Besucher der Stadt erneut mit seinem bischöflichen Palast neben der Kathedrale, an der Nordseite der Westfassade. Die mittelalterlichen Teile sind zur Besichtigung freigegeben. Nach dem Aufstand des Jahres 1117 gegen Diego Gelmírez und Königin Urraca stand der Bischof auch vor den Trümmern seines Palastes. Sein Neubau bildet die Grundlage des Baukomplexes, an dem bis ins 19. Jahrhundert weitergebaut wurde. Von der Westseite der Plaza del Obradoiro gelangt man zuerst ins zweischiffige Untergeschoß, dann in den Innenhof, von dem aus eine Treppe zu Nebenräumen und schließlich in den berühmten Festsaal im Obergeschoß führt. Mit einer Länge von 32 m und einer Breite von mehr als 8 m hat sich hier Erzbischof Juan Arias um 1260 eine hochherrschaftliche Halle erbauen lassen. Synoden und Beratungen fanden hier ausreichend Platz. Und die skulptierten Konsolen des Kreuzrippengewölbes schildern, daß auch üppige Festmähler, in Gegenwart von König und Königin, mit Unterhaltungsprogramm zum Aufgabenbereich des Saales zählten. Der Bischofpalast ist mit diesem Saal eines der prächtigsten Beispiele weltlicher mittelalterlicher Architektur in Spanien. Seine Fassade erhielt den Bau mit vorspringenden Räumen über einem Turmstumpf aber erst Ende des 16. Jahrhunderts unter Erzbischof Maximilian von Österreich. Sie entsprach nun dem von den neuen Bauten des Kreuzgangs vorgegebenen Erscheinungsbild.

Mit dem Hostal de los Reyes Católicos, dem von den Katholischen Königen Isabella und Ferdinand 1492 gestifteten Hospital, war auf der Nordseite des Platzes bereits eine strenge Abgrenzung gezogen worden. Die Bauarbeiten an dem riesenhaften Komplex mit seinen kreuzförmig gegliederten Innenhöfen wurden erst Ende des 18. Jahrhunderts abgeschlossen. Die Grundkon-

Santiago de Compostela.
Konsole des großen Saals
im Bischofpalast

zeption entwickelte Enrique de Egas, den die beiden Monarchen 1492, im Jahr der Eroberung von Granada und der Entdeckung Amerikas mit den Planungen für ihre Stiftung zugunsten der Pilger beauftragten. Zwischen 1509 und 1512 wurden die beiden vorderen ›Kreuzgänge‹ vollendet. Die Schlichtheit der beginnenden Renaissance verbindet sich immer wieder mit prunkvollen spätgotischen Portalen des ›gótico florido‹, der seine Bezeichnung nach den pflanzenhaft aufblühenden Reichtümern der Dekoration erhielt. Die beiden hinteren Innenhöfe entstanden erst im 18. Jahrhundert unter der Leitung von Fray Manuel de los Mártires. Damit rückte die Kirche im Kreuzungspunkt der vier inneren Bautrakte endgültig in den Mittelpunkt mit der hohen Kuppel als Schmuckelement. Ihr Sterngewölbe entstand 1527 nach dem Entwurf Juan de Alavas, der nun die Bauarbeiten leitete.

Die Fassade des Hostals erhielt ihre heutige Gestalt Ende des 17. Jahrhunderts. Fray Tomás Alonso, Mönch des Klosters San Martín Pinario (Abb. 96) nördlich der Kathedrale, entwarf den langgestreckten Balkon beiderseits des Portals und die teigartig ausgeformten Rahmungen der Fenster. Eine massive Antwort gibt dann darüber die vielfältige Ornamentierung des Abschlußgesimses. Das Portal selbst mischt gotischen Umriß mit Renaissancedetails. Zwei französische Bildhauer, Martín de Blas und Guillén Colás, griffen den Entwurf von Enrique de Egas auf. In Rundmedaillons links und rechts des dreifach gestuften Rundbogens werden die beiden Stifter geehrt. Ihre Wappen erscheinen im Großformat links und rechts des Portals. An der linken Seite des Portals stehen in gut geschützten Nischen Adam, die heilige Katharina und Johannes der Täufer, rechts Eva, die heilige Lucia und die heilige Elisabeth. Über dem Portal sind die zwölf Apostel versammelt, von denen einige in größerer Gestalt darüber erneut auftreten: Jakobus der Ältere, Johannes, Christus und Maria, dazu Petrus und Paulus werden hervorgehoben.

Trotz der heutigen Nutzung des Riesenbaus als Luxushotel sind die Kirche und die Innenhöfe mit den Brunnen und wohlgezirkeltem Grün zur Besichtigung freigegeben.

Gegenüber, an der Südseite des Platzes, liegt das Colegio de San Jerónimo, das Ende des 15. Jahrhunderts von Erzbischof Alonso III. de Fonseca ursprünglich am Nordportal de la Azabachería der Kathedrale gegründet wurde. In den heutigen Bau wurde die Stiftung für Künstler und Studenten erst 1652 verlegt. Beim Neubau übertrug man das eigentümlich archaisierende Portal an seine jetzige Stelle, wo es als Eingang zum Rektorat der Universität mit seinen romanischen und spätgotischen Anklängen und dem Spielbedürfnis der Zeit um 1500 nur für Verwirrung bei Datierungsversuchen sorgt. Auch der nach Süden anschließende Bau des Colegio Mayor de Fonseca geht auf eine Stiftung des gleichen Erzbischofs zurück. Hier lebten die Theologiestudenten. Auch diesen Bau, der heute von der Universität genutzt wird, darf man besichtigen.

Den breitgelagerten westlichen Abschluß der Plaza del Obradoiro schuf erst das späte 18. Jahrhundert. Erzbischof Bartolomé Rajoy y Losada ließ den heute als Rathaus genutzten Bau als Seminar der Beichtväter der Kathedrale, für die Chorknaben, mit Räumen für die Sitzungen des Konsistoriums und als Gefängnis erbauen – eine aparte Mischung. Über dem unteren Laubengang wird die Fassade durch die monumentale Säulengliederung des Mittelrisalits akzentuiert. Im Giebel wird ebenso monumental dem Apostel zu Ehren die Schlacht bei Clavijo geschildert mit der Gestalt des Apostels als Matamoros darüber auf sich aufbäumendem Pferd. Mit der Plaza del Obradoiro ist im Laufe von Jahrhunderten ein Stadtkunstwerk gewachsen, dem man wenig Vergleichbares in Europa gegenüberstellen kann.

Rings um den Baukomplex der Kathedrale, der ja auch erst im 17. und 18. Jahrhundert seine heutige Gestalt erhielt, setzt sich diese präzise, kantige Art der Stadtgestaltung fort. Das gilt auf der Nordseite, an der Plaza de la Immaculada mit dem Baublock des Klosters San Martín Pinario. ›Mutterkirche‹ des Klosters war das Kirchlein Santa María de la Corticela, das längst Teil der Kathedrale wurde (vgl. S. 282). 912 gründete Bischof Sisnando, der bereits mit der Berufung auf den apostolischen Ursprung seines Bistums Ärgernis hervorrief, eine neue Kirche mit St. Martin als Patron. Er tritt auch als Mantelteiler über dem Klosterportal und auf dem Dreiecksgiebel der Klosterkirche auf. Die prunkvollen Bauten des späten 16., 17. und 18. Jahrhunderts werden nach der Säkularisation inzwischen als Gebäude der bischöflichen Universität genutzt.

Ein optisch noch eindrucksvollerer Effekt gelingt dem Kloster San Pelayo oder San Payo Antealtares an der Plaza de la Quintana im Osten der Kathedrale. Der Titelheilige ist der Einsiedler, dessen Aufmerksamkeit durch Lichterscheinungen auf das Apostelgrab gerichtet wurde. Das erst Petrus geweihte Kloster lag nahe dem Grab. Zu nahe für den romanischen Neubau. Ein Vertrag zwischen Bischof Diego Peláez und dem heiligen Fagildo als Abt des Klosters bewerkstelligte 1077 die Verlegung an einen neuen Standort, der Vertrag von Antealtares. Der 1152 nun Pelayo oder Payo geweihte Neubau mußte zu Beginn des 18. Jahrhunderts dem nächsten Neubau weichen. Nur Teile des Klosterbereiches, der den Platz östlich der Kathedrale so grandios abriegelt, sind zu besichtigen. Hier ist auch ein Museo de Arte Sacro untergebracht, in dem auch der erste Altar, der über dem Apostelgrab aufgestellt worden war, gezeigt wird.

Auf der Südseite der Plaza de la Quintana schließen die Casa de la Conga, 1709 von Domingo de Andrade erbaut, und die Casa del Cabildo, das Haus des Kathedralkapitels, Mitte des 18. Jahrhunderts, mit dem Brunnen auf der Plaza de las Platerías den Rundgang ab. Das in sich geschlossene Stadtbild, dessen optisch sichere Grundlage die großzügigen Granitplatten der Pflasterung bilden, setzt sich besonders in den Straßen südlich der Kathedrale fort. Rua Nueva, Rua del Vilar und Calle del Franco mit ihren Arkaden, kleinen Geschäften, Speiselokalen sind ein angenehmes Bild.

Dabei kann man Santa María Salomé, geweiht der Schwester Mariens und Mutter des Apostels Jakobus, in der Rua Nueva mit ihren Resten der romanischen Portalanlage entdecken. Aber innen ist kaum etwas aus romanischer Zeit erhalten. Das sieht weiter nach Südosten, außerhalb der Innenstadt, jenseits der Eisenbahnlinie in Santa Maria del Sar anders aus. Hier im Tal des Sar gründete der Kanoniker der Kathedrale und Zeitgenosse des Diego Gelmírez, Munio Alfonso, ein Augustinerkloster. Später Stiftskirche, seit der Säkularisation Pfarrkirche, liegt ihr Ruhm in der reichen plastischen Dekoration des Kreuzgangs und in einem Kuriosum, die Kirche steht in sich schief. Massige Strebepfeiler des 18. Jahrhunderts stützen die nach außen ausweichenden Pfeiler und Seitenwände der tonnengewölbten dreischiffigen Anlage. Der steile Aufriß der Hallenanlage, der Druck der Gewölbe und der nachgiebige Boden des Flußtals führten im 18. Jahrhundert zu einem Teileinsturz. Nach dem Wiederaufbau sicherte man sich mit den Strebepfeilern gegen eine Wiederholung.

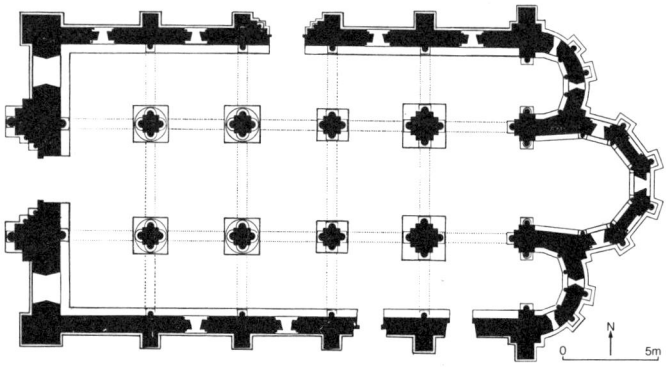

Santiago de Compostela. Santa María de Sar, Grundriß

Noch manches mehr an Klöstern, Kirchen, Bauten, Brunnen oder Denkmälern bleibt zu entdecken. So kann man auch noch im Kloster Santo Domingo am östlichen Rand der Stadt das Museum für galicische Volkskunst, oder ein Schokoladenmuseum in der südlichen Altstadt, oder das Museo de las Peregrinaciones, das Wallfahrtsmuseum, das als Casa Gótica Reste eines gotischen Turms einbezieht, besuchen. Und ein letzter Ausflug nach Westen sei vorgeschlagen. In gut 70 km Entfernung über Noia auf der C 543, dann nach Muros entlang der Ría de Muros y Noia, einem der ertrunkenen Täler der Westküste, erreicht man schließlich das Cabo Finisterre, das Ende der mittelalterlichen und der neuzeitlichen Welt. Ein hoch aufragender schroffer Granitfelsen trägt einen Leuchtturm. Aber nicht dieser ist sehenswert. Es ist das nicht Sichtbare, das den Ausflug zum Erlebnis werden läßt. Man beginnt die Herausforderung zu spüren, die viele der Wallfahrer über das Ziel des Apostelgrabes hinaus hierher zog (Abb. 98). Der Reiz, der die Grenze der bekannten Welt bedeutete, wirkt noch nach. Er gehört zu den Geheimnissen, zu den Motiven, die die Geschichte des Abendlandes formten. Herausforderungen, die in der Entdeckung Amerikas einen ersten Abschluß fanden, die aber nur Symptom der unaufhörlichen Forscherfreude Europas sind, eine der Wurzeln unserer Gegenwart im Mittelalter.

Praktische Reisehinweise

Allgemeine Informationen

Informationen und Auskünfte gibt:
Staatl. Spanisches Fremdenverkehrsamt, Graf-Adolf-Str. 81, D-4000 Düsseldorf 1, ℘ 0211/370467 oder 370468; Myliusstr. 14, D-6000 Frankfurt 1, ℘ 069/725033 oder 725038; Oberanger 6, D-8000 München 2, ℘ 089/2609570; Rothenturmstr. 27, A-1010 Wien 1, ℘ 01/5331425; 67 Rue du Rhône, CH-1207 Genf, ℘ 022/359594; Seefeldstr. 19, CH-8008 Zürich, ℘ 01/2527930.

Aktuelle Informationen zur Erforschung des Pilgerweges und zu Reisen entlang der Pilgerwege geben auch:
Sankt-Jakobusbruderschaft Düsseldorf e.V., Ziegeleiweg 89, 4000 Düsseldorf 13
Deutsche St.-Jakobus-Gesellschaft e.V., Wilhelmstraße 50–52, 5100 Aachen
Los Amigos del Camino de Santiago, Apartado 20, Estella (Navarra)
Sociéte des Amis de Saint Jacques de Compostelle, Centre d'Etudes Compostellanes, 4, Square du Pont de Sèvres, F 92100 Boulogne-sur-Seine.

Reisezeit und Vorbereitungen

Für den Nordwesten Spaniens gelten andere klimatische Bedingungen als für die Badestrände des Südens. Die Höhenlage von 600–800 m im Durchschnitt und die Einwirkungen des Atlantiks im Küstenbereich bringen fast nordeuropäische/mitteleuropäische Verhältnisse. Kälte und Regen bis ins späte Frühjahr, Hitze allerdings im Sommer, oft mit kalten Nächten, einen langen Herbst, und dann genügend Schnee für den beliebten Wintersport. Das sollte bei der Auswahl der Kleidung berücksichtigt werden.

Fürs Reisen sind daher spätes Frühjahr und später Sommer zu empfehlen. Vom Klima her, aber auch vom Touristenandrang, der aber in diesen Gebieten noch nicht sehr auffällig ist.

Es empfiehlt sich, nur einen kleinen Teil seines Geldes vor Reiseantritt einzuwechseln. Im Lande sind meist die Kurse günstiger. Immer sollte man kleine Scheine bevorzugen, da sonst beim Einkauf Probleme auftreten können. Die Schalterstunden der Banken sind meist auf den Vormittag beschränkt, Euroschecks sind dabei nicht überall gern gesehen. Die hohen Autobahngebühren in Frankreich und in Spanien sollte man bei der Planung der Reisekasse berücksichtigen. Fürs Fotografieren lohnt es sich, alle benötigten Filme mitzunehmen. Nachschub ist teuer und nicht immer zu erhalten. In Museen ist das Fotografieren meist nicht erlaubt. Manchmal, z.B. für den Kreuzgang von Santo Domingo de Silos, kann man an der Kasse auch eine Fotografiererlaubnis erwerben. In den meist dunklen Kirchen benötigt man ein Stativ.

Reisen mit dem Auto

Der Nordwesten Spaniens ist ein ideales Reiseland. Der Straßenbau ist in vollem Schwung, weite Strecken werden bereits von gebührenpflichtigen Autobahnen erschlossen, andere sind autobahnähnlich ausgebaut, aber es bleiben noch genügend Gelegenheiten, ungewöhnliche Straßenverhältnisse zu erleben. Das Netz der Tankstellen ist nicht zu dicht, zu große Sorglosigkeit kann im Abenteuer enden. In den Städten ist der Autoverkehr von heimatlicher Dichte. Gegenüber der Verkehrspolizei, der Guardia Civil und ihren unterschiedlich uniformierten Kollegen ist Aufmerksamkeit geboten. Die Geldstrafen haben beachtliche Höhen und werden direkt kassiert. Besonders die gelbe Linie am Straßenrand, die das Parken untersagt, verdient Beachtung, sonst verdient der spanische Staat. Auch auf den einsamen Landstraßen begegnet man unerwarteten Kontrollen. Für die Orientierung sorgt eine gute Beschilderung mit Ortshinweisen und Straßennumerierung. Trotzdem ist gutes Kartenmaterial ein wichtiges Hilfsmittel. Vorzüglich sind z.Zt. die Karten der Firma Michelin, die man auf dem jüngsten Stand an der Autobahn in Frankreich erwerben sollte. Empfehlenswert sind 990 für ganz Spanien, 42 für den Bereich bis Burgos und das neu entwickelte Blatt 441 für den Nordwesten.

Zum Fahren gehört auch die Sorge um das geparkte Auto. Die seltenen Parkplätze am Straßenrand sollte man nicht nutzen, es ist vielleicht mehr empfehlenswert, seinen Wagen in der hoteleigenen Garage oder in einem bewachten Parkhaus unterzubringen. Wie inzwischen für ganz Europa üblich, sollte man auch für kürzere Parkzeiten keine Wertgegenstände oder Objekte, die man für solche halten könnte, sichtbar im Wagen liegen lassen. Aber insgesamt gesehen ist der noch nicht voll für den Tourismus erschlossene Nordwesten ein noch recht sicheres Reisegebiet, mit dem mich keine unangenehmen Erinnerungen verbinden.

Reisen mit Bahn und Bus

Wer nicht mit dem Auto fährt, kann die Eisenbahn benutzen – oder z.B. für die lange Anreise das Flugzeug. Die Verbindungen im Lande schließt ein dichtes Netz von Buslinien. Zu Bahn und Bussen, denen man auf den Straßen immer wieder begegnet, sollte man vor Reiseantritt beim Staatlichen Fremdenverkehrsamt Auskunft über die möglichen Vergünstigungen erbitten.

Essen, Trinken und Übernachten

Auch beim Essen sollte man die Augen aufhalten. Nicht nur, daß die Augen mitessen. Dazu bietet die spanische Küche manche Gelegenheit. Wichtiger ist, bei der Auswahl seiner Mahlzeiten zwischen den international üblichen Gerichten an Schnitzeln und Steaks, die auch auf spanischen Speisekarten vertreten sind, die Vertreter der tatsächlich spanischen Küche zu finden. Der Tourismus hat hier, besonders in den etwas größeren Hotels und manchen Restaurants, auf den Weg zur europäischen Nivellierung geführt.

Aber auch dabei gehören Olivenöl und Knoblauch, der sogar als Suppe, als ›sopa de ajo‹, selbständig auftritt, zu den gewohnten Grundlagen der spanischen Küche. Nur im

Umkreis Galiciens wird das Olivenöl schon einmal häufiger durch Schweineschmalz als Fett ersetzt.

Den großen Reichtum der Küche Spaniens bilden die unterschiedlichen regionalen und lokalen Spezialitäten. Hier wirken sich Geschichte, Klima und geographische Lage erkennbar aus. In großen Städten, in den einst kleinen Königreichen, in den durch Bergketten voneinander getrennten Landschaften, durch die vielfache Entwicklung der Sprachen, durch die unterschiedlichen Produkte, die Landwirtschaft oder Küste zur Verfügung stellen sind dafür schon die Grundlagen gelegt. Die persönliche Freude der Hausfrauen und Köche an individueller Gestaltung der Rezepte tut ein Übriges. Im Baskenland spielen Kochklubs der Männer – in denen jedes Mitglied begeistert am Herd steht – sogar eine wichtige gesellschaftliche Rolle.

Bei aller Vielfalt neigt die spanische Küche kaum zu kunstvollen Finessen. Man zieht eine kultivierte Robustheit vor, die den Nahrungsmitteln ihren Charakter beläßt – und auch das kann sehr reizvoll sein.

Das kann man sich nach einer ersten Begegnung mit dem spanischen Frühstück, das selten vor 8 Uhr zu bekommen ist, kaum vorstellen. Es besteht meist aus einem süßen Gebäck und Kaffee. Herzhaftere Varianten sprengen spanische Vorstellungsmöglichkeiten. Entsprechend spät beginnt auch die Zeit des Mittagessens (almuerzo). Vor 13 Uhr 30 kann man kaum damit rechnen. Und das Abendessen wird erst zu Zeiten, auch in Hotels und Restaurants serviert, zu denen wir gewohnt sind, längst wieder die Spülmaschine laufen zu lassen. Vor 20 Uhr öffnet kaum ein Restaurant und meist erst gegen Mitternacht füllt sich der Saal für die ›cena‹, das große abendliche Mahl. Aber damit wird dann auch wieder verständlich, weshalb man erst am späteren Morgen ein Frühstück erhält …

Auch im Nordwesten Spaniens wird natürlich die berühmte ›paella‹ angeboten, deren Heimat eigentlich der Süden der spanischen Mittelmeerküste ist. Hier hat der Reis, der safrangefärbt der optische Hauptbestandteil des Pfannengerichtes ist, früh eine angemessene Heimat gefunden, in der er noch heute angebaut wird. Die flache zweihenklige Pfanne, die ›paellera‹, enthält außerdem Hummer oder Hummerkrabben in kleinen Teilen, aber noch gepanzert. Muscheln in voller Ausrüstung, Huhn, Schwein oder Wurst, Bohnen oder Erbsen, Tomate, Paprika, Zwiebeln, Pfeffer und natürlich Knoblauch und Olivenöl. Eine aufwendige, zeitraubende, teure und köstliche Delikatesse.

Regionale Berühmtheiten im Nordwesten sind z.B. die mit rohem Schinken gefüllte Forelle, die ›trucha a la Navarra‹, die ›a la plancha‹, die im Fett des Schinkens in der Pfanne gebacken wird oder die ›fabada asturiana‹. Der Grundbestandteil dieses Eintopfgerichtes, oft in der Keramikkasserolle serviert, in der es gekocht wurde, ist die weiße Bohne, die ›faba‹. Mit verschiedenen Arten von Schweinefleisch, mit der einen oder anderen manchmal mit Paprika gefärbten Wurst zusammen, gart das Gemisch lange Zeit vor sich hin. Dazu ißt man das Maisbrot, dessen Grundstoff in den pittoresken ›hórreos‹, den Maiskolbenspeichern Asturiens und Galiciens luftig und rattensicher bewahrt wird.

Eintöpfe, ›cocidos‹, sind in vielen Variationen möglich. Viele bauen auf der Grundlage von Kichererbsen auf. Als ›olla podrida‹, als ›verdorbener Topf‹ mit Geflügel, Schinken, Wurst und verschiedenen Gemüsen wird das sicher noch ältere Gericht bereits von Cervantes erwähnt. Als ›pote gallego‹, als galizischer

Eintopf werden Rind- und Schweinefleisch so zusammengefügt.

Aber auch an kurzgebratenem Fleisch von Lamm (cordero), Schwein (cerdo), Kalb (ternera) oder Rind (vaca) ist auf den Speisekarten kein Mangel. Fisch und anderes Merresgetier bis zu vorzüglichen Austern (ostras) wird reichlich angeboten. Und wem daran nicht liegt, der kann auf Pasteten (empanadas) oder eine variationsreiche Fülle von Eierkuchen und Omeletts (tortillas) ausweichen.

Selten läßt die Speisekarte vergessen, daß man sich kaum einmal mehr als 200 km von der Küste des Atlantiks entfernt. Immer werden in reicher Fülle Meeresfrüchte angeboten. Fische in reicher Variation, Schnecken, Krebse und Muscheln, darunter natürlich auch die ›vieira‹, die Pilgermuschel, die Jakobsmuschel, deren Fleisch in verschiedenen Zubereitungen in der Schale serviert wird. Das Verlangen, das benutzte ›Geschirr‹ als Souvenir zu erhalten, wird eingedenk der langen Jahrhunderte der Pilgertradition meist mit einem verständnisvollen Lächeln quittiert. Santiago hat daneben mit köstlicher Schokolade, der sogar ein Miniaturmuseum gewidmet ist, noch eine Spezialität zu bieten. Die ›tarta de Santiago‹, eine süße, schwere Mandeltorte wird zum Frühstück bereits angeboten und bringt ausreichend Kalorien mit, um einen langen Vormittag zu überstehen, der mit Besichtigungen gefüllt ist.

Zum Essen, das oft gut gewürzt, mit der leichten Schärfe des roten Paprika aus der ›chorizo‹, der leicht geräucherten allgegenwärtigen Wurst, versehen, trinkt man Wasser, wobei statt des Leitungswassers Mineralwasser empfohlen sei. Es wird als ›agua mineral con gas‹, mit Kohlensäure, oder ›sin gas‹ ohne Kohlensäure serviert. Aber das sollte nicht das einzige Getränk bleiben. Der Nord-

westen Spaniens bietet neben den Weißweinen rings um Pontevedra, die an den ›vinho verde‹ Portugals erinnern, vorzügliche Rotweine. Die immer noch gebräuchliche Redensart, man habe wohl Tinte gesoffen, hat hier ihren Ursprung im ›vino tinto‹, den qualitätvollen Rotweinen der Rioja rings um Logroño. Hier wurde vielleicht schon vor dem Einzug römischer Herrschaft Wein angebaut. Es waren uralte Traditionen, auf denen im 19. Jahrhundert der Marqués de Riscal und der Marqués de Murrieta die Grundlagen modernen Weinbaus aufbauten. In den Bodegas, den großen Weingütern, werden ebenso hervorragende Weißweine, ›vinos blancos‹, wie auch Rotweine erzeugt, die mit französischen Erzeugnissen in Konkurrenz treten können. In den letzten Jahren verstärkt sich auch der Export in die Bundesrepublik immer mehr, und die Preise für gute Qualität steigen. Aber das Kennenlernen danken die Weine der Rioja noch immer mit erfreulichen Begegnungen.

Gerühmt werden auch die spanischen Branntweine, deren likörähnlicher Charakter sie vielen angenehmer machen, als die französischen Erzeugnisse. Noch süßer wird der Sherry ›jerez‹ geliefert, wenn man ihn ›oloroso‹ wünscht, weniger süß unter dem Stichwort ›dulce‹ und herber als ›amontillado‹, noch leichter als ›fino‹. Weite Verbreitung hat inzwischen auch die ›sangría‹ gefunden, eine erfrischende Mischung aus Rotwein und Orangen- oder Zitronensaft mit Zimt, Eis und Zucker. Erfrischt man sich aber zu sehr, wird man reif fürs Bett – damit wären wir beim Thema Übernachten, das in Spanien keine größeren Schwierigkeiten bietet.

Neben den zahlreichen, in fünf Klassen mit entsprechenden Sternen aufgeteilten Hotels, trifft man auf noch einfachere Übernachtungsmöglichkeiten mit den Albergues oder dem Hostal, dem Gasthaus mit Übernachtungsmöglichkeiten. Ein besonderes Vergnügen sind die Fünf-Sterne-Hotels in den altehrwürdigen Pilgerherbergen zu Léon und Santiago de Compostela, ein Vergnügen, das seinen Preis hat. Eine ähnliche Besonderheit, aber erheblich preiswerter sind die Paradores. Staatliche Hotels, geführt aber als wären sie privat, eingerichtet in historischen Bauten, die damit sinnvoll genutzt werden, bieten unter dieser Bezeichnung allen Komfort. Hinweisschilder sieht man am Straßenrand immer wieder. Zu den schönsten gehören die Paradores in Olite, Santo Domingo de la Calazada entlang des Pilgerweges, man begegnet diesen Hotels aber auch in Soria, Tordesillas, Zamora, Benavente, Santillana del Mar, Villafranca del Bierzo, Puertomarín, Ribadeo oder Pontevedra im Nordwesten Spaniens.

Feste

Manchmal kommt man allerdings nachts nicht zur Ruhe. Das gilt besonders in den großen Städten für die ›Semana Santa‹, für die Karwoche, wenn unter dunklem Trommelklang für Stunden prunkvolle Prozessionen durch die Straßen ziehen. Oft mit Heiligenfiguren auf den von vielen Männern getragenen Plattformen. Im Nordwesten Spaniens sind die Prozessionen in Burgos und Valladolid die prächtigsten. Das Gegenstück sind die großen Volksfeste, hier ist für unseren Bereich auch wieder die Fería von Burgos zu nennen, die am 29. Juni gefeiert wird. Quer durch das Jahr kann man am 31. Dezember mit der Feier der Übertragung der Gebeine des Apostels Jakobus in Santiago de Compostela beginnen und gleich mit der Sylvesterfeier in der gleichen Nacht fortsetzen. Der 6. Januar, der Tag der Heiligen Drei Könige, entspricht dann mit der Bescherung der Kinder unserem Weihnachtsfest. Am 5. Mai feiert Jaca die Romería de la Victoria, den legendären Sieg des Conde Aznar im Jahre 760 über die Mauren mit Festspiel und Wallfahrt. Vom 6. bis 14. Juli zelebriert Pamplona seine Sanfermines und die zweite Julihälfte sammelt in Santiago de Compostela Feiertage rings um das Fest des Apostels am 25. Juli, das als Heiliges Jahr besonders hervorgehoben wird, wenn dieser Tag zugleich Sonntag ist. August bietet die Hochsaison der Stierkämpfe und vom 4. bis 9. des Monats das Fest der Virgen Blanca, der Stadtpatronin in Viktoria im Baskenland. Mariä Geburt am 8. September wird vielerorts mit Wallfahrten gefeiert und zu Beginn September gestaltet man in San Sebastián eine baskische Festwoche in der zweiten Woche des Monats. Am 19. September begeht Oviedo seinen Día de las Américas, den Amerikatag und Ende September feiert Logroño die Weinlese in der Rioja. Und auf zahlreiche kleinere Feste stößt man immer wieder einmal, oft ein farbenfreudiges Bild mit Musik und Tänzen, bei denen dann noch einmal die alten Kostüme getragen werden, alte Zeiten lebendig werden.

Öffnungszeiten

Für den Spanier sind spanische Öffnungszeiten kein Problem. Für den Touristen aus den Gebieten nördlich der Pyrenäen sieht das anders aus. Er steht immer wieder vor verschlossenen Türen, da er den unerschütterlichen Rhythmus der Siesta nicht in seine Überlegungen einbezieht.

Im Prinzip ist zwischen etwa 12 Uhr 30 und 16 Uhr nichts möglich außer einer guten Mahlzeit und der anschließend erforderlichen Ruhe. Das widerspricht natürlich allen angeborenen Bestrebungen des bildungshungrigen westeuropäischen Urlaubers. Aber auch für seine hehren Bemühungen werden keine Ausnahmen gemacht, von löblichen Exempeln, durch die Aussicht auf Trinkgeld unterstützt, einmal abgesehen. Trotzdem kann die Zeit genutzt werden. Viele der Bauten sollte man sich erst einmal gründlich von außen beschauen. Vor lauter Eifer, das Innere zu sehen, verzichtet man oft auf einen Rundgang und versucht nicht, den Bau in seiner Landschaft als Einheit zu sehen. Und eine Lösung bieten auch die Fahrtstrecken, die man in den Zeitraum der Siesta einbauen kann – wenn man nicht nach einiger Zeit feststellen sollte, daß die Siesta eine Einrichtung ist, an die man sich gewöhnen kann.

Die veröffentlichten Öffnungszeiten sind ein Hilfsmittel. Sie sind keine Garantie, tatsächlich zum gewünschten Ziel Zugang zu erhalten. Änderungen sind nichts ungewöhnliches, und für Hinweise auf geänderte Öffnungszeiten wäre der Autor dankbar. Aber Öffnungszeiten erfahren manchmal auch nur kurzfristig aus persönlichen oder lokalen Gründen eine Abänderung. Auf all meinen Fahrten ist es mir noch nicht gelungen, die Kapelle von Eunate zu betreten. Freunde hatten da noch nie Schwierigkeiten. Dafür hatten sie an anderer Stelle Probleme, die mich nun wieder nach meinen Erfahrungen überraschen ...

Roncesvalles: Museum 11–13, 16–18 Uhr; im Winter nur Sa u. So

Pamplona: Kathedrale 7–13.30, 15.30–21 Uhr (im Winter nur bis 16.30 Uhr)

Diözesanmuseum am Kreuzgang 15. Mai–15. Oktober 9–14 Uhr (Sa u. So 10.30–13.30), montags geschlossen

Museo de Navarra 10–13.30 Uhr (Sonn- u. Feiertage 11–13.30 Uhr), montags geschlossen

Jaca: Diözesanmuseum 11.30–13.30, 16–18 Uhr

San Juan de la Peña: Real Monasterio 10–13 u. 15–19 Uhr

Santo Domingo de la Calzada: Kathedrale 9–13, 17–20.30 (Sonn- u. Feiertage bis 19.30) Uhr

Burgos: Kathedrale 9–13, 15–19 (1. Oktober–1. Mai bis 17) Uhr
Archäologisches Museum 10–13 u. 17–19 Uhr (Sonn- u. Feiertage 10–13 Uhr), montags geschlossen
Las Huelgas Reales 11–14, 16–18 Uhr. Sonn- und Feiertage und montags nachmittags geschlossen
Kartause Miraflores 1. Juni–30. Sept. 10.15–15 u. 16–19 Uhr. Sonn- und Feiertage 11.15–15 u. 16–19 Uhr
1. Okt.–31. Mai 10.15–15 u. 16–19 Uhr. Sonn- und Feiertage 11.15–15 u. 16–18 Uhr

Covarrubias: Schatzkammer der Stiftskirche 10–14 u. 16.30–20 Uhr (im Winter 10.30–13.30 u. 16.30–18.30 Uhr)

Santo Domingo de Silos: Kreuzgang 10–13.30 u. 16–19 Uhr (Sonn- u. Feiertage 12.15–13.30 u. 16–19 Uhr)

León: San Isidoro, Panteón 9–14 u. 16–19.30 Uhr (im Winter 10–13.30 u. 16–18.30 Uhr), Schatzkammer 9–13 u. 16–19 Uhr

Kathedrale 7–13.30, 16–20 Uhr außerhalb der Messen
Kreuzgang 9 (im Winter 11)–13.30, 16–19 (im Winter 17) Uhr, Sonntagnachmittag geschlossen

Oviedo: Kathedrale 9–13, 16–20, im Winter 9.30–13, 16–18.30 Uhr
Cámara Santa 10–13 u. 16–18.30 Uhr (im Sommer bis 20 Uhr)
Santa María de Naranco 1. Mai–15. Okt. 9.30–13 u. 15–19 Uhr, 16. Okt.–30. Apr. 10–13 Uhr (Sonn- u. Feiertage nur vormittags)
Der Wächter hat auch den Schlüssel für San Miguel de Lillo

Astorga: Diözesanmuseum 10–14, 16–20 Uhr 1. November–30. April bis 18 Uhr
Bischofspalast 10–14, 16–20 Uhr, im Winter 11–14, 15.30–18.30 Uhr

Ponferrada: Templerburg 9–13, 15–17, im Winter 14–18. Dienstags geschlossen

Santiago de Compostela: Kathedrale 6.30–21, im Winter 6.30–18 Uhr
Alte Kathedrale, Kreuzgang mit Museen 10–13.30, 15.30–19.30 Uhr, im Winter bis 18 Uhr
Palacio de Gelmírez 10–13.30, 16–19.30 Uhr vom 1. April–30. September
Hostal de los Reyes Católicos 10–14, 16–18 Uhr

Glossar

Von Ingeborg Mauz

(Kursiv gesetzte Begriffe sind als eigene Stichworte vorhanden.)

Ajimez Fenster aus Steinplatten mit Doppelbogen und Mittelsäule der mozarabischen Architektur

Akanthus-Blätter Blätter einer im Mittelmeer heimischen Pflanze, die seit der Antike als Schmuckelement an Bauten verwendet wird

Alfiz rahmende Sternleiste eines *Ajimez*

Altarretabel s. Retabel

Antependium Bekleidung des Altarunterbaus aus kostbaren Stoffen, Holz- oder Metalltafeln

Apsidiole kleine, nebengeordnete Apsis

Apsis in der römischen Antike, später in der christlichen Baukunst halbkreisförmiger, mit Halbkuppel überwölbter Raum als Abschluß eines Gebäudes (in Kirchen des *Chores*)

Aquädukt Wasserleitung

Archivolte Stirnbogen, Einfassung eines *Rundbogens*, Bogenläufe in Portalgewänden (häufig mit *Skulpturen* besetzt)

Arkade auf Pfeilern oder Säulen ruhender Bogen

Arkosolgrab Nischengrab, häufige Form des Wandgrabes

Arma Christi Werkzeuge der Passion Christi (Geißelsäule, Geißel, Dornenkrone, Kreuz, Nägel, Lanze, Essigkrug, Stab mit Schwamm)

Baldachin dachartiger Aufbau über einer geweihten Stätte oder einem Kultgegenstand

Balustrade aus einer Reihe untersetzter Stützglieder gebildetes durchbrochenes Geländer

Bandrippen s. Rippen

Base, Basis ausladender Fuß einer Säule oder eines Pfeilers

Basilika in der Antike Bau für Handel und Gerichtsbarkeit
In der christlichen Baukunst Kirche mit überhöhtem, durch eine Fensterreihe im *Obergaden* beleuchtetem Mittelschiff und niedrigeren Seitenschiffen

Bogengalerie s. Galerie

Chor ein für Chorgesang und Gebet der Geistlichen und Mönche bestimmter Raum, meist im Osten der Kirche

Chorschranken Abschluß des Chores zum Gemeinderaum hin

Chorumgang durch Weiterführung der Seitenschiffe einer Kirche entstehender, um den Chor umlaufender, durch offene Bogenstellungen vom Chor getrennter Gang, häufig von *Kapellen*kranz umgeben

Chrismon s. Christogramm

Christogramm Christusmonogramm aus ineinandergestelltem X und P, den griechischen Anfangsbuchstaben des Namens Christi

Cimborio spanisch: Vierungsturm

Cluny Benediktinerabtei in Frankreich (gegr. 910), einflußreiche Geburtsstätte neuer Baugedanken und (Romanik) einer Reform des Benediktinerordens

Coro der in spanischen Kathedralen jenseits der Vierung errichtete Chor des Kapitels

Dachgesims s. Gesims

Deësis Darstellung des thronenden Christus als Richter des Jüngsten Gerichts zwischen Maria und Johannes als Fürbittenden

Dienste in der Gotik lange, dünne Säulchen oder Halbsäulchen vor einem Pfeiler oder der Wand, zur Aufnahme der Gurte oder Rippen von Kreuz*gewölben*

Diptychon zusammenklappbares Täfelchen-Paar aus Holz, Elfenbein oder Edelmetall; im Altertum innen mit beschreibbarer Wachseinlage, außen häufig verziert (z. B. bei den Konsulardiptychen, die römische Konsuln bei ihrem Amtsantritt verschickten)

Dolmen Steintisch, vorgeschichtliche Grabbauten (Megalith-Denkmäler)

Empore Raum über den Seitenschiffen einer Kirche, zum Mittelschiff hin geöffnet

Entlastungsbogen Überfangbogen innerhalb des Mauerwerks zur Entlastung der oberen Abdeckung

fatamidisch Bezeichnung der Kunst unter der mohammedanischen Dynastie der Fatimiden (10.–12. Jh.)

Fiale in der Gotik häufig verwendete Zierform: schlanke, spitze Pyramide als Bekrönung von Bauteilen *(Strebepfeiler, Wimperg)*

Filigran Verzierung aus feinem Gold- oder Silberdraht in der Goldschmiedekunst; auch auf anderes feingliedriges Zierwerk angewendet

Flamboyant von Frankreich ausgehende letzte Stufe der Spätgotik, charakterisiert durch flammen- bzw. fischblasenförmiges *Maßwerk*

Fresko Malerei, die auf den frischen Kalkbewurf der Wand aufgebracht wird

Galerie langer, gedeckter, seitlich offener Gang, z. B. an einer Fassade

gebust nennt man ein *Gewölbe,* wenn die Gewölbekappen etwas ansteigen, wodurch es tiefer wird

Gesims waagerechtes Bauelement, das eine Mauer in horizontale Abschnitte gliedert

Gewändefiguren *Skulpturen,* die in die seitlichen, schräg geführten Mauerflächen eines Portals eingestellt sind

Gewölbe gemauerter krummflächiger oberer Abschluß eines Raumes.
Einfachste Form: Tonnengewölbe mit halbkreisförmigem Querschnitt.
Durchdringt eine Längstonne, eine gleichhohe Quertonne, entsteht ein Kreuz- bzw. Kreuzgratgewölbe (Grate sind scharfe Kanten, die beim Zusammentreffen zweier Flächen entstehen).
Werden die Grate durch Rippen verstärkt, entsteht ein Kreuzrippengewölbe.
Bilden (meist nur untergeblendete) Rippen ein zusammenhängendes Netz auf dem Gewölbegrund, nennt man das ein Netzgewölbe.
Ein Sterngewölbe wird aus symmetrisch angeordneten Dreistrahlgewölben oder Rauten gebildet.

Grabstele seit der Antike aufrecht stehende Steinplatte zur Erinnerung an den Toten (mit Inschrift und/oder Bildnis)

Gurtbogen quer zur Längsachse eines *Gewölbes* verlaufender Verstärkungsbogen

Hochchor Teil des *Chors* in der Fensterzone

Hohlkehle Zierprofil (konkav), meist an *Gesimsen*

Hufeisenbogen unten eingezogener Rundbogen, so daß er einen Dreiviertelbogen beschreibt (spätrömisch und westgotisch, später von den Mauren weiterentwickelt)

Ikonostase abschließende Wand zwischen Allerheiligstem und Gemeinderaum, mit Bildern (Ikonen) geschmückt

Joch Raumabschnitt in einer Kirche, der einer Gewölbeeinheit entspricht

Kämpfer gestaltete Zone, in der die Krümmung eines Bogens oder eines Gewölbes beginnt

Kamee Edel- oder Halbedelstein mit erhaben herausgearbeitetem Figurenschmuck

Kanneluren senkrecht verlaufende (konkave) Rillen im Schaft einer Säule oder eines Pfeilers

Kapelle kleine Kirche ohne Pfarrecht. Auch kleiner Sakralraum für bestimmte Zwecke (z. B. Taufe, Trauung, Beerdigung). Auch Ein- oder Anbau an Kirchen mit Altären

Kapitell ausladendes Kopfstück einer Stütze (Säule, Pfeiler, Pilaster)

Kapitelsaal in einem Kloster Raum, in dem den Mönchen Weisungen erteilt wurden; Versammlungsraum eines Domkapitels

Karner Beinhaus, Friedhofskapelle (meist zweigeschossig)

Kartause Kloster der Kartäuser, in dem die Mönche in einzelnen kleinen, um einen Kreuzgang angeordneten Häusern wohnen

Kerbschnitt Ornament, das durch schräg geneigte, scharfkantig aufeinandertreffende Schnittflächen entsteht

Klausur in Klöstern ausschließlich den Mönchen vorbehaltener Bezirk

Konsulardiptychon s. Diptychon

Konsole vorspringendes Tragelement

Kordelstab wie ein Bindfaden in sich gedrehter Stab

Kreuzgang zusammen mit der Kirche Kern eines Klosters oder Stiftes, Gang um einen rechteckigen Innenhof

Kreuzgratgewölbe s. Gewölbe

Kreuzrippengewölbe s. Gewölbe

Krypta Raum, meist unter dem Chor einer Kirche mit dem Grab eines Heiligen

Kuppa Schale eines Kelches

Kuppel Gewölbe- bzw. Dachform über rundem (seltener ovalem) oder quadratischem Grundriß. Ihre Mantelfläche ist in der Regel ein Kugelabschnitt

Lanzettfenster langes, schmales, mit überhöhtem Spitzbogen abschließendes Fenster

Lapidarium Sammlung von Steindenkmälern

Laterne über der Scheitelöffnung einer *Kuppel* aufgesetzter Bauteil für die Lichtzufuhr

Lisene schwach vortretende senkrechte Mauerverstärkung zur Gliederung von Fassaden

Majestas Domini Darstellung Christi als Herr der Christenheit, frontal thronend

Mandorla mandelförmiger Heiligenschein um Christus als Auferstandenen

Maßwerk abstrakt geometrisches Ornament in der Gotik zur Unterteilung von Fenstern, Giebeln, Brüstungen und anderen Flächen

Medaillon rund oder oval gerahmtes Bild oder Relief, auch als dekoratives Element

Metope rechteckiges Relief (zuerst an griechischen Tempeln) unter dem Gesims

Monstranz Behälter aus Edelmetall für die geweihte Hostie

mozarabische Kunst Kunststil der in den maurischen Gebieten Spaniens lebenden Christen

Mudéjar-Stil Kunststil der in den von Christen zurückeroberten Gebieten Spaniens lebenden Mauren

Nekropole Begräbnisstätte außerhalb der Ortschaft

Netzgewölbe s. Gewölbe

Nodus Knauf eines Kelches

Obergaden Fensterzone im Mittelschiff einer *Basilika* über den niedrigeren Seitenschiffen

Oktogon Zentralbau mit achteckigem Grundriß

Okulus kleines Rundfenster

Palmettenfries Schmuckstreifen an Bauwerken mit Pflanzenornamenten (symmetrisch sich fächerförmig entfaltende Blätter)

Pantéon hier: Grablege spanischer Königsfamilien

Patene Hostienteller

Pendilien Anhänger

Pietà plastische Darstellung der schmerzgebeugten Mutter Maria mit dem toten Sohn auf dem Schoß

plateresk »goldschmiedeartig«, Bezeichnung für Schmuckformen aus Elementen des *Mudéjarstils,* der Spätgotik und der Frührenaissance

polygonal vieleckig

polylob vielbogig

Querhaus Kirchenraum, quer zum Langhaus verlaufend

Refektorium Speisesaal in einem Kloster

Relief Bildhauerarbeit, bei der die Formen aus der Fläche hervortreten, jedoch an sie gebunden bleiben

Reliquiar Behälter zur Aufbewahrung von Reliquien (Überreste von Heiligen)

Retabel Altaraufsatz aus Stein, Metall oder Holz

Rippen vorstehende, verstärkende Bögen eines *Gewölbes*

Risalit vorspringender Bauteil, z.B. an einer Fassade

Rose in der Gotik mit Maßwerk geschmücktes Rundfenster

Rotunde Zentralbau mit rundem Grundriß

Sakristei Nebenraum eines Chores, dient als Umkleideraum für den Priester und zur Aufbewahrung von Kultgeräten

Schlußstein Scheitelstein eines Bogens, auch Schnittpunkt sich treffender oder kreuzender Gewölbe*rippen*

Spolien wiederverwendetes Baumaterial aus älteren Gebäuden

Sterngewölbe s. Gewölbe

Substruktion Unterbau eines Bauwerkes auf ansteigendem Baugrund

Tabernakel Gehäuse zur Aufbewahrung der Hostien; auch von Stützen getragener Überbau eines Grabes oder Altares

Tapisserie teppichartige Stickerei

Thermen in der Antike warme Bäder

Tonnengewölbe s. Gewölbe

Trasaltar Außenseite der *Chorschranken*

Trascoro Westseite des *Coro*

Triforium Laufgang in einer *Basilika* zwischen Fensterzone und *Arkaden* oder *Empore*

Triumphbogen in der römischen Antike Ehrenbogen für verdiente Männer; in der christlichen Kunst Bogen zwischen Mittelschiff einer Kirche bzw. *Vierung* und *Chor*

Trompen Trichternischen, die vom eckigen Grundriß zum Fußkreis einer Kuppel überleiten

Trumeaupfeiler mittlerer Pfeiler eines Kirchenportals, der das *Tympanon* stützt (häufig mit Figurenschmuck)

Tumba rechteckiges Grabmal mit Grabplatte

Tympanon Bogenfeld über einem Kirchenportal, oft mit *Reliefs* geschmückt

Vierpaß Form des gotischen *Maßwerks* mit vier Pässen in einem Kreis

Vierung Raum, der bei der Durchdringung von Lang- und Querhaus einer Kirche entsteht

Westwerk Raumteil einer Bischofs- oder Klosterkirche mit Kaiserempore; im Westen angebaut, von außen wie ein monumentaler Turm wirkend

Wimperg in der Gotik giebelartige Bekrönung von Portalen und Fenstern, meist mit *Maßwerk*

Würfelfries Ornamentstreifen an Bauwerken, gebildet aus würfel- bzw. schachbrettförmigen Feldern

Wurzel Jesse Darstellung des Stammbaumes Christi, nach Jesaias 11,1

Ziborium von Säulen gestützter Überbau über Altar oder Grab

Zitadelle Hauptverteidigungsanlage einer Festung

Zwerggalerie meist an *Apsiden* in Höhe des Dachansatzes angebrachter, mit kleinen Säulen gegliederter Laufgang

Literaturhinweise

Seit dem lateinischen Pilgerführer des 12. Jahrhunderts hat der Pilgerweg nach Santiago de Compostela eine Fülle von Literatur hervorgebracht. Die wichtigsten Teile des Pilgerführers hat Klaus Herbers in seinem Band *Der Jakobsweg* übersetzt und kommentiert, der 1986 bereits in zweiter Auflage erschien. Seit Bücher gedruckt werden, werden auch Pilgerreiseführer gedruckt. Das schmale Bändchen des Hermann Künig von Vach ist ein Beispiel aus der Inkunabelzeit. Stimmungsvoll, informativ und eine Erinnerung an das Reisen vor einer Generation ist immer noch der erstmals 1967 erschienene Band *Spaniens Norden* von Helmut Domke als Lektüre zu empfehlen. Ein aktuelles Hilfsmittel für den Reisenden, der sich präzise an den alten Pilgerweg halten will, vielleicht sogar zu Fuß, ist *El Camino de Santiago. Guia del Peregrino* von Elías Valiña Sampedro, der 1985 in Madrid erschien. Eine Auswahl aus alten Reiseberichten mit eigenen Erfahrungen verbinden Pierre Barret und Jean-Noël Gurgand in ihrem 1982 in Freiburg in Übersetzung erschienenen Buch: *Unterwegs nach Santiago.*

Im folgenden kann aus der Fülle der Literatur, die sich mit Kunst und Geschichte im Nordwesten Spaniens, mit der Pilgerfahrt nach Santiago de Compostela beschäftigt, allerdings nur eine kleine Auswahl geboten werden.

Bottineau, Yves: Les chemins de Saint-Jacques. Paris ²1983 (dt.: Der Weg der Jakobspilger. Bergisch-Gladbach 1987)

Canellas-Lopez, Angel u. Angel San Vicente: Aragon roman. La Pierre-Qui-Vire 1971

Chamoso Lamas, Manuel: Galice romane. La Pierre-Qui-Vire 1973

Der Cid. Das altspanische Heldenlied. Übersetzung von Fritz Eggarter. Stuttgart 1985

Conant, Kenneth John: Arquitectura Romanica da Catedral de Santiago de Compostela. Santiago de Compostela 1983

Ducheme, Louis: Saint Jacques en Galice. Annales du Midi 12 (1900), S. 145–179

Dupont, Alphonse (Hrsg.): Saint-Jacques de Compostelle. Turnhout 1985

Engels, Odilo: Schutzgedanke und Landesherrschaft im östlichen Pyrenäenraum (9.–13. Jhdt.) Münster 1970

Engels, Odilo: Die Anfänge des spanischen Jakobusgrabes in kirchenpolitischer Sicht. Röm. Quartalsschrift 75 (1980), S. 146–170

Estella, M.: La Escultura del Marfil en España. Madrid 1984

Ferreiro, Antonia López: Historia de la Santa Apostólica Metropolitana Iglesia de Santiago de Compostela. 11 Bde. Santiago de Compostela 1898–1911

Férotin, D. M.: Histoire de l'abbaye de Silos. Paris 1897

Fletcher, R. A.: Saint James's Catapult. The Life and Times of Diego Gelmirez of Santiago de Compostela. Oxford 1984

Fontaine, Jacques: L'art préroman hispanique. 2 Bde. La Pierre-Qui-Vire 1973/1977

Goicoechea Arrondo, Eusebio: Rutas Jacobeas. Estella 1971

Guerra Campos, J. u. a.: La Catedral de Santiago de Compostela. Santiago de Compostela/Barcelona 1977

Guerra Campos, José: Exploraciones Arqueológicas en Torno las Sepulcor de Apostol Santiago. Santiago de Compostela 1982

Heerwarden, J. v.: The Origins of the Cult of St. James of Compostela. Journal of Medieval History 6 (1980), S. 1ff.

Herbers, Klaus: Der Jakobuskult des 12. Jahrhunderts und der »Liber Sancti Jacobi«. Wiesbaden 1984

King, Georgiana Goddard: The Way of Saint James. New York/London 1920

Klein, Hans-Wilhelm (Hrsg.): Die Chronik von Karl dem Großen und Roland. München 1986

Köster, Kurt: Pilgerzeichen und Pilgermuscheln von mittelalterlichen Santiagostraßen. Neumünster 1983

Künig, Hermannus von Vach: Die Walfahrt und Strass zu Sankt Jakob. Hrsg. von Konrad Häbler. Straßburg 1899

Los Beatos. Katalog Brüssel 1985

Lyman, Thomas W.: The Pilgrimage Roads Revisited. Gesta 8 (1969), S. 30–44

Menéndez Pidal, Ramón: Das Spanien des Cid. 2 Bde. München 1936/37

O'Callaghan, Joseph F.: A History of Medieval Spain. Ithaca u. New York 1975

Palol, Pedro de: Arte Hispanico de la Epoca Visigoda. Barcelona 1968

Passini, Jean: Villes médiévales du Chemin de Saint-Jacques-de-Compostelle. Paris 1984

Pérez de Urbel, Justo: El Claustro de Silos. Burgos [3]1975

Ploetz, Robert: Der Apostel Jacobus in Spanien bis zum 9. Jhdt. Spanische Forschungen der Görresgesellschaft. Erste Reihe. 30 (1982), S. 19–146

Porter, Kingsley A.: Romanesque Sculpture of the Pilgrimage Roads. 3 Bde. New York [2]1985

Rico, Marcos: La Catedral de Burgos. Burgos 1985

Rodriguez, Abundio und Luis-Maria de Lojendio: Castille romane. 2 Bde. La Pierre-Qui-Vire 1966

Das Rolandslied. Übersetzt von Wilhelm Hertz. Essen 1986

Santiago de Compostela, 1000 ans de Pèlerinage Européen. Katalog. Gent 1985

Schlunk, Helmut u. Th. Hauschild: Hispania antiqua. Die Denkmäler der frühchristlichen und westgotischen Zeit. Mainz 1978

Valdés Fernández, Manuel: Arquitectura mudéjar en León y Castilla. León 1984

Viellard, Jeann: Le Guide du Pèlerin de Saint-Jacques de Compostelle. Mâcon [5]1981

Vinayo Gonzales, Antonio: León roman. La Pierre-Qui-Vire 1972

Williams, J.W.: San Isidoro in León: Evidence for a New History. The Art Bulletin 55 (1973), S. 171–184

Williams, J. W.: Reconquest Iconography in León. Gesta 16 (1977), S. 3–14

Williams, J. W.: La Arquitectura del Camino de Santiago. Compostellanum 29 (1984), S. 267–290

Whitehill, W. M.: Spanish Romanesque Architecture of the 11th Century. Oxford 1941

Yarza Luaces, J.: El Pórtico de la Gloria. Madrid 1984

Yarza Luaces, J.: Arte y Arquitectura en España (500–1250). Madrid [3]1984

Abbildungsnachweis

Schwarzweißabbildungen

Bildarchiv Foto Marburg   6, 12, 14, 15, 16, 17, 22, 23, 32, 33, 40, 42, 48, 49, 50, 51, 52, 53,
  54, 55, 56, 57, 58, 62, 63, 64, 65, 66, 67, 68, 70, 76, 78, 79, 84, 94, 95, 96
Klaus D. Francke, Hamburg   2, 3, 21, 27, 73, 77, 80, 81, 86, 89
Wolfgang Fritz, Köln   74, Umschlagrückseite
Rolf Lindel   7, 8, 11, 18, 20, 29, 30, 44, 45, 59, 60, 61, 69, 75, 83, 87, 90, 91, 97

Farbabbildungen

Wolfgang Fritz, Köln   2, 10
Ernst Kluge, Wiesbaden   11, 18
Rolf Lindel, Heidenheim   16
Paul von Naredi-Rainer, Köln   6, 13, 14, 15, 17, 23
Toni Schneiders, Lindau   24, Umschlagvorderseite

Alle anderen Abbildungen entstammen den Archiven von Autor und Verlag

Die Karte auf S. 10 f. wurde mit freundlicher Genehmigung der Société des Amis de Saint Jacques, 87 rue Vieille du Temple, 75003 Paris, übernommen.

Autor und Verlag bemühen sich darum, die Praktischen Reiseinformationen aktuell zu halten, können aber keine Gewähr für die Richtigkeit jeder einzelnen Angabe übernehmen – Anschriften wie Telefonnummern, Öffnungszeiten wie Währungskurse etc. ändern sich oft kurzfristig. Wir bitten um Verständnis und werden Korrekturhinweise gerne aufgreifen (DuMont Buchverlag, Postfach 10 04 68, 5000 Köln 1).

Raum für Ihre Reisenotizen

Register

Orte

Personen

DuMont Kunst-Reiseführer

Sylt, Amrum, Föhr, Helgoland, Pellworm, Nordstrand und Halligen
Natur und Kultur auf Helgoland und den Nordfriesischen Inseln. Entdeckungsreisen durch eine Landschaft zwischen Meer und Festlandküste

Der Westerwald
Vom Siebengebirge zum Hessischen Hinterland. Kultur und Landschaft zwischen Rhein, Lahn und Sieg

Östliches Westfalen
Vom Hellweg zur Weser. Kunst und Kultur zwischen Soest und Paderborn, Minden und Warburg

Württemberg-Hohenzollern
Kunst und Kultur zwischen Schwarzwald, Donautal und Hohenloher Land: Stuttgart, Heilbronn, Schwäbisch Gmünd, Tübingen, Rottweil, Sigmaringen

Frankreich

Auvergne und Zentralmassiv
Entdeckungsreisen von Clermont-Ferrand über die Vulkane und Schluchten des Zentralmassivs zum Cevennen-Nationalpark

Die Bretagne
Im Land der Dolmen, Menhire und Calvaires

Burgund
Kunst, Geschichte, Landschaft, Burgen, Klöster und Kathedralen im Herzen Frankreichs: Das Land um Dijon, Auxerre, Nevers, Autun und Tournus

Côte d'Azur
Frankreichs Mittelmeerküste von Marseille bis Menton

Das Elsaß
Wegzeichen europäischer Kultur und Geschichte zwischen Oberrhein und Vogesen

Frankreich für Pferdefreunde
Kulturgeschichte des Pferdes von der Höhlenmalerei bis zur Gegenwart. Camargue, Pyrenäen-Vorland, Périgord, Burgund, Loiretal, Bretagne, Normandie, Lothringen

Frankreichs gotische Kathedralen
Eine Reise zu den Höhepunkten mittelalterlicher Architektur in Frankreich

Romanische Kunst in Frankreich
Ein Reisebegleiter zu allen bedeutenden romanischen Kirchen und Klöstern

Korsika
Natur und Kultur auf der ›Insel der Schönheit‹. Menhirstatuen, pisanische Kirchen und genuesische Zitadellen

Languedoc – Roussillon
Von der Rhône zu den Pyrenäen

Das Tal der Loire
Schlösser, Kirchen und Städte im ›Garten Frankreichs‹

Lothringen
Kunst, Geschichte, Landschaft

Die Normandie
Vom Seine-Tal zum Mont St. Michel

Paris und die Ile de France
Die Metropole und das Herzland Frankreichs. Von der antiken Lutetia bis zur Millionenstadt

Führer Musée d'Orsay, Paris

Périgord und Atlantikküste
Kunst und Natur im Lande der Dordogne und an der Côte d'Argent von Bordeaux bis Biarritz

Das Poitou
Westfrankreich zwischen Poitiers, La Rochelle und Angoulême – die Atlantikküste von der Loiremündung bis zur Gironde

Die Provence
Ein Begleiter zu den Kunststätten und Naturschönheiten im Sonnenland Frankreichs

Savoyen
Vom Genfer See zum Montblanc – Natur und Kunst in den französischen Alpen

Südwest-Frankreich
Vom Zentralmassiv zu den Pyrenäen – Kunst, Kultur und Geschichte

Griechenland

Athen
Geschichte, Kunst und Leben der ältesten europäischen Großstadt von der Antike bis zur Gegenwart

Die griechischen Inseln
Ein Reisebegleiter zu den Inseln des Lichts. Kultur und Geschichte

Korfu
Das antike Kerkyra im Ionischen Meer. Geschichte, Kultur, Landschaft

Kreta – Kunst aus fünf Jahrtausenden
Von den Anfängen Europas bis zur kreto-venezianischen Kunst

Rhodos
Eine der sonnenreichsten Inseln im Mittelmeer – ihre Geschichte, Kultur und Landschaft

Alte Kirchen und Klöster Griechenlands
Ein Begleiter zu den byzantinischen Stätten

Tempel und Stätten der Götter Griechenlands
Ein Reisebegleiter zu den antiken Kultzentren der Griechen

Großbritannien

Englische Kathedralen
Eine Reise zu den Höhepunkten englischer Architektur von 1066 bis heute

Die Kanalinseln und die Insel Wight
Kunst, Geschichte und Landschaft. Die britischen Inseln zwischen Normandie und Süd-England

London
Biographie einer Weltstadt

Die Orkney- und Shetland-Inseln
Landschaft und Kultur im Nordatlantik

Schottland
Geschichte und Literatur. Architektur und Landschaft

Süd-England
Von Kent bis Cornwall. Architektur und Landschaft, Literatur und Geschichte

Wales
Literatur und Politik – Industrie und Landschaft

Guatemala
Honduras – Belize. Die versunkene Welt der Maya

Holland
Kunst, Kultur und Landschaft. Ein Reisebegleiter durch Städte und Provinzen der Niederlande

Indien
Von den Klöstern im Himalaya zu den Tempelstätten Südindiens

Ladakh und Zanskar
Lamaistische Klosterkultur im Land zwischen Indien und Tibet

Indonesien
Ein Reisebegleiter nach Java, Sumatra, Bali und Sulawesi (Celebes)

Bali
Tempel, Mythen und Volkskunst auf der tropischen Insel zwischen Indischem und Pazifischem Ozean

Irland – Kunst, Kultur und Landschaft
Entdeckungsfahrten zu den Kunststätten der ›Grünen Insel‹

Island
Vulkaninsel zwischen Europa und Amerika

Israel

Das Heilige Land
Historische und religiöse Stätten von Judentum, Christentum und Islam in dem zehntausend Jahre alten Kulturland zwischen Mittelmeer, Rotem Meer und Jordan

Italien

Apulien
7000 Jahre Geschichte und Kunst im Land der Kathedralen, Kastelle und Trulli

Elba
Ferieninsel im Tyrrhenischen Meer. Macchienwildnis, Kulturstätten, Dörfer, Mineralienfundorte

Emilia-Romagna
Oberitalienische Kunststädte zwischen Po, Apennin und Adria

Das etruskische Italien
Entdeckungsfahrten zu den Kunststätten und Nekropolen der Etrusker

Florenz
Ein europäisches Zentrum der Kunst. Geschichte, Denkmäler, Sammlungen

Gardasee, Verona, Trentino
Der See und seine Stadt – Landschaft und Geschichte, Literatur und Kunst

Latium – Das Land um Rom
Klöster und Villen, Kirchen und Gräberstädte, mittelalterliche Orte und arkadische Landschaften

Lombardei und Oberitalienische Seen
Kunst und Landschaft zwischen Adda und Po

Die Marken
Die adriatische Kulturlandschaft zwischen Urbino, Loreto und Ascoli Piceno

Ober-Italien
Kunst, Kultur und Landschaft zwischen den Oberitalienischen Seen und der Adria

Piemont und Aosta-Tal
Begegnungen italienischer und französischer Kunst im Königreich der Savoyer. Kultur, Geschichte und Landschaft im Bogen der Westalpen

Die italienische Riviera
Ligurien – die Region und ihre Küste von San Remo über Genua bis La Spezia

Rom – Ein Reisebegleiter
Zweieinhalb Jahrtausende Kunst und Kultur der Ewigen Stadt

Rom in 1000 Bildern
Kunst und Kultur der ›Ewigen Stadt‹ in mehr als 1000 Bildern

Das antike Rom
Die Stadt der sieben Hügel: Plätze, Monumente und Kunstwerke. Geschichte und Leben im alten Rom

Sardinien
Geschichte, Kultur und Landschaft – Entdeckungsreisen auf einer der schönsten Inseln im Mittelmeer

Südtirol
Begegnungen nördlicher und südlicher Kulturtradition in der Landschaft zwischen Brenner und Salurner Klause

Toscana
Das Hügelland und die historischen Stadtzentren. Pisa · Lucca · Pistoia · Prato · Arezzo · Siena · San Gimignano · Volterra

Umbrien
Eine Landschaft im Herzen Italiens

Venedig
Die Stadt in der Lagune – Kirchen und Paläste, Gondeln und Karneval

Die Villen im Veneto
Eine kunst- und kulturgeschichtliche Reise in das Land zwischen Alpenrand und Adriabogen

Japan – Tempel, Gärten und Paläste
Einführung in Geschichte und Kultur und Begleiter zu den Kunststätten Japans

Der Jemen
Nord- und Südjemen. Antikes und islamisches Südarabien – Geschichte, Kultur und Kunst zwischen Rotem Meer und Arabischer Wüste

Jordanien
Völker und Kulturen zwischen Jordan und Rotem Meer

Jugoslawien
Kunst, Geschichte und Landschaft zwischen Adria und Donau

Karibische Inseln
Westindien. Von Cuba bis Aruba

Kenya
Kunst, Kultur und Geschichte am Eingangstor zu Innerafrika

Luxemburg
Entdeckungsfahrten zu den Burgen, Schlössern, Kirchen und Städten des Großherzogtums

Malaysia und Singapur
Dschungelvölker, Moscheen, Hindutempel, chinesische Heiligtümer und moderne Stadtkulturen im Herzen Südostasiens

Malta und Gozo
Die goldenen Felseninseln – Urzeittempel und Malteserburgen

Marokko – Berberburgen und Königsstädte des Islam
Ein Reisebegleiter zur Kunst Marokkos

Mexiko
Ein Reisebegleiter zu den Götterburgen und Kolonialbauten Mexikos

Mexico auf neuen Wegen
Ein Reisebegleiter zu präkolumbischen Kultstätten und Kunstschätzen

»Richtig reisen«